Neue Entdeckungen der Archäologie

Südarabien

Antike Reiche am Indischen Ozean

Neue Entdeckungen der Archäologie

Herausgegeben von Sir Mortimer Wheeler

Brian Doe

SÜDARABIEN

Antike Reiche am Indischen Ozean

Gustav Lübbe Verlag

Titel der Originalausgabe:
»Southern-Arabia«
Erschienen bei Thames and Hudson, London, in der Reihe
»New Aspects of Antiquity«
Herausgegeben von Sir Mortimer Wheeler

Übersetzung und Bearbeitung der deutschen Ausgabe
von Dr. Joachim Rehork

2. Auflage 1975

Gesamtherstellung: Friedrich Pustet: Regensburg

Printed in Germany
ISBN 3-7857-0057-1

Inhalt

Anhang

Einleitung von Sir Mortimer Wheeler

Südjemen, das ehemalige Protektorat Aden, erscheint in der nachstehenden Darstellung unter der Bezeichnung Südarabien. Man möge darin einen Versuch erblicken, all den Schwierigkeiten aus dem Weg zu gehen, die sich bei einem Eingehen auf politische Grenzen ergeben könnten – auf Grenzen, die, durchaus nicht immer eindeutig gezogen, alles andere als Dauer hatten und sich im Lauf der Jahrhunderte immer wieder änderten. Im Gegensatz dazu besaß, unbeschadet aller Wandlungen der Machtverhältnisse, das Land selbst, dieses ungeheure Gebiet mit seinen Bergen, Tälern und seinen oft noch am leichtesten passierbaren Küstenstreifen, doch eine gewisse Einheit – eine funktionale Einheit, und zwar in doppelter Hinsicht. Zunächst gehörte es mit dem jenseits des Golfes von Aden gelegenen Somaliland zu jenen Gegenden, die die beiden wichtigsten aus Gummiharzen gewonnenen Duftstoffe des Altertums produzierten: Weihrauch und Myrrhe waren schon zur Zeit des Alten Reiches in Ägypten (doch nicht nur in Ägypten allein) für Kult und Heilkunde unentbehrlich.

Zweitens bildete Südarabien ein Bindeglied in den weitgespannten Handelsbeziehungen zwischen Ost und West. Es war wirtschaftliche Drehscheibe. Handelsgüter, die mit dem Monsun aus Afrika oder den Häfen der indischen Westküste ihren Weg hierher gefunden hatten, wurden umgeschlagen – verfrachtet für den weiteren Transit (auf dem Land- oder Seeweg) nach den Zentren des Mittelmeerraums (oder, was von dort kam, in umgekehrter Richtung nach Indien und Afrika). Von seinen Duftharzen abgesehen, spielte Südarabien so in erster Linie eher eine Mittlerrolle. Als schöpferisches Zentrum eigenständiger Produktion und auch eigenständiger Kunst hatte es dagegen weniger Bedeutung.

Dies heißt nicht, daß der Art seiner Bewohner, sich auszudrücken, und daß ihrer handwerklichen Fertigkeit jede Originalität gefehlt hätte. Einst wie heute kann man seiner Architektur den Sinn für das Monumentale durchaus nicht absprechen – wenn man dies auch fremdem, inbesondere ägyptischem Einfluß zuschreiben mag. Doch noch viel zu wenig ist für Südarabiens Erforschung getan worden. Spärlich sind die Funde, spärlich die Ergebnisse wissenschaftlicher Analyse. Noch ist es daher zu früh, um zu entscheiden, wie weit fremder Einfluß vorliegt und wie weit von eigenständiger Leistung die Rede sein kann. Und so steht es um ganz Südarabien. Die eingehende Erforschung dieses gesamten Landes steht erst noch bevor. Inzwischen aber ist bis herab – das Wort »herab«

ist hier ganz besonders am Platze – zum heutigen Tage nicht wiedergutzumachender Schaden angerichtet worden: Schaden durch gewissenlose Plünderer, Schaden auch durch Sammler, die in bester Absicht vorgingen, jedoch nicht die nötige Sachkenntnis besaßen. Von wenigen Ausnahmen abgesehen, bietet Südarabien ein Beispiel dafür, daß die Berührung eines Landes mit abendländischen Wertvorstellungen durchaus überwiegend nachteilige, zerstörerische Folgen haben kann.

Es ist nicht zuletzt Zweck der nachstehenden Übersicht, die fortschreitende Verschlechterung der archäologischen Forschungsbedingungen dadurch aufzuhalten, daß die Öffentlichkeit auf das beträchtliche Potential archäologischen Materials hingewiesen wird, das in Südarabien auf den Forscher wartet; daß Südarabien als ein Land gezeigt wird, das ebenso das Interesse der Weltöffentlichkeit verdient wie andere arabische Länder des Mittleren Ostens, denen ausländische und in zunehmendem Maße auch einheimische Gelehrte ihre gesamte Aufmerksamkeit widmeten. Der Schreiber dieser Zeilen fühlt sich dem Verfasser des nachstehenden Werkes in Freundschaft verbunden. Er weiß, daß der Verfasser der letzte wäre, der in seinem Buch mehr sähe als eine einführende Vorab-Skizze (und mehr kann es zum gegenwärtigen Zeitpunkt nicht sein) – die Skizze eines Schauplatzes, wo der Autor ein Jahrzehnt seines Lebens verbracht hat: zunächst als Architekt im Regierungsdienst, später – auf eigene Bewerbung hin – als Direktor der jungen Altertümerverwaltung (*Department of Antiquities*) in Aden. Das letztgenannte Amt trat er 1960 an. Zuviel von seinen Bemühungen wurde in den Folgejahren durch politische Unsicherheit erschwert, wenn nicht vereitelt. Daß er unter so ungünstigen Umständen als Sammler wissenschaftlichen Materials und als Reisender zu antiken Fundstätten dennoch soviel erreichte, verdient jede Anerkennung. In der Tat gab es kaum etwas, das ihn erschüttern konnte. Unvergeßlich wird dem Schreiber dieser Zeilen bleiben, wie er 1966, als die Unruhen ihren Höhepunkt erreicht hatten, nach der Grundsteinlegung zum Bau des trotz aller Zeitungunst so dringend benötigten Museums am *Steamer Point* (Aden), zusammen mit Brian Doe warmen Champagner trank – umgeben von einer bewaffneten Eskorte, nachdem man die am selben Morgen angebrachte Messingtafel mit der Stiftungsurkunde aus Sicherheitsgründen wieder entfernt hatte! Es ist dringend zu hoffen, daß nach dem Einpendeln der politischen Verhältnisse mit zunehmender Stabilität auch das Werk der Sicherstellung alter Kulturerzeugnisse in Südarabien im Geiste Brian Does fortgeführt werden kann, daß Südarabiens Bewohner, nun im Besitz ihrer Unabhängigkeit, ein Gefühl für den Wert ihrer Altertümer entwickeln – nicht nur zum Ruhme ihres Landes, sondern im Zeitalter eines weltweiten Massentourismus beiläufig auch für ihren Profit!

Einführung

Südarabien bietet in zweierlei Hinsicht der Archäologie ein neues Forschungsfeld. Einmal ist dieser Raum noch zum größten Teil unbekannt, so daß alles, was entdeckt wird – sei es ein antiker Ort oder ein Kunstobjekt –, von wachsender historischer oder archäologischer Bedeutung ist. Zum anderen ist der Forschungsbereich unermeßlich groß und das vorliegende Material, das über dieses Gebiet Auskunft gibt, zu spärlich, um daraus endgültige Schlüsse zu ziehen. Häufig können ansässige Bewohner Scherben zeigen oder zu Steinhaufen führen, die auf den ersten Blick aus früher Zeit zu stammen scheinen und sich dann oft als verhältnismäßig jung herausstellen. Dennoch muß man Angaben dieser Art immer nachgehen. Sie können zur Auffindung wichtiger Orte führen oder auf einen Raum, von dem bisher angenommen wurde, daß er nichts aufzuweisen hat, ein neues Licht werfen. Das Sammeln von solchen Nachrichten verlangt ausgedehnte Reisen durch unwegsames Gelände. Zur Sicherung der Expeditionen gegen Überfälle muß oft Begleitschutz mitgeführt werden. Auch die Versorgung mit Brennstoff, Lebensmitteln und Wasser bewirkt beträchtliche Schwierigkeiten. Gute Brunnen zu kennen ist von äußerster Wichtigkeit.

Mögen anderswo Archäologen mit modernen technischen Hilfsmitteln ausgerüstet sein und von spezialisierten Technikern begleitet werden – in Südarabien steckt die Archäologie noch in den Kinderschuhen: Der Forscher hat mit leichter Last zu reisen. Hier gilt mehr die gründliche Kenntnis des Landes, des Geländes und seiner Bevölkerung. Dies trägt hier am stärksten zur Erforschung der Vergangenheit bei.

Der Feldarchäologe, der auf sich ganz allein gestellt ist, muß imstande sein, die ungefähre Bedeutung von Kunsterzeugnissen und anderen Objekten, dort wo er sie eben findet – sei es in der Wüste oder im Wadi –, abzuschätzen; dazu bedarf es einer gewissen schöpferischen Phantasie. Es sind zwei ganz verschiedene Dinge, ob man unerwartet auf eine von einer Mauer umgebene Ruine stößt oder auf eine Inschrift mit einem unbekannten Städtenamen und von der Kenntnis des Landes her dann wirklich den betreffenden Ort findet – vielleicht mit antiken, jetzt versandeten Feldern und früheren Bewässerungsanlagen, nun nur noch als schmale scheinbar bedeutungslose Steinanhäufungen wahrzunehmen. Flach ansteigende Hügel oder Tells vermögen anzudeuten, wo eine längst untergegangene Stadt gelegen hat: Stausysteme, Zisternen und Brunnen können zu erkennen geben, wo eine antike Ansiedlung bestand und wie groß sie war. Glücklicherweise wurden Wasserlöcher, die heute noch in Gebrauch sind, schon im Altertum benutzt; denn es liegt in der Natur eines Landes wie diesem, daß sich durch Jahrhunderte hindurch wenig verändert hat.

Alte Bewässerungsmethoden für kulturfähiges Gelände – Verwendung von Flutwasser und von Schleusen zur Verteilung des Wassers über größtmöglichen Raum – benutzt man noch heute, wenn auch frühe Brunnensysteme jetzt oft durch neue mit tiefer reichenden Dieselpumpen ergänzt werden. Es gibt noch die uralte Methode, den frischen Schlamm, den das Flutwasser mit sich gebracht hat, zu verteilen; ebenso finden auch heute noch die hölzernen Wasserräder Verwendung, die von Ochsen bewegt werden. Dieses System verwendete man im Altertum, weil die Felder sehr hoch über dem Flußbett lagen und anders nicht zu bearbeiten waren. Antike Felder mit ihrer von alten Wasserkanälen durchwirkten Bodenstruktur können so häufig an ihrer höheren Lage erkannt werden.[1] Und ganz in der Nähe darf man auch meist eine Ruinenstätte von entsprechender Bedeutung erwarten. Ein wichtiger Hinweis kann auch darin bestehen, daß ein Geländepunkt sich in strategisch günstiger Position an einem Karawanenweg befindet. Höhepunkt der Suche kann die Entdeckung einer vorislamischen Inschrift oder Votivtafel sein. Es muß zur zweiten Natur des Forschers werden, während eines jeden Ausflugs mit dem Kraftwagen oder zu Fuß, kritisch die Felswände eines Wadis auf Malereien und Zeichnungen hin zu prüfen.

Südarabien ist einer der wenigen Bereiche Westasiens, die völlig neue Forderungen an die Archäologen stellen, nicht zuletzt physische. Das verlangt die Fähigkeit, am Ende einer erschöpfenden Reise ein Lager am Rand eines staubigen unebenen Weges aufzuschlagen, um sofort mit der Forschungsarbeit zu beginnen. Denn oft ist die Zeit, die zur Verfügung steht, sehr knapp bemessen. Wenn weite Entfernungen zurückgelegt werden müssen, so ist eine innere Vertrautheit mit dem Gelände und selbst den Gezeiten – da häufig der Strand zur Anreise benutzt wird – absolut notwendig. Aus Stolz und der persönlichen Bequemlichkeit zuliebe bemühen sich die Forscher, die Behörden nicht zu verärgern. Aus diesem Grunde werden, falls man auf den bekannten Wegen reist, Botschaften mit einem ungefähren Terminplan und dem geplanten Datum der Ankunft an den Zielort vorausgeschickt. Gewöhnlich benutzt man mehrere Autos, so daß die Gruppe sicher sein kann, auch im schlimmsten Fall beweglich zu bleiben.

In solchen Gegenden und unter solchen Umständen können schon einfache Dinge eine Freude bereiten – die Einnahme des Mittagmahles am einzigen schattigen Fleck, gewöhnlich unter einem *Ilb*-Baum inmitten des gleißenden weißen Sandes; das abendliche Bad, nur wenige Meter vom Strand, in der stechenden und quälenden Sonne inmitten der sich tummelnden Haie; das Fortspülen des Erschöpfungsgefühls, zusammen mit dem Staub des Tages; der Anblick der wundervollen Sonnenuntergänge; schließlich der Schlaf unter glitzernden Sternen und das Wahrnehmen der nächtlichen kalten Brise – doch schließlich erwacht man mit einem Ruck, um hastig eine Kontrolle vorzunehmen und sich zu vergewissern, daß man wirklich Benzin in den Tank gegossen hatte!

Dieses Buch will die frühe Geschichte der Bevölkerung Südarabiens einem weiteren Leserkreis näherbringen, als es durch frühere, unter individuelle Aspekte gestellte Fachpublikationen geschehen ist. Es richtet sich an aufgeschlossene Leser, die etwas über dieses ferne Land erfahren wollen: über die frühe Kultur, über Handel, Kunst und Architektur jener alten Völker, auf die das besondere Augenmerk gerichtet sein wird. Obwohl die historischen Ausführungen *ganz* Südarabien betreffen, werden überwiegend die Verhältnisse im äußersten Süden, dem Forschungsgebiet des Verfassers, angesprochen.

Das Buch ist unterteilt in drei Hauptabschnitte, wovon sich die ersten beiden mit Land und Leuten befassen. Der dritte beschreibt einige antike Orte, die der Verfasser kennt. Diese Stätten wurden nach Möglichkeit auf einer Karte eingezeichnet.

Der Verfasser möchte seinen Freunden und Kollegen R. D. Barnett, A. F. L. Beeston, G. W. van Beek, W. Dostal, G. Lankester Harding, Frau M. Höfner, A. K. Irvine, A. Jamme, T. Johnston, W. Phillips, Frau J. Pirenne, J. Ryckmans, R. B. Serjeant, H. von Wissmann danken – man kann von Südarabien nicht sprechen, ohne die Namen dieser Gelehrten zu erwähnen. In Aden gilt sein Dank M. und Mme A. B. Besse, deren Hilfsbereitschaft und Gastfreundschaft gegenüber Gelehrten weithin bekannt ist, ferner den Offizieren und Mitgliedern der Royal Air Force, der britischen Armee, der südarabischen Armee, den Offizieren des ehemaligen Protektorats West-Aden, dem Büro der Hohen Behörde und anderen Instanzen, die die Forschungsreisen in dieses Land möglich machten.

Hinzuzufügen wäre, daß wichtige Ortsnamen im folgenden so transkribiert sind, wie sie gewöhnlich, statt der direkten Transkriptionen, die auf die frühen südarabischen Inschriften zurückgehen, geschrieben werden: z. B. D̲h̲ufar statt Ḍufar oder Ẓufar und Shabwa statt šabwat. Obwohl diese Methode den Epigraphen technisch inkonsequent erscheinen mag, so wird sie bestimmt dazu beitragen, Ortsnamen leichter zu finden. Aus dem gleichen Grund übernimmt auch die deutsche Ausgabe sehr weitgehend die Namensschreibweisen des englischen Originals. Zur weiteren Erleichterung für den Leser werden jedoch die zur Zeit in deutschen wissenschaftlichen Publikationen üblichen Schreibweisen im Register mit angeführt, und zwar aufgrund folgender Arbeit: Hermann von Wissmann: *Zur Archäologie und antiken Geographie von Südarabien*, Istanbul 1968 (*Uitgaven van het Nederlands Historisch-Archaeologisch Instituut te Istanbul* 24).

Grundlagen

I

Allgemeine Geschichte

Seit der frühesten geschichtlichen Zeit lebte in Südwestarabien etwa ein halbes Dutzend Hauptvölkerschaften, die sich zu einzelnen Staatsgebilden oder Königreichen zusammenschlossen. Die Geschichte dieser Königreiche ist die ständiger Kriege und sich stetig ändernder Grenzen. Hier hatte zeitweise der eine Staat die Macht inne, dann wieder ein anderer. Eine Darstellung wird noch dadurch kompliziert, daß nur grobe Umrisse dieses Geschehens sichtbar werden. Unsere Wissenslücken sind zu groß.

Trotz andauernder Anarchie scheint jedoch ein Faktor ganz und gar stabil geblieben zu sein: der Handel entlang der Kamelrouten zwischen Süd- und Nordarabien. Von Anfang an handelte man mit Weihrauch, dem berühmten aromatischen Harz, das in Arabien produziert wurde und bei den Ägyptern, die es für ihre religiösen Riten benötigten, Absatz fand. Zum Erwerb dieser Ware führten die Ägypter Flottenexpeditionen durch, und wir erfahren, daß sie das »Land Punt« besuchten. Das mag Somaliland gewesen sein, wenn auch der beste Weihrauch aus Dhufar, an der Küste Südarabiens gelegen, kam. Eine dieser Expeditionen ist auf Reliefs an den Wänden des Tempels der Königin Hatschepsut, in Deir el-Bahri, Ägypten, dargestellt. Nach der Domestizierung des Kamels und seinem konsequenten Einsatz als Lasttier wurde es als wirtschaftlicher angesehen, den wachsenden Handel über Land zu führen. Seit dem 10. Jahrhundert v. Chr. konnten Kamelkarawanen Handelsware vom Indischen Ozean bis nach Gaza am Mittelmeer transportieren.[2] Zum Weihrauch kamen edle Handelswaren aus Afrika, Indien und dem Fernen Osten hinzu, die auf dem Seeweg nach Aden und nach Qana' (in der Nähe von Bīr'Ali) gebracht wurden, um von dort aus die lange Reise nach Norden anzutreten. Durch Eintreibung von Steuern und Zöllen wurden die Ansässigen und die Nomaden entlang der Karawanenstraßen wohlhabend. Sie hatten früh erkannt, daß es einträglicher war, den Handel zu fördern, als die Karawanen anzugreifen und auszuplündern. Sie wurden Mittelsmänner eines großen Handelswesens, das die Aufmerksamkeit der Bewohner zwischen Euphrat und Nil erregte. Kulturelle Einflüsse entlang der Handelsrouten bewirkten die Entstehung schöner Städte und Tempel sowie ausgedehnter Bewässerungssysteme zur Ernährung der zahlreicher werdenden

Bevölkerung. Mit dem Reichtum kam die Gier nach mehr Land, um einen größeren Teil der Handelswege zu kontrollieren. So ist die Geschichte der Königreiche und der sie unterstützenden Stämme, die in den Inschriften erwähnt sind, oft eine Geschichte von Kämpfen und Eroberungen. Überraschenderweise scheint der andauernde Streit um die Vorherrschaft den Handel nicht getroffen zu haben – und das spricht für das Vorhandensein eines sehr gefestigten Handelssystems.

Das Königreich, das als erstes von seiner Hauptstadt Marīb aus den Handel im Innern des Landes kontrollierte, war das mächtige Saba'. Zu anderer Zeit beherrschte das Königreich 'Ausān das Handelsleben. 'Ausān hatte in seiner Glanzzeit den größten Teil der Küste Südwestarabiens in der Hand, und war für seine engen Handelsbeziehungen zur afrikanischen Küste von Bedeutung.

Im späten 5. Jahrhundert v. Chr. gewann das Königreich Saba' über die meisten Küstenstaaten die Herrschaft und eroberte 'Ausān (RES 3945). Zur selben Zeit unterstützte Saba' die Entwicklung einer Handelskolonie an der abessinischen Küste.[3] Erst nachdem die Macht der Sabäer im 4. Jahrhundert v. Chr. zurückgegangen war, kamen die anderen Stämme als voll unabhängige Staaten zu ihrem Recht.

Das Königreich Qatabān kam als nächstes an die Macht, während das nördlich davon liegende Königreich Ma'in ebenfalls an Bedeutung gewann und mitwirkte, die Macht der Sabäer zu brechen. Zur Zeit der Oberherrschaft von Qatabān trat ein neuer Staat, Ḥimjar, in Erscheinung und schickte sich seinerseits an, das Land zu erobern. Das Königreich Ḥaḍramaut nahm die Gelegenheit wahr, einen Teil von Qatabān an sich zu reißen: Timna', die Hauptstadt, wurde um 100 n. Chr. zerstört, und die ganze Grenze von Ḥaḍramaut wurde weiter nach Westen vorgeschoben. Jedoch hatte Ḥimjar schon die Küstengebiete überrannt und sich mit einem Teil von Saba' fusioniert. Dieses Staatsgebilde nannte sich später Königreich Saba' und D̲h̲u Raydān, mit der Hauptstadt Ẓafar, nahe dem heutigen Yarim.

Die Sabäer der herkömmlichen Dynastie im Norden machten ihre Unabhängigkeit wieder geltend. Die Bildung des zweiten Königreiches Saba' und D̲h̲u Raydān mit der Hauptstadt Marīb betrachtete Ḥimjar als Bedrohung. Dieses Königreich griff dann auch Ḥaḍramaut an und eroberte den größten Teil davon. Der Hafen von Qana'[4] wurde eingenommen und Shabwa, die Hauptstadt, wurde verwüstet. Es ist anzunehmen, daß daraufhin Shibam neue Hauptstadt wurde, weiter im Osten, im Wadi Ḥaḍramaut, gelegen.

Im 3. Jahrhundert n. Chr. wurde Südwestarabien von den Völkern Abessiniens[5] überrannt; für eine Weile war ein großer Teil des Gebietes an der Westküste unter ihrer Herrschaft und wurde sowohl von den Südarabern als auch den Habasat beansprucht.[6]

Es ist möglich, daß infolgedessen das Christentum zuerst in Südwestarabien eingeführt wurde – um 360 n. Chr. ließ sich nämlich der König von Ḥimjar taufen.[7] Nach dieser Bekehrung wurden die abessinischen Truppen zurückgezogen. Aber das Christentum in Ḥimjar war nicht stark. Zu Beginn des nächsten Jahrhunderts trat der Herrscher ʾAbukarib ʾAsʿad zum Judentum über. Die nichtchristlichen Stämme von Ḥimjar begannen diejenigen zu verfolgen, die an ihrem Glauben festhielten. Als dann eine große Zahl von Christen in Najran mißhandelt wurde, kehrten die Abessinier nach Südwestarabien zurück, um ihre Glaubensbrüder zu unterstützen.

Die Abessinier blieben diesmal bis zur Zeit nach der Geburt Mohammeds. Auf Veranlassung der Ḥimjar, wurden sie dann schließlich von den Persern verjagt, die die südarabische Küste und den Handel auf dem Roten Meer kontrollieren wollten. Es gelang ihnen, die Ḥimjariten, die Gefolgsleute des abessinischen Königs in Aksum waren, niederzuwerfen. Die persische Herrschaft in Südwestarabien brach noch vor dem Aufkommen des Islam im 7. Jahrhundert zusammen.

Topographie

Südarabien kann man beschreiben als ein bergiges Land mit engen Wadis, die in trockene flache Wüste übergehen. Das Land ist nur in den Wadis fruchtbar, wo die durch die Jahreszeiten bedingten Wasserfluten ständig kontrolliert und die frischen Schlammassen gesammelt werden können. Als eines der größten Probleme erwies sich schon immer die Notwendigkeit, Wasservorräte, besonders Trinkwasservorräte, zu sichern. So werden besonders in den etwas abgelegeneren Landstrichen Brunnen und Wassersammelstätten eifersüchtig von den Stammesangehörigen gehütet.

Der südarabische Raum erstreckt sich vom Roten Meer entlang der Südküste bis Dhufar (Abb. 1). Das Küstenland wird hauptsächlich aus nach Osten hin unterschiedlich breiten sandigen Ebenen und dahinterliegenden massiven Felserhebungen und Bergketten gebildet. Viele der von der See aus sichtbaren Felserhebungen sind Überreste alter Vulkane, z. B. der Ǧabal Kharāz etwa 100 Kilometer westlich von Aden, der seine Lava und Asche über eine Fläche von etwa 20 Kilometern im Durchmesser auswarf. Überreste kleiner Vulkane sind auch die Felsen von Aden.[8] Schon in frühester Zeit bildeten die ehemaligen Kraterränder einen natürlichen Schutz – eine wohl einmalige Besonderheit dieser Stadt. Etwa zweihundert Kilometer ostwärts von Aden liegen die Überreste breiter schwarzer Lavaströme, die sich über die Krater der Vulkane und über das Land ergossen hatten. Zwischen Bal Ḥāf und Bīr ʿAli gibt es bis hin zu den Bergen riesige Lavafelder, die von verhältnismäßig jungen Ausbrüchen herrühren.

Geographisch liegt Aden an der Mündung eines breiten Wadis, das sich genau nach Norden erstreckt. Unter der Oberfläche des sandigen Deltagebietes von Laḥej münden unterirdische Frischwasserströme ins Meer.

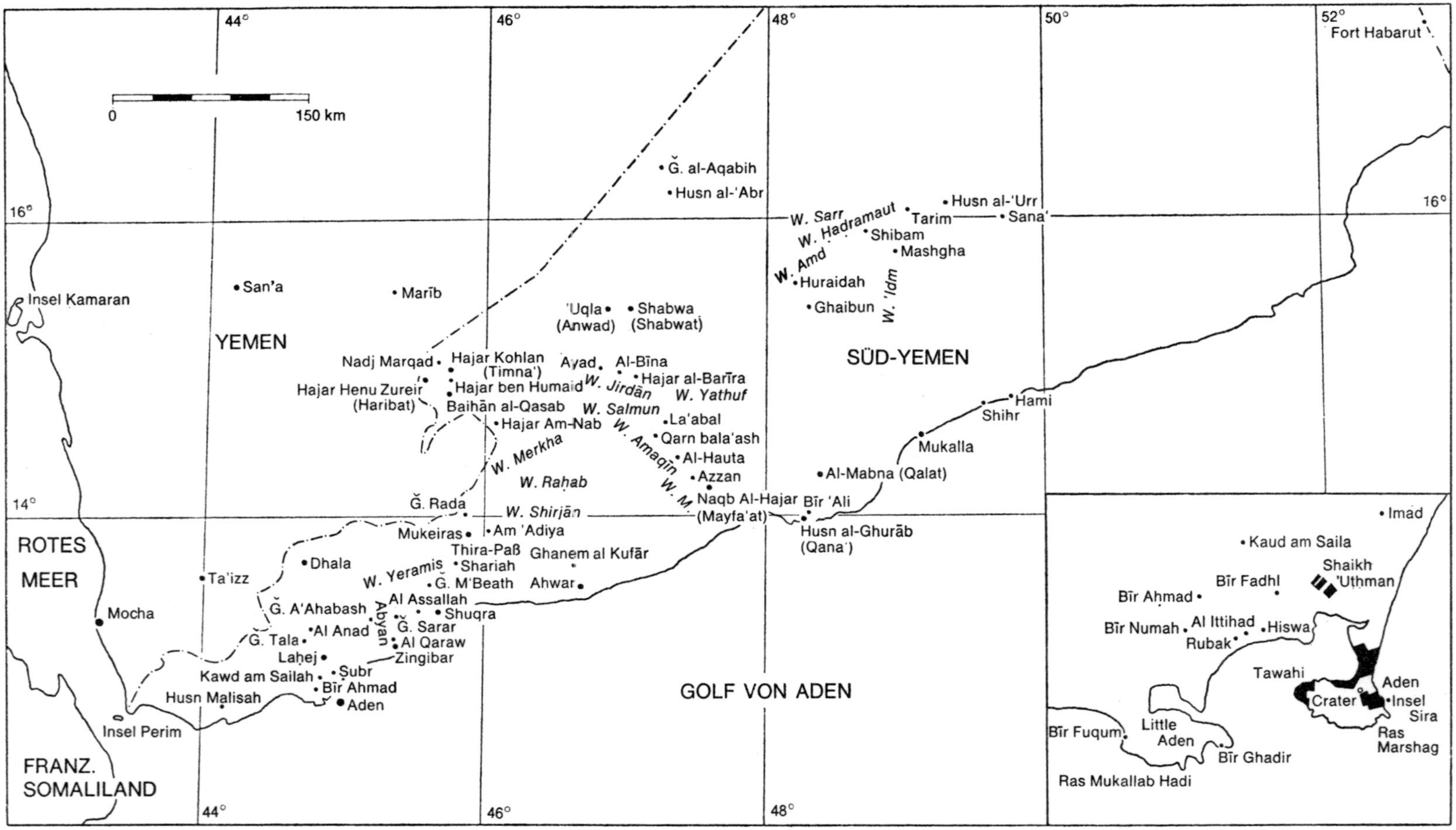

Abb. 1 Südarabien. Gesamtplan.

Sicherlich das bedeutendste Wadi, das als Zugang zum Landesinneren dient, ist das Abyan-Delta, etwa 60 Kilometer östlich von Aden. Wadi Abyan ist eines der größten Ackerbaugebiete. Noch immer treibt man hier künstliche Bewässerung. Nördlich von diesem Gebiet erhebt sich das Granitgebirge mit zackig aufragenden Berggipfeln, zwischen denen enge Wadis eingebettet sind. Etwa 30 Kilometer landeinwärts befindet sich die mächtige Kaur-Bergkette mit ihren Plateau in einer Durchschnittshöhe von 1400 Metern über dem Meeresspiegel. Das Klima eignet sich hier für den Anbau von Getreide. In den Wadis liegen die Felder auf stufenförmigen Terrassen mit steinernen Stützmauern.

Das dritte große Wadi entlang dieser Küste ist das Wadi Maifaʿah. Es hat ebenfalls ein breites Sanddelta, das etwa 75 Kilometer ins Landesinnere reicht, wo enge felsige und zerklüftete Wadis die Nebenarme des Einzugsbereiches bilden. Ostwärts und fast parallel verläuft das fruchtbare Wadi Hajr mit seinem nicht versiegenden Frischwasserstrom, der von den hochgelegenen Quellen in den Bergen gespeist wird.

Östlich und nördlich von dieser Gebirgsgegend des Jemen liegt die weite Sandwüste Ramlat Sabatain, die sich bis zur Mündung des Wadi Ḥaḍramaut nach Osten erstreckt. Im Norden erstreckt sich diese Wüste bis in die Wüste Rubʿ al-Khali hinein, die ihrerseits ins Innere Arabiens hineinreicht.

Das Gebiet von Ḥaḍramaut bildet eine riesiges flaches Felsplateau (jōl oder gōl) und ist von unzähligen Klüften, Wadis oder Tälern durchfurcht, die Nebenarme des Hauptwadis Ḥaḍramaut sind. Hier gibt es flache Bergkuppen – im Gegensatz zu den zackigen Bergspitzen der Bergketten am Westende Südarabiens.

Das Wadi Ḥaḍramaut setzt sich in weitem Bogen nach Osten fort und erreicht schließlich unter dem Namen Wadi Massailah das Meer. Die felsige Küste erstreckt sich von hier aus bis Ras Fartak. In der tiefen Bucht dahinter liegt die Weihrauchzone.

Bei Dhufar in der Qamr-Bucht erhebt sich die Qara-Bergkette hinter der ebenen Küstenzone, der von der Natur begünstigten Gegend, wo kostbarer Weihrauch bester Qualität wachsen konnte. So waren Dhufar, sein Hafen Sumhurum und Moscha vormals von großer Bedeutung. Im Norden des Qara-Gebirges bildetete das Sandmeer Rubʿal-Khali einen natürlichen Schutz.

Vieles von Südarabien, seinen Städten und Dörfern, den Wadis, den gefährlichen düsteren Bergen und Felsen, dem Steppenland und den öden Wüsten ist noch relativ unbekannt. Das überrascht nicht, denn es gibt viele Hemmnisse auf dem Weg eines, der gern reisen möchte, wozu nicht zuletzt die Überwindung ungeheurer Entfernungen und die davon abhängige Versorgung mit Treibstoff und Lebensmitteln ebenso gehören wie die Unsicherheit in einem Gebiet, wo es teilweise nicht ratsam erscheint, ohne behördliche Genehmigung oder ohne Begleitschutz zu reisen. Für Reisende, die gern wandern möchten, um das Westgebiet kennenzulernen, ergeben sich so unüberwindliche Probleme. Im Ostteil des Landes sind die Bedingungen allgemein besser.

Aden ist der Hauptausgangspunkt für den Verkehr in die arabischen Staaten und Kolonien, und zwar auf Straßen, die der Küste entlangführen, obwohl die nächste Umgebung über Shaikh 'Uthmān und entlang der asphaltierten Straße nach al-Hautā, Laḥej, der Hauptstadt des Staates Abdaly, erreicht werden könnte. Die Straßen nordwärts nach Dhala und nach Musemeir, zur nördlichen Grenze des Jemen und zur Stadt Kirsh führen alle durch Laḥej.

Klima

Es ist durchaus möglich, daß Südarabien bereits zu der Zeit der alten Stämme kein fruchtbares Land mehr war. Diese These wird unterstützt durch die Zahl der Regenwasserrinnen, der Wassersammelbecken und der Bewässerungssysteme, die wahrscheinlich bei feuchterem, milderem Klima unter Wasser gestanden hätten. Außerdem ist es unwahrscheinlich, daß die gegenwärtigen Lebensbedingungen und die Trockenheit so stark abweichen von den Bedingungen vor etwa 3000 Jahren. Ackerbau gibt es seit dem 2. Jahrtausend v. Chr. auf den gut bewässerten hochgelegenen Böden Südwestarabiens. Die Überreste der Bewässerungsanlagen, die dort gebaut worden waren, machen den hohen Stand der praktischen Kenntnisse und der technischen Fähigkeiten deutlich.

In diesem trockenen Klima hängt das Seßhaftwerden der Völker und ihre Ausbreitung ganz und gar von der Bewässerung ab, die den Lebensstandard über den von Nomaden hinaushebt. Möglicherweise nach zahlreichen Versuchen und Irrtümern, vielleicht auch aufgrund des Wissens, das man fortgeschritteneren Völkern im Norden verdankte, meisterte man die Probleme der Wasserversorgung. Man lernte, ein Bewässerungssystem zu entwickeln und Erosion durch plötzliche Fluten (*sails*) zu verhindern. Man legte Dämme, Kanäle und Schleusen an und schuf damit eine Art Flußkultur.

Den Südarabern muß jedoch die Entwicklung der *sail*-Bewässerungsmethode – die wirtschaftliche Verwendung und schnelle Verteilung der Flutwasser – zuerkannt werden. Die Einführung dieser Bewässerungsart und des Kamels als Haus- und Lasttier mögen zusammengewirkt haben bei der Besiedlung von Gebieten, von denen bis davon angenommen worden war, daß sie für den Ackerbau nicht geeignet und zu abgelegen seien. Auch mögen dort örtliche Klimaveränderungen eingetreten sein, besonders in der Nähe von Aden, wo auf riesigen Flächen Sträucher und Bäume entfernt worden waren. Ihr Holz fand zum Bau von Häusern und Schiffen sowie als Holzkohle und Brennholz Verwendung.

Das heutige Klima ist in der Zeit des Nordost-Monsuns, von Oktober bis April, gewöhnlich kühl. Aber in den Sommermonaten kommen heiße Sandstürme aus dem Norden und dem Landesinneren. Im Gebiet um Aden fehlen sie in den Monaten Mai und September, wenn die Monsunwinde wechseln, fast völlig. Dann ist es feucht, heiß, drückend. Die heißesten Monate sind Juni und Juli.

Die Niederschläge im Gebiet von Aden werden erst seit 1871 schriftlich festgehalten. Die Regenmenge ändert sich von Jahr zu Jahr. Captain F. M. Hunter[9] stellte fest, daß im Jahr 1870 200 Millimeter Regen fielen, aber im Jahr 1871 nur ganze sechs Millimeter. Es ist wichtig, von ihm zu erfahren, daß die großen Wasserzisternen des *Crater*-Gebiets, die 1858 repariert worden waren, nur zweimal wieder gefüllt wurden: 1864 und 1870. Soweit der Verfasser informiert ist, sind sie 1953 zum letztenmal bis zum Rand gefüllt worden.

Der Regenfall in Südarabien wird heute in Aden, Mukalla und Salalah an der Küste schriftlich registriert – nicht aber in der Gebirgsgegend, da dies die trockenste Zone ist. Der durchschnittliche Niederschlag an Orten unter 30 Metern über dem Meeresspiegel[10] beträgt: in Aden 40 Millimeter, in Mukalla 70, in Salalah 95.

Mukeiras, etwa 2100 Meter hoch, hat einen Durchschnittswert von 238 Millimetern in den feuchtesten Monaten zwischen Juli und September, während 95 für August festgestellt worden sind. Das feuchteste Gebiet findet sich bei Dhalla, ungefähr genausoweit landeinwärts, wenn auch nur 1374 Meter über dem Meeresspiegel gelegen. Der jährliche Durchschnitt wird mit 375 Millimetern angegeben, woran die Monate Juli und August mit 105 beziehungsweise 113 Millimetern beteiligt sind. An beiden Orten steigen die Niederschläge während der Monate April und Mai auch merklich an.

In Südarabien sind zwei Jahreszeiten ausgesprochen eng mit den Südwest- und den Nordwest-Monsunwinden, die schon den alten südarabischen Seefahrern bekannt waren, verbunden. Sie können auch als *heiße* und *kalte* Jahreszeit bezeichnet werden.

Der Südwest-Monsun zieht erst über das abessinische Hochland und um Kap Guardafui, bevor er dann den Golf von Aden überquert. Seine Feuchtigkeit sinkt in den Regenfällen über Abessinien; vor der Küste von Somalia wird er immer wärmer und trockener. Dieser trockene Luftstrom verteilt sich über den Golf von Aden, erreicht etwa Ende Mai Aden und überstreicht drei bis vier Wochen später die Ostküste Arabiens. Der Südwest-Monsun läßt gewöhnlich Ende September nach. Er unterscheidet sich völlig von dem feuchten Südwest-Monsun, der über den größten Teil Indiens weht.

Über dem Golf von Aden kühlt sich die trockene Luft in geringer Höhe ab. Wenn sie die Küste erreicht, wird sie aber wieder flüchtig erwärmt und steigt über die Berge und Plateaus. So entstehen die Gewitterstürme in den Bergen des Jemen. Über den Hügeln der westlichen Zone und dem *jōl* von Ḥaḍramaut ist der Südwest-Monsun feucht. Die Stürme im Landesinneren, manchmal unvorhersehbar und heftig, lassen augenblicklich Flüsse entstehen; trockene Wadis werden zu reißenden Strömen. Diese Fluten oder *sails* werden unter Kontrolle gebracht, um das anbaufähige Land zu bewässern. Es geschieht freilich oft, daß das Flutwasser sich unterirdisch sammelt.

Im Gegensatz zu den zentralen Wüsten erhalten die Berge im Südwesten zu bestimmten Zeiten des Jahres Regen. Das Wasser, das die Bergtäler hinabfließt, wird schon ungeduldig von den Menschen in der Küstenebene erwartet; denn dort fällt nicht so regelmäßig Regen, obwohl auch hier der Frühling nicht unbekannt ist.

Derselbe Südwest-Monsun, der von Mitte Juni bis Mitte September die östliche Küstenlinie, hinter Ras Fartak, erreicht, wird nicht erwärmt. Er erhält vielmehr auf seinem kühlenden Weg über das Meer neue Feuchtigkeit. Infolgedessen entsteht Nebel. Die Wolken hängen tief, wenn der Monsun hier die Küste erreicht. Häufig tritt anhaltender Sprühregen mit dampfendem Nebel auf – besonders an den Abhängen der Bergketten, einige Meilen von der Küste landeinwärts, wo sich Kumuluswolken bilden.

Genau dieses Klima ist in der D̲hufar-Zone (Salalah) für den Weihrauch, der dort wächst, so förderlich.

Die Durchschnittstemperaturen dieses Zeitabschnitts (Juni bis September) differieren je nach Gebiet und Höhenlage. An der Küste beträgt Adens durchschnittliche Maximaltemperatur 36° bis 37° C, in Salalah 27° bis 29° C. Landeinwärts ist die Höhenlage ein wichtiger Faktor zur Bestimmung der durchschnittlichen Tageshöchsttemperatur. In Mukeiras, in etwa 2100 Meter Höhe, liegt sie zwischen 24° und 26° C, während sie in D̲hala, etwa genausoweit landeinwärts, aber 600 Meter tiefer, zwischen 26° und 34° C schwankt.

In Baihān, etwa 230 Kilometer landeinwärts an der Südgrenze der Sandwüste (Sandsee), beträgt die durchschnittliche Höchsttemperatur zwischen 36° und 39° C. Die Temperaturunterschiede zwischen Tag und Nacht liegen in Aden bei 8° C, in Salalah zwischen 4° und 6° C, in Mukeiras bei 11° C, in D̲hala bei 15 ° C, in Baihān bei etwa 20 ° C.

Der Nordost-Monsun tritt zwischen November und April auf. Kalte Luft strömt, von Norden kommend, nach Süden, über den Persischen Golf bis zur arabischen Küste. Er erreicht Aden ein wenig später als die östliche Küstenzone. Am Ostende der Küstenzone gibt es oft Schauer und Böen, während der westliche Bereich dieses Gebietes keine so hervorstechenden Erscheinungen aufweisen kann. Allenfalls am Roten Meer finden sich örtliche Unterschiede.

Gewöhnlich liegt die Tageshöchsttemperatur in dieser Zeit 9° C unter der des Sommers – mit gewissen Schwankungen, die durch die Höhenlage der jeweiligen Orte im Landesinneren bedingt sind. Der Wechsel vom Nordost- zum Südwest-Monsun findet gewöhnlich im Mai statt. Es handelt sich dabei um eine Periode leichter veränderlicher Winde mit vereinzelten Gewitterstürmen. Der Übergang zum Nordost-Monsun findet im Oktober oder November statt.

Sand- oder Staubstürme entstehen während der Zeit des Südwest-Monsuns, also in den Sommermonaten, über sandigen und staubigen Flächen. Das bedeutet normalerweise, daß die Sicht bis auf eine Entfernung von 400 bis 1200 Meter reduziert wird und daß die Luft von feinem Staub erfüllt ist, der bis in große Höhen aufwirbelt. Das erste Anzeichen dafür ist ein sich nähernder Vorhang aus staubgeladener Luft, die durch starke Aufwärtsströmung bis zur Höhe von einigen Kilometern getragen werden kann, wobei recht starker Wind die Richtung bestimmt. Sandwehen in niedriger Höhe kommen in beiden Jahreszeiten vor, treten aber doch häufiger im Sommer auf. Die Bodensicht kann im Bereich des Sandsturmes eingeschränkt sein; das hängt von der Windstärke ab.

Sprache

Die frühe südarabische Sprache ist durch Metalltäfelchen und in Stein gehauene Inschriften – amtliche und religiöse Dokumente – ebenso wie durch in Fels geritzte Graffiti gut überliefert. Ihr Alphabet (29 Buchstaben) besteht wie bei anderen semitischen Sprachen aus Konsonanten.

Die Inschriften auf den Felswänden in den Türkisminen des Sinai entstanden 1850 v. Chr. Diese Graffiti liefern das Bindeglied zwischen den ägyptischen Hieroglyphen und dem phönizischen Alphabet.[11] Das Sinai-Alphabet und ebenso das phönizische – als die Verbindung zum Süden hergestellt wurde – entwickelten die frühen Südaraber zu den wohlproportionierten geradlinigen Schriftzeichen der archaischen Form weiter. Der Entwicklungsprozeß hin zu den hochentwickelten Buchstaben mit ihrem griechisch-hellenistisch anmutenden Charakter ist noch nicht geklärt. Es ist von großem Interesse, daß einige frühe südarabische Inschriften dieser Art nördlich von Kuwait entdeckt worden sind. Jedoch finden sich auch auf den Felswänden Südarabiens Formen, die in der graphischen Gestalt identisch sind mit jenen der Sinai-Inschriften und die vertreten sind in den liḥjānitischen Inschriften von Dedān (heute Al-ʿUla) und in den thmudischen Graffiti-Inschriften und den Ṣafaʿ-Graffiti desselben Gebiets – Entwicklungen der liḥjānitischen Schrift.

Die Minäer knüpften Handelsbeziehungen mit dem Norden, was den sicheren Beweis dafür liefert, daß die Hauptstadt der Liḥjaniten, Dedān, unter der Kontrolle von Maʿin stand, denn sowohl minäische als auch gemischte (hybride) minaeo-liḥjānitische Texte[12] wurden dort gefunden.

Die frühesten bekannten sabäischen Inschriften, die ins 7. Jahrhundert v. Chr. datiert werden, sind oft in der sogenannten Schlangenschrift abgefaßt, alle späteren sind von rechts nach links zu lesen. Schwierig ist noch immer die Ermittlung der Ursache für das plötzliche Auftreten der sorgfältig geschnittenen geometrischen Buchstaben, die in den frühen Inschriften ohne erkennbare Spuren ihrer Entwicklung auftreten.

Im allgemeinen können die aufgefundenen Inschriften ihrem Ursprungsort zugeordnet werden, denn der Epigraph kann anhand der sich allmählich ändernden Buchstabenform die Periode der Inschrift feststellen.

Neben offiziellen Inschriftentafeln, gewöhnlich Blöcken aus feinem Kalkstein oder aus Alabaster, sind auch Graffiti (in Ritztechnik) kunstvollerer Art auf den Felswänden gefunden worden. Diese Inschriftenart, gewöhnlich zur Fixierung amtlicher Dokumente verwendet, repräsentiert die gebräuchlichere Form der südarabischen Schrift. Geritzte und geschriebene Graffiti sind in großer Zahl auf den geglätteten Felswänden ganz Südarabiens zu finden. Sie werden manchmal *thamudisch* genannt, denn sie scheinen dem Typ der Schriftzeichen zu entsprechen, die zuerst im Raum von Thamud entdeckt worden sind – wenn dabei auch epigraphische Unterschiede[13] auftreten. Sie geben jedoch nicht unbedingt Hinweise auf eine Phase der tatsächlichen Entwicklung des südarabischen Alphabets, sondern belegen nur das hohe Maß an Geschicklichkeit und Können des Schreibers. Sie setzen sich gewöhnlich aus einem Eigennamen und einer Zeichnung oder einem Symbol zusammen.

Einige der frühesten Inschriften wurden im Jahr 1837 von Emil R. Rödiger aus Halle und von H. F. Wilhelm Gesenius im Jahr 1841[14] mit der Übersetzung der Inschrift von Naqb al-Hajar entziffert. Die erste umfassende Arbeit über die südarabische Grammatik wurde 1943 von Maria Höfner publiziert. A. F. L. Beeston setzte die Forschungen fort.[15] Aufgrund der auf dem Boden der verschiedenen Königreiche gesammelten Inschriften kann man feststellen, daß die Sprachen der Minäer, Sabäer, Qatabanier und der Ḥaḍramis einander zwar ähnelten, aber verschiedene Dialekte waren. Insbesondere der sabäische Dialekt weist Merkmale auf, die einen nordarabischen Ursprung vermuten lassen. Die symmetrisch geometrischen Schriftzeichen brauchten lange Zeit für ihr Entstehen aus früheren Formen. Die Ähnlichkeit mit griechischen Schriftzeichen könnte auf eine parallele Entwicklung unter direktem griechischen Einfluß hindeuten. Die frühen eingekerbten Schriftzeichen sind gewöhnlich von rechteckiger Gestalt und von einfachem geometrischen Muster, oft ohne Querstriche. Aufgrund des deutlichen griechischen Einflusses ist man fast gezwungen, die frühen Inschriften viel später zu datieren. Der Zeitraum zwischen dem 6. und 5. Jahrhundert v. Chr. scheint mehr für die vorhandenen Belege zu passen. Die Probleme, die den Ursprung des Alphabets betreffen, sind ausführlich von J. Pirenne behandelt worden.[16] In einer viel späteren Form, die in der letzten sabäischen Periode der Doppelmonarchie von Saba' und Ḥimjar besonders deutlich wird, verlieren die Schriftzeichen ihre Einfachheit, und Querstriche (Serifen) werden hinzugefügt. Später (4.–6. Jahrhundert n. Chr.) haben sie dekorative Formen, mit betonten Querstrichen und manchmal verzerrten Buchstaben. Aus dieser letzten Periode kennt man außerdem Inschriften, die nicht eingekerbt, sondern plastisch herausgearbeitet wurden.

Bisher ist keine südarabische Schrift auf vergänglichem Material gefunden worden. Normale geschäftliche Notizen oder literarische Werke auf Leder oder Gewebe sind völlig verschwunden. Es gibt jedoch gemalte Graffiti-Inschriften und Zeichnungen auf den geglätteten Flächen riesiger Felsblöcke. Mit rotem, wahrscheinlich mit Harz vermischtem Ocker wurden sie fixiert und so angebracht, daß sie vor der Sonne geschützt waren.

Religion

Der frühe religiöse Glaube Südarabiens kommt bildhaft in Steinheiligtümern zum Ausdruck. Markante Steine werden entweder als eine Art Umfassung für den göttlichen Stein aufgestellt oder in einer Reihe angeordnet, offensichtlich nach Sternbildern. Derartige Steinmale sind in abgelegeneren Gegenden anzutreffen. So fand man eines in der Mukeiras-Zone, dicht am Rand der Kaur-Bergkette, südlich des Am-ʿAdiya. Es besteht aus einer kreisförmigen Steinanordnung, etwa 1,20 Meter im Durchmesser, mit einem 4,50 Meter hohen Felsblock an der Nordseite, der die ganze Umfassung überragt.

Ein anderes Steinmal existiert im Wadi Sarr, in der Nähe von Shibām. Der zentrale Bau hat eine quadratische Umfassung aus aufgerichteten Kalksteinblöcken und dazwischenliegenden Platten. Im Innern befindet sich an der Südwestecke der Umfassung eine dolmenartige Anlage; ähnliche mögen an jeder Ecke gestanden haben. Ferner gibt es zehn riesige Steine und Steinkreise; die aufgerichteten Steine tragen Inschriften (Graffiti) sowie ein Muster aus drei krenelierten Linien. Das Alter dieses ungewöhnlichen Komplexes ist nicht bekannt, und Geräte aus Stein sowie Schiefer können darüber keine endgültige Klarheit schaffen. Die Graffiti belegen, daß sie zur Zeit der frühen südarabischen Schrift *in situ* waren.[17]

In der Nähe der niedrigen Felsen von Afalil in der Ramlat Sabatain, nordwestlich von Shabwa, entdeckte H. S. John Philby »eine seltsame Gruppe von großen Basaltblöcken, sehr wahrscheinlich von einem alten Sonnentempel stammend. Die Felsen bilden einen Kreis von beträchtlichem Umfang mit einem zentralen Durchgang, der von Felsblöcken eingefaßt ist und zu einem riesigen Altarstein am Westende führt.[18] Ob diese Anlage das Werk von Menschen oder das der Natur war, dessen war Philby sich nicht sicher. Er fand Splitter aus Obsidian und Feuerstein und glaubte, auch Spuren alter Felder in der Nähe zu entdecken.

Andere frühe Bauwerke gab es im mittleren Wadi, etwa dreißig Kilometer nördlich von Aḥwar: In G͟hanem al Kufār entdeckte man die Überreste von mehreren Steinhügeln mit etwa 3,60 bis 4,50 Meter Durchmesser; und von jedem weg verlaufen lange Steinreihen in verschiedene Richtungen. Es handelt sich um typische Reihen aus kleinen, etwa sechzig Zentimeter hohen Steingruppen. An einem Steinkreis aus vertikalen Steinplatten sind Graffiti-Zeichnungen und daneben Graffiti-Ritzungen in früher südarabischer Schrift erhalten. Auf den Hügelketten der Wadis in Ḥaḍramaut, besonders im Raum von Al-ʿAbr, und nach Süden bis zum Wadi Jirdān ziehen sich riesige Steinreihen hin. In der Regel haben sie etwa 4,50 Meter Durchmesser; zumeist laufen kleinere Steinreihen parallel dazu, etwa 60 bis 90 Zentimeter hoch. Diese Bauwerke sind oft so angelegt, daß sie den Horizont bilden. Es scheint kein Zweifel zu bestehen, daß diese Gebilde Grabhügel oder Ossuarien sind und daß die Kette kleinerer Hügel Ausdruck für die Bedeutung des Verstorbenen war. Steinhügel ähnlicher Art wurden auch im Wadi ʿIdm (ʿAdim)[19] gefunden, ohne jedoch einer wissenschaftlichen Untersuchung unterzogen worden zu sein.

Auf dem Gipfel der mittleren Hügelkette von Ruwaik sowie auf Hügeln und an Abhängen in ʿAlam ʾAswad und ʿAlam ʾAbyad sah Philby viele Steinhügel in Form von Pillenschachteln, die sich über Nachbarhügel hinzogen. Er schätzte, daß es Tausende davon gab, die eine ausgedehnte Nekropole bildeten. Die kreisförmigen Gräber waren aus flachen unbehauenen Naturkalksteinplatten von verschiedener Größe errichtet. Die mächtigste hatte eine Höhe von 3 Metern und einen Durchmesser von 7,50 Metern. Der Eingang war ein enger Korridor, der etwa 1,50 Meter breit war und über dem Erdboden zu einem zentralen Raum führte, der in einer Fläche von etwa 1,50 Meter im Durchmesser von überlappenden Mauersteinen überdacht wurde.[20]

Nördlich von Mukeiras gibt es entlang der Straße nach Al-Ma<u>th</u>an mehrere große ähnlich gebaute Steinmale. Sie messen etwa 4,50 bis 5,40 Meter im Durchmesser und 1,50 Meter in der Höhe. Auf Felswänden in der Nähe finden sich frühe südarabische Graffiti.

Bertram Thomas berichtete über Trilithen, die in langen Reihen in den Wadis nördlich von <u>Dh</u>ufar plaziert waren, jeweils drei kleine Steine, etwa 45 Zentimeter hoch und mit einem Deckstein versehen. Parallel zu den Linien der Trilithen und in einer Entfernung von 2,70 Meter lagen kleine konische Steinhaufen. Ihre Funktion ist noch nicht ausreichend geklärt, obwohl sie wahrscheinlich mit religiösen Riten oder Stammeszeremonien in Verbindung stehen.[21]

Während diese Bauwerke wohl eine Vorstellung geben von dem alten, mutmaßlich sehr frühen religiösen Glauben, so dürften sich in den kunstvollen Riten, einem Pantheon von Astralgottheiten und dem hochentwickelten Tempelbau Wohlstand und Reichtum eines Volkes widerspiegeln, das eng mit den Handelskarawanen verbunden ist.

Im Wadi ʿAmd bei der Stadt Hureidha im Ḥaḍramaut grub Dr. Gertrude Caton Thompson in den Schutthalden am Rand des Wadis Höhlengräber aus, die als Ossuarien verwendet worden waren – die einzigen Höhlengräber, die archäologisch erforscht wurden. Da sie unzweifelhaft mit dem nahen rechteckigen Steintempel im mittleren Wadi in Verbindung standen, sind sie von besonderem Interesse.[22]

Die Südaraber der vorislamischen Zeit waren Polytheisten und verehrten unzählige Götter, von denen sie sich viele astral vorstellten. Aber nur von wenigen dieser Götter kennt man die Bedeutung. Vorwiegend handelte es sich um Planetengötter, wobei der Mond als männliche Gottheit dominierte. In Verbindung gebracht mit dem Sternkalender, der von den Bauern in gewissen Ackerbaugebieten verwendet wurde, besonders in Ḥaḍramaut, weist dies auf eine frühe Verehrung des nächtlichen Sternenhimmels hin.

Man darf wohl annehmen, daß der religiöse Kult mit seinen Tempeln, Ritualen, mit der Macht der herrschenden Priesterkaste, Ergebnis einer seßhaften Lebensweise war, deren Wirtschaft auf Ackerbau und Karawanenhandel beruhte. Unter den Südarabern hielt die Verehrung des Mondes an, und es ist fast sicher, daß ihr religiöser Kalender auch vom Mond abhängig war und ihre Jahre sich nach der Stellung des Mondes richteten. Der Nationalgott aller Königreiche war der Mondgott, der unter verschiedenen Namen bekannt war: als 'Ilumquh ('Almaqah) bei den Sabäern, als ʿAmm und 'Anbay bei den Qatabānern, als Wadd bei den Minäern und Sīn bei den Ḥaḍramis. Gefährtin des Mondgottes war die Sonnengöttin; sie war in Südarabien vielleicht am besten bekannt als D̲hat Hamym, »die die starken Strahlen der Güte sendet«. Eine andere wichtige Rolle spielte eine der phönizischen Astarte entsprechende Venus-Gestalt, allerdings gab es auch eine männliche Gottheit namens ʿAhtar.

Zusätzlich zu diesem astralen Pantheon verehrte man noch viele Stammes- und Ortsgötter sowie Wassergottheiten. Der Namen des Gottes 'Il, den man im Norden kannte, war auch in Namen der Südaraber enthalten, wenn auch häufig das Wort 'Il einfach nur als Gattungsappellativ zur Bezeichnung des Begriffs »Gott« Verwendung fand.

Tempel, die Göttern geweiht sind, gibt es in Südarabien im Überfluß. Die Götter besaßen Land, Schaf- und Rinderherden, die von den Tempelpriestern verwaltet wurden. Der Tempel wurde so durch die Abgaben und Steuern unterhalten, die den Stammesangehörigen auferlegt waren, denen der Tempelkomplex Mittelpunkt des gemeinschaftlichen Besitzes war. Amtliche Verordnungen und Gesetze verkündete man im Namen der Götter, und jedes Unternehmen, sei es der Bau von Häusern, die Anlage von Terrassen für Weinberge und Plantagen, seien es Arbeiten am Bewässerungssystem – sie alle wurden dem Schutz der Götter und der Tempel anvertraut.

Selbstverständlich übten die Priester großen Einfluß aus. Sie waren nicht nur geistliche Führer, sondern in ihren Händen lag auch die weltliche Macht. Erst nach dem 5. Jahrhundert v. Chr. wurden in Saba' geistliche und weltliche Macht voneinander getrennt. An die Stelle des Mukarrib (»Priesterkönig«) trat der Titel *Malik* (König).[23]

Die antiken Schriftsteller waren beeindruckt von den Tempeln und Palästen, die vom Wohlstand der frühen Südaraber[24] zeugten. Die Tempel waren die reichsten Bauwerke jeder Siedlungsstätte; schon beim Bau, doch auch später noch, galt ihnen größte Sorgfalt. Im allgemeinen waren sie von rechteckigem Grundriß. Ihre Ecken wiesen nach den vier Himmelsrichtungen. Einige von ihnen hatten Dächer, viele jedoch lagen, von einer kreisförmigen Mauer umgeben, unter freiem Himmel. Der berühmteste dieser Tempel, der 'Awwam-Tempel bei Marīb, bildet eine Ausnahme. Sein Grundriß ist oval oder nierenförmig, und eine hohe kreisförmige Mauer aus feinem Quadermauerwerk umgibt als Umfassung den heiligen Bezirk. Der Haupttempel von Timnaʿ in Baihān liegt im Zentrum der Stadt. Sein rechteckiger Vorhof ist über eine prachtvolle breite Treppe zugänglich. Eine aus vier runden Säulen bestehende Vorhalle scheint der Haupttempel von Shabwa, der alten Hauptstadt von Ḥaḍramaut, gehabt zu haben; trifft dies zu, nimmt dieses Heiligtum eine Sonderstellung ein, denn die gewöhnliche südarabische Säule war ein quadratischer Monolith, dessen Kapitell, mit drei oder vier Reihen von Zahnschnittverzierungen dekoriert, das Gebälk stützte.

Die Götter der Tempel wurden um Wohlwollen und Segen ersucht. Man flehte um Gesundheit, Fruchtbarkeit des Bodens, um Vergebung für vergangene Verfehlungen, überhaupt spielten Buße und Reue eine gewisse Rolle. Im Innern des Heiligtums wurden Brand- und Schlachtopfer dargebracht. Orakel wurden über einem Altar befragt und im Namen des Tempelgottes gegeben. Ein Dankopfer folgte. Es begann damit, daß sich die Opfernden verbeugten, und nach verschiedenen Richtungen zu Boden warfen. Dann wurde auf dem Altar das Blut von Lämmern geopfert.[25] Nur an bestimmten Tagen bestimmter Monate konnte das Orakel befragt werden. Erhielt man die erwünschte Antwort nicht, wurden die Opfer wiederholt.

Verstöße gegen Gesetze, gegen Ritualvorschriften oder sittliche Normen, mußten öffentlich bekannt und gebüßt werden. Häufig kam es vor, daß sich Männer und Frauen dem Tempel weihten oder ihre Kinder zum Tempeldienst bestimmten. Es war dies geradezu ein Akt ganz alltäglicher Frömmigkeit.[26] Sowohl im Tempel als auch bei religiösen Zeremonien an den kleinen Altären der einzelnen Häuser spielte das Abbrennen von Weihrauch eine große Rolle. Votivgaben wurden mit dem Namen des Spenders beschriftet und dem Gott des Tempels geweiht. Es konnte sich dabei um Stelen handeln, um skulptierte Köpfe, die den Stifter darstellten, aber auch um Rauchopferaltäre oder – in selteneren Fällen – um Statuen oder Statuetten. Tote bestattete man einerseits in einfachen Gräbern, die mit Steinen eingefaßt und von einem Steinhügel überdeckt waren, andererseits in Höhlengräbern in den Schutthalden der Wadis mit verborgenen Eingängen, aber auch in Mausoleen mit Räumen für die Aufnahme der Leichname. Da man an ein jenseitiges Leben, an ein Leben nach dem Tode glaubte, wurde dem Verstorbenen mitgegeben, was er auch während seines Lebens benötigt hatte. Hierzu gehörten Schmuck, Ton- und Alabastergefäße, Stelen, Münzen und kleine Tonfiguren. Funde dieser Art sind oft die einzigen Zeugnisse für die damalige Lebensweise. Sehr wenig ist jedoch von der vorislamischen Mythologie und Theologie der Südaraber bekannt. Immerhin hat man sich zu vergegenwärtigen, daß der in Mekka, dem großen Pilgerheiligtum, unter dem Namen Kaʿaba verehrte Steinbau mit seinen Idolen aus vorislamischer Zeit stammt und bereits Ziel alljährlicher Pilgerfahrten war, bevor vom Islam auch nur die Rede sein konnte.

Der Missionseifer christlicher Glaubensboten, die im 4. Jahrhundert n. Chr. aus Byzanz auszogen[27], führte dazu, daß sich in Abessinien und Südarabien das

Christentum ausbreitete. In Abessinien wirkte hauptsächlich Bischof Frumentius, in Südarabien dagegen Bischof Theophilos »der Inder«, der als Leiter einer Gesandtschaft Kaiser Konstantins II. mit Geschenken an den Hof des Königs von Ḥimjar kam. Groß war die Zahl der zum Christentum bekehrten Südaraber. Zu ihnen gehörte sogar der König von Ḥimjar, vermutlich T̲a'ran Yuhanʿin aus Ẓafar (unweit von Yarim). Dem Bischof Theophilos wurde gestattet, in Ẓafar eine Kirche zu bauen, eine andere entstand etwa um 342 n. Chr. in Aden[28], möglicherweise noch eine dritte in Sohar, Oman.

Einen weiteren großen Erfolg hatte die christliche Mission in Aksum (Abessinien) zu verzeichnen. Um 350 n. Chr. trat hier König Ezana zum christlichen Glauben über.[29] Vielleicht war die Bekehrung des Ḥimjaritenherrschers der Grund, daß Ezana sich entschloß, jede weitere Agressionspolitik in Arabien aufzugeben, und nach Aksum zurückzukehren, obwohl sicher wenigstens die eine oder andere abessinische Garnison dort zurückgeblieben sein dürfte. Ezanas Truppen zogen sich wahrscheinlich vor 361 n. Chr. aus Arabien zurück – ein Datum, das das Ende der erfolgreichen Herrschaft Abessiniens über Südarabien markiert.[30] Sicher trug der Übertritt dazu bei, die Ausbreitung des Christentums in Äthiopien zu beschleunigen.

In Arabien wurde Najran, ein altes heidnisches Pilgerzentrum, zu einem Bollwerk des Christentums. Durch seine Lage in einem fruchtbaren Gebiet und an einem Handelsweg war es eine wohlhabende und politisch fortschrittliche Stadt. Damals mag der direkte Handelsweg von Ḥaḍramaut und Shabwa nach Norden durch Mushainiqua bis nach Najran eröffnet worden sein – vielleicht als Zeichen der Freundschaft zwischen den prochristlichen Ḥaḍramis und den Christen von Najran, das außerdem als Durchgang zu den sabäischen Handelszentren dienen sollte.

Selbstverständlich rief eine solche Ausbreitung des Christentums in einigen Lagern Arabiens Widerstand hervor. Eine Antwort darauf war die Unterstützung, die dem rivalisierenden Judentum mit seinem religiösen Zentrum Medina gewährt wurde. Diese Rivalität, gefördert durch den Machtkampf zwischen Byzanz und Persien, sollte in den folgenden Jahren zu einer ständigen Quelle des Streits in Südarabien werden. Hier, wo sich Großmächte feindlich gegenüberstanden, spielte Südarabien seine Rolle im politischen Intrigenspiel.

König D̲h̲ū Nuwās Yūsuf war als »Herr der Locken« bekannt, und bis vor kurzem erinnerten jemenitische Juden – durch das Tragen einer langen Locke an der Seite des Kopfes – daran. Der letzte gewählte König von Ḥimjar kam 522 n. Chr. auf den Thron. Vermutlich war er ein Abkömmling des Königs 'Abūkarib 'As'ad, eines der traditionellen Helden von Ḥimjar, und ebenso wie dieser ein Jude. Da er der Zersplitterung durch die streitenden religiösen Parteien entgegenwirken wollte, griff er das christliche Ḥimjar an. Im Verlauf des Sommers 523 n. Chr.[31] schickten die Abessinier als Antwort auf diese Angriffe Truppen nach Südwestarabien. D̲h̲ū Nuwās, der sich die Unterstützung der Beduinen gesichert hatte, griff Ẓafar an, die alte Hauptstadt von Ḥimjar (D̲h̲ū Raydān), ein Bollwerk der Christenheit. Die alte Kirche des Theophilos Indos wurde zerstört. Von Ẓafar zogen die Truppen D̲h̲ū Nuwās' rasch bis nach Tihama im Westen weiter und zerstörten Muza und seine Kirche.

Das christliche Zentrum Najran war das nächste Opfer. Der Leiter der dortigen Gemeinde hieß Arethas; doch ob Arethas Bischof oder Gouverneur war bleibt ungewiß. Nach der Überlieferung waren die Leute von Najran so fanatisch, daß sie jeden in der Stadt zwangen, das Christentum anzunehmen. So ist es zu verstehen, daß D̲h̲u Nuwas, als er vor Najran anlangte, Arethas und seinen Leuten die Wahl zwischen Judentum und Tod ließ. Als Arethas und die seinen nicht widerriefen, befahl er, breite Gräben auszuheben. Nachdem diese Gräben mit Holz gefüllt worden waren, mußten die Christen auf das Holz treten, und die Holzstöße wurden angezündet. H. St. John Philby nimmt an, daß dies der Grund dafür war, daß man Najran später »Uk̲h̲dūd« oder »Die Gräben« nannte.

Diese Tat veranlaßte den abessinischen König Ella' Asbaha, für einen Rachefeldzug zu rüsten, der im Winter 524–525 mit 70 000 Mann unternommen werden sollte. Mit byzantinischer Hilfe begann er im Mai 525 n. Chr. eine Expedition gegen Arabien.[32] Der erste Zusammenstoß zwischen den beiden Armeen hatte zur Folge, daß sich die Ḥimjariten bis zum Bergland zurückzogen. Die Abessinier allerdings folgten ihnen, und in einer Entscheidungsschlacht wurden die Ḥimjariten vernichtet und ausgerottet. D̲h̲ū Nuwās wurde getötet. Es heißt von ihm, er habe lieber sein Pferd ins Meer getrieben, als sich dem Feind zu unterwerfen.

Noch vor dem Herbst desselben Jahres hatte der König von Abessinien einen christlichen Fürsten aus Ḥimjar – Samyafaʿ ʾAšwaʿ – als tributpflichtigen König über Südwestarabien eingesetzt. Samyafaʿ ʾAšwaʿ regierte etwa fünf Jahre und wurde 530 n. Chr.[33] getötet. Wahrscheinlich ist es sein Tod und nicht der von D̲h̲ū Nuwās, von dem in den Inschriften (CIH 621) von Husn al-G̲h̲urāb, der Felsenfestung Qana' in der Bucht von Bīr ʿAli die Rede ist. Diese Inschrift stammt aus dem Jahr 640 der spätsabäischen Zeitrechnung. Gleichviel: daß die Abessinier die Vorherrschaft hatten, geht deutlich daraus hervor, daß Abraha, der mit der letzten Expedition nach Südarabien beauftragt worden war, zum Herrscher ernannt wurde. Eine seiner ersten Aufgaben war der Bau einer großen Kirche in San'a um die Mitte des 6. Jahrhunderts n. Chr., zu einer Zeit, als Alexandrien dem Bischof Gregentios das Bistum Ẓafar übertrug. Doch auch weiterhin standen die Interessen der Perser und Ḥimjariten im Widerspruch mit der Ausbreitung des Christentums und waren eher den Juden dienlich. Ein Religionskrieg, der das Land zersplitterte, mußte für die sasanidischen Perser ideale Bedingungen schaffen, das Land zu einigen und unter ihre Kontrolle zu bringen.

Abrahas neue Kirche in San'a wurde ein größerer Anziehungspunkt als der heilige Schrein in Mekka. Doch als die Kirche von Leuten geschändet wurde, die erkannten, daß San'a im Begriff war, Mekka seinen Rang als Pilgerzentrum streitig zu machen, benutzte Abraha dieses Ereignis als Vorwand für seinen Zug gegen Mekka. Es wird vermutet, daß dieser Angriff auch gegen die dort in großer Zahl ansässigen Perser gerichtet war. Diese Expedition – der Koran beschreibt sie – war um 570 n. Chr., Muhammeds Geburtsjahr, allgemein als »Jahr des Elefanten« in Erinnerung. Die Erzählung berichtet, daß nach der Vernichtung eines ḥimjaritischen Stammesführers die Truppe in die Stadt einzudringen versucht habe, aber der Elefant des Befehlshabers wollte sich nicht vorwärtsbewegen; und dies führte zum Fehlschlag des Unternehmens. Während des Rückzuges wurde wohl der größte Teil des Heeres von einer Krankheit erfaßt. Abraha soll bald darauf gestorben sein; denn, so heißt es, »er wurde von der Pest befallen, so daß seine Glieder stückweise wegfaulten«.

Kurz danach forderten die christenfeindlichen Ḥimjariten Persien auf, die Abessinier aus Südarabien zu vertreiben. Die Perser überrannten das Land, und für kurze Zeit wurde Südarabien persische Satrapie.

Der Augenblick für einen Wandel war gekommen. Die Wirtschaft des Landes war in Gefahr, die Handelswege wurden vernachlässigt; der Handel erfolgte auf dem Seewege und umging das Land. Stammesleben und Wohlfahrt waren völlig zerrüttet, religiöse Überzeugungen waren in Verruf geraten und die Stämme in rivalisierende Parteien auseinandergebrochen. Niemals hatte es eine nationale Stabilität gegeben, und ohne politische Organisation herrschte Anarchie. Es war eine Situation, die nicht von Dauer sein konnte, und die Zeit war in Südarabien schließlich reif für eine neue Ära und einem neuen Führer.

Weihrauch und Myrrhe

Südarabiens Reichtum beruhte auf dem Handel, zum größten Teil auf dem Handel mit dem Mittelmeerraum. Hauptausfuhrprodukt war Weihrauch. Vor allem die Ägypter benötigten ihn für ihre religiösen Zeremonien. Auf jeden Fall wurde Südarabien im Wirtschaftssystem der alten Welt ein Bindeglied zwischen Ost und West.

Die frühesten Belege für die kultische Verwendung von Weihrauch und Myrrhe sind ägyptische Inschriften der V. und VI. Dynastie.[34] Sie berichten, daß nach 2800 v. Chr. mehrere Expeditionen auf dem Landwege zum Weihrauchland aufgebrochen seien; doch ist es auch möglich, daß Händler aus Punt oder dem Somaliland den Weihrauch nach Oberägypten brachten. Außerdem hatte Ägypten damals nur spärliche Kontakte zu den Völkern östlich der Sinai-Halbinsel. Anscheinend hatte Ägypten vor 2500 v. Chr.[35] entlang der Linie des heutigen Suezkanals Verteidigungsposten aufgestellt, die dazu dienten, Nomaden und Semiten am Betreten ägyptischen Bodens zu hindern.

Diese Fessel führte jedoch zum Bruch zwischen Ägypten und den Ländern des fruchtbaren Halbmonds; von Phönizien abgesehen, bestanden zu ihnen keinerlei offene Kontakte mehr.[20] Als schließlich auf der Sinai-Halbinsel Kupfer und Türkis entdeckt worden waren, konnte eine ägyptische Invasion nicht ausbleiben. Automatisch folgte die gewaltsame Enteignung der bisher von semitischen Landesbewohnern ausgebeuteten Minen, folgte die Stationierung ägyptischer Garnisonen. Weiterhin wurde durch die gesamte Halbinsel eine Straße angelegt, um den ägyptischen Truppen größere Beweglichkeit zu verschaffen und um gleichzeitig eine direkte Verbindung mit der Handelsroute nach Arabien herzustellen.

Die Verwendung von Weihrauch bei Beerdigungszeremonien begann erst, als die Kunst der Einbalsamierung entwickelt und verbreitet war. Dies aber blieb für ein weiteres Jahrtausend der Allgemeinheit unerreichbar – bis das Angebot größer und die Preise niedriger wurden.

Regulären Handel mit Somaliland, vielleicht auch mit Südarabien, das damals die Weihrauchausfuhr kontrollierte, unterhielt Ägypten seit Anfang des 2. Jahrtausends. Damals verlief die Handelsroute am Westufer des Roten Meeres und führte bis Quṣeir oder Myos Hormos und von Koptos den Nil aufwärts.

Vom Jahr 1730 v. Chr. an schweigen die ägyptischen Quellen für etwa 150 Jahre. Dafür gibt es nur eine einzige Erklärung: die Herrschaft der Hyksos im Norden, die so lange andauerte, bis die Ägypter, bis ihre thebanischen Söldner und Generäle im Jahr 1580 v. Chr. das Deltagebiet befreiten. Danach baute Amenophis I. eine reguläre Flotte, um erstens das Rote Meer von den Piraten zu säubern und die Straßenräuber auszurotten, die Hafenstädte und Kaufleute terrorisierten, und um zweitens die Küstengebiete wieder unter Kontrolle zu halten.

Im 15. Jahrhundert v. Chr.[36] hatte Königin Hatschepsut eine große Flotte im Roten Meer zusammengestellt und nach Punt geschickt. Mauerreliefs ihres Tempels in Deir el-Bahri halten dieses Unternehmen bis ins kleinste Detail fest. Sie schildern die Fahrt vom Aufbruch bis zur Rückkehr, zählen Kostbarkeiten wie Ebenholz, Elfenbein, Gold, Zimt und Affenhäute auf und berichten schließlich von Menschen aus Punt. Anscheinend brachte man Myrrhen- und Weihrauchsetzlinge aus Somaliland oder Arabien mit, um die betreffenden Planzen im Niltal anzubauen. Doch der Versuch mißglückte. Offenbar eignete sich Ägyptens Klima für die Kultur dieser Gewächse nicht.

König Salomos Handelsflotte – ausschließlich von Phönikern gebaut und bemannt – lief etwa zu Beginn des 1. Jahrtausends v. Chr. aus dem Hafen von Ezion-Geber aus, um mit dem Land Ophir (wahrscheinlich Somaliland) und Südarabien Handel zu treiben; sie brauchte allerdings eineinhalb Jahre, um ihre Rundreise zu beenden.

Es waren religiöse Zeremonien, bei denen man in jenem Teil des Mittleren Ostens, von Karnak bis Ninive, Weihrauch verbrannte. So sprach Moses in der

Wüste zum Volk Israel: »Und nehme jeder seine Rauchpfanne und streue darauf Räucherwerk« (*Numeri* 16.17). Und später, als die Pest die Israeliten heimsuchte, sprach abermals Moses zum Hohenpriester Aaron: »Nimm die Pfanne und tue darauf Feuer vom Altar, lege darauf Räucherwerk, bringe es eilends zu der Gemeinde und sühne sie, denn der Zorn des Ewigen ist ausgebrochen, die Seuche hat begonnen ... Und er stand zwischen den Toten und Lebenden, und dem Sterben wurde Einhalt getan« (*Numeri* 17,11–13). Deutlich geht hieraus hervor, daß die Anordnung, Räucherwerk mit Weihrauch im Tempel zu verbrennen (*Exodus* 30,1 ff.), den Israeliten längst bekannt war. Überdies zeigen die Reliefs von Ninive mehrfach Opferszenen, bei denen dem Sonnengott und seinen Kultgenossen Weihrauch dargebracht wird. Herrschermacht und Priestertum vereinigen die Könige Assurs. Auch sie erblickt man auf ihren Denkmälern beim Rauchopfer vor dem Baum des Lebens. Nach einer Inschrift aus dem 8. Jahrhundert v. Chr. war es den Assyrern unter Führung von Tiglatpileser III. gelungen, bis zur Handelsroute im Süden vorzudringen und gleichzeitig die Südaraber zurückzudrängen. Dies aber verursachte keine dauernde Spaltung. Der Handel blühte unaufhaltsam weiter. Auch Tribute wurden noch entrichtet.

Die Bedeutung des ritualen Gebrauchs von Weihrauch im alten Persien beweist die Tatsache, daß die Araber Dareios 1000 Talente Weihrauch als Tribut darbrachten. Und nach Herodots Bericht (*Bibl.* 49,113) weihte und verbrannte man alljährlich die gleiche Menge Räucherwerk beim großen Fest des Baʿal in Babylon.[37]

Weihrauch und Myrrhe sind gummiartige Harze. Der Weihrauch ist verschieden gefärbt. Sein Ton reicht vom blassen Gelb bis hin zu Grün und Gelbbraun. Die Masse bleibt so lange am Baum, bis sie halb durchsichtig ist. Erst dann wird sie geerntet. Beim Anbrennen entwickelt der Weihrauch eine dunkle Wolke, die beim weiteren Verbrennen bald schwindet, und es verbreitet sich ein angenehmer aromatischer Duft. Die Myrrhe ist rotbraun gefärbt. Ihr Duft, wenn man sie auf Holzkohle verbrennt, läßt sich bei weitem nicht mit dem des Weihrauchs vergleichen. Den handelsüblichen Weihrauch gewinnt man entweder von einem buschartigen Baum mit Namen *Boswellia carterii*, der keinen Stamm hat und höchstens zweieinhalb bis drei Meter hoch wird, oder von einem dem Ansehen nach schon eher braumartigen Gewächs derselben Familie, das der Botaniker als *Boswellia frereanza* bezeichnet.

Die Myrrhe stammt dagegen von einem regelrechten Baum mit Mittelstamm, der den botanischen Namen *Balsamodendron myrrha* trägt. Beide Harzsorten gewinnt man, indem man im Sommer die Rinde des Baumes schneidet und abschält. An der Schnittstelle bildet die gummiartige Masse einen mit der Zeit erhärtenden Ball, der im Herbst geerntet und in Speziallagerräumen aufbewahrt wird. Die Ernte war im Winter abgeschlossen, und die Harze konnten verschifft werden.

Die einzigartigen klimatischen Bedingungen von Ḏhufar in der Küstenebene und den Ausläufern des Qara-Gebirges, etwa 600 Meter über dem Meeresspiegel, erbrachten den besten Weihrauch. In D̲hufar wuchs der Weihrauch in großer Menge wild, und die Erträge waren besonders groß. Das einst »s'kl« genannte Gebiet war Teil des Königreiches Ḥaḍramaut. Nach dem *Periplus* lag das Weihrauchgebiet in einer als »Sachaliten« bezeichneten tiefen Bucht; und es war der Hafen Moscha am K̲hor Ruri, östlich des heutigen Salala, wo der Weihrauch verschifft wurde.

Im Somaliland befindet sich die einzige andere Gegend, wo Weihrauchbüsche und -bäume wild wachsen. Das betreffende Gebiet, das geländemäßig dem von D̲hufar entspricht, liegt im Landesinneren auf einem Plateau, einige Meilen östlich der Stadt Berbera. Nach dem *Periplus* (§§ 8–12) bediente man sich der Häfen Malao (= Berbera?) Mundus, Mosyllum zum Export des Weihrauchs. Die Myrrhe wuchs wahrscheinlich im Landesinneren östlich von Berbera. Man verschiffte sie in denselben Häfen wie den Weihrauch. Außerdem wuchs Myrrhe wohl auch in Südarabien, und zwar landeinwärts von der Hafenstadt Muza sowie im Norden von Aden und Abyan. Nach Plinius bezog man sie aus dem Königreich Südarabien, mit der Ausnahme von Saba', wo sie nicht zu finden war.

»Wild wachsende Myrrhe« – so Plinius – »gibt es in sehr vielen Varianten. Die erste davon kennt man unter dem Namen ›Höhlenbewohner-Myrrhe‹; die zweite ist die von Ma'in, zu ihr gehört die von Ḥaḍramaut, Qatabān und 'Ausān; die dritte ist die dianitische; die vierte ist eine Mischung aus verschiedenen Sorten; die fünfte ist die sambracenische, die aus einem Küstengebiet im Königreich der Sabäer (Tihāma) stammt; die sechste Sorte ist die dusiritische.«[38]

Die einzigartige weiße Myrrhe stammt aus der Stadt Mesalum, die mit der Stadt Al-Aṣṣallah in Abyan identisch ist. Das für den Wohlgeruch, den es beim Verbrennen entfaltete, bekannte Weihrauchharz wurde auch gern als Heilmittel angewandt. Angeblich stillt es Blutungen, heilt Hämorrhoiden und wirkt als Gegengift bei Vergiftungen.

Auch Myrrhe benutzte man als Duftstoff für kultische Zwecke und als Basis für Salböle. Ihre Hauptverwendung aber fand sie bei der Herstellung von Kosmetika und Salben. Auch sie diente medizinischen Zwecken. Man stellte aus ihr Pflaster her, die Entzündungen hemmten und Wunden heilten. In Ägypten benutzte man sie vor allem für die Einbalsamierung der Toten.[39]

Beide Harze, Weihrauch wie Myrrhe, fanden so nicht nur kultische Verwendung. Sie waren außerdem im täglichen Leben der Nahost- und Mittelmeerbevölkerung von großer Bedeutung, und die Südaraber strebten danach, diese begehrten Waren in ausreichender Menge zu liefern. Bei einem so großen Absatz ist es nur zu verständlich, daß Südarabiens Frühgeschichte die Geschichte des Handels mit Weihrauch und Myrrhe ist. Im 1. Jahrtausend v. Chr. verdienten Südarabiens Bewohner keineswegs mehr die Bezeichnung Nomaden. Die einzelnen Stämme waren damals schon zu einem seßhaften Leben übergegangen und entwickelten eine entsprechende Kultur. Die archäologischen Befunde von

Tafel 1 Kalkstein-Reliefplatte mit einem Muster aus zurücktretenden rechteckigen, kassettenartigen Feldern. Die untere Inschrift zwischen den beiden Huf-Füßen ist rückläufig. Es handelt sich um eine spätere Zutat. Die Dekoration dieser Platte könnte hölzernem Mobiliar entlehnt sein. Vielleicht hat man es mit der Wand eines steinernen Kastens oder dem Rückenteil einer Steinbank zu tun. Ähnliche Platten fand man in Marīb, woher möglicherweise auch diese stammte.

Tafel 2 Kalkstein-Reliefarchitrav bzw. Türsturz aus Huṣn al-'Urr, mit einem Fischmotiv verziert – dem einzigen Beispiel einer solchen Dekoration, das dem Autor bekannt ist. Analogien zu anderen Schmuckfeldern von der gleichen Fundstätte weisen das Stück in das 3. und 4. Jahrhundert n. Chr. Dieser eine Fund reicht zum Nachweis christlichen Einflusses in Ḥaḍramaut keineswegs aus, obwohl sich gerade zur angegebenen Zeit ein Teil der Ḥimjariten dem Christentum zuwandte.

Tafeln 3–6 Beispiele skulptierter Architekturelemente. *Oben links:* Ein Motiv ineinandergeschlungener Weinreben auf einem Architrav aus Husn al-'Urr. Zwei Menschen klettern die Weinranken empor. *Oben Mitte:* Relief mit zwei Gestalten in langen Gewändern, die kleinere davon wohl mit einem Kind. Kurz unter dem oberen Ende ein Steinbock hinter gekreuzten Zweigen. *Oben rechts:* Ein weiterer Architrav aus derselben Fundstätte weist ein gegenläufiges, spiegelbildähnliches Rankenmuster mit Weinblättern und Trauben auf. *Unten links:* Kalksteinkapitell mit Akanthusblattmuster, darunter ein liegender Steinbock, beiderseits von Bukranien (Stierkopf-Feldern) flankiert. Anders als bei hellenistischem Akanthusschmuck decken hier die Blätter der unteren Reihe nicht die Lücken zwischen den Blättern der oberen. Obwohl das Kapitell im Wadi Harib gefunden wurde, nimmt man doch an, daß es aus Marīb stammt.

Tafeln 7, 8 Zwei Varianten der in der südarabischen Kunst weitverbreiteten Steinbockdarstellungen. *Oben:* Liegende Steinböcke mit übertrieben gekrümmten Hörnern. In rechteckige Felder placiert, bilden sie den Rand einer in klaren Lettern ausgemeißelten Inschrift. *Unten:* Ein sehr charakteristischer horizontaler Fries aus Steinbockköpfen, an beiden Enden von zurückgesetzten rechteckigen Feldern begrenzt. Wahrscheinlich handelte es sich um eine Schwelle oder einen Türsturz.

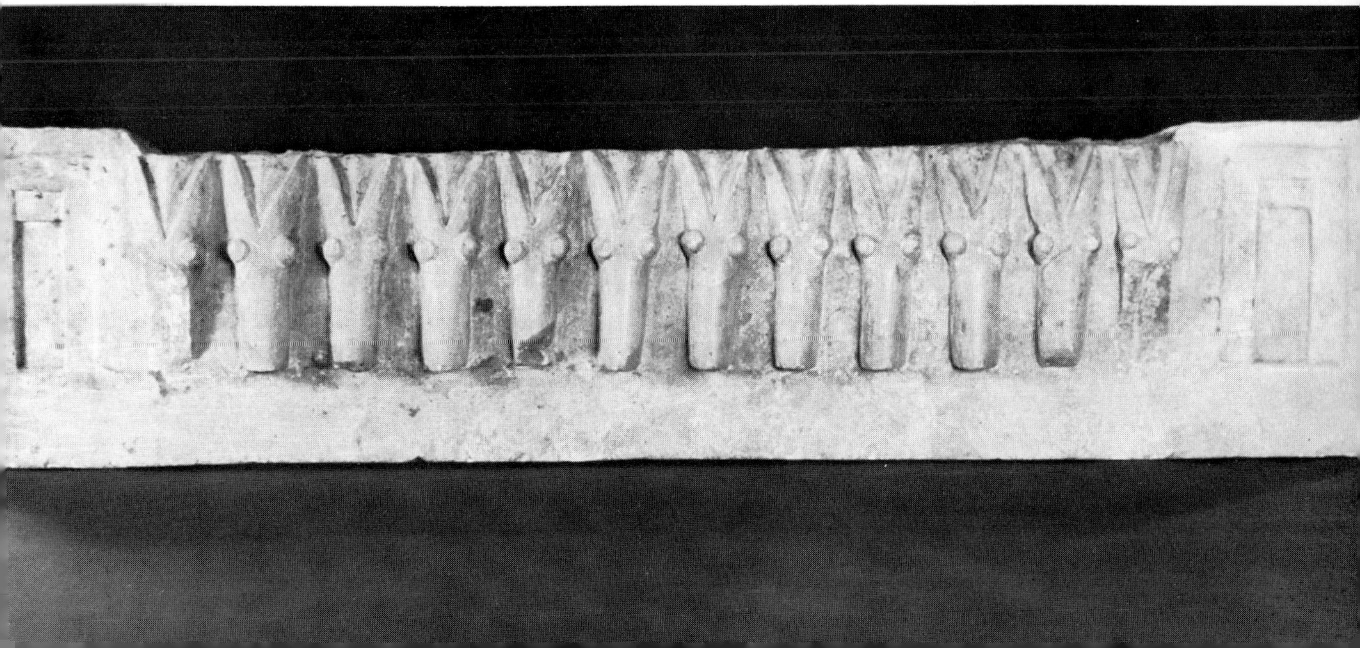

Tafeln 9, 10 Beispiele vorzüglicher Marmorskulptur. *Oben:* Teil eines Zierfeldes – wahrscheinlich eines Tympanons – aus Marīb. Ein dreieckiger Fries aus Weinreben und Trauben umgibt eine sitzende Frauengestalt. Oberhalb des Frieses klimmt ein geflügelter Greif mit Schlangenschwanz in die Höhe. Auf seinem Rücken ein Cherub mit einem Dolch in der Rechten. *Unten:* Teilstück eines Marmorbalkens oder eines Frieses, wahrscheinlich aus Marīb. Der Halbmond mit dem Planeten Venus wird beiderseits von hingelagerten Steinböcken flankiert.

Tafeln 11–13 Drei gemeißelte Zierfriese mit antithetischen, gegenläufigen, Motiven. Die oberen beiden Stücke wurden in Baihān gefunden, stammen jedoch wahrscheinlich aus Marīb. *Oben:* Ein zentraler Stierkopf, flankiert von einer geflügelten Tiermenschengestalt mit Menschenkopf und Stierleib. *Mitte:* Aufgerichtete Steinböcke beiderseits von Palmen. Ihre Köpfe wenden die Tiere jeweils einem naturalistisch wiedergegebenen »Lebensbaum« zu. *Unten:* Geflügelte Greifen, auch sie beiderseits eines – allerdings stärker stilisierten – »Lebensbaums«. Dieses Motiv (teilweise auch mit geflügelten Sphingen) findet sich als Zentralmotiv auf Türstürzen sowie auf Schrifttafeln. Und zwar keineswegs nur auf Kalkstein und Alabaster, vielmehr auch als Randdekoration auf bronzenen Schriftplatten. Im letztgenannten Fall besteht eine nicht geringe Zeitdifferenz zur Epoche seines assyrisch-mesopotamischen Ursprungs, denn aus paläographischen Gründen hat man die betreffenden Inschriften spät anzusetzen. Sie dürften aus dem 3. bis 4. Jahrhundert n. Chr. stammen.

Tafel 14 Die große Umfassung des Tempels der Mondgottheit 'Ilumquh (oder Almaqah), der Hauptgottheit von Saba', in Marīb. Man kennt diesen Tempel unter den Namen 'Awwam und Maḥram oder Haram Bilqis. Die Ansicht zeigt die Eingangshalle an der Tempeleinfassung. Sie besteht aus einem großen säulenumgebenen Hof, den man durch einen Portikus von Monolithen betrat, die einst ein Dachgebälk trugen.

Tafel 15 Der Damm von Marīb. Man blickt ins Innere der Nordschleuse. Deutlich sichtbar sind der Überlauf und der Einlaß des langen Kanals zu weiteren Schleusen.

Tafel 16 Die große Umfassungsmauer des 'Awwam-Tempels mit ihrem vorzüglichen Quadermauerwerk und einer Widmung an die Götter. Dieser Mauerteil enthält modernes und mehrfach verwendetes Baumaterial der Siedlung innerhalb der Mauern.

Tafel 17 Gesamtansicht des Tempels von al-Masajid, südlich von Marīb. Der formschöne Eingang mit den Kalkmonolithen bildet einen starken Kontrast zu dem Geröllmauerwerk der Umfassungswände.

Tafeln 18, 19 Eine Reihe von Alabasterköpfen. Sie dienten teils als Votivgaben, die man zu Ehren der Götter angefertigt und in Tempeln dargebracht hatte, teils als Gedächtnisstelen zu Ehren Verstorbener. Die *oberen* drei Köpfe können jede dieser beiden Funktionen erfüllt haben. Bei den *unteren* handelt es sich um tafelähnliche Stelen eines Typs, der gewöhnlich eine Inschrift mit dem Namen des Stifters trägt, wie das Stück rechts.

▽ Tafel 20 Tafel mit der Skulptur einer Frau. Auf der Inschrift ist der Name THLSM D (vom Clan) RA'N zu lesen.

Tafeln 22, 23 Verschiedene Stelentypen. *Ganz oben links:* Stelenbasis mit dem Namen des Stifters: DRA'M DKRN. Die Buchstaben dieses Namens heben sich reliefartig von der Oberfläche ab. *Rechts daneben:* Dekorloser Alabasterschaft mit leicht konkaver Oberseite. Die beiden Seiten verjüngen sich zur Basis hin. Schaft und Basis bestehen aus einem Stück. Die Inschrift lautet: HWF'AM YLGB. *Darunter links:* Primitivere, allerdings nicht notwendigerweise ältere Form einer Votivskulptur. Die Augen symbolisieren den Stifter, dessen Name, TWBT HZF, darunter zu lesen ist. *Rechts daneben:* Der Stierkopf auf dieser Stele symbolisiert den Mondgott 'Ilumquh. Darunter wieder der Name des Stifters: 'ALN'AD 'ABYD.

◁

Tafel 21 Naturalistische linke Hand einer Skulptur mit einem stilisierten Vogel, möglicherweise einer Taube. Es handelt sich um ein in der koptischen Plastik häufig anzutreffendes Motiv.

▷

Tafel 25 Bei aller Schlichtheit in der Ausführung verraten Stil und Ausdruck dieser rundplastischen Frauenstatuette aus Alabaster hochentwickelten Kunstsinn und Meisterschaft in der Beherrschung des Materials. Die Herkunft dieses Stückes ist unbekannt, als Ursprungsort gilt Marīb.

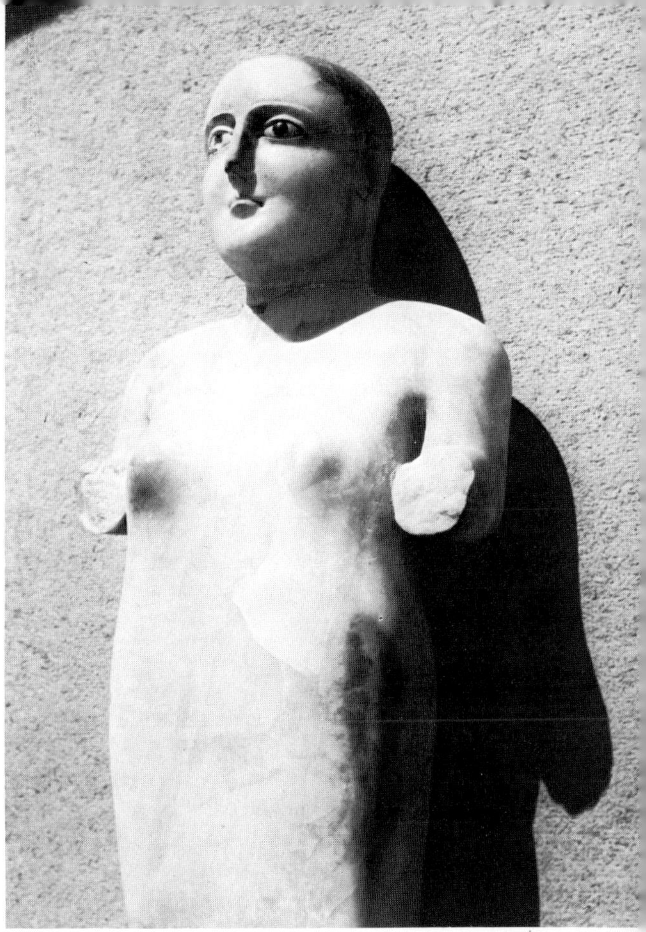

△ Tafel 24 Fein gemeißelter, naturalistischer Alabasterkopf eines kleinen Mädchens. Wahrscheinlich ein Porträt. Unbekannt ist, ob der Kopf zu einer Votivstele oder zu einer Relieftafel gehörte, die die Gottheit D̲ab Ḥ̣MYM darstellte.

▷

Tafel 26 Vorzüglich gearbeiteter Männerkopf mit naturalistisch wiedergegebenem Schnurrbart sowie stilisiertem Backen- und Kinnbart.

Tafel 27 Unglasierte Wellenrand-Gefäße eines im 1. und 2. Jahrhundert n. Chr. in Baihān hergestellten Typs.

Tafel 28 Kurzfüßiger Tonkelch aus Al-Qaraw, Abyan.

Tafel 29 Unglasierte Schüssel mit waagerechtem, ösenförmigem Henkel. Das Stück stammt aus Al-Qaraw, Abyan. An der Gefäßwand erkennt man den ḥimjaritischen Buchstaben Ḥ.

Tafel 30 Beispiele von Haushaltskeramik aus Qatabān. Die Funde sind typisch für das Gebiet des Wadi Baihān. *Links:* Bräunliche engobierte Schüssel mit Fuß und horizontal durchbrochenen Ösenhenkeln. *Rechts:* Kleiner, dunkelgrauer Henkelkrug aus hartem, gutgebranntem Ton. Vermutlich diente er zur Aufbewahrung von Öl.

Tafel 31 Zwei kleine Vorratskrüge mit ringförmigen Basen und Ösenhenkeln. *Links:* Gefäß mit leicht bräunlichem Schlickerüberzug (»Firnis«, Engobe); *rechts:* mit dunkelroter Engobe.

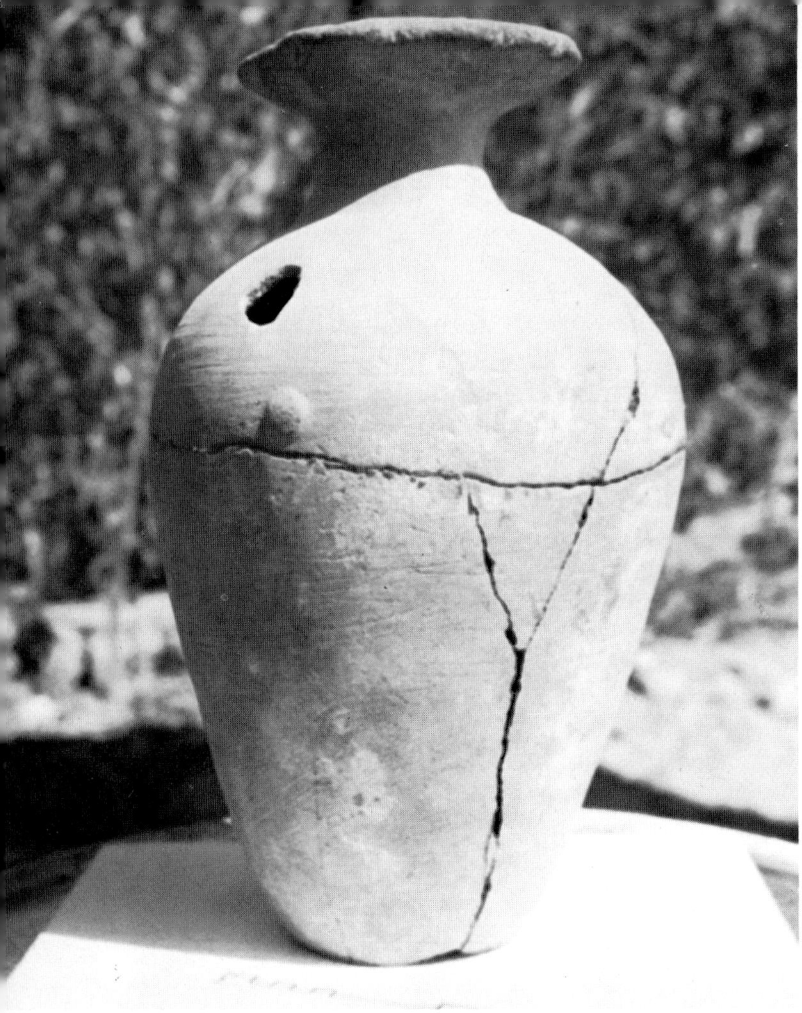

Tafel 32 Unglasierter Vorratskrug aus dem Wadi Jirdan, unweit von Hajar al-Barīra. Ungewöhnlich für das Fundgebiet sind der hohe Hals und der flanschartig weit vorkragende Rand des Gefäßmundes. Der nunmehr zerbrochene Fuß des Gefäßes war geschweift. Unter der Gefäßschulter, am Oberteil des Gefäßkörpers, befinden sich vier buckelartige Ausbuchtungen.

Tafel 33 Die beiden Henkelkrüge wurden bei Tiefbauarbeiten in Bīr Nasir, südlich von Ṣubr in Laḥej, gefunden. Sie lagen etwa 5 Meter unter dem heutigen Bodenniveau. Auf der Erdoberfläche darüber lagen Scherben des in Ṣubr gefundenen Keramiktyps verstreut. Ungewöhnlich wie die Gestalt ist auch der sehr starkwandige Gefäßkörper. (Vgl. das zerbrochene Stück links.)

Tafeln 34, 35 Krüge und Schüsseln mit grüner Glasur, unweit von ʻUthmān gefunden. Sie sind von gefälliger Form. Höchstwahrscheinlich stammen sie aus dem 2. bis 3. Jahrhundert n. Chr.

Tafel 36 Bronzestatuette einer sitzenden Frau namens BARA'AT. Die Expedition der *American Foundation for the Study of Man* (»Amerikanische anthropologische [und ethnologische] Stiftung«) fand sie in einem beim Südtor von Timna' ausgegrabenen Haus.

Tafel 37 Auswahl von Alabasterkrügen aus der *Mukerjee Collection* im Museum von Aden. Bei dem geäderten Alabaster mag es sich um Einfuhrware handeln. Der Ausführung nach dürften die Krüge allerdings an Ort und Stelle entstanden sein. Besondere Beachtung verdient der Krug rechts im Hintergrund. Ein liegender Löwe bildet den Griff seines Deckels. Steinböcke bilden dagegen die Henkel des Kruges links.

Baihān und Ḥaḍramaut bestätigen dies immer wieder. Deutliche Hinweise liefert darüber hinaus, was der biblische Bericht über jenen Besuch, den die »Königin von Saba'« König Salomo abstattete, an gesellschaftlichen und wirtschaftlichen Hintergründen erkennen läßt[40]; diente dieser Besuch doch dem Abschluß eines Abkommens über den Weihrauchhandel und den übrigen Güteraustausch.

Am Anfang wurde das kostbare Räucherwerk von Dhufar aus meist durch Kamelkarawanen oder mit kleinen Küstenbooten auf dem bekannten Seeweg den Persischen Golf aufwärts transportiert, um von Gerrha aus weitergeleitet zu werden. Auch mit Indien trieb man Küstenhandel, um Zimt und Gewürze gegen Spezereien einzutauschen. Doch immer neue Unruhen und Kriege, die im Zweistromland aufflammten, vertrieben nach und nach die Kauffahrer aus dem Persischen Golf. Neue Handelsrouten mußten gefunden werden. Obwohl aber den arabischen Handelsschiffen die Südküste durchaus bekannt war, war es doch zu gefährlich, die kleinen Boote der südarabischen Handelsleute der Unsicherheit des Roten Meeres auszuliefern. Dies aber bedeutete den Anfang des mit Karawanen (wie sie von den klassischen Autoren erwähnt werden) über Land betriebenen Weihrauchhandels. Die frühesten Handelswege (Abb. 2) im Westen Arabiens folgten den schon vorhandenen schwierigen Pfaden, auf denen man das Salz aus den Minen am Rand der Wüste Sabatain zu transportieren gewöhnt war. Esel und Maultiere trugen die Lasten, daher waren die Handelskarawanen klein, langsam und unregelmäßig; denn sie mußten oft anhalten, um Wasser zu fassen. Damals betrachtete man das Kamel als ein zu kostbares Tier, um es für den Warentransport einzusetzen. Zahme Kamele verwendete man anfangs ausschließlich zu kriegerischen Zwecken, so beispielsweise bei den Angriffen der Midianiter gegen die Israeliten. Doch gleichviel – schließlich verdrängte das Kamel, das als Haus- und Lasttier erstmals kurz nach dem 11. Jahrhundert v. Chr. auf der historischen Bildfläche erscheint[41], den Esel doch. Noch der Assyrerkönig Tiglatpileser I. (1115–1074 v. Chr.) hebt hervor, das Kamel sei ein »Tier der Seeländer«. Dies läßt vermuten, daß es für ihn noch etwas Besonderes war, eine Neuheit darstellte. In Arabien mag das Kamel zu Beginn des 2. Jahrtausends v. Chr. eingeführt worden sein, die Perser brachten es dann im 6. Jahrhundert v. Chr. nach Ägypten.

Es besteht kein Zweifel, daß der Übergang zum Warentransport mit Kamelkarawanen für den Handel und Verkehr Arabiens eine Revolution bedeutete. Jetzt erst konnten schnurgerade Handelswege geplant werden, ohne daß man sich im Zickzack von einem Wasserloch zum anderen quälen mußte, und dies beschleunigte den Transport ungeheuer. Als man daran ging, große Karawanen zusammenzustellen, bedeutete dies gleichzeitig mehr Sicherheit. Zuvor hatten sich Handelszüge ständig von Raubüberfällen bedroht gesehen; als nun der Warenaustausch immer mehr blühte, änderten die Räuberstämme ihre Taktik und richteten ein reguläres Zollsystem ein; so konnten die Karawanen unversehrt passieren. Mit der Zeit wuchsen entlang der Handelsrouten Städte und Dörfer

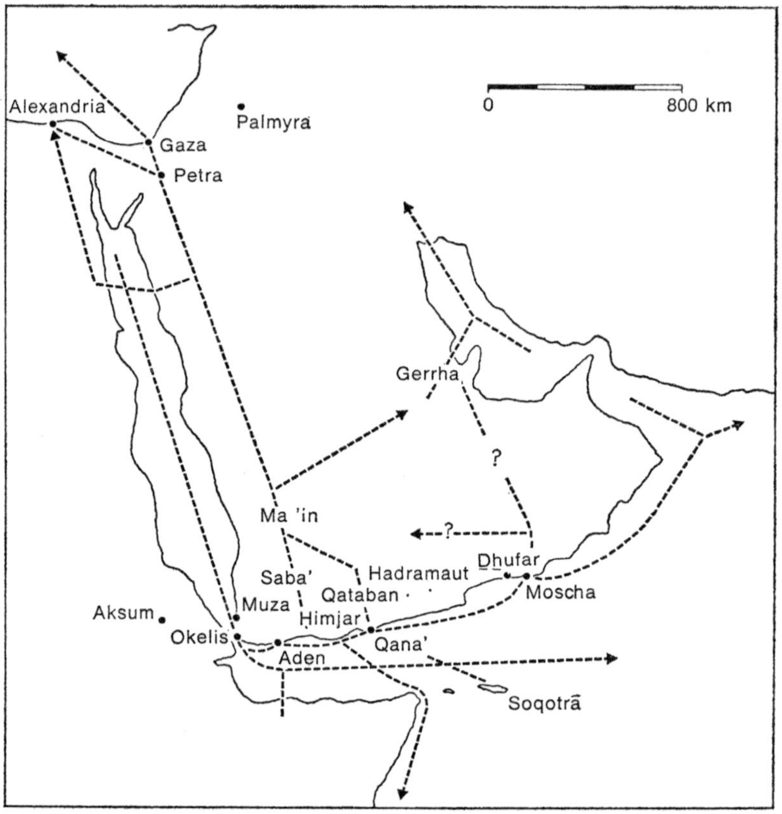

Abb. 2 Übersichtsskizze der Land- und Seerouten von Arabien nach Indien und dem Norden, einschließlich des Seeweges von Suez nach Indien. Angegeben sind auch nur vermutete Überlandrouten von Dhufar längs des Wüstensaumes nach Westen sowie nach Norden durch das Sandmeer und die legendäre »verschollene Stadt« Ubar.

aus dem Boden, die von den durchziehenden Karawanen lebten. Um diese Städte breiteten sich, wo immer es möglich war, Felder aus, auf denen Gerste, Weizen und Mais gediehen. In der Umgebung standen schwankende Dattelpalmen. Oft waren die betreffenden Ansiedlungen so groß, daß sie regelrechte Stadtstaaten bildeten. Und eine bestimmte Anzahl dieser Stadtstaaten konnte sich gegen die noch immer in der Wüste umherstreifenden Nomadenhorden zu einer Föderation zusammenschließen, die ein noch höheres Maß an Schutz bot. Über das Weihrauch- und Myrrhenland äußert Plinius: »Etwa in seiner Mitte befindet sich das Gebiet der Atramiten (Ḥaḍramaut), ein Distrikt der Sabäer, ihre Haupthandelsstadt ist Sabota (Shabwa). Sie liegt auf einem sehr hohen Berg. Acht Tagesreisen von ihr entfernt befindet sich ein Weihrauch produzierendes Gebiet ... Die Wälder messen ... zwanzig Schoinen (etwa 8 Kilometer) in der Länge und die Hälfte davon in der Breite.« [42]

Die Bäume wurden mit großem Eifer behütet. Das Privileg der Baumpflege und der Weihrauchernte war das Monopol von nur dreitausend Familien, die den ganzen Prozeß in eine Aura religiöser Mystik hüllten, die das Ihre dazu beitrug, den enormen Preis stabil zu erhalten.

»Die Mitglieder der fraglichen Familien wurden für heilig erklärt und durften, wenn sie mit der Ritzen der Bäume zur Weihrauchgewinnung beschäftigt waren, weder mit Frauen verkehren, noch sich durch Teilnahme an Begräbnissen verunreinigen. So trieben religiöse Skrupel den Preis in die Höhe.«[43]

Wie ein Netzwerk breiteten sich die Straßen, auf denen man Weihrauch transportierte, über Südarabien aus. Zuerst gab es wohl eine einzige Hauptroute, doch sobald die politische Macht aus einer Hand in die andere überging, gesellten sich wohl neue Straßen hinzu. Dies war wohl eine Folge des nicht endenden Kampfes der südarabischen Königreiche um die Kontrolle des Weihrauchhandels. Der Weihrauch aus Ḏhufar wurde hauptsächlich auf Flößen aus aufgeblasenen Häuten entlang der Küste bis zum Hafen von Qanaʾ transportiert, von wo er zur weiteren Bearbeitung und zum weiteren Vertrieb auf dem Landwege nach Gaza gelangte.

Außer Rauchwerk brachten die Karawanen Luxusgüter aus dem Orient, Gewürze, darunter Zimt aus Indien, Seide sowie erlesene Tücher und Edelsteine von den südarabischen Häfen ans Mittelmeer. Mindestens zwei Haupthandelswege scheint es gegeben zu haben, die landeinwärts von Qanaʾ nach Shabwa führten. Vermutlich lief der Haupthandelsweg über Mayfaʿat (Naqb al-Hajar) hinaus durch das Wadi Amaqin und das Wadi Jirdān und passierte Hajar al-Barīra, den Zollposten und die Garnison an der Wadi-Mündung.

Das Wadi Hajr, vermutlich der Fluß Prion des Ptolemaios, war seinerseits eine Gebirgsroute durch das Wadi Mabanaʿ. Hier befand sich, wohl im 1. Jahrhundert n. Chr. angelegt (nach der Einnahme von Qanaʾ im Krieg mit Ḥaḍramaut), ein Zollposten zwischen Ḥimjariten und Ḥaḍramis. Es handelt sich um die große Mauer und das Tor von Qalat. Jeder andere Wadi-Zugang wurde durch die Anlage versperrt, so daß der Reisende gezwungen war, das Tor zu passieren, das durch eine massive steinerne Mauer von knapp 2 Metern Länge und 4,5 Metern Höhe hindurch zu einem etwa 60 Meter langen Durchgang zwischen Bergflanke und Wadi führte. Von hier setzte sich die Route schließlich über die Berge und einen weiteren Paß nach Shabwa fort. Beide Routen trafen in Shabwa zusammen, wo von den Priestern sehr streng Zollgebühren erhoben wurden: »Nachdem der Weihrauch von den Priestern gesammelt worden ist, wird er auf Kamelen weiter nach Sabota (Shabwa) befördert. Man öffnet eines der Stadttore, um sie hineinzulassen. Die Könige sahen es als Kapitalverbrechen an, wenn die beladenen Kamele vom Hauptweg abwichen. In Sabota wurde ein Zehntel (ʿušr) der Ware, die nach Volumen und nicht nach Gewicht geschätzt wurde, von den Priestern für den Gott erhoben, den sie Sabis nennen.«[44]

An der Westseite der Ramlat Sabatain lag Timnaʿ, ein anderer wichtiger Zollposten und gleichfalls Verteilungszentrum. Die Königreiche Qatabān, Ḥaḍramaut und Maʿin bildeten ungefähr ein Dreieck gegen Sabaʾ im Westen. Die meisten Güter, die nach Norden weitergeleitet wurden, passierten Ḥaḍramaut und Qatabān, bevor sie durch die Hände der Sabäer und Minäer weitergingen. So betrat jede Karawane, die von Osten her oder von Mayfaʿat (Naqb Al-Hajar), der Hauptstadt von Unter-Ḥaḍramaut, eintraf und direkt in das Gebiet von Qatabān gelangte, das Wadi Baihān vom Wüstenweg her. Nachdem die Karawane kontrolliert worden war und die Zollgebühr an Timnaʿ entrichtet wurden, durfte sie weiterziehen. Ein anderer Weg führte über den Paß, der heute unter dem Namen Najd Marqad bekannt ist und im Nordwesten von Timnaʿ nahe der Sandwüste liegt. Unbekannt ist, ob die Güter von Süden her immer denselben Weg nahmen. Die benutzten Handelswege können sich aus verschiedenen Gründen von Zeit zu Zeit geändert haben.

Auch Importware aus Ostafrika und Somaliland, die gewöhnlich durch Aden geht, wurde auf dem Karawanenweg durch das Landesinnere befördert. Handelswege führten von Abyan bis Aqaba ʿUrr (ʿUrr Basileon bewachte diesen Paß bis Ober-Yafaiʿ), al-Baidha-Miswara, einst Hauptstadt (oder zumindest eine wichtige Stadt), in ʾAusān und Markha (vermutlich der bekannte Ort Hajar am-Nab), eine weitere Stadt in ʾAusān, und schließlich nach Baihān. Ptolemaios erwähnt noch eine andere Route: Aden bis Bana (Abyan) – ʿUrr Basileon Madhij-Sarw und Shabwa, die Hauptstadt von Ḥaḍramaut. Schließlich gab es eine Route, die sich von Muza, dem Hafen von Ḥimjar, bis nach Sawara (dem Sitz des Königs von Maʿafir [der Maphoriter]) und nach Ẓafar, der Hauptstadt der Ḥimjariten, erstreckte. Muza war ferner ein wichtiger Hafen für den Myrrhenexport.

Man mag sich fragen, wie es möglich war, daß der ausgedehnte Karawanenhandel sich rund 1500 Jahre hielt, zumal überall entlang der Handelswege Zoll erhoben wurde. Vielleicht liegt die Ursache darin, daß der Seehandel – die andere der beiden Möglichkeiten, Handel zu treiben – nicht weniger langsam, dafür aber mit größerer Unsicherheit verbunden war. Zu allen Zeiten war das Rote Meer wegen seiner gefährlichen Riffe und Strömungen gefürchtet, nicht zuletzt aber boten seine Küsten zahllosen Piratenhorden Unterschlupf, die eine Bedrohung für jedes unbewaffnete Schiff darstellten. Dies bedeutete, daß Kauffahrer sich zum gegenseitigen Schutz zu Konvois zusammenschließen mußten. Gemessen an heutigen Verhältnissen waren die damaligen Schiffe winzig und zerbrechlich. Man hielt sich daher so viel wie möglich in Sichtweite der Küste und war ängstlich darauf bedacht, das Land nicht aus dem Auge zu verlieren. Es gab auch nicht viel Platz für Proviant an Bord, so daß häufige und nicht selten lange Fahrtunterbrechungen nötig waren, um Vorräte zu beschaffen. Die Boote hatten einen flachen Kiel. Dies ermöglichte das Navigieren in flachem Wasser. Man konnte die Fahrzeuge so leicht an Land ziehen. Für stürmisches Wetter auf hoher See waren sie dagegen denkbar ungeeignet.

Trotz all dieser Schwierigkeiten wuchs der Seehandel im Nordteil des Roten Meeres. Die nautischen Kenntnisse wurden erweitert, man machte sich ein immer genaueres Bild von den Küstenverhältnissen, und allmählich sprach es sich herum, daß Seefracht billiger war als der landgebundene Gütertransport mittels Kamelkarawanen. Ägypter, Phönizier und später Griechen waren die Hauptpioniere dieses Seehandels. Um ihn zu erleichtern, begann Pharao Necho (gewöhnlich rechnet man seine Regierungszeit von 609–594 bzw. 610–595) mit dem Bau eines Suezkanal-Vorläufers, der das Rote Meer mit dem Nil verband[45]. Später vollendeten die Perser das begonnene Werk, doch im 3. Jahrhundert v. Chr., als die makedonische Dynastie der Lagiden (Ptolemäer) über Ägypten herrschte, versandete und verschlammte der Kanal. Statt seiner grub man einen neuen Wasserweg bis in die Gegend von Suez. Noch im frühen Mittelalter gab es einen künstlichen Schiffahrtsweg zwischen Nil und Rotem Meer, doch verschlang er zu hohe Unterhaltskosten und wurde daher schließlich im 8. Jahrhundert n. Chr. unter dem zweiten Abbassidenkalifen Al Mansur aufgegeben, der auf diese Weise ganz nebenbei einen Angriffsweg der aufständischen Fatimiden von Mekka und Medina abzuschneiden hoffte.

Pharao Necho ist ferner bekanntgeworden durch den in seinem Auftrag unternommenen Versuch einer Umsegelung Afrikas, von dessen Küste man damals glaubte, daß sie von Kap Guardafui in gerader Linie nach Westen weiterliefe. Für diese Entdeckungsfahrt ließ er Schiffe mit phönizischen Seeleuten bemannen. Herodot berichtet von einer phönizischen Expedition im Auftrag Nechos, die Afrika im Uhrzeigersinn (also durch das Rote Meer und entlang der Ostküste) umsegelt haben soll. Eine zweite Expedition in gegenläufiger Richtung sei von den Persern ausgesandt worden, jedoch gescheitert.

Mit allem Nachdruck förderten die ptolemäischen Herren Ägyptens den Seehandel im Roten Meer. Vom Neubau des Nilkanals ganz abgesehen, legten sie in Myos Hormos, Berenike und Kosseir Häfen an, setzten vorhandene Hafenanlagen instand und stellten Verbindungsstraßen wieder her, um den Seeweg zu verkürzen.

Handelsgüter aus Indien, dem Fernen Osten und Arabien wurden zu diesen Häfen gebracht, und zwar transportierte man auf dem Seewege von Leuke Kome (Al Hawra oder Yanbo al-Bahir) an der Ostküste im Nordteil des Roten Meeres. Hier befand sich die Kopfstation der Karawanenstraßen. Der Seehandel zwischen Indien und Arabien aber blieb Monopol derer, die von jeher diese Route befahren hatten und die Tücken des Indischen Ozeans kannten. Die Ptolemäer dachten nicht daran, sich hier einzumischen, wenn auch Ptolemaios II. Philadelphos einen persönlichen Vertreter nach Soqotrā (Dioskorida) entsandte, von dem er glaubte, es stehe unter der Herrschaft der Könige von Saba'.

An der afrikanischen Küste allerdings legten die Ptolemäer Agenturen und Kolonien an. Eine dieser Niederlassungen war Adulis (Zula). Sie ermutigten auch die griechischen Kaufleute und Handelsleute, die trotz aller Unsicherheit der Monsune, von deren Rhythmus man anfänglich nichts wußte und die daher einen gefährlichen Unsicherheitsfaktor bildeten, regelmäßig zwischen dem Golf von Aden und dem Mittelmeer Handel trieben.

Unbekannt ist, wann die Araber die Regeln der Monsunwinde erkannten und diese starken Luftströmungen für die Schiffahrt zwischen Arabien und Indien zu nutzen lernten. Fest steht nur, daß der arabische Indienhandel früh begann.

Schriftsteller des klassischen Altertums sprechen davon, daß man beispielsweise Zimt in Arabien erhalten konnte. Derartige Waren können nur aus Indien gekommen sein, und dies bedeutet, daß mindestens schon vor der Zeitenwende zwischen beiden Ländern Handelsbeziehungen bestanden. Wahrscheinlich gab man damals die flachkieligen Küstenboote auf und ging zu einem Schiffstyp über, der besser für die Tiefsee geeignet war. Vermutlich kommt der noch heute in Aden auf Kiel gelegte große *Sambuk*-Typ unter allem, was heute die Meere befährt, der Bauweise jener damals neueingeführten Schiffe am nächsten.

Von Anfang an beherrschte das südarabische Königreich von Saba' den Weihrauchhandel. Erheblichen Anteil hatte es an der raschen Ausweitung des Südarabienhandels etwa im 6. bis 5. Jahrhundert v. Chr. Der griechische Schriftsteller Agatharchides berichtet, Saba' habe sogar in Indien Handelsniederlassungen errichtet. Auf diese Weise müssen die Südaraber ein viel leistungsfähigeres und regelmäßiger funktionierendes System des Indienhandels errichtet haben, als dies einzelne Schiffsherren hätten zuwege bringen können.

Man nimmt an, daß die Südaraber auch an der äthiopischen Küste Handelsniederlassungen errichteten, um die Ausfuhr aus diesem Gebiet zu intensivieren.[46] Gewürze und Luxusgüter, die man aus Indien und dem Fernen Osten bezog, dazu Elfenbein, Weihrauch und Gold von der Küste Afrikas – dies waren die Waren, die in breitem Strom durch die Hände südarabischer Kaufleute gingen. Die Bewohner der Mittelmeerländer, bei denen diese Güter schließlich landeten, waren fest davon überzeugt, daß Südarabien selbst das Ursprungsland all dieser Handelsartikel sei – eine Illusion, die südarabische Mittelsmänner sorgfältig aufrechterhielten.

So behauptet Herodot, Arabien sei das einzige Land, das Weihrauch, Myrrhe, Zimt und Gummiharz erzeuge. Die Bäume, von denen man Weihrauch gewänne, würden von geflügelten Schlangen bewacht, die klein und unterschiedlich gefärbt seien.[47] Dies zeigt deutlich, in welch geheimnisvoller Atmosphäre sich die Weihrauchgewinnung abspielte – die Geheimnistuerei schützte das eigentliche Geheimnis dieses einträglichen Handels.

Im großen und ganzen blieb das Monopol dieses Indien- und Fernosthandels bis zum Beginn unserer Zeitrechnung in südarabischer Hand. Als Niederlage dienten an der arabischen Südküste die Häfen Mocha (Muza), Aden (Arabia Eudaimon), Husn al Ghurab (Qana') und Ḏhufar (Moscha).

Um die Zeitenwende jedoch drang die Kenntnis vom Rhythmus der Monsune auch zu Griechen und Römern. Einem Griechen namens Hippalos sagt man nach, daß er das Geheimnis gelüftet habe. Von nun an konnten Griechen und Römer selbst den Indischen Ozean befahren, und die arabischen Kaufleute verloren zum Teil ihre einträgliche Stellung als Zwischenhändler. Ein Schiff konnte nun Anfang Juli mit Kurs auf Okelis oder Aden in Ägypten auslaufen und schließlich unter Ausnutzung des späten Südwest-Monsuns im September einen indischen Hafen erreichen. Hier hatte man drei Monate Zeit, Handel zu treiben, bevor im November die Rückreise angetreten wurde. Vom Nordost-Monsun getrieben, erreichte man wieder Aden. Von dort ging es schließlich, das Rote Meer aufwärts, nach Ägypten zurück. Etwa im Februar war die importierte Ware in Alexandrien.

Einer dieser frühen Kauffahrer verfaßte den *Periplus Maris Erythraei*, einen Bericht über die »Umseglung des Erythräischen Meeres«[48]. Dieser Bericht enthält detaillierte Angaben über die arabischen Küstenstädte entlang der Indienroute. Er gibt folgendes Verzeichnis der Häfen sowie ihrer wichtigsten Import- und Exportgüter:

Muza (Mocha):	*Einfuhr:* Purpurstoff, Stoffe, Saffran, Musselin, Bettzeug, Duftsalben, Wein, Weizen. *Ausfuhr:* Myrrhe, Alabaster.
Kana (Qana'), das mit Ägypten Handel treibt:	*Einfuhr:* Weizen, Wein, Stoffe, Kupfer, Zinn. *Ausfuhr:* Weihrauch, Aloe, Alabaster.
Dioskurideninsel (Soqotrā):	*Einfuhr:* Reis (aus Muza), Weizen, Stoffe, Sklavinnen. *Ausfuhr:* Schildpatt, indischer Zinnober (Drachenblut).
Mosc<u>h</u>a (<u>D</u>hufar):	*Einfuhr:* Stoffe, Weizen, Sesamöl. *Ausfuhr:* Weihrauch.

Der *Periplus* beschreibt diese südarabischen Häfen:

»21 ... in einer Bucht am Fuß der Küste an der linken Seite dieses Golfes befindet sich ein Uferplatz namens Muza, eine Stadt, die Marktrecht hat ... und der ganze Ort ist bevölkert von arabischen Schiffseigentümern und Seeleuten, und überall treibt man Handel ...

22 ... Drei Tagereisen landeinwärts von diesem Hafen erreicht man eine Stadt, deren Name San lautet ... In dieser Stadt lebt ein Vasallenfürst namens Cholaibos.

23 ... Und nach neun weiteren Tagereisen gelangt man nach der Hauptstadt Saphar (Ẓafar), wo Charibael als rechtmäßiger König zweier Stämme residiert: Der Homeriten und der ihnen benachbarten Sabaiten; durch beständige Gesandtschaften und Geschenke hat er die Freundschaft der Kaiser erworben.

24 ... Die Marktstadt Muza ist ohne eigentlichen Hafen. Sie verfügt jedoch

über eine gute Reede und wegen des dortigen Sandgrunds über vorzügliche Ankerplätze, wo der Anker fest greift ...

26 ... hinter Okelis weitet sich das Meer wieder nach Osten hin, so daß man den Eindruck offener See bekommt. Nach etwa 12 000 Stadien liegt hier Arabia Eudaimon, ein Küstenort, der gleichfalls zum Reich Charibaels gehört und guten Ankergrund sowie gute Wasserstellen hat. Das Trinkwasser ist hier weniger brackig und besser als in Okelis.

Der Ort erhielt die Bezeichnung *eudaimon* (»glücklich«), weil in seinen frühen Tagen, als noch kein unmittelbarer Schiffsverkehr zwischen Indien und Ägypten bestand und man von Ägypten aus noch nicht nach den Häfen jenseits des Ozeans zu segeln wagte, sich alles an diesem Platz traf, um Waren aus beiden Richtungen aufzunehmen, so wie heute in Alexandrien ebenso Güter aus Ägypten wie aus Übersee verladen werden.

27 ... Hinter Arabia Eudaimon erstreckt sich die Küste ununterbrochen weiter, und es dehnt sich eine 2000 Stadien weite, wenn nicht noch größere Bucht aus, an deren Ufer die Nomaden und Fischesser ihre Dörfer haben.

Unmittelbar hinter dem in diese Bucht vorspringenden Kap befindet sich an der Küste ein weiterer Marktort, Kane (Qana'). Er gehört zum Königreich des Elezaos, dem Weihrauchland ...

Landeinwärts von diesem Platz liegt die Hauptstadt Sabbatha. Hier residiert der König. Aller Weihrauch, den das Land hervorbringt, wird auf Kamelen dorthin transportiert, um dort eingelagert zu werden. Nach Kane bringt man ihn, wie es dort üblich ist, auf Flößen aus aufgeblasenen Tierhäuten, desgleichen aber auch in Booten ...« [49]

Ergebnis direkter Handelsbeziehungen mit Indien war ein ungeheures Anwachsen des Angebots der Güter, die Griechen und Römer aus Indien bezogen. Die Schiffsladungen trafen regelmäßiger ein und die Verfrachtung beanspruchte wohl weniger Zeit als früher, da man nicht mehr so häufig umladen mußte. Außerdem sparte man wohl die Summen ein, die bei indirektem Handel in die Taschen der Zwischenhändler geflossen wären. So wurden chinesische Brokate und feine bestickte Stoffe aus Indien, welche Roms Damen schmückten, billiger, wenn auch Plinius der Ältere noch immer beklagt, wieviel Geld für derartigen Luxus ausgegeben werde. »Noch bei niedrigster Schätzung beziehen Indien, China und die arabische Halbinsel Jahr für Jahr weniger als 100 Millionen Sesterzen vom (römischen) *Imperium* – eine solche Summe kostet unser Luxus, kosten uns unsere Frauen, denn welchen Anteil, so frage ich, erhalten etwa die Götter oder die Mächte der Unterwelt von all diesen Einfuhrgütern?« [50]

Selbstverständlich waren die Bewohner Südarabiens über diesen Einbruch in ihr altes Zwischenhandels-Monopol alles andere als glücklich. So häuften sich im Golf von Aden die Angriffe auf fremde Handelsschiffe – gezielte Überfälle, die den Zweck hatten, fremde Kauffahrer abzuschrecken. Als der *Periplus* entstand, war Aden zerstört, vermutlich infolge von Stammeskämpfen. Anstatt in

Aden, versorgte man sich daher in Okelis mit Trinkwasser, obwohl das dortige Wasser weit brackiger war. Zwar wurde Aden wieder aufgebaut. Doch noch Hunderte von Jahren konnte keine Rede davon sein, daß es seine alte Bedeutung als Handelszentrum wiedererlangt hätte. Die Ḥimjariten, deren Reich als letztes der südarabischen Reiche eine Vormachtstellung behaupten konnte, hatten ihren Regierungssitz in Ẓafar und benutzten für ihren Handelsverkehr den nächstliegenden Hafen. Dies war Muza, unweit vom heutigen Mocha.

Damals, kurz nach der Zerstörung von Aden mag es gewesen sein, daß für kurze Zeit die Qumr-Kaufleute von den im Norden der Straße von Mosambik der afrikanischen Ostküste vorgelagerten Komoren[51] hier eine Handelsniederlassung gründeten, die mit Handelsstützpunkten an der Küste von Mahra in Verbindung stand.

Zum Teil erstreckten sich die ḥimjaritischen Handelsbeziehungen über die Ostküste Afrikas. Dem *Periplus* zufolge stand diese bis hinab nach Sansibar bis zu einem gewissen Grade unter ḥimjaritischer Kontrolle. Die Ḥimjariten entsandten in großer Zahl seetüchtige Schiffe mit arabischen Kapitänen und arabischen Agenten an Bord, die sich Frauen aus der Küstenbevölkerung nahmen und die Sprache der Küstenbewohner verstanden, und die Nachricht, ein Fürst von Maipha (Maʿafir im äußersten Südwesten) habe über die Küste Ostafrikas geherrscht, zeigt deutlich den Einfluß Südarabiens auf die betreffenden Gebiete. Dennoch ging damals, als der *Periplus* entstand, der südarabische Überseehandel zurück. Wie es scheint, konzentrierten damals die griechischen Kaufleute all ihre Kräfte auf die handelsmäßige Erschließung der Küste Abessiniens, und tatsächlich hinterließen sie dort Spuren ihrer Kultur, die sich von der Hafenstadt Adulis aus ins Landesinnere verfolgen lassen.

Mit der Unterstützung von Byzanz griff Abessinien später Ḥimjar an und bereitet schließlich um das Jahr 525 n. Chr. der Ḥimjaritenmacht ein Ende.[52] Die Eroberung der Küstenstriche Südwestarabiens brachte den Abessiniern automatisch die Kontrolle des Seehandels an der Einfahrt in das Rote Meer ein. Allerdings mochte man dies nur ungern offen zugeben, sondern zog es vor, von einem Religionskrieg gegen Juden- und Heidentum zu sprechen.

Je besser man die Seestraßen kannte, desto größer wurde die Bedeutung des Seehandels für die Einfuhr von Luxusgütern, und der Karawanenhandel erlitt infolgedessen immer größere Einbußen. Hinzu kam, daß der Bedarf an Weihrauch im Laufe der Zeit sank.

Schon zeigten sich die ersten Merkmale der Verarmung. Beispielsweise verfiel der große Damm von Marīb. Bewässerungsanlagen von derartigem Ausmaß brauchte man nicht mehr. Die festansässigen Landesbewohner, die Ackerbau betrieben hatten, zogen fort, und niemand bebaute mehr das bisherige Kulturland. Der erste bedeutende Dammbruch wird aus dem 5. Jahrhundert n. Chr. berichtet, später ließ der abessinische Herrscher Abraha einen weiteren Dammriß reparieren (vgl. CIH 541). Doch die Instandsetzungsarbeiten an den Schleusentoren reichten nicht hin. Man ließ es an der ständigen Überwachung und Pflege der Anlage fehlen und unterließ es, das Staubecken regelmäßig zu reinigen. So versandete das Reservoir nach und nach, schließlich wurde die große Sperrmauer überflutet und barst. Die Wassermassen begruben alles Kulturland ringsumher und spülten hinweg, was in jahrhundertelanger Arbeit entstanden war, bevor sie im Sand von Ramlat Sabatein versickerten.

Eine andere Macht wartete nur darauf, die Aufsicht über den Handel im Roten Meer an sich zu reißen: Der Iran, das Perserreich der spätsasanidischen Zeit. Die Sasaniden verfügten über das militärische Potential, um bei der endgültigen Vertreibung der abessinischen Besatzer aus Südarabien wirksame Waffenhilfe zu leisten. So wurde Südarabien in der zweiten Hälfte des 6. Jahrhunderts n. Chr. vorübergehend persische Satrapie.[53]

Zwischen dem Einmarsch der Perser und dem Sieg des Islam hörte der Karawanenhandel ein für allemal auf, im internationalen Warenaustausch eine bedeutende Rolle zu spielen. Im Jahre 628 n. Chr. trat der persische Satrap Badhan zum Islam über. Dies bedeutete das Vorspiel für den endgültigen Zusammenbruch. Es waren dunkle Jahrhunderte, die nun über Südarabien hereinbrachen.

Geschichte, Kunst und Königreiche

II

Die ersten Nachrichten über die Geschichte Südarabiens verdanken wir den Aufzeichnungen und Chroniken antiker Historiker und Geographen. Herodot aus Halikarnossos (geboren um 485 v. Chr.), Strabon aus Amaseia (geboren um 63 v. Chr.), Plinius der Ältere (geboren um 23 n. Chr.) sowie der große Astronom und Geograph Claudius Ptolemaios, der um die Mitte des 2. Jahrhunderts n. Chr. lebte und wirkte – sie alle erwähnen Südarabien, und von Südarabien spricht nicht zuletzt der unbekannte Autor des *Periplus Maris Erythraei*, jener »Umsegelung des Erythräischen Meeres«, von der bereits die Rede war. Anspielung auf das vorislamische Südarabien enthalten schließlich der Koran und die Bibel. Beispielsweise ist im Alten Testament von König Salomos Handelsflotten die Rede (*Könige* 1, 9, 26), außerdem wird von seinem sagenberühmten Zusammentreffen mit der Königin von Saba' berichtet, die Jerusalem einen Besuch abstattete. Aus der Erzählung kristallisiert sich der Bericht über das neueingerichtete Karawanenstraßen-Netz heraus, das Südarabien mit dem Nahen Osten verband. Die Königin erschien, so heißt es, »mit sehr großem Gefolge und mit Kamelen, die im Überfluß Gewürze, Gold und kostbare Steine trugen« (*Chron.* 2, 9, 1; vgl. *Könige* 1, 10, 2).

Mehr noch an Aufschlüssen über die Geschichte Südarabiens in vorislamischer Zeit haben die Inschriften erbracht – Inschriften, die auf Steinplatten und an Felshängen in Südarabien selbst gefunden wurden. Den ersten Bericht von der Existenz derartiger Inschriften verdankt die Welt einer Expedition, die 1763 unter der Leitung von Carsten Niebuhr erste wissenschaftliche Forschungen in Südarabien durchführte. Es waren jedoch Gelehrte und Forschungsreisende des 19. Jahrhunderts, unter ihnen vor allem T. Arnaud, J. Halévy und E. Glaser, die als erste die große Bedeutung dieser Schriftzeugnisse für die Geschichtsforschung erkannten. Sie zeichneten soviel von den Texten dieser Inschriften auf, wie sie konnten, und sie waren es auch, die das Interesse der Gelehrtenwelt erstmals auf die Bedeutung der antiken Königreiche Südarabiens lenkten.

Man schrieb das Jahr 1888, als Eduard Glaser Marīb besuchte. Glasers Sammlung südarabischer Inschriftentexte hat inzwischen Berühmtheit erlangt. Es ist durchaus nicht ohne Bedeutung, zu erfahren, was ein Forscher wie Glaser sich von seinen Reisen in Südarabien versprach und erhoffte und wie er selbst diese Reisen sah.[54]

»›Und als die Königin von Saba die Erzählungen über Salomo vernahm, von wegen des Namens Jehovas, kam sie, ihn mit Rätseln zu versuchen.‹ So beginnt die Bibel (*I. Könige, Kap. X*) den Bericht über eine Reise der Beherrscherin Sabas nach der judäischen Hauptstadt ... Diese bezaubernd schlichte und doch zugleich märchenhafte Schilderung der Nordlandreise einer sabäischen Königin hat nicht nur auf die Dichter und Geschichtsschreiber aller Zeiten, sondern auch auf jeden, selbst den einfachsten Leser der Heiligen Schrift anregend gewirkt. Wie hätte da ich, der ich mir die Erforschung des Sabäerlandes zur Lebensaufgabe gemacht habe, achtlos an ihr vorübergehen können! So war es denn auch von dem Tage an, an welchem ich den Boden Arabiens betrat, mein Sinnen und Trachten, Mārib, die *Metropolis Sabaeorum* des Strabo, die *Regia omnium Mariaba* des Plinius, diese einstige Hauptstadt des Sabäerreiches zu sehen, die Trümmer ihrer Herrlichkeit zu bewundern und den Schleier zu lüften, der ihre sagenhafte Vergangenheit mit unwiderstehlichem Reiz umfing. Freilich hatten schon lange vor mir zwei Europäer den klassischen Boden der Sabäerstadt betreten: der Franzose Thomas Arnaud im Jahre 1843 und 27 Jahre nach ihm sein gelehrter Landsmann Josef Halévy. Aber die Umstände, unter denen sie reisten, erlaubten keinem der beiden kühnen Männern, die steinernen Zeugen der Vergangenheit unbehindert aufzusuchen. Arnaud, obgleich vom regierenden Emīr (Fürst), dem Šerīf ʿAbderraḥmān, nach Mārib berufen, brachte von dort gleichwohl nur 44 alte Inschriften mit, fast lauter Fragmente und kleine Texte, während der als jerusalemischer Jude verkleidete Halévy daselbst 35 Inschriften, zumeist dieselben, die wir schon durch Arnaud kannten, zu kopieren vermochte. Es war also wohlbegründete Hoffnung vorhanden, daß ein neuer Reisender in Mārib noch gar manche Inschrift entdecken würde, die den Vorgängern verborgen geblieben. Mit diesen Worten soll aber beileibe kein Vorwurf erhoben werden gegen meine Vorgänger ... die beiden Franzosen [haben] in vollem Ausmaß auf den Dank der Mit- und Umwelt Anspruch. Der Erfolg hängt eben sehr häufig von den Zeitverhältnissen, dem politischen Zustande der zu bereisenden Gegend, von persönlichen Beziehungen und Eigenschaften und von der Methode ab, die der Reisende wählt ... Wenn es mir also vergönnt war, in Mārib 391 Inschriften zu sammeln[55], so braucht deshalb allein niemand meine Leistung höher zu schätzen als die Arauds und Halévys. Es ist lediglich den Verhältnissen, ja vielleicht dem Zufall zuzuschreiben, daß ich mehr Landeskenntnis hatte.«

Seit Glasers Zeit ist von Gelehrten, die sich auf südarabische Epigraphik (Inschriftenkunde) spezialisiert haben, ein beträchtliches Arbeitspensum bewältigt worden. Infolgedessen wissen wir heute weit mehr über die Namen all der alten Königreiche und Stämme, die Verwandtschaftsverhältnisse der Herrscherfamilien, die Götter, die man verehrte, und die wichtigsten Bräuche. Der Ablauf der Ereignisse freilich bleibt noch oft genug gelehrter Vermutung überlassen. Als eine Hilfe für die Datierung von Inschriften bietet sich die Paläographie, die

Wissenschaft von Entwicklung der Schreibkunst, an, als besonders wertvolle Unterstützung begrüßen es jedoch Archäologen wie Historiker, wenn sich ein Ereignis, dessen Zeiteinsatz feststeht, mit einer inschriftlich bezeugten Begebenheit der inneren Geschichte Südarabiens in Verbindung bringen läßt. Ein solches Ereignis ist der Anmarsch einer römischen Legion, die im Jahre 25–24 v. Chr. auf Augustus' Befehl bis zu den Königreichen im Süden vordrang, die sich zur Wehr setzten. Nach Strabo soll damals ein gewisser Ilasaros in Mariaba den Abwehrkampf gegen die Legionäre des Aelius Gallus geleitet haben. Inzwischen hat man Ilasaros' Namen auf einer Inschrift wiedererkannt, die von einem ʾIlsarah spricht, dem Sohn des Sumuhuʿalī Yanūf vom Stamme ʾRYMN aus dem Königreich Sabaʾ (RES 4085). Entsprechend wäre eine sichere Datierung des *Periplus,* von dem man allgemein, aber noch nicht widerspruchslos annimmt, daß er am Anfang des 2. Jahrhunderts n. Chr. entstanden sei, ein wertvoller Beitrag zur Beilegung all der gelehrten Streitigkeiten, die über die Chronologie der südarabischen Dynastien ausgebrochen sind. Man hätte dann einen Ansatz für die Festlegung der Regierungszeiten zweier Herrscher: des Königs Charibael, der über Sabäer und Homeriten herrschte, sowie des Eleazos, des Herrn über das Gebiet von Sabbatha. Beide Fürsten werden im *Periplus* erwähnt, und man ist der Ansicht, daß es sich möglicherweise um die beiden inschriftlich erwähnten Herrscher Karibʾīl Watar Yuhanʿim, König von Sabaʾ und D̲hu Raydān, beziehungsweise ʾIlʿAzz Yalit II., König von Ḥaḍramaut, handelt.

Dennoch bildet das Inschriftenstudium nur die eine Seite der Aufgaben, vor welche Südarabien die Wissenschaftler stellt. Archäologische Feldforschung, die Untersuchung von Fundstätten, das Sammeln von Kunstgegenständen, das Ausheben von Suchgräben – all dies ist nicht weniger erforderlich. Die Orte sind noch nicht zahlreich, wo in Südarabien systematische Grabungen durchgeführt worden sind, doch jede der Grabungsstätten hat unser Wissen bereichert. Zu den archäologischen Unternehmungen größeren Stils gehörte die Expedition, die 1932 unter der Leitung von H. von Wissmann und C. Rathjens nördlich von Sanaʿa im Jemen den Tempel von Huqqa ausgegraben hat[56], gehörte die Grabung von Gertrude Caton Thompson, die 1937 in Ḥaḍramaut den Mondtempel und die Gräber von Hureidah freilegte.[57] Weiterhin ist die 1950–1952 unter der Leitung von W. F. Albright und Wendell Phillips durchgeführte Expedition der *American Foundation for the Study of Man* (der »Amerikanischen Stiftung für Anthropologie [und Ethnologie]«) zu nennen, die in Baihān einen Abschnitt von Timnaʿ, der Hauptstadt des antiken Königreichs von Qatabān, freilegte. Insbesondere kamen damals der Tempel, das Südtor und diesem benachbarte Gebäude zum Vorschein, doch auch einiger anderer nicht weit entfernter Fundstätten nahm man sich an.[58] Diese Expedition begann auch mit der Ausgrabung des dem Mondgott ʾIlumquh (ʾAlmaqah) geweihten ʾAwwām-Tempels in Marib, der alten Hauptstadt des Königreichs Sabaʾ.[59]

Den Ergebnissen dieser Grabungen verdanken wir manchen wertvollen Aufschluß über die Lebensweise der Bewohner des antiken Südarabien. Wir wissen, welche Typen von Keramikgefäßen zum Kochen und Trinken benutzt wurden, wie man Straßen anlegte, wie man Gebirgszüge überquerte, wie man wohnte und nach welchem Plan öffentliche und private Bauwerke errichtet waren. Es gelang, großartigen Bewässerungsanlagen nachzuspüren und die Entwicklung der Fertigkeit zu verfolgen, Bronze, Edelmetalle sowie Steine zu bearbeiten und aus diesen Materialien Kunstwerke zu formen. Man hat ebenso die Motive der bildenden Kunst beschrieben wie Einzelheiten architektonischer Gestaltung. Vieles vom architektonischen Raffinement und der Art des Mauerbaus spiegelt den Einfluß des Könnens mittelmeerischer Handwerker. Was an Kunst vorhanden war, muß, nach Ausweis von Votivgaben und dergleichen mehr, unverkennbare Merkmale einer engen Anlehnung an hellenistische oder römische Vorbilder getragen haben.

Unser Wissen über die Lage antiker Fundstätten verdanken wir hauptsächlich Beamten und Reisenden wie Kapitän S. B. Haines und Kapitänleutnant Wellsted von der indischen Marine, die 1834–36 als Offiziere des Forschungsschiffs *Palinurus* an der eingehenden Vermessung der südarabischen Küste teilnahmen. Die kartographische Aufnahme des Küstenverlaufs sowie ins Landesinnere entsandte Expeditionen lieferten ein klares Bild von Land und Leuten. Kapitänleutnant Wellsted interessierte sich für Altertümer, und er gilt nicht nur als derjenige, der die Inschrift von Husn al-Ghurāb zum ersten Male kopierte, sondern er soll auch die erste zuverlässige Beschreibung der Fundstätte von Naqb al-Hajr geliefert haben. In den vierziger Jahren des vorigen Jahrhunderts fand dann Baron von Wrede nördlich vom Bīr ʿAli die Mauer und die Inschrift von Qalat, und später erkundeten Oberst S. B. Miles Wyman Bury und Harold Jacobs manchen neuen Pfad auf zuvor unbekanntem Terrain. Von der Pionierarbeit, die H. von Wissmann und C. Rathjen im Jemen geleistet haben, war bereits die Rede; sehr bekannt sind auch die zusammen mit D. van der Meulen ausgeführten Forschungsarbeiten H. von Wissmanns in Ḥaḍramaut. Ausgedehnte Reisen unternahm weiterhin Kapitän Hamilton, der spätere Lord Belhaven, der besonders durch seine Ausgrabung in Shabwa bekannt wurde. Zu Fuß durchwanderte Oberst Lake den Westteil Südarabiens. Die Karten, die er benutzte, ergänzte er dabei durch den Nachtrag der genauen Ortsnamen. Ferner sind die Namen H. St. John Philby, Ahmed Fakhry, Harold und Doreen Ingrams, Freya Stark sowie R. B. Serjeant anzuführen. Sie alle gehören zur kleinen Schar jener, die weite Reisen in Südarabien unternommen und zum Nutzen ihrer Nachfolger ihre Beobachtungen aufgezeichnet haben.

Eines der Ergebnisse ihrer Erkundungen war, daß antike Ruinenstätten kartographisch erfaßt, daß Felsritzungen und Felsinschriften aufgezeichnet wurden. Glücklicherweise haben gerade die letzten Jahre erheblich zur Erweiterung unserer Kenntnisse der Grabungsstätten beigetragen, von denen es zeitweise schien, als ob es ihr Schicksal sei, bloße Punkte auf der Landkarte zu bleiben, und in einigen Fällen ließ sich der ursprüngliche Ortsansatz anhand neuer Ergebnisse revidieren.

Von 1959 bis 1960 führte G. Lankaster Harding eine Untersuchung Südarabiens durch, wobei er sich auch mit der Frage beschäftigte, wie hoch schätzungsweise das Potential archäologischen Materials sei, das Südarabien aufzuweisen habe. Sein Bericht faßt in einem Band kurze Beschreibungen fast aller bekannten Ruinenstätten zusammen.[60] Im Jahre 1961 finanzierte die *Smithsonian Institution* eine kleine Expedition, die unter der Leitung von G. M. van Beek Fundstätten im Wadi Ḥaḍramaut untersuchen sollte. Ihr Ziel: die Anlage eines Verzeichnisses der Fundstätten und Bergung freiliegender Bodenfunde. Das Ergebnis war eine ungeheure Bereicherung der wissenschaftlichen Kenntnis des durchforschten Gebiets am Rande des *jōl*. Heute gilt es als wahrscheinlich, daß dort einst, von etwa 15 000 Jahren, Jäger hausten, die ihrer Beute mit Feuersteinwaffen auflauerten, denn auf dem Gipfel einer Anhöhe entdeckte man eine Stelle, wo offenbar in großem Umfang die Herstellung von Feuersteingeräten betrieben worden war. Weithin bedeckten Feuersteinsplitter den sonst kahlen Gipfel.

Von Aden aus führte das *Department of Antiquities* mit großer Beharrlichkeit ein weit detaillierteres Programm durch. Dieses Programm umfaßte nicht nur die Erforschung schon bekannter Fundplätze, sondern auch die Suche nach neuen, bisher unbekannten Stätten. Forschungsobjekte waren Naqb al-Hajr, die mit einer Wehrmauer befestigte Stadt Mayfaʿat im Wadi Maifaʿah sowie Husn al-G̱hurāb mit Qanaʾ, dem alten Hafen des Ḥaḍramaut – unweit vom heutigen Dorf Bīr ʿAli. Weiterhin wurden Pläne von Hajar al-Barīra und Al-Binā im Wadi Jirdān angefertigt, desgleichen vermaß man die Bewässerungs- und Flutkanäle.

Schließlich wurden zahlreiche Felsritzungen besichtigt und festgehalten. Mitunter stellte es sich heraus, daß die entdeckten Ruinen durchaus nicht alt waren und daß ein Lastwagenfahrer, dem während einer Rast die Zeit zu lang geworden war, die Ritzzeichnungen in den Felsen gekritzelt hatte, doch nach und nach nimmt das wissenschaftlich auswertbare Material zu. Eines der großen Probleme Südarabiens ist die Entlegenheit so mancher Fundstelle, zumal die Anreise meist durch ungewöhnlich schwieriges Gelände führt und daher mehr Zeit beansprucht als auf anderem Terrain. Oft ist die Zeit, die man an der Fundstelle verbringt, viel knapper als die bloße Anreisezeit. Gewiß ist hier nicht der richtige Ort, um von Sicherheitsrisiken zu sprechen. Andererseits ist es jedoch Tatsache, daß sich mitunter der Besuch gewisser Fundplätze durchaus nicht empfiehlt. Daher dauert es unter Umständen lange, bis eine bei früherer Gelegenheit eilig hingeworfene Skizze vervollständigt werden kann. In einigen Fällen hat man sich glücklich zu schätzen, daß überhaupt schon Funde geborgen oder Aufzeichnungen angefertigt werden konnten.

Mit großer Sorgfalt wurden Scherben gesammelt, wo immer man sie fand. Keramik ist im Grunde unzerstörbar und bleibt noch lange erhalten, nachdem alle anderen handgreiflichen Besiedlungsspuren längst verschwunden sind. Sie ist ein ideales Material für Vergleichs- und Datierungszwecke und man darf hoffen, daß bald die Ansätze einer Typologie greifbar werden, die zur Feststellung wechselseitiger Einflüsse sowie der chronologischen Abfolge eine wertvolle Hilfe zu leisten vermöchte.

Schon hat es die Untersuchung von Keramik- und Marmorfragmenten ermöglicht, die Funde aus dem Gebiet von Abyan einer Periode zuzuweisen, die weit früher zurückliegt, als man es aufgrund des vorliegenden anderen Fundmaterials erwartet hätte. Zwei erst kürzlich entdeckte vorislamische Inschriften[61] scheinen diese Ansicht zu erhärten. Die erste dieser beiden Inschriften besteht aus einem einzigen Wort. Es lautet SMHʿLY und ist bereits aus der Inschrift von Marīb als sabäischer Königsname bekannt. Bei der zweiten handelt es sich um ein siebenzeiliges Fragment. Die Schrift ist spätsabäisch, und man erblickt ein Symbol, das auf anderen Zeugnissen als Emblem des Mondgottes ʾIlumquh (ʾAlmaqah) erscheint. Obwohl diese Neuentdeckungen noch keinen endgültigen Beweis darstellen, darf man doch mit Spannung erwarten, was als nächster Fund im fraglichen Gebiet zum Vorschein kommen wird, und man darf hoffen, das antike Südarabien viel intensiver kennenzulernen.

Die Königreiche

Wenn Schriftsteller des klassischen Altertums von Südarabien berichten, fällt stets der Name Sabaʾ. Die Sabäer hielten sich als vorherrschende Macht im Lauf der gesamten Geschichte Südarabiens vor dem Islam. Bis zum 8. Jahrhundert v. Chr. lassen sich sabäische Herrschernamen zurückverfolgen – Namen von Angehörigen einer Dynastie, deren Herrschaft über Sabaʾ Tradition geworden war. Als Heimat der Sabäer gilt der Norden Südarabiens. Während, wie es scheint, andere Reiche, darunter nach Ausweis von Inschriften bis zum 1. Jahrhundert v. Chr. herab auch Maʿin, Qatabān und ʾAusān, sich bereits in den südlicheren Küstengebieten etabliert hatten, siedelten die Sabäer im Gebiet von Marīb. Vom 2. Jahrhundert n. Chr. an sind Sabaʾ, Ḥimjar und Ḥaḍramaut die einzigen Staaten von einiger Bedeutung. Aus diesem Grunde sei von Schilderung der Reiche von Sabaʾ und Ḥaḍramaut vorerst abgesehen. Sie werden Gegenstand eines späteren Abschnitts sein.

Während der Spätzeit, seit dem 1. Jahrhundert n. Chr. bestimmte bis zu einem gewissen Grade das Anwachsen der Ḥimjariten und anderer südarabischer Stämme die Szene, die sich gegen die bestehenden Machtverhältnisse auflehnten. Gegen den Angriff dieser Stämme nahmen sich die mörderischen Zwistigkeiten der etablierten Mächte geradezu harmlos aus.

Im 1. Jahrhundert n. Chr. teilte sich die traditionelle Dynastie von Marīb mit den *clans* des westlichen Hochlands in die Herrschaft über Sabaʾ. Zu ihnen gehörten die Banu Bataʿ, die in Hazim ihren Hauptsitz hatten, die Hamdan vom großen Stamm der Samʿi mit ihrem Zentrum in Nā-ʿit, die Stammesfürstentümer von Gurat mit ihrem Mittelpunkt im Westen des Samʿi-Gebiets sowie Martadum von Šibam ʾAqyān, näher an Marīb. Innerhalb des Territoriums dieser damaligen *clan*-Füstentümer befindet sich Sanaʿa, die heutige Hauptstadt des Jemen.

Diese Aufteilung der Macht führte dazu, daß sabäische Stammeshäuptlinge sich den Titel »König von Sabaʾ« zulegten und Macht ausübten, obwohl gleichzeitig in Marī ein Angehöriger der dort ansässigen Hauptdynastie sabäischer Könige residierte.

Unruhe unter Südarabiens Stämmen wuchs zu einer Revolution gegen die bestehenden südarabischen Reiche aus. Zuerst sollte Qatabān dies zu spüren bekommen, später Ḥaḍramaut – und schließlich Sabaʾ. Wahrscheinlich bezeichnete der Name Ḥimjar den Bund der herrschenden Stämme, der auch die Reste in Stammesfehden aufgeriebener anderer Völkerschaften aufgenommen hatte. Als schließlich die Kräfte der Sabäer an der Nordgrenze des Reichs gebunden waren und die Kontrolle des alten Minäergebiets sie beanspruchte, ergriffen die Ḥimjariten die Gelegenheit. Durch das Küstenland drangen sie bis ins sabäische Grenzterritorium vor und setzten sich endlich rings um das Zentrum Ẓafar fest.

Irreführend ist der Titel »König von Sabaʾ und Ḏhu Raydān«, der sich auf Inschriften findet. Gleich zwei Dynastien sabäischer Hochland-Häuptlinge im Westen von Marīb führten ihn. Außerdem trugen ihn – nicht anders als die Fürsten, die in Ẓafar residierten – die Könige von Marīb selbst. Später führten ihn nur noch diese allein, wenn auch auf inschriftlichen Zeugnissen Ḏhu Raydān oft als sabäische Bezeichnung der Ḥimjariten begegnet.

Zweifellos war es die Einnahme Marībs durch die Ḥimjariten, die zur Annahme des Titels »König von Sabaʾ und Ḏhu Raydān« führte. Der Zusatz »Ḏhu Raydān« führte. Der Zusatz »Ḏhu Raydān« zum sabäischen Königstitel der Herrscher von Marīb tritt erstmals nach der ḥimjaritischen Eroberung auf. Und als die Sabäer Marīb zurückgewannen, übernahm ihn auch der nun wieder dort residierende Sabäerfürst. Dies bedeutet keineswegs, daß Sabaʾ und Ḏhu Raydān eine Einheit gebildet haben müssen, sondern nur, daß sowohl Ḥimjariten die Herrschaft über Sabäer als auch umgekehrt Sabäer die Herrschaft über die Ḥimjariten beanspruchten.

Schließlich fiel Marīb endgültig in ḥimjaritische Hand. Es wurde die zweite Hauptstadt des ḥimjaritischen Reichs mit Sitz eines ḥimjaritischen »Königs von Sabaʾ und Ḏhu Raydān«. Damit begann die Endphase der sabäischen Ära. Die Erhebung der Ḥimjariten hatte diesem Stammesbund die tatsächliche politische Macht über Südwestarabien eingebracht. Wahrscheinlich liegt hierin der Grund, daß man sämtliche Völkerschaften Südarabiens in vorislamischer Zeit so oft als Ḥimjariten bezeichnet findet.

Die Minäer

»Durch das Gebiet der Minäer führt die Transitroute für den Weihrauchexport, und zwar findet dieser Handel entlang einer einzigen schmalen Route statt. Es ist dieses Volk, das den Handel in Gang gebracht hat und ihn hauptsächlich ausübt, und infolgedessen bezeichnen wir auch Duftstoffe als ›minäisch‹« (Plinius, *Naturgeschichte* 12, 30, 53; 31, 56).

Hauptstadt der Minäer war Qarnāwu im südlichen Al-Jauf. Als eine weitere bedeutende Minäerstadt bezeichnen Inschriften Našq[62]. Ihr Stammesgebiet soll sich von Jemen bis hin nach Ḥaḍramaut erstreckt haben. Plinius berichtet von diesem Beieinander der Königreiche Maʿin und Ḥaḍramaut: »An das von den Atramiten bewohnte Land (Ḥaḍramaut) grenzt das Gebiet der Minäer«[63], und: »im Landesinnern sind die Minäer die Nachbarn der Atramiten«[64]. Dies scheint auf direkte Handelsverbindungen zwischen den beiden Königreichen hinzudeuten, die längs der über Ruwaiq und ʿalam Aswād bzw. ʿalam Abiaḍ führenden Route stattfanden. Der letztgenannte Weg führt durch wasserarmes Gebiet. Nur Kamele kamen, wenn man ihn benutzte, für den Warentransport in Frage. Wie es scheint, lernten Minäer wie Sabäer aus den Erfahrungen der Karawanenleute, die mit dem Salz aus den Minen des südlichen Grenzgebiets der Ramlat Sabatain handelten. Man brachte den Weihrauch bis zum Hedschas, nach Yaṯrib (Medina), weiter nach Elath am Golf von ʿAqaba, schließlich nach Gaza und nach Maʿan bei Petra, wo sich eine Handelsniederlassung befand. Möglicherweise handelten die Minäer nur mit Weihrauch. Anscheinend waren nicht sie es, die Griechen und Römer mit allem Luxus des Orients versorgten, sondern Lieferanten dieser Güter durften die Sabäer mit ihren bis nach Indien und Afrika reichenden Handelsbeziehungen gewesen sein. Allerdings zogen auch ihre Karawanen durch das Gebiet von Maʿin.

Von Maʿin weiß die Wissenschaft nur sehr wenig. Abgesehen von dem, was die von Joseph Halévy und Eduard Glaser kopierten Inschriften hergeben, sind wir ausschließlich auf die Angaben klassischer Autoren angewiesen. Alles, was zur Zeit über die Stellung der Minäer in der Geschichte des vorislamischen Arabien bekannt ist, findet sich bei F. V. Winnet[65] zusammengestellt, der von den bei Al-ʿUlaʾ gefundenen liḥjānischen und minäischen Inschriften ausgeht.[66] Zum Glück hat der Forschungsreisende H. St. John Philby Najrān besucht und beschrieben, doch entsprechende Aufzeichnungen über Qarnāwu liegen nicht vor.

Strabo, der sich auf Eratosthenes beruft, teilt lediglich mit, die Minäer seien Zeitgenossen der Sabäer sowie der Leute von Qatabān und Ḥaḍramaut, und der Name ihrer Hauptstadt lautet Karna, was sich als Qarnāwu identifizieren läßt. Diese Nachricht bezieht sich auf den Anfang des 3. Jahrhunderts v. Chr. In einem anderen Bericht, der auf Artemidor von Ephesos zurückgeht, ist von Minäern und Gerrhäern die Rede, die eine Ladung aromatischer Stoffe nach

Palästina gebracht hatten.[67] Möglicherweise gab es über Gerrha einen direkten Handel mit dem Persischen Golf, der vielleicht abseits der südwestlichen Handelsroute gleichfalls nach Indien und dem Osten führte. Dies setzt voraus, daß D̲h̲ufar Weihrauch nach Gerrha sandte, und zwar entweder auf direktem Wege oder durch West-Ḥaḍramaut und Maʿin zum Weitertransport. Wahrscheinlich war Gerrha einer der frühesten Handelspartner von D̲h̲ufar. Strabo gibt außerdem an, eine Reise von Gerrha nach Ḥaḍramaut dauere 40 Tage.[68] Dies läßt vermuten, daß die Gerrhäer auch Ḥaḍramaut ihren Besuch abgestattet hatten.

Das nördlich der Hauptstadt von Maʿin gelegene Wadi Najrān barg ein ausgedehntes, bis zu einem gewissen Grade unabhängiges Handelszentrum und gleichzeitig intensiv bebautes Kulturland. Alle Bedingungen für erfolgreiche Bodenwirtschaft waren vorhanden. Das mehr als 20 Kilometer lange Tal war ausgezeichnet bewässert und hatte die für den Ackerbau erforderliche Fruchtbarkeit. Anscheinend lautete der Name der in Najran gelegenen Stadt Ragmat.[69] Heute kennt man sie unter der Bezeichnung al-Uk̲h̲dūd. Die Ruinen der einstigen Metropole liegen hinter den Gräbern oder Terrassenfeldern voll von Stützpfählen für die christlichen Märtyrer des frühen 6. Jahrhunderts n. Chr. Zweifellos muß Najrān mit seiner heidnischen Kaʿaba im Altertum ein religiöses Zentrum und Pilgerziel gewesen sein, das es mit Mekka aufnehmen konnte. Das fast 5 Hektar große Gelände der Burg enthält zahlreiche Mauerreste, welche Aufschluß über die Bauweise der Gebäude geben, die sich dort einst erhoben. Einige dieser Bauten dürften zum Palast gehört haben. Philby hielt eines der Bauwerke für einen Kuppelbau und dachte in diesem Zusammenhang an eine christliche Kirche oder gar Kathedrale. Ringsumher war der Boden mit großen Steinplatten gepflastert. Wie es scheint, umgab ein Wehrgraben die Burg. Das eigentliche Stadtgebiet besaß eine Ausdehnung von mehr als 28 Hektar. Es lag an der Südseite des Wadi. Nach der Talmitte hin, wo kein Berghang eine natürliche Grenze bedeutete, mögen Sumpfland oder ein See mit Flutdeichen das bewohnte Gebiet begrenzt haben. Auf einer Steininschrift im Tempelbezirk erblickt man das apotropäische (unheilabwendende) WaddʿAb-Symbol.

In der Antike war man rasch mit einer angeblichen Beziehung zwischen Minoern und Minäern bei der Hand. Nach Plinius führten die inselbewohnenden Minäer und Rhadamäer (Radman?) ihre Stammesnamen auf Kretas sagenhafte Gesetzgeber Minos und Rhadamanthys zurück, da sie nach der Überlieferung aus Kreta stammten.[70]

In Griechenland erzählte man sich einst, Kadmos habe auf Euboia eine Araberkolonie gegründet. Ein auf der Kykladeninsel Delos gefundener Altar gilt als Altar des Mondgottes Wadd, eine gleichfalls dort entdeckte minäisch-griechische Inschrift hat man in die 2. Hälfte des 2. Jahrhunderts v. Chr. gewiesen.

Agatharchides aus Knidos, der Geograph und Historiker am Ptolemäerhof, behauptete um die Mitte des 2. Jahrhunderts v. Chr., die Dedebai (der Stamm der Debai) im Hedschas fühlten sich aufgrund alter Überlieferungen ganz besonders den Bewohnern der Peloponnes und Boiotiens freundschaftlich verbunden. H. von Wissmann bemerkt hierzu: «Sollten die Nachkommen abgeschnittener griechischer Kolonisten in diesem Gebiet sich mit einer rein kamelnomadischen Sippe zu einem Stamm (Debai) vereinigt haben?« [71]

Nach Agatharchides lebten die Dedebai im 4. Jahrhundert v. Chr. im Küstengebiet unweit des Wadi Baid, wo es Gold gab. Auch bei Diodor (Diodorus Siculus, 2. Hälfte des 1. Jahrhunderts v. Chr.) finden sich Bemerkungen über die Gewinnung puren roten Goldes [72], und endlich erwähnt Claudius Ptolemaios eine Stadt namens »Thebai-polis«, die im Gebiet des Wadi D̲h̲ahaban gelegen haben dürfte, dessen Name wiederum auf das arabische Wort für »Gold« (d̲h̲ahab) zurückgeht. Außerdem erstreckte sich das Stammesgebiet der Debai vom Wadi Baid nach Norden. Den Namen dieses Tals wiederum hat man mit Wörtern »Baitheo« oder »boiotisch« in Zusammenhang gebracht. Wissmann hält es weiter für möglich, daß Ptolemaios' »Baitheo basileion« im Gebiet des Wadi Baish eine Grenzstadt am Nordrand des Bereichs von Saba' bezeichnet [73]. Daß etwa von 500 v. Chr. an eine recht beträchtliche Zeitspanne hindurch zwischen den Bewohnern der Griechenland vorgelagerten Inseln und Arabern Handelsbeziehungen bestanden, scheint durchaus möglich, doch liegt kein konkreter Beweis für so frühe Verbindungen dieser Art vor.

In minäischen Handelsstützpunkten, besonders in der liḥjānischen Hauptstadt Daydān (Dedān) sowie in den Ruinen von Al-ʿUla' und im gleichzeitigen nabatäischen Zentrum Al-Ḥijr, dem heutigen Mada'in Saliḥ hat man in den Felsboden gehauene, vorislamische Denkmäler und Gräber gefunden. Ihr Schmuck zeigt eine gewisse Verwandtschaft mit dekorativen Elementen, die in der Felsenstadt Petra aus dem Stein gehauen wurden. Wahrscheinlich waren auch hier Anfang des 1. Jahrhunderts n. Chr. nabatäische Handwerker tätig [74]. Nachdem die Minäer ihre Konzession zum Handel mit den benachbarten sabäischen Königreichen eingebüßt hatten, unterhielten dennoch die Nabatäer hier noch immer ein Handelszentrum.

Spärlich ist das Material, das Informationen über die Herrscher und die innere Geschichte von Maʿin liefert. W. F. Albright [75] setzt den Anfang der frühesten bekannten Dynastie in die Zeit um 400 v. Chr., und einer Inschrift vom Westtor in Qarnāwu (RES 2774) zufolge regierte ein König von Maʿin im dritten Viertel des 4. Jahrhunderts v. Chr. [76]

Der Name des ersten bekannten Minäerkönigs lautete 'Ilyfaʿ Yathaʿ, er war der Sohn von Sadqʿil, einem Königs von Ḥaḍramaut, der auch über Maʿin herrschte. Nach Hufnu D̲h̲arih, seinem ältesten Sohn, regierte sein zweiter Sohn, 'Ilyafaʿ Riam, der gleichfalls König von Ḥaḍramaut war. [77]

Dies weist auf eine frühe Handelsallianz zwischen diesen beiden Völkern hin und die Tatsache, daß ein und derselbe Herrscher in Personalunion über Maʿin und Ḥaḍramaut regierte, bestätigt die Annahme, daß sie einst eine gemeinsame Front gegen Saba' bildeten.

Anscheinend erreichte Maʿin in der ersten Hälfte des 3. Jahrhunderts v. Chr. den Höhepunkt seiner Macht. Als die Minäer im 4. Jahrhundert v. Chr. ihre Handelskolonie in Dedān (Al-ʿUlaʾ) gründeten, muß sich der Nordteil der damaligen Weihrauchstraße noch unter ihrer Kontrolle befunden haben. Anscheinend beherrschten sie auch die Küstenlinie – im Altertum ein Goldminengebiet. Gold gewann man beispielsweise im Wadi Dhahaban. Die dortige Goldgrube hing mit Maʿmala, einer weiteren Mine oder Verarbeitungsstätte zusammen, die der Herrschaft von Maʿin unterstand.[78] Möglicherweise handelt es sich bei diesem Gebiet um das Land Hawila (Chawila) der Bibel, (*Genesis*, 10, 29), vielleicht bildete es auch einen Teil des sagenhaften Goldlandes Ophir, aus dem König Salomon seine Schätze bezogen haben soll.

Das Ende der Unabhängigkeit Maʿins hat man wohl um 115 v. Chr. anzusetzen.[79] Es dürfte mit dem Beginn der neuen »sabäischen« Phase der Ḥimjaritengeschichte zusammenfallen.[80] Etwa von 75 v. Chr. an war König ʾIlyafaʿ Yašur II., wohl der letzte König von Maʿin, Vasall des qatabānischen Königs Šahr Yagul Yuhargib.

Nach dem Bericht über die Expedition des Aaelius Gallus in den Jahren 25–24 v. Chr. haben »die Minäer ... fruchtbares Land, das Palmenhaine und Nutzholz hervorbringt und großen Herden Weideplätze bietet«.[81] Es ist Strabo, der diese römische Invasion schildert. Sein Bericht erwähnt den Herrscher von Najrān, der vor den römischen Legionären die Flucht ergriff, doch von der Residenz der Maʿin-Könige, der Stadt Qarnāwu, spricht Strabo in diesem Zusammenhang nicht. Allerdings scheint es, als ob damals Sabaʾ die Städte Maʿins als Außenposten verteidigt hätte.

Noch um die Mitte des 2. Jahrhunderts n. Chr. bezeichnet Claudius Ptolemaios in seiner *Geographie* (6, 7, 23) die Minäer als »große Nation«. Ptolemaios fußte auf älteren Quellen. Gleichviel – seine Äußerung ist das letzte Zeugnis eines Schriftstellers von der Existenz der Minäer. Man hörte nie wieder von ihnen, bis im vergangenen Jahrhundert ihre Steininschriften zum Vorschein kamen und kopiert wurden.

Qatabān

»Die Gebbaniter mit mehreren Städten, deren größte Nagia und Thomna sind. Thomna besitzt 65 Tempel, was für seine Größe spricht« (Plinius, *Naturgeschichte* 6, 32, 153).

Jahrhundertelang war das Königreich Qatabān der südwestliche Nachbar von Sabaʾ. Seine Hauptstadt war Timnaʿ, heute auch unter dem Namen Hajr Quḥlān (Kohlān) bekannt, im Wadi Baihān. Damals hatte das gleichfalls angrenzende Königreich ʾAusān einen großen Teil des Küstenhandels unter Kontrolle. Im 5. Jahrhundert v. Chr. eroberte der letzte Mukarrib (»Priesterfürst«) Karibʾil

Watar 'Ausān und unterwarf es der Macht von Qatabān, das seinerseits als Tributärstaat von Saba' dafür zu sorgen hatte, daß der Verkehr auf der von ihm kontrollierten Teilstrecke des großen Handelsweges nicht zum Erliegen kam. Ebenso wie 'Ausān nahm Qatabān jedoch an Stärke zu und unterwarf Saba' im 4. Jahrhundert v. Chr. Indem es nun die Macht über die ganze Südwestspitze Arabiens ausübte, isolierte es Saba' von seinen Einnahmequellen aus seinem Handel, wenn auch die Karawanen nach wie vor ihren Weg durch Saba' und Maʿin nahmen. Dies war die Zeit der größten Machtentfaltung Qatabāns, wenn man sich auch ohne allzu rege Phantasie leicht vorstellen kann, zu welch heftigen Grenzstreitigkeiten es mit einem Nachbarn wie Saba' gekommen sein muß.

Heute erblickt man im Baihān-Tal die Reste qatabānischer Bauwerke, darunter auch öffentliche Bauten. Als großartige Ingenieurleistung präsentiert sich die Mablaga-Paßstraße (*Aqabat* Mablaqa), die über das Gebirge hinweg nach dem Wadi Ḥarib führt. Die Wahrscheinlichkeit ist groß, daß diese Paßstraße für den Weihrauchhandel, ja überhaupt für den internationalen Handelsverkehr durch Qatabān bestimmt war. Dies war nicht die einzige Querverbindung zwischen Wadi Baihān und Wadi Ḥarib, denn am Rand der offenen Wüste gab es hier noch den ummauerten Paß von Najd Marqad, der zugleich Zollstation war und von Kamelkarawanen benutzt wurde.

Der Feldbewässerung im Wadi Baihān diente ein großer Hauptkanal, der hinter Baihān al-Qasab begann und das Flutwasser talabwärts führte. Zahlreiche Schleusen und Abflüsse verteilten das kostbare Naß auf Nebenkanäle und ermöglichten es, die Flut unter Kontrolle zu halten. Man hat die Entstehung des Hauptkanals in das 5. Jahrhundert v. Chr. gewiesen[82], und einer Inschrift zufolge dürfte die Anlage noch im 1. Jahrhundert n. Chr. in Betrieb gewesen sein.

Die ältesten Bauwerke im Bereich des Friedhofs von Timnaʿ auf der felsigen Anhöhe Haid ben ʿAqil stammen noch aus der Periode der Mukarribs (»Priesterfürsten«), die im 5. Jahrhundert v. Chr. geistliche und weltliche Macht in einer Hand vereinten. Weit und breit muß die ummauerte Stadt Timnaʿ mit ihrem großen Tempel, seiner Eingangshalle und ihren Säulenreihen das Gelände beherrscht haben. Wahrscheinlich wurden die Mauern und das Südtor der Stadt schon unter jenen »Priesterfürsten« errichtet, und nach dem massiven Mauerwerk des Haupttempels zu schließen, legte man seinerzeit auch schon das Fundament für diesen Bau.

Eine der frühesten Inschriften ließ der qatabānische »Priesterfürst« Yadaʿ 'ab Ḏubyān am Südtor von Timnaʿ anbringen. Eine andere Reihe von Herrschern führte König 'Abs̲h̲ibām an, zu ihnen gehörte Šahr Gaylān. Auch von ihm stammen mehrere Inschriften am Südtor der Stadt, die Auskunft über die in Timnaʿ befolgten Gesetze geben.[83] Weitere Inschriften am südlichen Stadttor gehen schließlich auf Šahr Hilāl Yuhanʿim zurück, dessen bekanntestes inschriftliches Zeugnis sich allerdings auf einer Stele, einem Monolith südwestlich des Haupttempels befindet.

Eine besonders nützliche Liste der »Priesterfürsten« und Könige Qtabāns gibt W. F. Albright.[84] J. Pirenne erörtert in ihrer 1961 veröffentlichten Untersuchung *La Royaume Sud-Arab de Qataban* die chronologischen Beziehungen zwischen Qatabān und Saba' und schlägt eine spätere Datenfolge vor. Gleichviel – die frühesten von Albright aufgeführten Qatabān-Herrscher sind die beiden Mukarribe Sumhuʿalay Watar und Hawfʿamm Yuhan'im, die Albright etwa in das 6. Jahrhundert v. Chr. weist.

Das Königreich Qatabān spielte eine bedeutende Rolle unter den Mächten Südarabiens. Es übte die Kontrolle über den Seehandel aus[85], und sein Gebiet erstreckte sich seit ungefähr 350 v. Chr. vom Hafen Okelis am Roten Meer bis nach Abyan. Seine Vormachtstellung scheint es gegen Ende des 2. Jahrhunderts v. Chr. eingebüßt zu haben, da sich von diesem Zeitpunkt an ein großer Teil ehemaligen Territoriums von Qatabān in der Hand der Ḥimjariten befand. Einst hatte Yadaʿ 'ab Yagil das fragliche Territorium den Sabäern abgenommen (RES 3858), obwohl eine ganze Reihe von Kriegen um 285 v. Chr. unter Yitaʿ 'amar Bayin zu einem sabäischen Sieg führte.[86] Anscheinend war Qatabān in der Lage, das Land abermals zu unterwerfen, denn im 2. Jahrhundert v. Chr. erwähnt Yadaʿ 'ab Ḏubayān ben Šahr, der sich als Mukarrib bezeichnete, das gesamte Gebiet erneut (RES 3550, RES 4328, RY 390). Nach der Erhebung der Ḥimjariten nannte sich dieser Herrscher wohl auch König (RES 3878), obwohl es vor allem die äußersten Stämme gewesen zu sein scheinen, die am Mukarrib-Titel festhielten.[87]

Möglicherweise folgte im 1. Jahrhundert v. Chr. auf Hawfʿamm Yuhanʿim, König von Qatabān, der auf Anschriften, die sich auf den Bau des Yafash-Hauses in Timnaʿ beziehen, erwähnte Šahr Yagul Yuhargib. Auch dieser Herrscher erscheint auf einer Mauerinschrift in al-Wuste als Mukarrib.[88]

Als Saba' Maʿin angriff und unterwarf, war der letzte König von Maʿin Vasall des Šahr Yagul Yuhargib (RES 3021)[89], und diesen wiederum ließ die Expansion Ḥimjars nicht zur Ruhe kommen. Vom Gebiet um Yafiʿ breiteten die Ḥimjariten sich nach Süden und Westen hin über das gesamte Land zwischen Ǧabal K͟harāz und Wadi Maifaʿah aus. Auf diese Weise verlor Qatabān vollständig die Kontrolle über den Küstenhandel.

Im 1. Jahrhundert n. Chr. ließ Warawʿil Gaylan Yuhanʿim Münzen schlagen, die seinen Namen tragen.[90] Die königliche Münze führte ebenso den Palastnamen Ḥarib, wie man auch auf ḥimjaritischen Münzen den Palastnamen Raydān liest.

Unklar ist noch, wann Qatabān aufhörte, ein selbständiges Königreich zu sein, und wann Timnaʿ zerstört wurde. Aufgrund von Keramikscherben, die in Timnaʿ gefunden wurden, hat man den Untergang der Stadt in die Zeit um 100 n. Chr. gewiesen.

H. von Wissmann hält das Jahrzehnt zwischen 90 und 100 n. Chr. – die Regierungszeit des Šahr Hilāl Yuhaqbid – für den fraglichen Zeitraum.[91] Noch

Tafel I Quadermauerwerk am Hauptheiligtum bzw. Tempel von Timna', der Hauptstadt von Qatabān. Es bildet die westliche Außenfront eines offenen Säulenhofs vor dem inneren Heiligtum an der höher gelegenen Ostseite. Keramik- und Alabasterfunde sowie das Vorhandensein von Seitenwänden lassen vermuten, daß zwischen dem Hof und dem abgebildeten Mauerzug Magazinräume lagen. Das Mauerwerk ist von vorzüglicher Beschaffenheit. Die Außenseiten der Blöcke sind behauen, die Quader ohne Bindemittel aneinandergefügt. Sie liegen auf Lücke, die oberen Reihen sind schmaler als die unteren. Der Mauerzug bildet eine gerade Linie und schließt an die aus massiven unregelmäßigen Blöcken bestehende, mit Bastionen versehene Südmauer an. Wahrscheinlich gehört er zu den Anbauten, die errichtet wurden, als man den älteren Bau um Nordtreppe und Hof erweiterte.

Tafel II Vorzüglich behauenes, regelmäßiges Quadermauerwerk eines kleinen Gebäudes, nicht weit nördlich des Südtors von Timna'.

Tafel III Alabasterskulptur: Votivtafel mit Stierkopf. Das Stück ist unbekannter Herkunft. Wahrscheinlich stammt es aus Qatabān. Es handelt sich um ein Beispiel bester Handwerkskunst.

Tafel IV Alabasterstatue des YasDuQ'il FaR'iM ŠaRaḤ'a, Königs von 'Ausān, Sohn des Ma'aD'il SaLHaN, Königs von 'Ausān. Die Kleidung erinnert an griechische Vorbilder. Der König trägt langes Haar oder eine Perücke sowie einen Schnurrbart. Die linke Hand ist durchbohrt. Sie hielt einst wohl einen Stab aus Holz oder Kupfer (RES 3888). Aller Wahrscheinlichkeit nach handelt es sich um eine Porträtstatue.

Tafel V YasDuQ'iL FaR'iM, König von 'Ausān, Sohn des Ma'aD'iL. Übertrieben stark werden an dieser stilisierten Statue Gesichtszüge und die Details betont. Man erkennt einen Fingerring und ein Armband. Die Füße stecken in Riemensandalen von rechteckigem Sohlenschnitt. Wie der König auf Tafel IV trägt auch dieser einen Schnurrbart sowie lang herabfallendes Haar oder eine Perücke. Die den Hinterkopf bedeckenden Haarsträhnen sind von gezahntem Querschnitt. In der linken Hand hielt der König einen Stab (RES 3885).

Tafel VI Gruppe männlicher und weiblicher Alabasterstatuetten. Man hält sie für Votivgaben. Sie tragen wohl, wie es üblich war, den Stifternamen.

Tafel VII Entstehungszeit und Herkunftsort dieser Schmuckstücke sind nicht bekannt. Wahrscheinlich handelt es sich um Importe, die während der ersten Jahrhunderte christlicher Zeitrechnung hergestellt wurden. Die Stücke ähneln römischem Schmuck aus dem 1. bis 3. Jahrhundert v. Chr. In der Mitte ein Armband von 20 Zentimetern Länge. Es besteht aus kreisrunden goldenen Füllelementen, Karneol- und Onyx-»Perlen« sowie zwei großen »Augen« aus Onyx in kreisrunden Goldfassungen. Das innere der beiden Halsbänder, 61 Zentimeter lang, ist aus Karneol-, Onyx- und Goldperlen zusammengesetzt und trägt zwei Goldlöwen, deren Oberfläche gekörnt ist, kreisrunde und rautenförmige Goldglieder mit Einlegearbeit, scheibenförmige Anhängerchen mit Perlen sowie einen goldenen Hauptanhänger in der Mitte. 68 Zentimeter mißt das äußere Halsband. Es besteht aus an den Enden mit Goldkappen versehenen Karneolgliedern, Gold- und Onyx-»Perlen« mit Körnung und einem Anhänger: einem eher melonen- als tropfenförmigen »Tropfen«, an dem ein kleiner, mit Einlegearbeit versehener Goldlöwe befestigt ist.

Tafel VIII Drei Ringe aus dünnem Gold. Ihre aus Bergkristall (?) und Onyx bestehenden Siegel stellen Tiere dar. Zwischen den Ringen ein kleiner goldener Anhänger, dessen kuppelförmiges Oberteil mit dem hohlen Mittelteil durch Drähte verbunden ist. Beide Teile sind mit querlaufenden Kugelstreifen gemustert, vier Kugeln bilden den Abschluß nach unten hin. Darunter (Mitte): ein goldener Ohrring. Sein Hauptteil ist von durchbrochener Filigranarbeit. Vier kleine »Tropfen«-Anhängerchen sind an ihm befestigt. Rechts ein Ohrschmuck von kreisrunder Gestalt mit vier gekörnten kleinen Ringen, die am Hauptring aufgereiht sind, und gleichfalls gekörnten »Perlen« an den Enden der Drahtklemme, die den Schmuck am Ohrläppchen halten. Links zwei weitere Ohrringe, auch mit gekörnten kleinen Ringen um den Hauptring und mit je einem Granat. Ganz unten: goldener Ohrring mit starkem, halbmondförmigem Rückenteil und einem Golddrahtstück, auf dem zwei echte Perlen und eine Goldperle aufgereiht sind.

I

II

III

V

IV

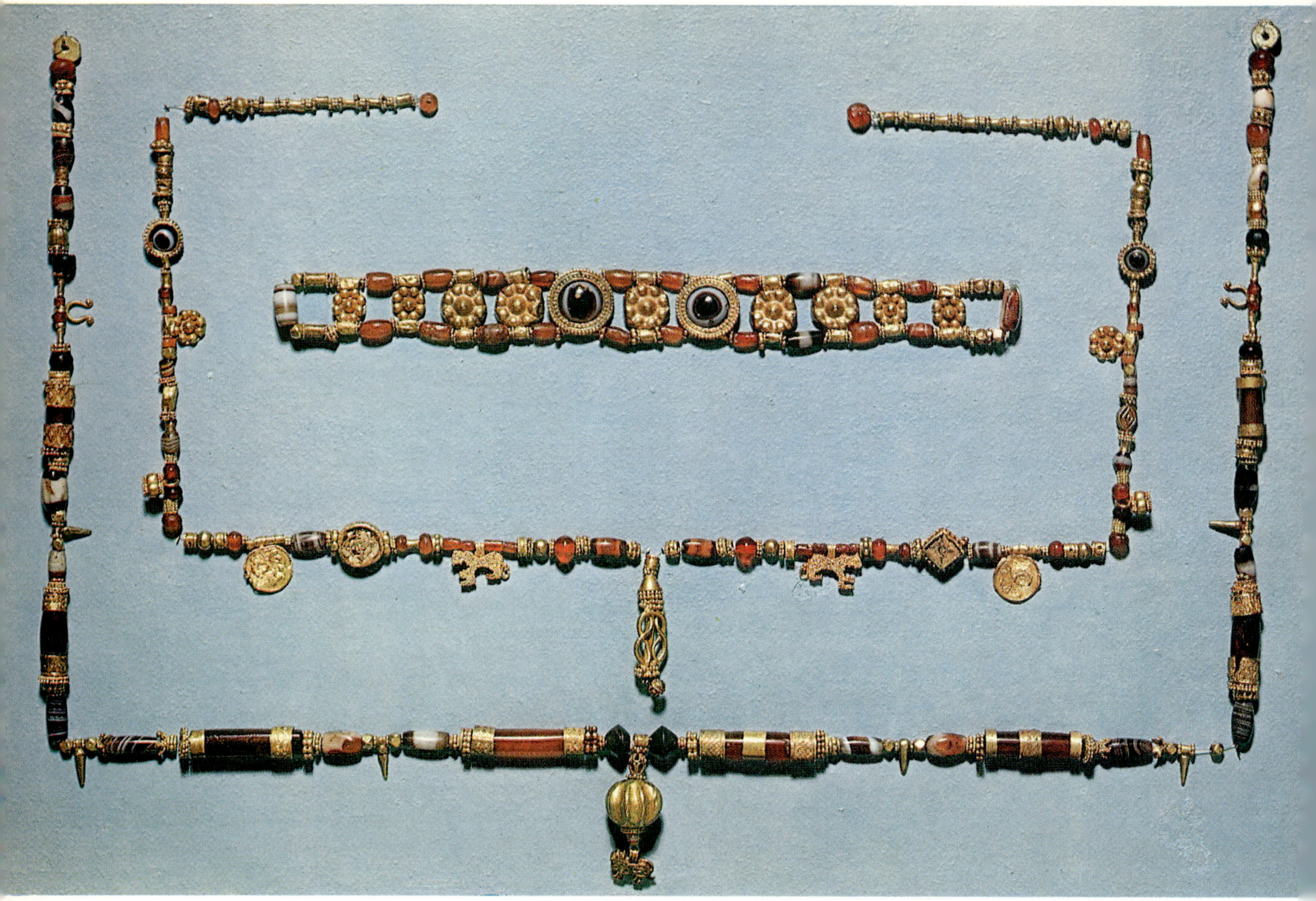

VII, VIII

Plinius der Ältere (23/24–79 n. Chr.) erwähnt jedenfalls Timnaʿ als Hauptstadt der Gebbaniter (Qatabāner).[92]

Sicher lag Timnaʿ in Trümmern, als man – wie es scheint – die Hauptstadt Qatabāns nach Süden verlegte, und zwar dorthin, wo sich heute die Trümmerstätte von Hajr ben-Humaid befindet. Hier hatte Nabat Yuhanʿim, der Sohn des Šahr Hilāl, seinen Palast, und auch dieser Palast hieß Ḥarib.[93] Unbekannt ist allerdings noch immer, wie die Stadt selbst im Altertum hieß.

Später gründete König Yadaʿ ʾab Gaylān, der Sohn des ḥaḍramautischen Eroberers von Qatabān, eine ummauerte Stadt, der er den Namen D̲h̲u Gaylān gab. Man nimmt an, daß sie sich an der gegenüberliegenden Talseite des Hauptwadi von Hajr ben-Humaid befand, und zwar unweit der Einmündung des Wadi Mablaqa, wo man auch die von der Gründung dieser Stadt berichtende Inschrift entdeckt hat.[94] Für eine lange Zeit blieb Qatabān nun in der Gewalt von Ḥaḍramaut, bis die späteren Könige von Sabaʾ und D̲h̲u Raydān die Ḥaḍrami-Fremdherrschaft ablösten und Qatabān ihrerseits unterwarfen.

ʾAusān

Vom Ende des 5. Jahrhunderts v. Chr. war das Königreich ʾAusān lange Zeit hindurch nichts als ein Tributärstaat Qatabāns. Dennoch hatte es einst seine große Zeit als ein Land erlebt, in dem der Handel blühte, ein Land, dessen Territorium sich vom Bab el-Mandeb längs der Küste bis nach Ahwar und landeinwärts bis zur Grenze von Qatabān südlich von Baihān erstreckte. Den zentralen Teil des Landes scheint das von Baihān, Wadi Mark̲h̲, Nisāb, im Süden von ʾAud und der Kaur-Gebirgskette umgebene Hochland gewesen zu sein, das 1000 Meter zur Ebene von Dathina abfällt.

Für die Hauptstadt hält man das inschriftlich erwähnte Miswar (RES 3945, Glaser 100 A), eine Festung im Süden von Wadi Baihān und Wadi Khaura, doch kommt daneben auch die ausgedehnte Ruinenstätte bei Hajr an Nab im Wadi Mark̲h̲a in Frage.[95]

ʾAusān war einer der bedeutendsten südarabischen Handelsstaaten, der es an Bedeutung ohne weiteres mit Sabaʾ aufnehmen konnte. Anscheinend beruhten seine Macht und sein Reichtum auf seinen ausgedehnten Handelsbeziehungen zur afrikanischen Ostküste, die sich weit nach Süden – bis hin nach Pemba und Sansibar – erstreckten. Etwas von der Bedeutung dieses alten Handelsimperiums mag sich noch immer darin spiegeln, daß der nicht weniger als rund 500 Jahre nach der Eroberung von ʾAusān durch Sabaʾ entstandene *Periplus Maris Erythraei*[96] von einer »ausanischen« Küste spricht.

Unbekannt ist, wie lange ʾAusāns Handel blühte, so daß er imstande war, dem Königreich einen dermaßen lange nachwirkenden Ruf als Handelsmacht einzutragen. Man nimmt an, daß ʾAusān anfänglich die Rolle des Zubringers afrikanischer Waren auf dem Seewege spielte, eines Zubringers für den Karawanenhandel mit dem Norden, auf dem – im Gegensatz zu 'Ausān – anfänglich das Schwergewicht des sabäischen Handels gelegen habe. Doch aus seiner Zubringerposition hatte es sich zu einer unabhängigen Macht entwickelt, zu bedeutend und unabhängig, als daß dies Saba' nicht hätte als Gefahr empfinden müssen.

Der Name des letzten Königs, unter dessen Regierung 'Ausān ein unabhängiger Staat war, lautete Martawa. Er verlor sein Königtum, als Karib'il Watar, der letzte Mukarrib oder »Priesterfürst«, der als erster den Titel »König von Saba'« führte, 'Ausān um 410 v. Chr. eroberte. Die Tempel der Festung Miswara wurden zerstört oder vollständig geschleift, die adligen Grundbesitzer umgebracht, die Städte und Metropolen von 'Ausān, Datinat (Dathina) und Tafid (Abyan) geplündert und niedergebrannt. Dasselbe Schicksal erlitten Daḥas (Yafa') und Tubanaw (Laḥej). Ein Raub der Flammen wurden sämtliche Küstenstädte, verwüstet die Oasen von Abyan und Laḥej. Nicht weniger als 16 000 Menschen wurden getötet, 40 000 traten den Weg in die Gefangenschaft an (Glaser 418/19 = RES 3943).[97]

'Ausāns Vasallenstaaten Dahas und Tubanaw wurden dem Königreich Saba' eingegliedert und das so seiner Küstenländer beraubte 'Ausān zu Qatabān geschlagen, das damals selbst unter der Gewalt von Saba' stand. Saba' war damit Herr des gesamten südarabischen Handels. Rechnet man die Handesniederlassungen und Stützpunkte an der ostafrikanischen und abessinischen Küste hinzu, so kann man wohl sagen, daß Saba' nun das absolute Monopol im Handel mit jenen Luxusgütern besaß, die im Norden bei den Bewohnern der Mittelmeerländer und des Fruchtbaren Halbmonds so begehrt waren.

Anscheinend befand sich in Na'man[98], im Nordwesten von Miswara, eine Kultstätte oder ein Tempel, der Wadd geweiht war, der Nationalgottheit von 'Ausān. Hier hatte Yasduq'il Far'am Šarah'at, als König von Ausān, einen Altar, auf dem Opfer dargebracht wurden. Dies deutet auf eine Beziehung zum Königreich Ma'in hin, wo man denselben Mondgott verehrte. Eine Inschrift spricht von einem Votivopfer (M'mr) oder einem (Rauchopfer-)Altar desselben Königs und erwähnt die auf Geheiß der Gottheit Wadd bei dessen Altar von den Königen 'Ausāns dargebrachten Gaben.[99]

Im Museum von Aden befindet sich ein Teil jener Beigaben, die anscheinend aus dem Grab eines der 'Ausān-Könige stammen, dessen Name 'Amyatha' lautete. Daß man in 'Ausān möglicherweise mit einer ganzen Herrscherdynastie zu rechnen hat, geht aus den geborgenen Alabasterstatuetten von Mitgliedern der herrschenden Königsfamilie sowie aus deren Inschriften hervor.[100]

Zwei dieser Statuetten zeigen eine ungewöhnliche Perücken-Haartracht mit ausgezacktem Rand. Yaṣduqil Far'am Šarah'at ist in ein Gewand gekleidet, wie es die Griechen Zyperns trugen.[101] Yaṣduq'il Far'am und Ma'ad'il Salhan dagegen tragen ein *lungi*-Hemd, das an die noch heute in Südarabien übliche Kleidung erinnert.

Sabäer und Ḥimjariten

Sabäer:
»Die Sabäer sind das reichste Volk. Ihren Reichtum verdanken sie der Fruchtbarkeit ganzer Wälder aromatischer Pflanzen, ihren Goldminen, ihrem bewässerten Kulturland sowie ihrer Honig- und Wachsproduktion.«
Ḥimjariten:
»... die Homeriten sind der volkreichste Stamm ...« (Plinius, *Naturgeschichte* 6, 32, 159–162).

Von allen antiken Völkerschaften Arabiens kennt man die Sabäer am besten. In der zweiten Hälfte des 2. oder in der ersten Hälfte des 1. Jahrtausends v. Chr. scheinen sie ihre Wohnsitze in der Ebene von Marīb gehabt zu haben. Ihre handeltreibenden Nachbarn im Norden waren die Minäer. Hier, im Gebiet von Marīb, errichteten die Sabäer ihre erste Hauptstadt Sirwāḥ (al-Khariba), eine Festung im Bergland südlich von Marīb.

Es steht noch nicht fest, ob Marīb damals schon existierte. Die Überlieferung schreibt der mythischen Gestalt des Lukmān ben Ad die Errichtung eines etwa 1700 v. Chr. angelegten Bewässerungs-Staudamms zu. Wenn dies zutrifft, bestand Marīb schon sehr früh als Zentrum einer Gesellschaft von Ackerbauern und wurde lediglich später von den Sabäern eingenommen, die es zu ihrer Hauptstadt machten.

Seit dem Anfang des 1. Jahrtausends v. Chr. beherrschten die Sabäer einen Abschnitt der großen Handelsroute, doch anscheinend rissen sie nach und nach die Kontrolle des gesamten Handels an sich. Ein Hinweis darauf findet sich in den Annalen des assyrischen Königs Tiglatpileser III. (745–727 v. Chr.), dem die Sabäer Gold, Kamele und Gewürze als Tribut gesandt hatten. Der fragliche Bericht kennt das Königreich Saba' als Bindeglied zwischen Nord- und Südarabien.

Wie dem auch sei – auch Sargon II. (722/21–705 v. Chr.) berichtet, er habe im Jahre 715 v. Chr.[102] von einem sabäischen Fürsten namens Yiṯa''mar Gold, Edelsteine, Kräuter, Pferde und Kamele erhalten. Yiṯa''mar war einer der frühen »Priesterfürsten« (Mukarribe) Südarabiens. Auch ein späterer Mukarrib, Karib'il Watar, sandte Gaben nach Assur, und zwar an Sargons Sohn Sennacherib (Sanherib). Dies dürfte um 685 v. Chr. geschehen sein (Sennacherib regierte von 704–681). Während dieser ganzen Zeit führten die Erbfürsten von Saba' den Titel *Mukarrib* (»Priesterkönig«). Erst seit dem 5. Jahrhundert v. Chr. legten sie ihre religiöse Titulatur ab und erscheinen nun auf Inschriften mit dem südarabischen Königstitel *malik*. Dies beginnt mit dem letzten Mukarrib, Karib'il Watar II., der von etwa 450–410 v. Chr. regierte und sich bereits auf einer Inschrift (RES 3945) als *malik* bezeichnet. Er war damit einer der letzten Priesterfürsten von Saba'.

Nach der Überlieferung lebte Bilqis, die in der Bibel erwähnte »Königin von

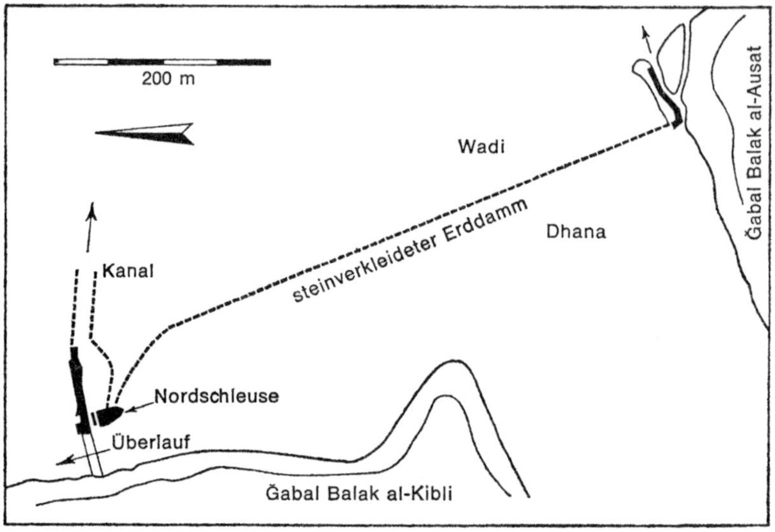

Abb. 3 Skizze des Damms von Marīb auf der Grundlage der Vermessungen Eduard Glasers und des Plans von R. le Baron Bowen.

Saba'«, um 950 v. Chr. Wenn man dem Bericht über ihr Zusammentreffen mit König Salomo glauben darf [103], bedeutet dieser nichts anderes, als daß die Sabäer schon lange vor den Minäern auf eigene Faust weitgedehnte Handelsbeziehungen unterhielten. Vielleicht arrangierten die Sabäer den Staatsbesuch bei Salomo, dem größten Abnehmer von Waren aus Ophir (worunter wohl Südarabien und Ostafrika zu verstehen sind) als eine Art großangelegter Werbekampagne. Sie konnten ihm alles verkaufen, was er wollte. Es kam nur darauf an, ihm klarzumachen, daß es eine Handelsroute gab, die billiger und weniger gefährdet war als der Weg, den Salomos Handelsflotten nahmen, billiger und sicherer auch als der Handelsweg durch den Persischen Golf. Leider hat man keinerlei Beweise dafür, daß die Sabäer schon damals bis nach Marīb im Süden vorgedrungen waren. Auch fehlt jeder archäologische Anhaltspunkt dafür, daß Marīb bereits bestand. Ob es eine engere persönliche Beziehung zwischen Salomo und Bilqis gab, muß der Vermutung überlassen bleiben.

Feststeht, daß die Sabäer kaufwillige Abnehmer ihrer Waren fanden, und ihr Ruf als Händler wuchs. Ihre Bedeutung und ihr Reichtum nahmen zu, und sie bauten Marīb auf, das sich – nicht zuletzt dank seiner Lage als Knotenpunkt der Straßen aus Baihān und Ḥaḍramaut sowie von den Häfen Qana', Aden und Muza (Mocha) – zusehends entwickelte.

Eine Beschreibung von Marīb gibt der griechische Geograph Artemidor von Ephesos. Es heißt bei ihm: »... Mariaba, die Stadt der Sabäer, liegt auf einem schönbewaldeten Berg ... der Großteil der Bevölkerung treibt Landwirtschaft oder Handel mit Duftstoffen und Gewürzkräutern, die man teils an Ort und

Stelle erntet, teils aus Äthiopien bezieht. Um sich die letztgenannten zu verschaffen, überqueren die Sabäer die Meerenge in ledernen Booten.«[104]

So fruchtbar war die Umgebung von Marīb, daß sich hartnäckig die Legende hielt, das gesamte Land von Marīb bis nach Ḥaḍramaut sei bebautes Kulturland. Es ist nicht schwer, sich die Entstehung dieser Geschichte auszumalen, wenn man sich vor Augen hält, wie großartig es die Sabäer verstanden, die Wadi-Fluten zu bändigen und sie sich zum Zweck der Bewässerung ihrer Äcker dienstbar zu machen.

Das mit Recht bekannteste Bauwerk Marībs ist ein gewaltiger Damm (Abb. 3) mit einer mehr als 15 Meter hohen Staumauer aus erstklassig behauenen Blöcken von der noch Teile erhalten sind – ein bleibendes Denkmal hervorragenden handwerklichen Könnens. Ursprünglich bestand der Damm nur aus einer rund 600 Meter langen Erdaufschüttung, doch später wurde dieser an der Bergseite mit mörtelverbundenen Steinen verkleidet. Wahrscheinlich wurde die gesamte Bewässerungsanlage zwischen dem 8. und 7. Jahrhundert v. Chr. von den Mukariben, den Priesterfürsten von Marīb, erneuert und mit Überlaufkanälen und Schleusen versehen, die man aus den Bergflanken herausarbeitete. Für die Ver-

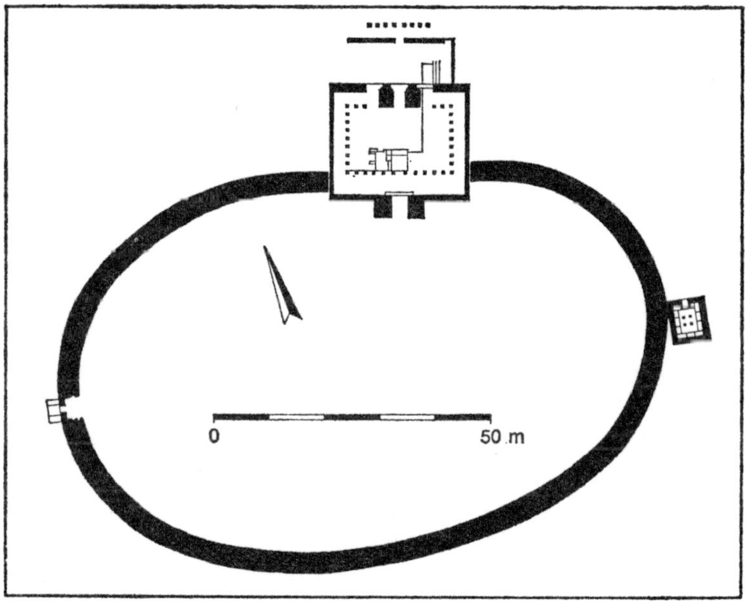

Abb. 4 Das Oval des 'Awwām-Tempels von Marīb nach einer von F. P. Albright angefertigten Vermessungsskizze. Der Plan dieser Anlage mag auf ein älteres hauta *(Heiligtum) zurückgehen. Die formschöne Eingangshalle mit ihrem Hof stellt eines der ansprechendsten Beispiele südarabischer Architektur dar. An der Westseite das kleine, säulengeschmückte Mausoleum, das gleichfalls 1951/52 von der amerikanischen Expedition ausgegraben wurde.*

teilung des Wassers und eine kontrollierte Bewässerung der Felder sorgten massive Schleusenkanäle, die das kostbare Naß in zwei als »Nord«- und »Südgärten« bekannte Anbaugebiete leiteten.

Als nächstes der Bauwerke von Marīb fällt der ʾAwwamtempel ins Auge, ein Heiligtum, das dem Mondgott ʾIlumquh (oder ʾAlmaqah), der Hauptgottheit der Sabäer, geweiht war und im Volksmund als Maḥram (oder Ḥaram) der Bilqis, der biblischen »Königin von Sabaʾ«, bezeichnet wird. Er besteht aus einer massiven, rund 4 Meter dicken Geröllmauer mit Quaderverkleidung. Unbekannt ist, wie hoch diese Umfassung einst war. Nach den erhaltenen Resten muß ihre Höhe mindestens rund 10 Meter betragen haben. Sie umschließt ein ovales oder vielmehr nierenförmiges Areal von etwa 330 Meter Umfang. 125 Meter Länge und mehr als 80 Meter Breite. Aller Wahrscheinlichkeit nach errichtete man dieses Heiligtum im 8. bis 7. Jahrhundert v. Chr.; allerdings besteht die Möglichkeit, daß es auf älteren Fundamenten ruht.

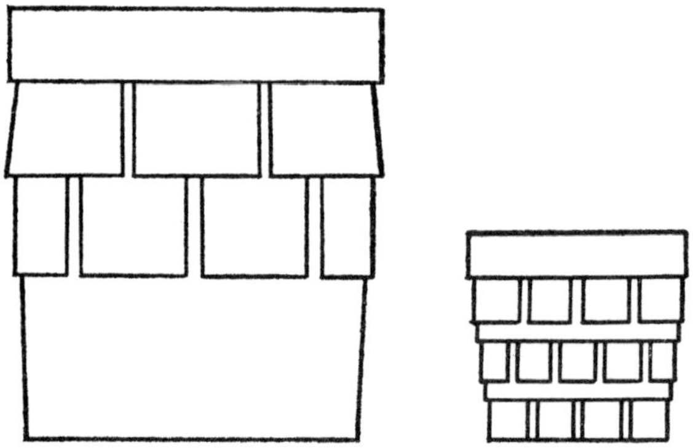

Abb. 5 Maßstabgerechte Zeichnung eines Säulenkapitells aus dem von F. P. Albright untersuchten Mausoleum. Die Dicke des Abakus scheint als Maßstab gedient zu haben.

Eine besonders reizvolle Partie des Tempels von Marīb ist die aus dem 5. Jahrhundert v. Chr. stammende Vorhalle, deren Inneres mit Säulen von quadratischem Querschnitt geschmückt ist, die ringsum einen förmlichen Säulengang bildet. (Abb. 5). Die Formgebung einiger Säulenkapitelle entspricht denen des Tempels von Huqqa, der etwa im 3. Jahrhundert v. Chr. errichtet wurde.[105] Der Schmuck besteht aus äußerst einfachen Einschnitten im Säulenkopf, die drei Zahnreihen bilden. Das geometrische Motiv setzt sich auch an den Feldern der Wand rings um den Säulengang fort. Es gibt Beweise dafür, daß in dieser peristylen Eingangshalle Stufen und Tore mit Bronze überzogen waren.[106]

Man hat überzeugend Ḥimjars erstes Auftreten als Macht, mit der zu rechnen war, mit dem Beginn der sabäischen Ära (115 oder 109 v. Chr.) zusammengebracht. Ḥimjars künftige Rolle sollte es sein, die Kontrolle über Südarabien auszuüben. Es legte sich mit den alten Dynastien des um Marīb zentrierten Sabäerreichs an. Daher ist es erforderlich, Ḥimjariten und Sabäer gemeinsam zu betrachten. Es gibt Grund für die Annahme, daß die Ḥimjariten ursprünglich unter der Botmäßigkeit von Qatabān standen. Sie führten den Beinamen »Kinder des ʿAmm«, ʿAmm aber war der Name des Mondgottes, des Staatsgottes von Qatabān. Die früheste literarische Erwähnung Ḥimjars findet sich bei Plinius. Bei der fraglichen Äußerung handelt es sich um ein Verzeichnis südarabischer Stämme.[107] Allerdings hat man angenommen, Ḥimjars Expansion habe in zeitlichem Zusammenhang mit der Entdeckung der Möglichkeit gestanden, unter Ausnutzung der Monsune direkt von Ägypten nach Indien zu segeln.[108] Damals scheint auch Qatabān seinen Anteil an der Kontrolle der Küstengebiete verloren zu haben, die es seit dem 4. Jahrhundert v. Chr. ausgeübt hatte. Weiterhin scheinen zur gleichen Zeit, als sich die Ḥimjariten erhoben, die Sabäer von Marīb die Grenzfestungen der Minäer besetzt zu haben, um die Stabilität ihrer Nordflanke zu sichern. Die Städte, zu denen in den Jahren 25. bis 24 v. Chr. der römische Präfekt Ägyptens, Aelius Gallus, mit der zehnten Legion vordrang, waren Negrana (Najrān) – dessen König geflohen war – und Našqm, eine Festung der Sabäer. Plinius' Angaben lassen vermuten, daß sie von den Römern zerstört wurden. Von Qarnāwu dagegen, der Residenz des Königs von Maʿin, ist in diesem Zusammenhang nicht mehr die Rede.

Demgegenüber traf Aelius Gallus, als er in Marīb einzog, dort ʾIlšarah (Ilasaros), den Anführer und Fürsten des bedeutenden Sabäerstammes der Raymaniten (ʾRYMN), in deren Gebiet Marīb lag.[109] Daß sie die Macht in Marīb ausübten, bestätigt eine Inschrift (RES 4085).

Wenn es an einer auf Aelius Gallus' Bericht zurückgehenden Stelle bei Plinius heißt: »die Homeriten sind der volkreichste Stamm«[110], so bekräftigt dies die Ansicht, daß lange zuvor die im Yafaʿ-Gebiet nördlich von Abyan wohnenden Ḥimjariten sich zu einer beachtlichen Macht entwickelt und vermutlich geplant hatten, die Küstengebiete Qatabāns zu überfallen. Die heutigen Yafaʿ halten es für ausgemacht, daß sie rein ḥimjaritischer Abstammung sind, und ihre gebirgige Heimat hat man als jenes Gebiet wiedererkannt, das zur Zeit des letzten Mukarrib von Sabaʾ den Namen Dahar trug.

Als die Ḥimjariten sich innerlich gefestigt und als Königreich konstituiert hatten, machten sie Ẓafar zu ihrer Hauptstadt. Ẓafar liegt im Gebirge nicht weit vom heutigen Yarim. Man nimmt an, daß der Name Raydān auf den Namen eines Berggipfels zurückgeht: auf die beherrschende Felsformation des Ǧabal Raydān in Qatabān, einem markanten Geländepunkt, der den Ḥimjariten gut bekannt war. Sie hatten ja freundschaftliche Beziehungen zu den Qatabānern unterhalten, die am Südausgang des Wadi Baihān wohnten, nicht weit vom heutigen Baihān al-Qasāb entfernt. Der Name wurde Bestandteil des Titels »König von Sabaʾ und D̲h̲u Raydān«. In den Kriegen zwischen Sabaʾ und den sich ausbreitenden Ḥimjariten spielt ʾIlšarah Yaḥḍib eine Rolle. Bevor er die Krone erhielt, war er militärischer Befehlshaber oder *Kabir* im Kampf gegen die Streitkräfte der Ḥimjariten.[111] Man hat festgestellt, daß die Sabäer auf ihren Inschriften ihre Widersacher als Ḥimjar oder Ḏhu Raydān bezeichnen.[112] Auf einer dieser Inschriften (CIH 365) heißt es, die Ḥimjar hätten gegen die alte sabäische Dynastie von Marīb, den mächtigen Clan der Ḏhu Ḵhali, gekämpft, aus dem die Mukarribe der sabäischen Frühzeit hervorgegangen waren. Die Niederlage dieses alten Herrschergeschlechts bedeutete für den ḥimjaritischen Herrscher Ḏamarʿali Yuhabirr den Sieg. Fortan nannte er sich »König von Sabaʾ und Ḏhu Raydān«. Aus Inschriften geht jedoch hervor, daß er später von Wahabʾil Yaḥuz, der den Titel »König von Sabaʾ« führte, wieder aus Marīb vertrieben wurde.

Nach der Zerstörung von Timnaʿ kämpften die Herrscher der sabäischen Dynastie von Gurat gegen Yadaʾil, den König von Ḥaḍramaut, sowie gegen Nabat, den König von Qatabān.[113] Kurz darauf befand sich auch Faribʾil Bayin von der alten Dynastie Marībs im Krieg mit Yadaʿʾil Bayin von Ḥaḍramaut. Für eine kurze Zeit scheint Friede eingekehrt zu sein, als ʿAlhān Nahfān aus der Hamdanidendynastie von Nāʿit Sabaʾ einte. Er schloß ein Bündnis mit Yadaʿʾab Gaylan von Ḥaḍramaut (CIH 155), später mit Gedarat, dem Herrscher von Aksum, und Abessinier setzten sich nun an der arabischen Küste des Roten Meeres fest. Damals verfolgte auch ʿAlhān's Sohn, Šaʿirm ʾAutar, die Linie der Politik seines Vaters, später kämpfte er jedoch mit Gedarat um den Besitz des Küstenstreifens. Später ließ er auch die Abessinier der Habašat im Süden ebenso wie die Gebiete im Norden seine kriegerische Unternehmungslust spüren. Im Norden drang er bis zum Königreich Kinda an der Route nach Gerrha vor. Danach wandte er sich gegen Ḥaḍramaut (CIH 334), eroberte Shabwa, das damals unter ʾIlʿazz stand, und sandte eine weitere bewaffnete Macht durch Qatabān, das geplündert wurde, und nach Qanaʾ, dem Haupthafen von Ḥaḍramaut. Damit war der größte Teil des Landes unterworfen. Das zeitlich begrenzte Bündnis mit den Ḥimjariten zwang nun die Abessinier, Ẓafar aufzugeben, das sich in ihrer Hand befand, und schließlich verschwand auch die sabäische Hamdaniden-Dynastie urplötzlich von der Bildfläche.

Einer der ḥimjaritischen Herrscher namens Ṯaʾran Yaʿūb Yuhanʿim entsandte Vertreter mit persönlicher Vollmacht zu einer Zeremonie, die König ʾIlʿazz Yalit von Ḥaḍramaut in ʾAnwad bei Shabwa abhielt (RES 4909). Gegen Ende des 3. Jahrhunderts n. Chr. nahmen die Ḥimjariten unter Šammar Yuharʿiš Marīb und das Hochland ein, allerdings nur, um später von ʾIlšarah Yahdib und seinem Bruder Yaʾzil Bayin wieder vertrieben zu werden.

Beginnend mit dem Ende des 3. Jahrhunderts n. Chr., nahm jedoch mit der Unterwerfung der heute unter dem Namen Tihāma bekannten Küstenregion die Expansion des Königreichs ihren Fortgang. Šammar Yuharʿiš, der später die Macht Ḥimjars noch erweiterte[114], regierte lange. Mit Unterstützung des Herrschers von Abessinien kontrollierte er ein Gebiet von ungeheurer Ausdehnung. Nicht nur, daß er Marīb wiedergewann, er eroberte auch, wie vor ihm schon Šaʿirm ʾAuter, einen großen Teil des Königreichs Ḥaḍramaut und legte sich selbst den langen Titel »König von Sabaʾ, Ḏhu Raydān, Ḥaḍramaut und Yam-

Tafel 38 Bronzestatuette eines stehenden Mannes. Ihre Herkunft ist unbekannt. Es kann sich sowohl um ein importiertes Stück handeln als auch um die Kopie eines griechischen Originals, hergestellt von einem in Südarabien arbeitenden hellenistischen Künstler.

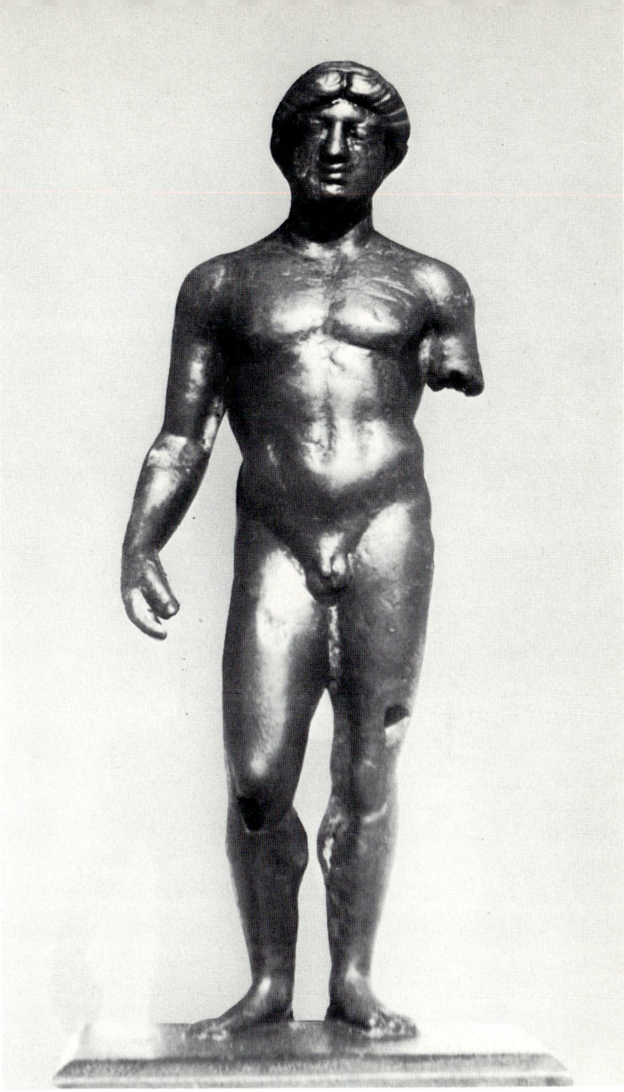

Tafel 39 Bronzetafel mit neun gegossenen Schriftzeilen. Eine weitere Schriftzeile am unteren Rand ist eingehauen. Mitten in den Zeilen 7 und 8 ist die Darstellung eines liegenden Kamels zu erkennen. Das Stück stammt aus Timna', ist einer Qatabān-Gottheit D̲u-SMWY gewidmet. Den Namen des Tempels von Timna' gibt die Platte als Ẓ̇RBN wieder. Es handelt sich um die bisher einzige, wenn auch nicht ausdrückliche Identifikation mit dem dortigen Haupttempel (Ry. 367).

Tafel 40 Überlebensgroße Bronzestatue aus D̲h̲amar ʻAli. Obwohl die Figur heute in sehr schlechtem Zustand ist, beeindruckt sie doch immer noch nicht nur durch ihre Größe, sondern auch als vollendete Bildhauerarbeit. Der erhobene linke Arm erinnert fast an die Haltung eines Betenden.

Tafel 41 Bronze-Cherub. Offenbar war die Figur einst an einer steinernen Schrifttafel befestigt. Die Bruchstücke der Gliedmaßen geben heute nur noch wenig Aufschluß über die ursprüngliche Haltung der Figur. Sie stammt wohl aus dem 3. Jahrhundert n. Chr. und verrät unverkennbar westlichen Einfluß.

Tafel 42 Männerkopf, ein Beispiel vorzüglicher Gußtechnik, wahrscheinlich ein Porträtkopf. Formalismus zeigt die Behandlung des Haares, doch Schnurrbart und Kinnbart sind in höchst naturalistischer Weise angedeutet. Möglicherweise ist die Sensibilität dieses Porträts auf den Einfluß eines westlichen Künstlers zurückzuführen.

Tafel 43 Sabäischer Bronzekopf aus San'a, wohl der Porträtkopf einer Frau. Die formalistische Wiedergabe der Haartracht mit ihren Wellen und Löckchen erinnert an den Kopf auf Tafel 42. Augen und Nase verraten den Einfluß westlicher Kunst.

Tafel 44 Eine Auswahl südarabischer Münzen. Daneben zum Vergleich athenische Tetradrachmen des alten und neuen Typs (Reihe 1 und 3, links), die man als Vorbilder zu betrachten hat.

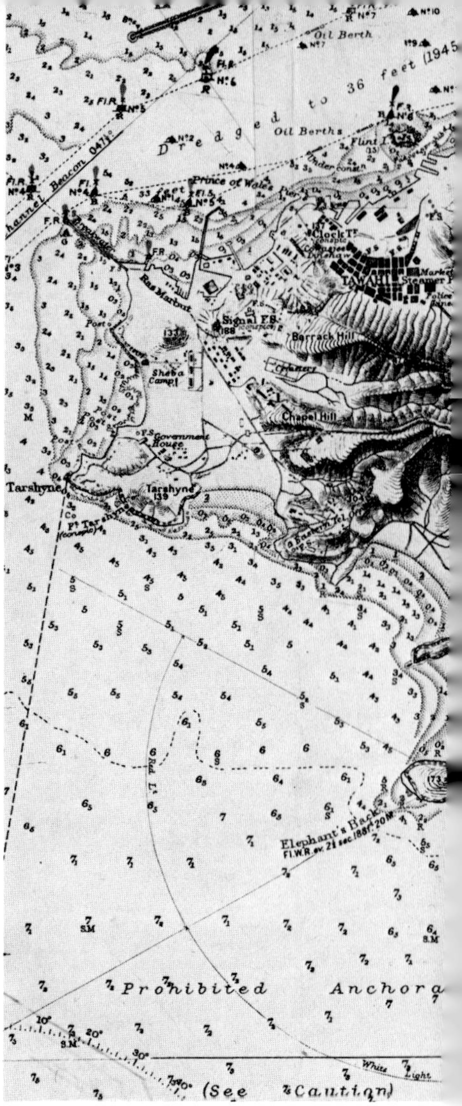

Tafel 46 Eine alte Admiralitätskarte von Aden und seiner Umgebung zeigt deutlich die Lage der Stadt mitten im Krater eines alten Vulkans.

Tafel 45 Aufnahme des Roten Meeres und des Golfs von Aden aus dem Raumschiff Gemini 2 (12.–15. September 1966).

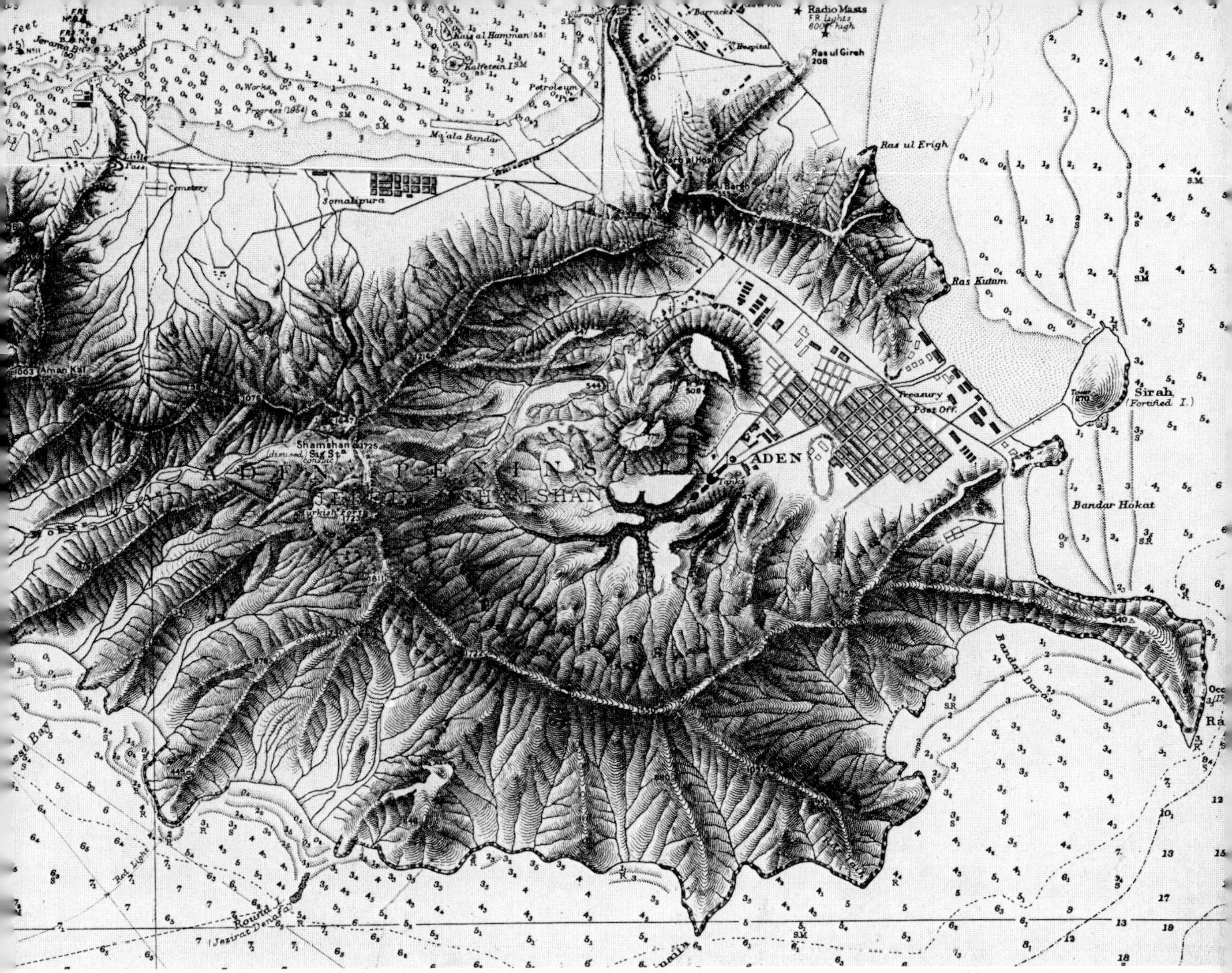

Tafel 47 Die *Turkish Road* (»Türkische Straße«) bei Aden. Diese zum Teil gepflasterte Verbindung führt quer durch ein Plateau-Gelände des alten Vulkan-Kraterrandes beim heutigen Ǧabal Shamsan. Der Pfad beginnt oberhalb des K͟husaf-Talhanges im Krater und führt zum nördlichen Randgipfel, der eine Höhe von knapp 600 Metern über dem Meeresspiegel erreicht. Der durchschnittlich 3 Meter breite gepflasterte Teil verbindet das Plateau mit dem Gipfel und damit die aus dem 16. Jahrhundert stammende türkische Festung mit der im 19. Jahrhundert errichteten Signalstation.

Tafel 48 Eine Reihe von Zisternen in einer Felsenschlucht südwestlich der Kraterstadt, die durch Staubekken gespeist wird, bekannt als die *Tawīla Tanks.* Man nimmt an, daß diese Zisternen angelegt oder zumindest instandgesetzt wurden, als sich Aden im 6. und 7. Jahrhundert n. Chr. in persischer Hand befand. Damals erhielten sie auch ihre heutige Mörtelauskleidung. Vollständig ausgekleidet und durch Stufen zugänglich gemacht ist die abgebildete kleine Zisterne, die nicht unmittelbar mit den großen Zisternen in Verbindung steht. Sie liegt am Nordostrand der Anlage. Nur sie hat eine überkuppelte Eingangshalle.

Tafeln 49, 50 Töpferöfen und einige ihrer Erzeugnisse in Al-Mimdara bei S̲haik̲h̲ 'Ut̲h̲mān. Gewöhnlich dauert der Brennvorgang vier Stunden. Doch wird keine sehr hohe Temperatur erreicht. Größere Gefäße formt man in der Regel aus spiralartigen Windungen des Tonmaterials ohne Töpferscheibe. *Rechts:* Einige typische Töpfereierzeugnisse auf dem örtlichen Markt.

Tafel 51 Das Dorf Huweirib westlich vom Ǧabal K͟harāz und nördlich von Husn Malisah. Typisch für die dortige Gegend ist das Flußgeröll-Mauerwerk des im Vordergrund sichtbaren Heiligengrabes.

Tafel 52 Husn Malisah, eine Gruppe kreisrunder und rechteckiger Bauten aus Mauersteinen von unregelmäßiger Größe. Sie befinden sich auf einem felsigen Gebirgsausläufer am Westhang des Ǧabal K͟harāz.

Tafel 53 Al-Anād, ein rechteckiges Bauwerk aus massiven Quadern, diente als Fundament eines Luftziegelpalastes, den heute die Erosion langsam abbaut. Einer der Steinblöcke trägt eine Inschrift aus vorislamischer Zeit. Vermutlich war das Grundmauerwerk einst Teil des alten Damms von Laḥej.

Tafel 54 Umfangreiches, fast 2 Meter tiefes Scherbenlager bei Ṣubr. Mit Ausnahme eines ganz bestimmten Weihrauchbrenner-Typs sind die Keramikfragmente von derselben Art wie andere Scherben, die sich an der Erdoberfläche fanden.

Tafel 55 Quarzit-Faustkeile, Mittleres Acheuléen, aus der Nähe des Ǧabal Tala. Die betreffende prähistorische Fundstätte ist wohl die erste in Südarabien, die Material der angegebenen Periode erbracht hat.

Tafel 56 Moderne Wandbemalung eines der kleinen Häuser von Bīr Aḥmad. Dekoration dieses Typs findet man zwischen Hiswa und Laḥej, hergestellt von den Frauen, die sie mit Kalktünche auf dem geglätteten Lehmbewurf der Wände anbringen. Diese Malereien stellen oft Motive des Haushalts dar, beispielsweise hier ein Bett und darauf ein Kofferradio, eine Thermosflasche, einen Kessel, eine Wasserpfeife, außerdem eine Schere, einen Besen und eine Frau mit einem Marktkorb.

Tafel 57 Steintafel mit Inschrift aus der Nähe des Ǧabal Al-ʻAḫabāš, Abyan. Die Schrift stammt aus der Endphase der sabäischen Periode, der Text spricht von SLḤN – so lautet der Name des Königspalastes von Marīb.

Tafel 58 Außenseite des Osttors der inneren Hofmauer in der Festung auf dem Ǧabal Sarar, Abyan. Einlässe in den Pfeilerwänden zeigen, daß einst Holzbalken die Toröffnung überspannten.

Tafel 59 Ğabal Am'abeath im Wadi Yeramis: ein weiterer burggekrönter Gipfel mit äußerer Umfassungsmauer, inneren Verteidigungsanlagen und einem *husn* am höchsten Punkt. Das Mauerwerk ähnelt dem der Festung auf dem Ğabal Sarar.

Tafel 60 Raudh, eine kleine, noch immer als Festung dienende mittelalterliche Burganlage auf einem felsigen Ausläufer des Wadi Yeramis. Möglicherweise ist das massive Gemäuer des Bauwerks am linken, westlichen Ende weit früheren Ursprungs.

Tafel 61 Ruinen der Moschee von Al-Aṣṣalah. Im Vordergrund der steinerne Wasserkanal, der die Moschee mit dem Brunnenschacht verbindet.

Tafel 62 Das verlassene mittelalterliche Dorf Am-S̲h̲abuh. An seiner Westseite befindet sich ein ausgedehnter Friedhof, unweit davon in einem Tal ein Brunnen.

Tafel 63 In Stein gekratzte Inschrift aus vorislamischer Zeit an einem felsigen Gebirgsausläufer (Haid Laḥmur). Oberhalb der Inschrift Mauerreste und Teile eines Gebäudes, vielleicht die Überbleibsel einer alten Festung.

Tafel 64 Inschrift und Kameldarstellungen als Felsritzungen im Wadi Doh, südöstlich von Haid Laḥmur. Nach der Überlieferung züchtete man dort Kamele. Felsritzzeichnungen wie diese finden sich auf flachem Felsgrund überall.

Tafel 65 Gipfelpunkt der gepflasterten Straße des mehr als 2000 Meter hohen Thira-Passes, einer einst wichtigen Paßstraße, die entweder vom Wadi Yeramis oder vom ʻArqūb-Paß aus das Mukeiras-Gebiet mit der Küste verband.

Tafel 66 Von besonderem Interesse wegen bestimmter Stein-Anordnungen (im Vordergrund eine halbkreisförmige Steinreihe), wegen vorislamischer Inschriften und mittelalterlicher Bauwerke aus oft noch älterem Baumaterial ist Ǧabal Radaʻ. In einer Spalte des auf dem Bild sichtbaren großen Felsens das Grab eines Heiligen: beredtes Zeugnis der durch den Wandel religiöser Anschauungen unberührten, die Jahrhunderte überdauernden Heiligkeit des Ortes.

nat« zu. Möglicherweise bezieht sich der Name Yamnat ausschließlich auf den Südteil Ḥaḍramauts. Außerdem unterwarf er Territorien im Norden seines Machtbereichs und führte Krieg mit den Stämmen von Tihāma. Šammar Yuharʿiš war Zeitgenosse des »Königs aller Araber« Imru'l-Qais ben ʿAmru, der 328 n. Chr. starb. Von ihm berichtet eine Erinnerungsstele in an-Namāra in Syrien (RES 483). Ein Teil der Inschrift befaßt sich mit seinen Kriegen im Süden, wo er Najrān und Šammar erreichte.

Schließlich wurde Marīb Hauptsitz des ḥimjaritischen Königreichs von Sabaʾ und Ḏhu Raydān. ʿAmdān Bayin vereinte die Herrschaft über das gesamte Land in seiner Hand. Münzen, die er in Raydān prägen ließ, zeigen auf beiden Seiten seinen Kopf. Man fand sie sowohl an der Somaliküste als auch nur wenige Kilometer im Umkreis von Aden.

Um die Mitte des 4. Jahrhunderts n. Chr. bekehrte der von Kaiser Konstantin II. ausgesandte Bischof Theophilos einen ḥimjaritischen Herrscher, wohl Ṯaʿran Yuhanʿim, zum Christentum. Sein Enkel, ʾAbūkarib ʾAsʿad, wandte sich bei einem Besuch in Yaṯrib, dem heutigen Medina, dem Judentum zu und nannte sich, zusätzlich zu seinen früheren Titeln, »König der ʾAʿrab von ṬWD^{m} (Zentralarabien) und Tihāmat (der Niederungen an der Küste des Roten Meeres)«. Er galt als einer der größten arabischen Herrscher vor dem Islam.[115] Unter der Regierung seines Sohnes Šaraḥbʾil Yaʿfur brach der große Damm von Marīb und mußte mehrfach repariert werden. In einem Fall waren 20 000 Mann an den Instandsetzungsarbeiten beteiligt. Einen weiteren Bruch erlitt der Damm um die Mitte des 6. Jahrhunderts n. Chr. (CIH 541). Nicht lange danach erfolgte die endgültige Zerstörung. Wüste breitete sich über die einst fruchtbaren Anbaugebiete der »Gärten« von Marīb.

Ḥaḍramaut

»Die Atramiten, deren Hauptort Sabota ist, eine ummauerte Stadt, in der es 60 Tempel gibt ...« (Plinius, *Naturgeschichte* 6, 32, 154–156).

Das Königreich Ḥaḍramaut (Chazarmawet in *Genesis* 10, 26) lag östlich von Qatabān.[116] Wie es scheint, verbanden freundschaftliche Beziehungen seine Bewohner mit Maʿin im Nordosten. Jedenfalls war der letzte König von Ḥaḍramaut ein Verwandter des minäischen Herrschers.[117]

In seiner Gesamtheit scheint das Reichsgebiet von Ḥaḍramaut auch das Weihrauchgebiet von Ḏhufar (Ẓafar) in der Qamr-Bucht umfaßt zu haben. Direkt am Ausgangspunkt der nördlichen Ost-Westachse muß Ḥaḍramaut am Karawanenhandel mit Weihrauch teilgenommen haben, ja es lieferte die Hauptware für die Handelskarawanen, die auf geradem Weg durch die Hauptstadt Shabwa, durch Qarnāwu (Maʿin) im Gebiet von al-Jauf sowie durch Marīb zogen.

Man hat Shabwa als jenes Sabota identifiziert, von dem Plinius der Ältere behauptete, es berge 60 Tempel in seinen Mauern.[118] Es liegt, den Ramlat Sabatain zugewandt, an der Mündung des Wadi Ḥaḍramaut. Man hat Überreste alter Straßenbauten gefunden, die Shabwa mit den Hajr-Bergen verbanden. Ingrams beschreibt einen solchen *aqabat* (Paß), über den er gereist ist: »Er war ungefähr 16 Fuß (mehr als 5 Meter) breit und ganz offensichtlich nicht nur für Fußgänger oder Kamele angelegt«.[119]

Shabwas Lage so weit im Westen, weit vom wohlbewässerten Wadi entfernt, entfernt auch von den bedeutenden Salzminen, die zu der Stadt gehören, erklärt sich aus der strategischen Lage des Ortes. Es beherrschte den Zugang zum Haupt-Wadi von Süden und desgleichen den Weihrauchhandel auf der Route vom Hafen Qana' bis Al-ʿAbr.

Im *Periplus* ist davon die Rede, daß landeinwärts von Kana (Qana') Sabbatha (Shabwa) liege, »wo der König residiert«, und daß man auf Kamelen Weihrauch herbeitransportiert habe, der dort gespeichert worden sei. Heute liegt Shabwa in Trümmern. Die offenliegenden Ruinen lassen nicht viel von seiner früheren Herrlichkeit erkennen. Allerdings beherrschen vier Säulenbasen eines großen Tempels (eines einzigen, im Gegensatz zu den von Plinius erwähnten 60 Heiligtümern) die Stadt.

Im Süden, in Unter-Ḥaḍramaut, befand sich ein weiteres bedeutendes Handelszentrum: Mayfaʿat (Naqb Al-Hajar). Es lag zwischen Shabwa und Qana'. Bei Qana' handelt es sich möglicherweise um jenes Kanneh, von dem bei Hesekiel (Ezechiel) 27, 23 die Rede ist. Von den Ḥaḍramis erbaut, war es wohl eine der bedeutendsten Hafenstädte Südarabiens. Ihre Ruinen liegen auf der Landenge und der Vulkankuppel von Husn al-G̲h̲urāb, einer großartigen Naturfestung, die die Bucht der heutigen Stadt Bīr ʿAli beherrscht.

Die befestigte Stadt Mayfaʿat im Wadi Maifaʿah liegt nahe bei der heutigen Stadt ʿAzzān, und nach der Überlieferung war hier jener der drei Weisen aus dem Morgenlande zu Hause, der Weihrauch nach Bethlehem brachte. Den Stadtnamen Mayfaʿat liest man auf der dreizeiligen Hauptinschrift am südlichen Stadttor. Vielleicht war die Stadt identisch mit der von Ptolemaios erwähnten *Maifa metropolis*. Es war eine bedeutende Stadt, vermutlich die Hauptstadt von Unter-Ḥaḍramaut, einem auch unter dem Namen Yamnat bekannten Gebiet. Es liegt keinerlei Anhaltspunkt vor, daß die Stadt von den Ḥimjariten als östlicher Außenposten erobert wurde. Allerdings befestigte man sie mit stärkeren Mauern, um sie gegen ḥimjaritische Angriffe zu schützen.

Wie es scheint, legte man Festungen wie diese zum Schutz des Weihrauchhandels an. Gleichzeitig dienten sie wohl auch als Zollstation. Es war wohl unmöglich, daß eine Kamelkarawane das Wadi Maifaʿah durchzog, ohne daß man sie von der strategisch günstigen Stelle der Festung Mayfaʿat aus bemerkte.

Der deutsche Baron Adolf von Wrede, der 1843 dieses Gebiet und die Mauer von Qalat besuchte, entdeckte dort eine Inschrift.[120]

Hier war die Weihrauchstraße ein einziger Gebirgspfad, von dem es kein

Abweichen gab. Man hat es hauptsächlich mit einer Verteidigungsanlage zu tun. Die Inschrift auf der Bastion des Mitteltores der massiven Mauer, beschreibt einen Krieg zwischen Ḥimjariten und Ḥaḍramaut, bei dem der Hafen Qana', für Ḥaḍramaut das Tor zum Seehandel, verlorengegangen war. Die wachsende Macht der Ḥimjariten und ihre Ausdehnung über die Nachbarländer verdrängten die Ḥaḍrami aus dem Küstengebiet, so daß Qana' unter die Kontrolle von Ḥimjar kam. Die Anlage von Qalat mit ihrer Wehrmauer und ihrem Torbau zeigt jedoch, daß trotz des Krieges noch immer Leben in der gewaltigen Handelsader der Weihrauchstraße pulsierte.

Besondere Beachtung verdient es, daß die Inschrift von Qalat, von der beim Bau der Umfassungsmauern von Mayfa'at geleisteten Hilfe spricht. Ein paläographischer Vergleich dieser Inschrift mit der Hauptinschrift von Mayfa'at zeigt jedoch klar, daß beide nicht aus derselben Zeit stammen.

Plinius der Ältere bezeichnet die Atramiten als Bewohner eines »Distrikts der Sabäer, dessen Hauptstadt Sabota (Shabwa) ist«.[121] Dies zeugt allerdings wohl eher von Unkenntnis der Geographie Südarabiens als von einer frühen Eroberung Ḥaḍramauts durch Saba'.

Zum Glück sind die Namen einiger Könige von Ḥaḍramaut inschriftlich auf den Felswänden der als 'Anwad bekannten, ungeheuren Geröllblöcke an der Südflanke des Ǧabal 'Uqlah, knapp 20 Kilometer westlich von Shabwa erhalten.[122] Hier finden sich die Aufzeichnungen von Herrschern, die den Ort besuchten, desgleichen die Namen ihrer Gefolgsleute und Freunde, denn Generationen hindurch pflegten die Könige von Ḥaḍramaut den Würdenträgern ihres Reiches bei dieser Felsgruppe ihre Titel zu verleihen. Inschriften des Yada''īl Bayin allerdings, die nach der teilweisen Zerstörung und Wiederinstandsetzung von Shabwa eingemeißelt wurden, enthalten keinerlei Titelangaben – ganz anders als in der Folgezeit die seiner Söhne. Oben auf dem Hauptblock befindet sich ein kleines quadratisches Gemäuer, das eindeutig aus vorislamischer Zeit stammt, außerdem gab es einst eine, heute nicht mehr vorhandene, Stufenreihe, über die man auf den rund 7 Meter hohen Felsklotz hinaufgelangen konnte.

Die fraglichen Inschriften verdeutlichen recht klar einige Verwandtschaftsbeziehungen, allerdings scheint es drei Gruppen von Herrschern gegeben zu haben, und es ist unmöglich, sie alle mit Sicherheit einander zuzuordnen.

Einer dieser Herrscher, König Yada' 'ab Gaylan, der mit seinem Vater zusammen regierte, eroberte Qatabān, nachdem er Timna' zerstört hatte, und gründete im Wadi Baihān eine Stadt, die er D̲hu Gaylan nannte. Wie man annimmt, schloß er ein Bündnis mit Gadarat, dem Herrscher von Aksum (Habašat) und 'Alhān Nahfān, dem König von Saba' und D̲hu Raydān. Den König 'Il'azz Yalit ben 'Ammd̲ah̲ar[123], erwähnt eine Inschrift, die im Wadi Baihān gefunden wurde (RES 3958), auch er stattete 'Anwad ('Uqlah) einen Besuch ab. Die Anwesenheit einer kleinen Gesandtschaft des ḥimjaritischen Herrschers T̲a'rān Ya'ūb Yuhan'im (RES 4909) bei der Titelverleihungsfeier des 'Il'azz Yalit muß als Resultat eines Freundschaftspaktes mit den benachbarten Ḥimjariten gewertet werden. Bei ʾIlʿazz Yalit befanden sich außerdem auch Gesandte aus Indien (Hind) sowie aus Palmyra (Tadmor).

Damals dehnte sich Ḥaḍramaut nach Westen aus, und zwar fast bis zur Linie des im Norden gelegenen Dhalla. Ḥimjar beherrschte das Stück der Südküste, das westlich von Qanaʾ begann und bis zum Ǧabal Kharāz westlich von Aden reichte, während im Norden Sabaʾ und die Hamdan-Stämme angrenzten.

Unter Šaʿirm ʾAutar griffen die Sabäer Ḥaḍramaut an. Šaʿirm ʾAutar erhöhte die Schlagkraftt seiner Armee durch Eingliederung ḥimjaritischer Hilfstruppen (Cih 334). Dies ermöglichte es ihm, in zwei Stößen vorzudringen: zuerst gegen die Hauptstadt Shabwa, die geplündert wurde, dann gegen das Wadi Ḥaḍramaut und den Hafen Qanaʾ. ʾIlʿazz wurde Vasall des Šaʿirm ʾAutar, der später Ḥaḍramaut unterstützt zu haben scheint, nachdem er auch sämtliche anderen Ländereien unterworfen hatte, abgesehen von den Gebieten, welche sich in Habašat in abessinischer Hand befanden.

Was den griechischen Kauffahrer angeht, der den *Periplus Maris Erythraei* verfaßte, so unternahm er seine Handelsreisen wohl, als Karibʾil, den er als »König der Homeriten und Sabaiten« anführt, in Ẓafar herrschte. Eleasos, den der *Periplus* als »König des Weihrauchlandes« bezeichnet, dessen Hauptstadt Shabwa, die Hauptstadt von Ḥaḍramaut, war, war wohl entweder mit ʾIlʿazz Yalit ben ʿAmmdahar oder mit ʾIlʿazz Yalit ben Ydʿ ʾl Byn, vielleicht aber auch mit dessen Sohn ʾIlʿazz identisch (vgl. RES 4693 und Hamilton 8).

Nach dem *Periplus* herrschte dieser König, als in Aksum Zoskales regierte und Ḥaḍramaut sich über das gesamte Gebiet von Qanaʾ bis Dhufar erstreckte. Eine Bestätigung dafür brachten Inschriften, die in Dhufar an den Mauern der Stadt Sumhuram gefunden wurden, und auf denen der Königsname ʾIlʿazz erscheint.[124]

Doch abermals wurde Ḥaḍramaut angegriffen und fiel in die Hände seiner Nachbarn. Diesmal hatten die Truppen der Ḥaḍrami-Könige Šarahʾil und Rabšams (Jamme 656) ihr Land gegen die Streitkräfte des Šammar Yuharʿis, des Königs von Sabaʾ und Dhu Raydān, zu verteidigen. Die Eroberer fielen über die Hauptstadt Shabwa und das große fruchtbare Wadi her; eine andere Streitmacht nahm den südlichen Landesteil Yamnat mit seiner Hauptstadt Mayfaʿat ein. Zwar überlebte das Königreich Ḥaḍramaut diesen Schlag, doch hatte es noch weitere Überfälle der Herrscher von Sabaʾ und Dhu Raydān auszuhalten. Schließlich mußte Shabwa rangmäßig hinter Al-ʿAbr zurücktreten, und ein König von Sabaʾ und Dhu Raydān drang bis Maryamat im Wadi Ḥaḍramaut vor, auf dessen Ruinen sich die heutige Stadt Saiwūn erhebt. Man nimmt an, daß Maryamat mit dem von Ptolemaios erwähnten Maramat identisch ist. Die Städte des großen Wadi wurden geplündert, und von der Mitte des 4. Jahrhunderts n. Chr. an scheint Ḥaḍramaut im Besitz der sabäisch-ḥimjaritischen Herrscher verblieben zu sein.

Kunst

»Die Hauptstadt dieses Stammes nennen sie Sabai ... Dieser Stamm übertrifft nicht nur alle seine arabischen Nachbarn, sondern auch alle anderen Völker an Wohlstand, ja Verschwendung ... sie haben getriebene Kelche ... aus Silber und Gold, Liegen und Dreifüße haben silberne Füße, und all ihr anderes Mobiliar ist von unvorstellbarer Kostbarkeit. Ihre Betten sind von starken Säulen umgeben, die zum Teil vergoldet sind, andere wiederum tragen Silberfiguren auf ihren Kapitellen. Ihre Decken und Türen sind in Paneele und Kassetten unterteilt, diese Zierfelder bestehen aus Gold, sind mit kostbaren Steinen besetzt und aneinandergereiht. So erweckt die Ausstattung ihrer Häuser, wohin man auch blickt, Bewunderung durch ihre Kostbarkeit, denn einiges besteht aus Silber und Gold, anderes aus Elfenbein und den sehenswertesten Edelsteinen oder aus anderen Materialien, wenn sie nur hoch im Kurse stehn« (*Diodorus Siculus* 3, 47, 2–9).

Auf vielen Gebieten bewiesen die Araber des Altertums ihre künstlerische Begabung. Was sie an Schöpfungen aufzuweisen haben, lohnt jede eingehende Untersuchung, zumal es Aufschlüsse über ihre Geschichte, ihre Religion und ihre Lebensweise gibt.

Was insbesondere ihre Bildhauerei angeht, so zeugt sie bei aller archaischen Schlichtheit von einem hohen Stand handwerklichen Könnens in der Beherrschung edler Materialien wie Gold und Alabaster, aber auch Bronze und Stein.

Was sie sich einfallen ließen – insbesondere gilt dies für Gegenstände, mit denen man sich schmückte –, verrät oft den Einfluß religiöser Vorstellungen und der in den Tempeln ausgeübten Kulte. Darüber hinaus dürfte außer Zweifel stehen, daß die in Südarabien entwickelten Kunstformen unter der Einwirkung von außen zustande gekommen sind – einer Einwirkung, die allerdings durch das Maß der eigenen künstlerischen und technischen Fähigkeiten eine gewisse Abschwächung erfuhr. So zeigen die Formen, die Südarabien hervorgebracht hat, welches Material man auch benutzte und wozu man es benutzte, dennoch eine für das gesamte Land charakteristische Eigenständigkeit.

Funde aus Äthiopien im Westen und Ḏhufar weit im Osten weisen eine motivische Verwandtschaft auf, die verrät, wie weit sich der kulturelle Raum des antiken Südarabien ausdehnte. Genug Material ist erhalten geblieben, um uns eine Ahnung von den vorhandenen künstlerischen Einflüssen und den erzielten Leistungen zu verschaffen. Noch immer allerdings ist die Wissenschaft nicht imstande, die Namen der Künstler und ihrer Werkstätten anzugeben oder auch nur einzelne Schulen zu unterscheiden. Oft ist es nur der paläographische Befund oder anderes Fundmaterial, das wenigstens annähernd die zeitliche Einordnung eines Kunstwerks erlaubt.

In der Hauptsache bestehen die Funde aus Architekturfragmenten, Architekturzierat, vollplastischen (rundplastischen) Bildwerken sowie Marmor- und Alabastertafeln. Daneben fanden sich auch Arbeiten aus anderem Material. Sie verraten vor allem die Geschicklichkeit der südarabischen Kunsthandwerker bei der Herstellung von Tafeln und Figürchen aus Bronze, desgleichen bei der Anfertigung von Schmuck aus Gold und Halbedelsteinen und endlich im Prägen von Münzen.

Einen wichtigen Teil des Beweismaterials, das über den Alltag im antiken Südarabien Auskunft gibt, bildet die Keramik. Größtenteils ist sie durch Produkte vertreten, die an Ort und Stelle selbst entstanden sind. In Form und Ausführung veranschaulicht sie daher den Entwicklungsprozeß des südarabischen Töpferhandwerks, wobei sich in künstlerischer wie handwerklich-technischer Hinsicht offenkundig ein stetiger Fortschritt abzeichnet. Auch in dieser Leistung spiegelt sich jener Reichtum und Wohlstand, der Alt-Südarabiens Königreiche auf ihrem Wege zur Macht auszeichnete.

Architektur

Die bedeutendsten Beispiele südarabischer Architektur hat man in den Tempeln sowie in den Überresten öffentlicher wie privater Bauten vor sich, die sich in der Regel in den ehemaligen Hauptstädten jener antiken Königreiche finden.

Die ältesten dieser Bauwerke bestehen meist aus großen, rohbehauenen Mauerblöcken, die man jedoch sorgfältig zu einem planvollen Gefüge zusammengeschichtet hat. Nicht selten sind die Blöcke von ungleichmäßigem Zuschnitt, wie beispielsweise bei den mit Bastionen versehenen Grundmauern des Tempels von Timnaʿ, die man aufgrund dort gefundener Keramik in das 8. Jahrhundert v. Chr. datiert hat. Bauvorhaben wie dieses verraten, daß schon damals der Architekt nach einem wohldurchdachten Gesamtplan vorging.

Wie auch bei anderen Kunstrichtungen, verhält es sich auch bei der Baukunst: was der Religion dient, weist die höchste Vollendung auf. Der Tempel war der Brennpunkt der damaligen Gesellschaft. In der Regel läßt sich die Entwicklung der Baustile an Instandsetzungsarbeiten oder Zusätzen zu einem vorhandenen Bauwerk ablesen. Die vorislamische Architektur ist in ihren Formen durch das Fehlen von Bögen und die Verwendung von Balken gekennzeichnet. Ihren Entwicklungsstand läßt die Präzision des Mauerwerks erkennen. Gewöhnlich besteht dies aus vorzüglichen Kalksteinquadern, die ohne Bindemittel aneinandergefügt sind und deren Fugen ausgezeichnet schließen.

Diese Quadern haben nicht selten eine ebene, glatte Oberfläche, so beispielsweise bei den Mauern eines nicht weit vom Südtor in Timnaʿ erhalten gebliebenen Bauwerks, dem Gebäude des Wadʾab Yafʿn in Amʿ Adīya (Mukeiras) sowie den Bauwerken von Mayfaʿat, dem heutigen Naqb Al-Hajar im Wadi Maifaʿah.

Oft bieten die Blöcke des Mauerwerks mit ihren deutlich abgesetzten Rändern und ihren ausgehauenen Mittel-Paneelen einen getäfelähnlichen Anblick. Wie es scheint, wandte man diese Art der Mauerdekoration in all den frühen Königreichen Südarabiens an, und zwar vor allem wohl bei Bauvorhaben von besonderer Wichtigkeit. Fast überall läßt es sich nachweisen, und es zeigten sich zahlreiche Varianten der Rand- und Mittelfeld-Behandlung. Beispiele bieten der Tempel von Hureidah, die Tempel von Marīb, die Hauptmauer von Maʿin sowie die Bauwerke von Naqb Al-Hajar, Baihān und Shabwa. Vielleicht ermöglicht es der paläographische Befund, aufgrund der zugehörigen Inschriften gewisse Mauerstile wenigstens annähernd zeitlich einzuordnen. Allerdings hätte man derartige Zuordnungen nur mit Vorbehalt zu übernehmen, da nicht auszuschließen ist, daß die einzelnen Staaten die betreffenden Stilarten zu ganz verschiedenen Zeitpunkten einführten. Das Motiv des Mauerwerks, dessen Blöcke einen deutlich abgesetzten Rand und ein anders behandeltes Mittelfeld aufweisen, geht eindeutig auf eine Art von Mauerwerk zurück, bei dem die Schauseiten der einzelnen Blöcke noch gröbere Bearbeitung zeigen – ein Mauertyp, der einst im Mittleren Osten weit verbreitet war. Möglicherweise ist er assyrischen Ursprungs, und von Assyrien aus müßte dann das fragliche Mauer-Dekormotiv seinerzeit seinen Weg zu den Ländern des Mittelmeerraums genommen haben.

Eine Variante dieses Mauertyps ist ein noch reicheres Muster mit erhaben vortretenden Rändern und ausgehackten rechteckigen Mittelfeldern auf flachen Verkleidungsplatten aus Kalkstein.[125] Es handelt sich hierbei um ein reines Blendmuster, bei dem das ursprüngliche Mauergefüge keinerlei Rolle mehr spielt, das andererseits jedoch an die sonst übliche Mauerung mit paneelartigen Block-Schauseiten erinnert.[126] Wahrscheinlich bediente man sich dieser Verkleidungstechnik erst später, als man zu Baumethoden übergegangen war, die es nötig erscheinen ließen, das eigentliche Mauerwerk hinter Blendwerk zu verstecken.

Im allgemeinen beweisen die Maurerarbeiten ausgesprochene Könnerschaft, gleich, ob es sich um den Mauerverband oder um die Anbringung – wo nötig – von Dübeln und Nuten für sauber gewinkelte Balken und Türstürze mit glattbehauener Oberfläche handelt. Daß man für Säulenhallen und Höfe monolithische (aus einem einzigen Block bestehende) Säulen verwendete und daß auch die Türstürze aus Monolithen bestanden, bezeugen die Ruinenstätten Marīb, Sirwāh, Huqqa, und in die gleiche Richtung weisen die Säulenbasen des Haupttempels von Timnaʿ.

Rechteckige und geometrische Muster bilden die Basis jeglicher Formgebung im Bereich der Maurer- und Steinmetzkunst, und die Motivik der Architektur spiegelt sich wiederum sehr stark im dekorativen Gestalten, nicht zuletzt auf Schrifttafeln und Zierat aus Marmor, Kalkstein und Bronze, desgleichen auf skulptierten steinernen Wiedergaben von Möbeln, deren Vorbilder wohl aus Holz bestanden.

Zierfelder mit derartiger Dekoration hielt man einst für Abbildungen südarabischer Hausfassaden mit zurückgesetzten und mit Paneelen geschmückten

Mauern. G. W. van Beek[127] äußert jedoch, die Beziehungen zwischen derartigen Darstellungen und tatsächlich bekannten Bauwerken reichten nicht hin, um diese Deutung zu rechtfertigen. Man brauche die betreffenden Tafeln nur umzudrehen, so habe man Darstellungen von Möbeln vor sich, und aus den vermeintlichen Dachtürmen der angeblich abgebildeten Bauten würden die Füße der in Wahrheit wiedergegebenen Möbel. Möglicherweise bildeten diese dekorativen Tafeln einst die Wände von Sarkophagen, steinernen Truhen oder bloße Banklehnen.

Auf jeden Fall ist der Gebrauch zurückgesetzter Paneele bei der Darstellung von Mobiliar äußerst wirkungsvoll. Man hat sich den Effekt des Wechsels von Licht und Schatten sehr wohl überlegt, und es gehört wenig Einbildungskraft dazu, sich vorzustellen, daß Zierat wie dieser letztlich doch auf Architektur in großem Maßstab zurückgeht.

Mit Interesse stellt man fest, daß Wiedergaben von Tierfüßen oder Tierhufen ein allgemein verbreiteter Zug der Möbeldekoration waren. Tatsächlich wurden Bronzehufe gefunden, die einst hölzerne Möbelstücke getragen hatten, desgleichen kamen zwischen solchen Möbelbeinen aus Stein gearbeitete Wiedergaben gedrechselter Holzstäbe zum Vorschein.

Der Zuschnitt architektonischer Details, das aus Stein gehauene Gebälk, Türstürze und Architrave – sie alle scheinen mit dem so verbreiteten Motiv rechteckiger, zurückgesetzter »Täfelungsfelder« in Zusammenhang zu stehen. Am verbreitetsten scheinen Felder mit einem horizontalen »Jalousiemuster«, dessen einzelne Facetten leicht angewinkelt sind, um eine möglichst wirkungsvolle Brechung des Sonnenlichts zu ermöglichen. Unter diesem Feld hatte man gewöhnlich ein weiteres Ornament eingefügt, das aus einer Reihe von *tegellae* bzw. einer nur wenig hervortretenden Zahnung bestand. Abermals waren die einzelnen Facetten angewinkelt, um das Licht gut zu reflektieren und scharfe Schlagschatten zu werfen.

Das fragliche Ornament findet sich ungewöhnlich häufig, so auch in den Mauerfeldern der Vorhalle zum ʾAwwām-Tempel (bzw. Maḥram oder Ḥaram Bilqis) in Marīb. Man darf daher vermuten, daß man es schon im 5. bis 4. Jahrhundert v. Chr. verwendete.[128] Insgesamt dürften architektonische Züge wie die geradlinige Zierfelder-Dekoration, die aus dem Norden eingeführt zu sein scheint und in Südarabien viel Anklang fand, der Zeit zwischen dem Ende 5. Jahrhunderts v. Chr. bis zum 1. oder 2. Jahrhundert v. Chr. zuzuschreiben sein.

Ein anderes weitverbreitetes Motiv sind Steinbockköpfe, die man in stilisierter Wiedergabe zu ganzen horizontalen Friesen nebeneinandergereiht hat. Gewöhnlich findet man Friese dieser Art am Gebälk von Bauwerken. Beispiele aus Timnaʿ lassen keinen Zweifel, daß dieses Ornament am Oberteil des Gebälks Anwendung fand, möglicherweise an der Stelle der Triglyphen und Metopen griechischer und römischer Tempel. Außerdem diente dasselbe Motiv als Zierat kleinerer Architekturelemente, so findet man es nicht nur – wie in der Vorhalle des ʾAwwām-Tempels (Maḥram oder Ḥaram Bilqis) in Marīb, sondern auch an marmornen Schrifttafeln oder Zierplatten. Anstelle des Steinbocks begegnet uns auf solchen Tafeln allerdings mitunter das Bukranion-(Stierkopf-)Motiv. Jedes dieser beiden hat bis zu einem gewissen Grade eine Funktion, die der des »Eierstabs« (des [ionischen] *Kymation*) der griechischen Architektur entsprach. Eingefaßt werden diese dekorativen Elemente gewöhnlich von einem Muster rechteckiger zurückgesetzter Paneele, deren Maßverhältnisse von denen des Zentralornaments abhängen.

Eine andere Art der Architekturornamentik, bei der das Bukranion-Motiv als Fries erscheint, bedient sich ihrerseits des Steinbocks, stellt ihn jedoch in schematischer Wiedergabe liegend dar, und zwar als Basrelief auf einem Randbalken, der das Hauptzierfeld umgibt.

Im Jahre 1951/52 grub eine unter der Leitung von W. F. Albright stehende Expedition der *American Foundation for the Study of Man* (= »Amerikanische Stiftung für Anthropologie [und Ethnologie]«) rund 3 Kilometer östlich von Marīb, der alten Hauptstadt des Sabäerreichs, bei der sich einst jener im Altertum berühmte Bewässerungs-Staudamm befand, die große Vorhalle des ʾAwwām-Tempels aus.[129] Daß der Tempelname ʾAwwām lautete, ist aus Inschriften bekannt, ebenso, daß das Heiligtum dem Mondgott ʾIlumquh (ʾAlmaqah), dem Hauptgott von Sabaʾ, geweiht war. Nierenförmig oder oval war der Grundriß der gesamten Anlage. Sie war von einer Mauer umgeben, die eine wallartige Aufschüttung aus Sand und Geröll bekleidete. Im Durchschnitt sind die Blöcke dieser Mauer 29 Zentimeter hoch, ihre Länge ist dagegen recht unterschiedlich. Ihre Schauseite ist leicht gekrümmt, so daß sie sich der Krümmung des gesamten Bauwerks gut anpassen. Die Außenfront ist sorgfältig behauen, der Innenwand hat man dagegen eine gewisse Rauheit gelassen, als ob sie bessere Haftung für einen vielleicht anfänglich geplanten Verputz bieten sollte.

Bei der Vorhalle handelt es sich um die einzige vollkommen freigelegte Partie dieses Tempels. Sie bestand aus einer peristylen (säulenumgebenen) Halle mit einer breiten Tür, die ins Tempelinnere führte, sowie einer dreifachen Tür hinaus auf einen äußeren Hof und Gebäudekomplex, der in einer Reihe von acht Säulen endete. Außerdem gab es Pfeiler an der Ost- und Westseite.[130] Auf jedem dieser Pfeiler befand sich ein rechteckiger Block, der einst wohl das Dachgebälk trug. Diese Pfeiler standen auf Plinthen (Standplatten), Kapitelle wurden nicht gefunden – jedenfalls nicht die Kapitelle dieser Säulen.

Dagegen fehlt es an anderen Fundstellen nicht an Kapitellen, die mit großer Sorgfalt gearbeitet sind. Einige fand man von ihrer Säule getrennt. An ihrer Unterseite erkennt man die Öffnung für den Zapfen, der ihnen Halt gab. Sehr effektvoll hat man an ihnen das Zahnornament angebracht, so daß die eng beieinanderliegenden *tegellae* eine starke Schattenwirkung ergeben. Diese *tegellae* sind so zugeschnitten, daß ihre vertikale Seite leicht angewinkelt hervortritt. Auf diese Weise suchte man das Sonnenlicht am wirkungsvollsten zu reflektieren und gleichzeitig unter jeder einzelnen Reihe die größtmögliche Schattenwirkung zu erzielen. Als Abschlußornament muß dies einen reizvollen Kontrast zur glatten Fläche der Monolithen gebildet haben, vor allem aus einiger Entfernung durfte der Anblick sehr eindrucksvoll gewesen sein.

Ein Ornament, das vor allem bei Architraven, aber auch bei Zierfeldern Anwendung fand, besteht aus einem verschlungenen Muster stilisierter Weinreben. Der Gegensatz dieses Motivs zu der sonst üblichen Gradlinigkeit der Ornamentik könnte nicht größer sein. Kein Zweifel: hier ist hellenistischer Einfluß am Werk, es sind hellenistische Motive, deren Einwirken hier spürbar ist, insbesondere denkt der Verfasser dabei an provinziell-römische und spätere Beispiele aus Palmyra.[131]

Einige Zierfelder dieser Art fand man im Jemen, hauptsächlich in der Gegend von Marīb, während die Türstürze, die das gleiche Ornament tragen, aus dem Wadi Ḥaḍramaut, und zwar aus Husn al-ʿUrr, stammen.[132]

Von großer Bedeutung ist, daß dieses Weinrebenmotiv nicht nur den Rand eingeritzter Inschriften ziert, sondern auch auf Schrifttafeln vorkommt, deren Lettern nicht eingemeißelt oder eingeschnitten sind, sondern in Hochrelief aus dem Untergrund hervortreten.[133] Dies ist der charakteristische Stil einiger Inschriften der spätsabäischen Ära (3. bis 6. Jahrhundert n. Chr.). Damit hat man einen Anhaltspunkt in der Hand, daß das fragliche Motiv späten Datums ist.

Anscheinend waren während dieser Spätphase Mauerfelder und Architrave nicht nur mit Rosettenornamentik, mit stilisierten Blumen- und Blütenblatt-Mustern ausstaffiert, sondern es scheinen überhaupt Anzeichen künstlerischer Dekadenz sichtbar geworden zu sein. Beispielsweise zeigt sich dies in Nordjemen, wo C. Rathjens bei Šibam Kaukaban Säulenbasen und Kapitelle abzeichnete. Hier sind die Monolithen von rundem Querschnitt mit betonter Doppel-Kannelure und Rundgliedern an der Basis. Die eigentliche quadratische Basis der Säule ist mit Relief-Rosetten geschmückt, und eines der Kapitelle zeugt von einem Versuch, oberhalb einer kreisrunden Zierleiste rings um den Säulenhals ein Akanthus-Blattornament zuwege zu bringen. Allerdings stehen die Maße der ornamentalen Details zu denen der Gesamtsäule in argem Mißverhältnis.[134]

Eine Überladenheit und Mißproportion wie diese scheint freilich auf das Gebiet von Sanaʿa beschränkt und nicht weiter nach Süden gedrungen zu sein. Dies illustriert auf eigene Weise den Einfluß, der vom nördlichen Endpunkt der großen Karawanenroute auf den Süden einwirkte, desgleichen aber auch den Überfluß, der während der Endphase des Karawanenhandels in Sabaʾ herrschte. Derartige Überladenheit mit gängigen Ornamenten spiegelt wohl einen unbekümmerten, wenn nicht gar dekadenten Lebensstil – ganz anders als jene für die früheren Phasen der sabäischen Geschichte charakteristische Starre und Schlichtheit, in der etwas von Energie und Nüchternheit jener Kaufleute zum Ausdruck kommt, denen Sabaʾ seinen Aufstieg als Handelsmacht verdankte.

Bildhauerei

Zum größten Teil zeigen die Werke alt-südarabischer Bildhauerkunst den Einfluß religiöser Vorstellungen. Meist handelt es sich bei den erhaltenen Stükken um Votivgaben, die zu Ehren der Götter angefertigt und den Tempeln geweiht waren, oder um Gedächtnis-Stelen zu Ehren der Toten. Stelen fand man in Gräbern des Ḥaid ben ʿAqil, der Nekropole von Timnaʿ, und auch in den Wohnbezirken antiker Städte. Sie sind von unterschiedlicher Form. Entweder handelt es sich um einfache Schäfte aus Alabaster oder um kompliziertere Schnitzereien. Stelen dieser Art tragen dann einen Stierkopf, das Symbol des Mondgottes, oder ein geschnitztes Porträt des Verstorbenen. Teilweise bestehen sie zusammen mit der Basis aus einem Stück, teilweise sind sie in eigens angefertigte Basen eingefügt, ja zum Teil bestehen die Basen sogar aus anderem Material: so kann beispielsweise die Basis einer Alabasterstele durchaus aus Kalkstein bestehen. Nicht selten sind allein die Basen erhalten. Ihr nicht so kostbares Material war weniger gefragt als der Alabaster der eigentlichen Stelen. Diese wurden daher oft gestohlen oder fanden schon im Altertum Wiederverwendung. Gewöhnlich tragen solche Basen den Namen des verstorbenen Stifters. Daß sie erhalten sind, ist nicht nur wegen der Aufschlüsse ein Glücksfall, die sie über die künstlerischen Fähigkeiten der Bewohner Alt-Südarabiens geben, sondern auch wegen dieser Namens-Inschriften, da deren Schriftzeichen die Tendenz zeigen, je nach dem Ursprungsort der Basen leicht zu variieren.

Vollplastische Votivbildwerke geben Aufschluß über die Kleidung, die man trug. Mit großer Sorgfalt und Liebe zum Detail fertigte man Porträts bedeutender Persönlichkeiten an. Einige dieser Skulpturen – meist handelt es sich um die Statuen von Männern – tragen stilisierte Bärte, kunstvolle Haartrachten, Perücken, ja sogar Schnurrbärte. Wir wissen, daß einige dieser Statuen Könige und deren Familienmitglieder darstellen, und zwar aufgrund der Inschriften an den Basen, aus denen hervorgeht, daß es sich bei einigen dieser Funde um Darstellungen der Mitglieder des Königshauses von ʾAusān handelt. Einige der Dargestellten tragen Schnurrbärte und Perücken mit dreieckförmigen Seitenteilen: möglicherweise geht schon allein aus der Art der Porträtierung, aus der Wiedergabe des Schnurrbarts und anderer Einzelheiten, hervor, daß man es mit hochgestellten Persönlichkeiten aus königlichem Hause zu tun hat. Die Bildhauer sahen sich durch die Kleinheit der vorhandenen Alabaster- und Marmorstücke, die sie zu bearbeiten hatten, behindert. Daher schnitten und meißelten sie von ihrem Material so wenig wie möglich weg. Dies wiederum schränkte die darstellerischen Möglichkeiten ein. Für die Entfaltung schöpferischer Phantasie hatte der Bildhauer so gut wie gar keinen Spielraum. Die Statuen wirken daher steif und stilisiert.

Viele der Vollplastiken lassen enganliegende Gewänder erkennen, die aus einer einfachen Tuchbahn oder einem Hemd bestehen und an schlichte arabische Kleidungsstücke unserer Tage wie *lungi* oder *futah* erinnern. Wohl die anspruchsvollste Kleidung zeigt eine Statuette des Yasduq'il Far'am Šaraḥ'at, Königs von 'Ausān. Das Gewand dieser Herrscherstatue erinnert an die Kleidung, die etwa im 5. Jahrhundert v. Chr. bei den Griechen des östlichen Mittelmeerraumes üblich war.

Nicht selten zeigen diese Statuen auch die Schuhtracht Altarabiens. Man erkennt Sandalen, welche die Zehen freilassen, die das ganze Gebilde am Fuß festhalten. Dabei gibt es drei Varianten des Kreuzriemens. Bei der ersten ist ein einzelner Riemen zwischen der großen Zehe und der zweiten Zehe hindurchgezogen, bei der zweiten steckt die zweite Zehe in einer kleinen Schlinge, bei der dritten schließlich führt ein zusätzlicher Riemen nach Art dorischer Sandalen kreuzweise über den Spann.

Gewöhnlich sind die Unterarme dieser Alabasterstatuetten in Höhe des Ellbogens nach vorn gestreckt. Die Hände sind zur Höhlung gekrümmt oder durchbohrt, so daß der Eindruck entsteht, als ob sie einst einen Stab gehalten hätten, der wahrscheinlich aus anderem Material bestand als die Figur selbst. Der arabische Schriftsteller Hamdani (*'Iklīl* 8) berichtet von Grabräubern frühislamischer Zeit, die unter anderem auch goldene oder bronzene Stäbe gefunden haben wollten.

Einmalig in Südarabien ist der Fund einzelner Hände ohne zugehörige Statuen. Aus gutem Grund nimmt man an, daß die betreffenden Stücke aus Marīb stammen. Es handelt sich um eine zur hohlen Hand gekrümmte linke Hand, die einen kleinen Vogel hält, sowie um eine rechte Hand mit einer Weintraube. In beiden Fällen hat man es mit sorgfältig gearbeiteten Wiedergaben zu tun. Mit größter Sorgfalt hat der Künstler jede Einzelheit der Fingernägel beachtet, und die Art, den Gegenstand zu ergreifen, den die beiden Hände jeweils halten, wirkt äußerst realistisch. Einer der Finger trägt einen Ring, der allerdings nicht aufgesteckt, sondern mit der Hand und dem Finger selbst aus einem Stück gearbeitet ist.

Aus einem Heiligtum jugendlicher Verehrer der Isis in S̲h̲aik̲h̲ Ibada (Oberägypten) kennt man ähnliche Skulpturen aus weichem Kalkstein. Daß sie Weintrauben und eine Taube halten, hat man mit Isis' Sohn, dem Götterkind Harpokrates, in Verbindung gebracht. Noch eine koptische christliche Skulptur aus Ägypten zeigt einen sitzenden Knaben, der in eine einfache Tunika gekleidet ist. In seiner Rechten hält er eine Weintraube, in seiner Linken eine Taube, die ja auch ein häufig wiederkehrendes Symbol christlicher Kunst ist. Man hat diese Knabenstatue wohl in die Zeit um 300 n. Chr. zu weisen.[135]

Vielleicht darf man im Zusammenhang mit diesen Stücken von charakteristischen Übereinstimmungen mit der Bildhauerei Südarabiens sprechen, doch selbst wenn man an die Weintrauben und die Taube denkt, die eine so klare Entsprechung in der koptischen Kunst haben, läßt sich noch keineswegs eine unmittelbare Beziehung nachweisen. Allerdings ist es Tatsache, daß zur angegebenen Zeit ein Teil der Ḥimjariten sich zum christlichen Glauben bekannte.

Weiterhin fand man gemeißelte Friese, die interessante Wesen der Mythologie und religiöse Symbole wiedergeben. Sie bekräftigen die Auffassung, daß die Länder des »Fruchtbaren Halbmonds« und der Mittelmeerraum einen starken Einfluß auf die Kunst Südarabiens ausgeübt haben. So gibt es beispielsweise Reliefs, auf denen man mythologische Tierwesen – hauptsächlich Sphingen – paarweise um ein Pflanzenmotiv angeordnet sieht, das man möglicherweise als »Lebensbaum« zu betrachten hat.[136] Die beiden Sphinx-Wesen sind dem »Lebensbaum« zugewandt. Motive dieser Art bilden die Mitte solcher Friese. Das beschriebene Motiv ist mesopotamischen Ursprungs.

Ein Fries dieser Art mit Basreliefdarstellungen kam in der qatabānischen Hauptstadt Timnaʿ im Wadi Baihān zum Vorschein. Man erblickt auf ihm aufgerichtete geflügelte Sphingen, die die Frucht des Lebensbaumes essen. Diese Szene wiederholt sich über den gesamten Fries hinweg. Die Sphingen stehen Schwanz an Schwanz, ihre Körper sind aufgerichtet, und ihre Vorderfüße stützen sich gegen den Baumstamm. Was den Baum angeht, so handelt es sich um eine stilisierte Darstellung, als deren Vorbild eine Dattelpalme gedient haben könnte.

Auf einem anderen Fries, der gleichfalls in Timnaʿ gefunden wurde, richten sich Steinböcke mit den Vorderbeinen zu einem stilisierten Baum auf. Wahrscheinlich handelt es sich abermals um eine Palme, ohne daß man jedoch Datteltrauben an ihr erblickt. Die Köpfe der Tiere sind jedoch rückwärts gewandt. Die Steinböcke blicken auf einen anderen Baum mit buschiger Krone. Ein ähnliches Motiv findet sich auch in Bronze dargestellt. Und zwar zeigt das obere Feld einer Schrifttafel aus Amrān eine Variante dieser Szene, das untere dagegen weist ein Rosettenornament auf. Vermutlich um das Mittelstück eines derartigen Frieses handelt es sich bei einem Fragment eines Reliefs, das eine cherubgesichtige geflügelte Sphinx zeigt, die einem mit Ornamenten dekorierten Stierkopf zugewandt ist. Auch hier hat man wohl eine antithetische, paarweise gegenläufige Darstellung anzunehmen. Auch dieses Fries-Bruchstück spricht daher wohl für die Beliebtheit geflügelter Sphingen als Friesornament.

Schließlich ist noch ein Friesfragment aus Kalkstein aus der Bücherei der Freitagsmoschee von Mukalla bekannt geworden. Es zeigt zwei parallel liegende Fische. Die Tatsache, daß die beiden Tiere in dieselbe Richtung blicken, läßt vermuten, daß man es abermals mit einem Überbleibsel antithetischer Motivik zu tun hat. In seiner Art ist das Stück einzigartig. Die Tatsache, daß man ausgerechnet ein Fischornament verwendete, läßt sich entweder auf christlichen Einfluß zurückführen oder darauf, daß man Fischerei trieb. Liegt tatsächlich christlicher Einfluß vor, muß das Fragment jungen Datums sein. In diesem Fall hätte man es zeitlich um 300 n. Chr. einzuordnen. Da es unweit von Husn al-ʿUrr in Ḥadramaut gefunden wurde, kommt die zweite Möglichkeit, die Möglichkeit eines Zusammenhangs mit der Fischerei, weniger in Frage.

Frauenstatuetten und Tafeln zeigen, welchen Schmuck man trug. Die Künstler geben Halsbänder, Perlen sowie Arm- und Fußreife wieder. Einige Statuen allerdings sind mit Löchern zur Befestigung echter Schmuckstücke versehen, die allerdings wohl aus weniger wertvollem Material bestanden als der Schmuck, den man wirklich trug. An einigen der Männerköpfe erblickt man dekorative Stammes- oder Kastenzeichen, die in den Stein gemeißelt und mit farbigen Steinen ausgelegt sind.

Einige von Frauen gestiftete Tafeln enthalten Darstellungen von Göttinnen. Besonders gute Beispiele sind die Tafeln der D̲h̲at Ḥamyn ʿAt̲h̲ar Yaġul, die man auf Tempelgelände fand. Man sieht die Göttin, wie sie mit erhobener rechter Hand eine Geste des Segnens vollführt, während sie mit der Linken eine Weizengarbe an ihre Brust drückt. Offenbar verkörpert sie Fruchtbarkeit und Erntesegen – eine südarabische Entsprechung der griechischen Erd- und Muttergöttin Demeter, die ihrerseits mit dem Sonnenkult zu tun hat.

Manche dieser Darstellungen zeigen eine matronenhafte Gestalt in einem an römische Kleidung erinnernden halsfernen Gewand mit Halsband, Armband und sonstigem Schmuck. Gewöhnlich liest man auch in diesen Fällen den Stifternamen an der Basis der Platte.

Besondere Beachtung verdient die Bronzefigur einer sitzenden Frauengesstalt, der Dame Bara'at. Es handelt sich um ein bekleidetes, kompaktes Frauenbildnis. Schwach läßt die Kleidung die Formen des Körpers erkennen. Das Gewand ruht in naturalistischer Wiedergabe auf den Knien der Dargestellten und fällt knieabwärts in einigen schrägen Falten nach unten. Dies erinnert an römischen Gewandstil aus der Zeit etwa des ersten Jahrhunderts n. Chr. Die Frauenfigur sitzt auf einer Basis aus zwei aneinandergefugten Blöcken von unterschiedlicher Größe. Außerdem ist der kleinere dieser Blöcke leicht zurückgesetzt, damit der Fuß der Frau in dem so ausgesparten Raum ruhen kann. Es handelt sich um eines der hervorragendsten Beispiele früharabischer Kunstfertigkeit. Am unteren Block der Steinbasis erkennt man eine sechszeilige *stoichedon*-Inschrift* mit der Widmung an D̲h̲at Ḥamym ʿAh̲t̲ar Yaġūl. Die Statue ist ein gutes Beispiel der Anwendung des Wachsschmelzverfahrens (»Guß in verlorener Form«). Noch immer befindet sich das tönerne Kernstück in ihrem Inneren.

Es fehlt nicht an Anhaltspunkten dafür, daß die früharabischen Meister auch die Gußtechnik großer Bronzebildwerke beherrschten. Kupfer und Bronze, Gold und Silber fanden für viele Zwecke Verwendung. Heute ist man der Ansicht, daß sich inschriftliche Äußerungen, die von Goldstatuen (*dahab*) sprechen, vielleicht auf vergoldete Bronzearbeiten beziehen. Nicht selten findet man oben an Steinblöcken mit Inschriften noch immer bronzene Basen oder Dübel. Sie rühren von Statuen her, die ihrerseits wohl schon im Altertum gestohlen wurden.

* *stoichedon* = Gegensatz zu *bustrophedon*. Beim *bustrophedon* (der »Furchenschrift«) ändert sich mit jeder Zeile die Schriftrichtung. Eine Schrift des *stoichedon*-Typs hält dagegen in jeder Zeile an der gleichen Schriftrichtung fest (*Anm. d. Übers.*).

Kupfer (oder Bronze) scheint für Tafeln mit Inschriften, für Votivgaben und Statuetten, kurz: für die Tempeleinrichtung vorbehalten gewesen zu sein. Allerdings gab es Bronzegegenstände wohl auch in wohlhabenderen Privathäusern.[137]

In der Regel stellte man Bronzegüsse mit Hilfe des Wachsausschmelzverfahrens her, von dem bereits die Rede war. Man bedient sich dabei eines Tonkerns, über dem ein Wachsmodell des zu gießenden Stücks angefertigt wird. Darüber kommt dann ein äußerer Tonüberzug, die eigentliche Form. Kern und Form werden bei kleinem Feuer gebrannt, das Wachs ausgeschmolzen und durch Metallschmelze ersetzt. Bei den Griechen war dieses Verfahren seit langem bekannt. Daß man es auch in Südarabien anwandte, erlaubt geradezu, von Beziehungen der Handwerker Griechenlands und Roms, ja denen des alten Ägypten zu Südarabien zu sprechen. Es ist wohl nicht sehr wahrscheinlich, daß gegossene Figurinen und andere Gußstücke dieser Art anderswo hergestellt und in Südarabien eingeführt wurden. Eher hat man wohl anzunehmen, daß – zumindest anfänglich – zugewanderte Handwerker oder ihre ortsansässigen Schüler die betreffenden Arbeiten entwarfen und nach den Bedürfnissen ihrer südarabischen Kundschaft an Ort und Stelle ausführten.

Fragmente offenbar lebensgroßer Bronzestatuen – Füße mit Sandalen – fand man in Marīb. Daß es Statuen so großen Formats gab, geht auch aus den Maßverhältnissen zweier Bronzeköpfe hervor. Der eine davon ist dem Britischen Museum geschenkt worden. Besonders bemerkenswert an ihm ist seine komplizierte Haartracht mit ihren Hängelocken. Der andere – er wurde kürzlich in Sanaʿa photographiert – sticht durch subtile Charakteristik und die ausgezeichnete Wiedergabe des Lippenbartes hervor.

Im Museum von Sanaʿa befindet sich die große Figur eines stehenden Mannes. Es handelt sich ein einzigartiges Werk, einzigartig nicht nur wegen seiner Größe, sondern auch wegen der angewandten Technik. Die Figur ist unbekleidet. Ein Arm hängt in lockerer Haltung herab, der andere dagegen ist erhoben. Zwar wirkt das unorthodoxe Bildwerk in seiner Haltung ein wenig archaisch, doch wenn der Eindruck unvermittelt erstarrter Bewegung – wie etwa bei einem Betenden – beabsichtigt war, so hat der Künstler hervorragend verstanden, die gewünschte Wirkung zu erzielen. Leider befindet sich die Statue in keinem guten Erhaltungszustand, und man hat sie mit Metallbändern an der Wand des Museumsraumes befestigt.[138]

Auch die Expedition der *American Foundation for the Study of Man* (der »Amerikanischen Stiftung für Anthropologie [und Ethnologie]«) hat Bronzebildwerke, und zwar solche kleineren Formats, entdeckt. Fundort war in diesem Fall Marīb. Auch diese Statuetten scheinen in ihrer archaischen Haltung eine Einschränkung der bildhauerischen Entfaltungsmöglichkeit zu spiegeln, so als ob man sich noch nicht voll bewußt gewesen wäre, welche Möglichkeiten des Ausdrucks freier Bewegung der Werkstoff Bronze bietet. Man kann nicht umhin, zwischen diesen Bronzeplastiken und dem *Kouros*-Typ der griechischen Skulptur eine Parallele zu sehen. Auch beim *Kouros* handelte es sich anfangs um eine recht steife männliche Standfigur, die sich immer mehr zum bewegten Ausdruck hin entwickelte, bis es gelang, gleichsam Momentaufnahmen lebhafter Bewegung in Stein und Bronze festzuhalten.

Ein bedeutendes Bildwerk, das dieses Merkmal aufweist, kam in Maʿad Karib zum Vorschein. Es stellt vermutlich einen König oder mindestens einen hohen Würdenträger dar. Bei der etwa 94 Zentimeter hohen Figur dürfte es sich um ein Porträt handeln. Man erblickt den Dargestellten in schreitender Haltung. Der linke Fuß ist vorangesetzt. Die Figur trägt ein hemdartiges Gewand ähnlich dem modernen *lunghi,* das von einem Gürtel mit *jambia* gehalten wird. Außerdem bedeckt ein Löwen- oder Leopardenfell den Rücken des Mannes; die Vorderpranken des Tieres sind über der Brust der Statue gekreuzt, während der Schwanz rückwärts herabhängt.[139] Leopardenfelle sind zwar eine rare Beute in Südarabien, im Altertum dienten sie jedoch zur Kennzeichnung hochgestellter Persönlichkeiten. Was die Haltung angeht, so ist zwar Stilisierung unverkennbar, sie bedeutet jedoch eine weitere Stufe der Lösung vom *kouros*-Typ. Man hat diese Statue in das 6. Jahrhundert v. Chr. verwiesen.

Ein weiterer Entwicklungsgrad der Fähigkeit, Bewegung darzustellen, läßt sich an einer anderen, 43 Zentimeter hohen, Männerstatue ablesen. Abermals trägt der Dargestellte ein *lunghi* mit gerolltem Oberteil und eine glatte *jambia.* Leider fehlen die Beine, so daß unbekannt ist, welche Haltung die Figur einnahm. Die Arme allerdings sind nach vorn gestreckt. Die rechte Hand ist geöffnet und zu einer Geste des Grußes erhoben, die Linke dagegen schien einst einen Stab gehalten zu haben.

Noch eine weitere bedeutende Bronzeplastik befindet sich im Museum von Sanaʿa. Es handelt sich um eine cherubähnliche Figur, allerdings sind von ihr nur der Rumpf und die Gliederansätze mit dem tönernen Kernstück erhalten. Doch läßt das Fragment erkennen, daß die Figur eine leicht zurückgelehnte entspannte Haltung einnahm. Die Linien des Torso verraten bemerkenswertes gestalterisches Können. Offenbar war hier ein Meister am Werk, der sein Metier ausgezeichnet beherrschte. Nur eine Photographie dieses Stückes steht dem Verfasser zur Verfügung. Sie zeigt, daß man heute den Kopf der Figur nur nach Willkür unmittelbar auf den Torso gesetzt hat. Auch die ursprüngliche Kopfhaltung läßt sich mithin nur vermuten. Das von Locken umrahmte Gesicht ist stark auf Fülle hin stilisiert, und über den Lippen schwebt ein leichtes Lächeln.

Zwei Cheruben grub auch die Expedition der *American Foundation for the Study of Man* in Timnaʿ aus[140], und zwar an einer Gebäude-Außenmauer, nicht weit vom sogenannten Yafash-Haus entfernt. Die nach dem Wachsausschmelzverfahren hergestellten Figuren reiten auf löwenähnlichen Tierwesen. Sie sind nackt, und der eine hält einen spitzen Speer in seiner rechten Hand, in der linken dagegen die um den Hals des Reittiers geschlungene Kette. Die Gesamthöhe dieser Reiterfiguren beträgt rund 61 Zentimeter, rund 53 Zentimeter lang sind die

Basen. Wie folgt setzt sich die Metallegierung zusammen: 20,36 % Blei, 53,88 % Kupfer und 4,35 % Zinn. Es handelt sich bei diesen Reitergruppen nicht um Vollplastik (Rundplastik), sondern um Reste eines Reliefs: ursprünglich gab es einen Hintergrund, mit dem sie zusammenhingen. Da Tiere und Reiter eine antithetische, spiegelbildlich-gegenläufige Haltung einnehmen, dürften sie einst möglicherweise eine gemeinsame Gruppe gebildet haben, die um ein Zentralmotiv herum angeordnet war. Die »Löwen«-Reiter verkörpern einen hellenistischen Typ mit runden Formen, lockigem Haar und pausbäckigen Gesichtern. Bei den Löwen scheint es sich um Zwitterwesen zu handeln. Sie tragen zwar die üppige Mähne männlicher Tiere, andererseits erkennt man jedoch auch weibliche Zitzen. Man nimmt an, daß die beiden Relieffragmente aus dem 1. Jahrhundert v. Chr. stammen.

In der Welt der sogenannten »klassischen Antike« fehlt es nicht an Mythen, die von Rittern, Reitern, Reittieren der abgebildeten Art erzählten. Möglicherweise entstand die beschriebene Gruppe unter dem Einfluß einer neuen Sonnentheologie, die nach dem Ende der hellenistischen Periode die alte Mondreligion ablöste. Demnach käme als eine den örtlichen Verhältnissen entsprechende Deutung des Motivs die Herrschaft des Mondes über die Sonne in Frage, wobei die Löwen als Verkörperung der Allmacht des Mondgottes 'Ilumquh ('Almaqah) anzusehen wären.

Alabaster und Keramik

Zu den archäologischen Funden, die in Südarabien glückten, gehört eine beeindruckende Menge früher Scherben, die insbesondere unmittelbar an der Erdoberfläche zutagetraten, wo Sanderosion ganze Lager alter Gefäßfragmente freigegeben hat. Abgesehen von diesen nicht enden wollenden Scherben, fand man auch unversehrte Gefäße – diese vor allem bei Grabungen in lockerem Sand. Zum Vorschein kamen Gefäße aus Ton, Alabaster, Kalkstein und Bronze. In ganz Südarabien sind aus diesen Materialien angefertigte Arbeiten in großer Fülle anzutreffen. Die Namen der Töpfer freilich kennt man nicht, auch einzelne Töpferei-»Schulen« lassen sich nicht unterscheiden. Allerdings zeichnen sich dann und wann doch immerhin regional bedingte Unterschiede in Technik und Formgebung ab.

Alabastergefäße

Alabasterbehältnisse für Salben, Pulver und Flüssigkeiten findet man in Südarabien in allen Formaten. Sie variieren von schlanken bis hin zu bauchigen Formen. Sie alle haben einen flachen Boden und sind nicht selten mit Deckeln versehen. Verziert sind sie bisweilen mit seitlich entweder horizontal oder vertikal abstehenden, inwendig ausgebohrten Henkelösen oder auch kleinen, formalistisch wiedergegebenen Stierköpfen, die als Henkel dienen. Den Deckelgriff bildet mitunter ein liegender Steinbock. Wenn die Schulter oder Seitenwand eines solchen Gefäßes den Namen des Eigentümers trägt, so bestehen dessen Buchstaben – in früh-südarabischer Schrift – oft aus Reihen kleiner Pünktchen, die man in das Material des Behälters gebohrt hat.

Unterteller, Schüsseln und Untertassen sind seltener. Doch noch an einem so weit im Süden gelegenen Ort wie Al-Qaraw, Zingibar, kamen kleine, dreifüßige Schminknäpfchen zum Vorschein. Außerdem fand man gleichfalls kleine, rechteckige Kästchen mit quadratischen Seiten. Sie waren mit kleinen Stierköpfen verziert, deren Schädeldecke eine kreisrunde Öffnung aufwies, und dienten als Behälter für vermutlich gläserne Flaschen. Stücke dieses Typs verraten samt und sonders einen ungewöhnlich hohen Stand handwerklichen Könnens und gehen wahrscheinlich alle auf ein und dasselbe Werktstattmuster zurück.

Im Museum von Aden befinden sich zwei große Alabasterschüsseln unbekannter Herkunft. Ihr Fundort dürfte das Gebiet des Wadi Merkha sein. Sie haben flache, ausgebauchte Körper. Hals und Rand bilden einen scharfen Winkel zur Seitenwand, die an der Außenseite mit einem eingekerbten Ornament geschmückt ist. Die Stücke sind aus einem massiven Block gearbeitet. Die seitliche Gefäßwand ist zwar recht dick, läßt jedoch Licht durchschimmern. Die größere der beiden Schüsseln besitzt drei einzigartige, in hervorragender Schnitzarbeit ausgeführte Henkel von Steinbockgestalt. Die stark gekrümmten Hörner bilden dabei die eigentlichen Handgriffe. Am Oberteil dieses Gefäßes befindet sich eine kleine Inschrift in reliefartig hervortretenden südarabischen Schriftzeichen. Demnach steht zu vermuten, daß die Schüssel aus der spätsabäischen Ära, etwa dem 3. und 4. Jahrhundert n. Chr., stammt.

Ein Gegenstand der Tempelausstattung, der bei religiösen Zeremonien eine wichtige Funktion zu erfüllen hatte, war der Trankopfer- und Opferaltar. Zahlreiche Altäre dieser Art hat man gefunden. Die kleineren von ihnen fanden einst wahrscheinlich in Privathäusern Verwendung. Gewöhnlich handelt es sich um längliche oder quadratische Platten mit ringsumher erhöhtem Rand, doch kommen daneben auch kleinere Altäre von kreisrunder Form vor. Opferaltäre bestehen meist aus Alabaster oder Marmor, doch hat man auch solche aus anderem Gestein gefunden. All diese Altäre besitzen eine Abzugsrinne, die an einen gotischen Wasserspeier erinnert. Ausnahmslos hat sie die Form eines zwar hochgradig stilisierten, doch stets deutlich erkennbaren Stierkopfes. Die Abflußrinne läuft durch den aus dem Rand hervortretenden Hals und über die Stirn, so daß die Opferflüssigkeit von dem Kopf herabtropfte.

Horizontal geäderter Alabaster fand bei der Herstellung vieler großer, flachbödiger Vorratsgefäße Verwendung und läßt an einen ägyptischen Ursprung der betreffenden Stücke denken. Allerdings ist das fertige Endprodukt seinem Konzept nach durch und durch südarabisch.

Gebrauchskeramik

Sehr weitgehend entspricht die in Gräbern gefundene Irdenware wohl jener Art von Keramik, die man für den Alltagsgebrauch benutzte. Den Toten gab man anscheinend mit ins Grab, was man zum Leben brauchte. Im allgemeinen kann bei südarabischer Keramik keine Rede davon sein, daß sie gut gebrannt wäre. Oft ist sie mit Schlicker (Engobe) überzogen, mit Kieselsteinen geglättet oder einfach mit einem nassen, glatten Auftrag versehen.[141]

Eine für Baihān charakteristische Spielart der Töpferware sind Schüsseln mit Wellenrand. Man modellierte eine solche Wellenform, indem man den Gefäßrand zwischen zwei Fingern preßte, solange der ungebrannte Scherben noch die nötige Weichheit besaß. In der Regel erhielt ein solcher Wellenrand, nicht anders als ein glatter, seinen letzten Schliff wohl einfach mit der bloßen Hand. Keinesfalls ist sicher, daß im alten Süarabien die Töpferscheibe bekannt war. Anderswo sind Wellenrandgefäße seltener, doch kommen sie immerhin in Abyan, und zwar in Al-Qaraw, Zingibar, vor, was auf einen starken Einfluß Qatabāns hindeuten könnte, zumal Qatabān ja noch im 2. Jahrhundert v. Chr. von der in Baihān liegenden Hauptstadt aus die Küsten Arabiens kontrollierte.

Gewöhnlich recht leicht, aber dennoch gleichmäßig gebrannt ist die qatabānische Töpferware aus Baihān. Ohne Zweifel verdankt sie die Gleichmäßigkeit ihres Brandes der vorzüglichen Tonerde, die es im Gebiet von Baihān gab. Die von älteren Fundstätten in Ḥaḍramaut stammende Tonware besteht gewöhnlich aus rötlichem Material. Vorzüglich gebrannt, hat sie nicht selten einen grauen Kern, den man mit einer das Erscheinungsbild dieser Keramik bestimmenden roten Tonmasse überzogen hat. Der breite, simsartige Rand der Gefäße dieses Typs weist oft südarabische Schriftzeichen auf, die man in das noch weiche Material vor dem Brand angepreßt hat.

Im Ḥaḍramaut ebenso wie in Marīb, der Hauptstadt des Königreichs Saba', dekorierte man Gefäße mit einzelnen aus der Gefäßwand hervortretenden bukkel- oder knopfartigen Gebilden. Manchmal findet sich dieses Ornament allerdings nicht mehr als viermal auf einem einzigen Krug. Schon im 6./5. Jahrhundert v. Chr., so meint man, habe es in Südarabien Irdenware gegeben, die auf diese Weise dekoriert war. Möglicherweise läßt sich daher an der Verbreitung dieses Dekorationsmotivs ablesen, daß schon früh von Saba' aus ein starker Einfluß auf Ḥaḍramaut einwirkte, obwohl nach historischem und paläographischem Befund die Sabäer erst sehr viel später — erst seit dem 3. Jahrhundert n. Chr. — tief in Ḥaḍramaut eindrangen und dort Kolonien gründeten.

Gleichmäßig und gut gebrannt ist auch die Keramik von Ṣubr in der Nähe von Aden. An anderen Plätzen fand sich dieser Keramiktyp nicht, wenn man von einem kleinen Vorkommen bei Al-Qurayāt in der Gegend von Abyan absieht. In Ṣubr verarbeitete man einen an Ort und Stelle gefundenen glimmerhaltigen Ton, und bei den Stücken, die hier zum Vorschein kamen, handelt es sich um Fragmente außergewöhnlich großer, schwerer Krüge mit langen, horizontal durchbohrten Randhenkeln. Am ehesten lassen sich mit diesen Stücken Vorratsgefäße vergleichen, die in Mukeiras gefunden wurden, doch wohl anderswo hergestellt und importiert worden waren. Im ganzen scheint die Irdenware von Ṣubr etwas Einzigartiges darzustellen. Man hat es wohl mit Belegmaterial für ein ausgedehntes, lange Zeit hindurch benutztes Militärlager zu tun. Die Ornamente bestehen bei der hier gefundenen Keramik in der Regel aus eingekratzten oder -gekerbten Mustern wie Wellenlinien, vertikalem Kamm-Muster, einem Kamm-Motiv mit Unterbrechungen sowie einem »Pastetenkrusten«- und Fischgrätenmuster. Man findet auch innen und außen mit Rollsteinen geglättete Gefäße, nicht selten auch einen Schlickerüberzug (Engobe).[142] Aufgrund vorhandener Übereinstimmungen mit palästinensischer Ware hat man als Entstehungszeit dieser Keramik das 5. oder 6. Jahrhundert v. Chr. angenommen.

Die in den Gräbern von Ḥuraiḍah[143] gefundene unglasierte Tonware aus vorislamischer Zeit umfaßt unter anderem flache und tiefe Untersetzer. Einige dieser Gefäße haben breite, simsartige Ränder, teilweise mit aufgeprägten oder eingekratzten Inschriften. Hier kamen auch Kelche mit mächtigem Fuß zum Vorschein. Es handelt sich um einen Typ, der auch in Al-Qaraw, Zingibar, gefunden wurde.

Schmuck

Verhältnismäßig selten sind die erhaltenen Beispiele altsüdarabischer Juwelierkunst, und nur zum geringsten Teil handelt es sich bei den fraglichen Stücken um ausgegrabenes Material. Die besten Proben dieser Kunst sind wertvolle Erbstücke, die mit anderem Stammeserbe von einer Generation auf die andere übergingen.

In der Regel lassen die heute noch vorhandenen alt-südarabischen Schmuckstücke ein hohes Maß handwerklicher Fertigkeit erkennen. Durchaus nicht alle dieser Kostbarkeiten sind bis zur Gegenwart immer wieder durch Generationen von Erben ihres ersten Besitzers weitergegeben worden, sondern es fehlt auch nicht an Material, das bei Grabungen zutage kam. Besonders gilt dies für künstliche Schmuck-»Perlen«, die beispielsweise bei der Ausgrabung des Mondtempels von Ḥuraiḍah und ebenso in Raibun (G̲h̲aibun) und Sune in Ḥaḍramaut geborgen wurden. Berichte und Untersuchungen über diese Funde heben hervor, daß die fraglichen Schmuckelemente unverkennbar den Einfluß des östlichen Mittelmeerraums verraten, der eine Datierung in das 8. bis 7. Jahrhundert v. Chr. ermöglicht.[144] Beliebte Rohstoffe für die Anfertigung derartiger »Perlen« waren Karneol, Fayence, Onyx, Glas und Muschelschalen. Andere Schmuckglieder dieser Art bestehen aus Achat, Granit, Amethyst, in ganz seltenen Fällen auch aus Gold. Aus diesen Materialien formte man Doppelkegel, Körper von elliptischem Querschnitt, Scheiben sowie gefurchte und gegliederte Schmuckelemente. In Ḥuraiḍah fand man eine Anzahl von Anhängern, die meist aus Muschelschalen bestanden.

Sehr unterschiedlich ist das handwerkliche Können, das in den Schmuckteilen aus Karneol Ausdruck findet. Einige von ihnen sind von recht rohem Schnitt. Sie haben an ihrer Perforation eine Furche, um das Aufreihen zu erleichtern. Schon im vordynastischen Ägypten kannte man diesen Kunstgriff. Einige dieser »Perlen« zeigen auch Ansätze einer Steinschneidekunst.

Außerdem fand man grüne, rote, blaue, gelbe und schwarze Glasperlen. Einige davon bestehen gleich aus zwei Glasarten und bieten einen reizvollen Anblick. Goldschmuck ist durch Nasen- und Ohrringe, durch Fingerringe, goldene Zusatzstücke zu Halsbändern aus Halbedelsteinen sowie durch Halsbänder vertreten, die ganz aus Goldgliedern bestehen. Formen und Ornamente erinnern an Goldschmiedearbeiten aus dem östlichen Mittelmeergebiet, und was die handwerkliche Fertigkeit angeht, so ist kaum ein Unterschied gegenüber der hellenistischen Goldschmiedekunst festzustellen. Gelegentlich findet man Beispiele ausgezeichneter Filigranarbeit, meist handelt es sich dabei um flache Anhänger, nicht selten sind einzelne Schmuckelemente — Anhänger, »Perlen« und dergleichen — auch mit Granulation (Körnung) versehen.

Münzen

Schon früh erlangten Südarabiens Kaufleute Erfahrung mit der Münzgeldwirtschaft, insbesondere im Umgang mit athenischen Münzen, die auch in Südarabien als Zahlungsmittel dienten.

Um die Mitte des 3. Jahrhunderts v. Chr. schien der Zeitpunkt gekommen, eigene Münzen zu schlagen. Dies entsprach der Rolle, die Südarabien in der internationalen Wirtschaft spielte. Außerdem wünschte man ein eigenes Zahlungsmittel für den internen Geldverkehr. Eine Seltenheit sind arabische Goldmünzen. Silber- und Bronzeprägungen sind dagegen gut belegt. Der numismatische (münzkundliche) Befund ist daher von großer Bedeutung für jede Untersuchung südarabischer Geschichte und Kunstgeschichte.

Besonders häufig wurden Silbermünzen gefunden. Ihr Typ zeigt anfangs deutlich den Einfluß attischer Prägungen. Auf deren Vorderseite erkennt man den Kopf der Göttin Athene, auf ihrer Rückseite die charakteristische Athener Eule. Südarabiens ältestes Silbergeld stammt aus dem 3. Jahrhundert v. Chr. Es ahmt attische Athene-Eule-Münzen älteren Stils nach, ist jedoch von kleineren Format und nach persischem Münzfuß geschlagen. Die spätesten Beispiele dieser Gruppe zeigen südarabische Monogramme und Symbole. Spätere Emissionen kopieren abermals attische Prägungen, nur diesmal jüngeren Stils. Anstelle des Athene-Kopfes erblickt man nun einen arabischen Männerkopf auf der Bildseite. Es handelt sich um Prägungen aus dem 2. bis 1. Jahrhundert v. Chr. Der Araberkopf wandelte sich in einen Augustuskopf — dies wiederum dürfte nach Aelius Gallus' Südarabienfeldzug, mit anderen Worten: nach 24 v. Chr., geschehen sein.

Ein anderer Typ kleiner Silbermünzen wurde wohl im 1. Jahrhundert n. Chr. ausgegeben. Er zeigt den Kopf eines Arabers auf der Bild- sowie ein Bukranion (Stierkopfmotiv) auf der Rückseite. In einer späteren Phase erblickt man auf den Münzen dieser Art beiderseits nur noch Araberköpfe.

Vermutlich war die Münzstätte von Ḥarib identisch mit dem Königspalast von Hajar ben Humaid in Baihān, dessen Name wohl seinerseits Ḥarib lautete.[145] Es war diese Münzstätte, aus der im 1. bis 2. Jahrhundert unserer Zeitrechnung die Prägungen des zuletzt beschriebenen Typs hervorgingen. Münzen ganz ähnlicher Art schlug vom 2. bis zum Ende des 3. Jahrhunderts n. Chr. die Prägestätte Raydān in Ẓafar, der Hauptstadt des ḥimjaritischen Königreichs von Saba᾽ und Ḏhu Raydān.[146] Gegen Ende des 3. Jahrhunderts n. Chr. schließlich scheint man in Südarabien die Herstellung derartiger Prägungen eingestellt zu haben.

Die meisten der südarabischen Bronzegeldstücke stammen aus Ḥaḍramaut, obwohl der Verfasser selbst einige wenige Funde dieser Art auch im Wadi Jirdān gemacht hat. Vermutlich sind sie sehr späten Datums, und zwar kommt als Zeitpunkt ihrer Ausgabe das Ende des 3. Jahrhunderts in Betracht. Einige dieser Münzen sind ungewöhnlich groß. Auf der Bildseite einer von ihnen erblickt man einen bartlosen Männerkopf mit langen Hängelocken: eine Abbildung des Mondgottes Sīn.[147] Die Rückseite zeigt dagegen einen stehenden Adler mit ausgebreiteten Schwingen, und man liest den Namen Šuqr – ein Name, der in Südarabien mit dem Mondgott zu tun hat. Ein anderer Typ von Bronzemünzen gibt auf der Bildseite einen Männerkopf mit Strahlenkrone wieder; abermals erkennt man den Namen des Gottes Sīn. Möglicherweise symbolisieren die Strahlen auf dieser Darstellung nicht nur Glanz, sondern auch Wohlwollen. Die Rückseite zieren ein Stier und die Beischrift Šuqr. Sehr viel kleinere Münzen aus demselben Gebiet, vor allem aus Hajar al-Barīra im Wadi Jirdān, tragen lediglich die Legende Sīn und einen stehenden Stier. Man hat daraus geschlossen, daß die Namen Sīn und Šuqr austauschbar sind. Möglicherweise spiegelt die Darstellung der Strahlenkrone die weite Verbreitung des Mithraskultes, der in Persien seinen Ursprung hatte, doch seit dem Ende des 1. Jahrhunderts immer mehr Anhänger gewann und vor allem in antoninischer und severischer Zeit immer mehr vordrang.

Wie es scheint, stellte man die südarabischen Silbermünzen mit bronzenen Schlagstempeln her. Man legte die gegossenen »Schrötlinge« (die ungeprägten Metall-Rohstücke), die das richtige Gewicht haben mußten, noch heiß – und daher noch leicht verformbar – auf den konkaven Vorderseitenstempel, der in einem Amboß befestigt war. Auf den »Schrötling« kam der Rückseitenstempel. Die Prägung erfolgte mittels eines kräftigen Hammerschlags auf den Rückseitenstempel, und sofort wurde die frischgeschlagene Münze in Wasser gekühlt. Typisch für die Prägungen der späteren Zeit ist die konkave Form der Silbermünzen. Auch kleine Bronzegeldstücke scheint man auf diese Art gemünzt zu haben. Größeres Bronzegeld dagegen – besonders die großen Stücke aus dem Ḥaḍramaut – wurden wohl im Gußverfahren angefertigt.

In den unterschiedlichen Münzstätten Südarabiens entstanden Münzen mit den Namen von Königen und Göttern. Doch was an Münzlegenden vorhanden ist, gibt kaum Aufschluß über Wert oder Datum der Prägung. Präzise Angaben in dieser Hinsicht fehlen so gut wie vollständig.

Zu guter Letzt überwiegt der Eindruck, daß südarabisches Geld, obwohl es auch als Kredit- und Zinsbasis diente, obwohl man mit ihm Geldbußen bezahlen und es als Wertmaßstab auf dem internationalen Währungsmarkt benutzen konnte [148], mehr der Abwicklung des Außenhandels als interner Transaktionen diente.

Den Römern bereiteten die ungeheuren Summen Kopfzerbrechen, die für Luxusartikel exotischen Ursprungs ausgegeben wurden. Plinius der Ältere beklagte, daß Indien, China und die arabische Halbinsel gute römische Währung für Waren erhielten, die lediglich der Verschwendung dienten.[149] Da aber wenigstens bisher keinerlei römische Münzfunde – d. h. Funde von Münzen wirklich römischer Herkunft – aus Südarabien bekanntgeworden sind, scheint es, als ob die in südarabische Hände gelangten römischen Zahlungsmittel gegen Warenlieferungen nach Indien weitergeflossen wären. Dies wiederum bestätigt unter Umständen die Annahme, daß die Kaufleute Südarabiens in diesem ausgedehnten Handelsnetz lediglich die Rolle von Mittelsmännern, die Rolle von Zwischenhändlern, spielten.

Was allerdings bisher von römischer Währung in Indien gefunden wurde [150], scheint sich nur über eine relativ kurze Zeitspanne zu erstrecken. Den Anfang bilden Münzen aus augusteischer Zeit. Die meisten römischen Gold- und Silberstücke kamen in Südindien zum Vorschein. Man fand sie in ganzen Horten, und außerdem waren sie mit Kerben gekennzeichnet. Dies spricht eher dafür, daß sie als Edelmetall-Reserve eingelagert waren, als daß sie sich als gängiges Zahlungsmittel im Umlauf befanden. Man hat darin wohl einen Hinweis auf Roms direkten Indienhandel via Rotes Meer zu sehen, bei dem nichts von römischem Geld durch südarabische Hände ging. In der Tat muß es überraschen, daß Südarabien keine nennenswerten Funde römischer Münzen erbracht hat, was man doch wohl erwarten dürfte, wenn diese Münzen von südarabischen Handelsleuten als Zahlungsmittel verwendet worden wären, und wenn man in Indien Münzen aus dem Westen als Goldreserve hortete, warum befanden sich darunter keine Prägungen aus Südarabien oder Griechenland?

In Arabien scheinen griechische Münzen nur im Umlauf gewesen zu sein, wo man ihre Werteinheit kannte. Dies war vor allem in den Küstenländern am Nordteil des Roten Meeres und im Mittelmeergebiet der Fall. Man brauchte sie dort, um Waren einzukaufen, damit die Karawanen, die Weihrauch aus dem Süden gebracht hatten, nicht leer zurückkehrten. Was an griechischem Geld nach Südarabien gelangte, scheint man eingeschmolzen und zu Barren verarbeitet zu haben.

Demnach wickelten die Bewohner Südarabiens ihren Zwischenhandel wohl auf der Basis des Warentauschs ab. Daß man von ca. 300 n. Chr. an keine Münzen mehr prägte, hängt vielleicht unmittelbar mit dem Rückgang des Handels mit dem Norden zusammen.

Folgende Münzen sind auf Tafel 43 abgebildet:

Obere Reihe 1 und 2: ATHEN. Silberne Tetradrachme, älterer Stil. *Vorderseite:* Nach rechts gewandter Kopf der Athene mit Raupenhelm. *Rückseite:* Nach rechts gewandte »stehende« bzw. sitzende Eule, dahinter Halbmond und Ölzweig, all dies in *quadratum incusum.* Rechts Legende A Θ E. Gewicht: 16,90 Gramm. 5. Jahrhundert v. Chr.

Obere Reihe 3 und 4: SABA. Silberne Münzeinheit. *Vorderseite:* Nach rechts gewandter, behelmter Athenakopf. Auf der Backe des Gesichts Wertangabe. *Rückseite:* Nach recht gewandte »stehende« bzw. sitzende Eule, dahinter Halbmond (Olivenzweig fehlt). Rechts A Θ E. Alles innerhalb *quadratum incusum.* Gewicht: 5,40 Gramm. 3. Jahrhundert v. Chr.

Zweite Reihe 1: SABA. Silberne Münzeinheit. *Rückseite:* Sitzende bzw. »stehende« Eule, nach rechts gewandt, dahinter Spuren des Olivenzweigs und des Halbmonds. Rechts A Θ E und Monogramm (*ḍmr*). Gewicht: 5,40 Gramm. 2. Jahrhundert v. Chr.

Zweite Reihe 2: SABA. Silberne Münzeinheit. *Rückseite:* »stehende« bzw. sitzende Eule, nach rechts gewandt. Links Monogramm (*ynf*). Oben Legende in liḥjānischer Schrift (*šhr hll*). Rechts ungelenkes A Θ E und Symbole des 'Ilumquh ('Almaqah). Gewicht: 5,40 Gramm. 2. Jahrhundert v. Chr.

Zweite Reihe 3: QATABAN. Silberne Drittel- (?) Münzeinheit (?) *Vorderseite:* Männer-(Araber-)Kopf mit Lockenhaar. Gewicht 1,78 Gramm. 1. Jahrhundert v. Chr. bis 1. Jahrhundert n. Chr.

Zweite Reihe 4: QATABAN. Silberne Drittel- (?) Münzeinheit (?) *Rückseite:* Bärtiger Männer-(Araber-)Kopf. Haar hinten hoch. Links Teil eines Monogramms (*Š* + ?). Rechts Symbol. Darunter Name der Münzstätte (*ḥrb*). Gewicht: 1,69 Gramm. 1. Jahrhundert v. Chr. bis 1. Jahrhundert n. Chr.

Dritte Reihe 1: ATHEN. Silberne Tetradrachme. Jüngerer Stil. *Rückseite:* Eule vor Amphore, beides in Lorbeerkranz. Links und rechts Monogramme athenischer Magistrate. Beiderseits der Eule A Θ E. Gewicht: 16,80 Gramm. 1. Hälfte des 2. Jahrhunderts v. Chr.

Dritte Reihe 2 und 3: SABA: Silberne Münzeinheit. *Vorderseite:* Lorbeerumkränzter männlicher Araberkopf mit Lockenhaar, von Lorbeerkranz umgeben. *Rückseite:* Nach rechts gewandte Eule auf Amphore, von stilisierten henkellosen Amphoren umgeben. Links Monogramm (*ynf*) und Nennwertangabe. Rechts ungeschickt nachgeahmtes A Θ E und Symbole des 'Ilumquh ('Almaqah). Oben Legende in liḥjānischer Schrift (*šhr hll*). Gewicht: 5,50 Gramm. 1. Jahrhundert v. Chr.

Dritte Reihe 4: SABA: Goldmünze. *Rückseite:* Wie oben, doch mit gefülltem Rand sowie ohne Wertangabe oder Legende. Gewicht 5,37 Gramm. 1. Jahrhundert v. Chr.

Vierte Reihe: SABA. Silberne Münzeinheit. *Rückseite:* Augustuskopf mit Lorbeerkranz, darüber Mond und Mondsichel. Dahinter Wertangabe. Gewicht 5,40 Gramm. Augusteische Zeit, kurz vor der Zeitenwende.

Fünfte Reihe 1 und 2: SABA: Silberne Münzeinheit. *Vorderseite:* Männlicher Araberkopf mit Lockenhaar. Rechts und links Symbole. Alles innerhalb eines oben durch Mond und Halbmond unterbrochenen »Perlkreises«. *Rückseite:* Bukranion (Stierkopfmotiv) mit Antilopenhörnern, dazwischen Donnerkeil, ringsum Rand aus stilisierten Amphoren. Links Monogramm (*ḫmr?*). Rechts Symbol des 'Ilumquh ('Almaqah). Gewicht: 3,00 Gramm. 2. Hälfte des 1. Jahrhunderts n. Chr.

Fünfte Reihe 3 und 4: ḤIMJAR. Silberne Münzeinheit. *Vorderseite:* Arabischer Männerkopf mit Lockenhaar, Schlangenrand. *Rückseite:* Gleichfalls Araberkopf wie auf der Vorderseite, jedoch kleiner. Links Monogramm (*ynf*), rechts Symbol. Oben Königsname (*'mdn/byn*). Unten Name der Münzstätte (*rydn*). Gewicht 1,40 Gramm. 3. Jahrhundert n. Chr.

Unterste Reihe 1 und 2: ḤAḌRAMAUT, Kupfer. *Vorderseite:* Kopf des Mondgottes in linearer Umrahmung. Links Buchstabe (*m*), rechts Buchstabenfolge (von oben nach unten: *sīn*). *Rückseite:* Stehender Adler, nach rechts gewandt. Links von oben nach unten die Buchstaben *šqr*, rechts von oben nach unten Buchstaben *yšh*. 3. oder Anfang des 4. Jahrhunderts n. Chr.

III Fundorte und Grabungsstätten

Erstes und zweites Gouverneurat

Die nachstehend beschriebenen archäologischen Stätten wurden wegen ihrer geschichtlichen Bedeutung ausgewählt. Die Wahl fiel dabei auch auf weniger bekannte Orte, die allerdings wegen des Fundmaterials, das sie erbracht haben, das Interesse der Öffentlichkeit verdienen.

Die zur Auswahl gekommenen Plätze sind auf der Karte verzeichnet und außerdem unter dem jeweiligen Verwaltungsbezirk bzw. dem Gouverneurat der heutigen Volksrepublik Süd-Jemen aufgeführt.

Das Gebiet von Aden

Das zu Aden gehörende Territorium beginnt am westlichsten Punkt Südarabiens an der Straße von Bab el-Mandeb, Spärlich sind die Nachrichten aus älterer Zeit über die Insel Perim, bevor portugiesische Seefahrer eintrafen und auf dem höchsten Punkt dieser Insel ein Kreuz errichteten. In der zweiten Hälfte des letzten Jahrhunderts v. Chr. wurde Perim von Diodor (Diodorus Siculus) erwähnt, allerdings scheint man die Insel nur ungern angelaufen zu haben. Wegen ihres Trinkwassermangels war sie ein zu unsicherer Aufenthaltsort. Nur wenige Kilometer nördlich von Perim befand sich auf dem Festland der im *Periplus Maris Erythraei* (= »Umsegelung des Erythräischen Meeres«) erwähnte Hafen Okelis, der einstige Hafen der Gebbaniter (Qatabān).[151]

Entlang der Küste bemerkt man nur wenige Anzeichen früherer Besiedlung – bis auf Überreste wie Tongewichte und Münzen aus Bīr Naʿamāh[152], die vielleicht für mittelalterliche Fischerdörfer typisch sind: Fischerdörfer, bei denen es sich zum Teil vielleicht um unmittelbare Vorläufer heutiger Fischersiedlungen längs der Küste westlich von Aden handelt. Vielleicht ist der große Stamm der Subaiḥi, die in diesem Gebiet leben und auch Schaf- und Ziegenhirten sind, mit dem Volk der Aṣābiḥ identisch, von dem Hamdani im 10. Jahrhundert unserer Zeitrechnung berichtete.[153] Schon im 2. Jahrhundert n. Chr. hatte Ptolemaios den kleinen Fischerstamm der Aqrabi erwähnt, der heute seine Wohnsitze in der Umgebung von Bīr Aḥmad hat.

Frühe Siedlungsstätten im Gebiet von Aden sind insbesondere die Strandläuferplätze unweit von Klein-Aden und weiter landeinwärts im Delta des Wadi

Tiban. Hier, nördlich von Laḥej, hinterließen sehr früh Menschen ihre Siedlungsspuren, und auch im Norden von Aden sind Fundplätze aus vorislamischer Zeit und aus dem Mittelalter zu finden. Es fehlt nicht an Anzeichen dafür, daß dieses gesamte Gebiet einst gut bewässert und fruchtbar war. Noch vor einem Jahrhundert gab es waldreiches Gelände zwischen Laḥej und Aden, und noch heute führt das Delta des Wadi Tiban frisches Grundwasser im Überfluß – Grundwasser, das ungenützt im Meer versickert.

Aden

Vor dem Sieg des Islam war Aden Warenstapelplatz, es war Sammelplatz für die Weiterverteilung von Handelsgütern. Vor der Zeitenwende lag die Stadt auf einer Insel [154], stets war sie vor feindlichen Angriffen sicher. Gefahr drohte ihr nur von starken Fluten.

Hafen und Stadt liegen innerhalb einer von der Natur geschaffenen Umwallung – zwischen den Mauern eines erloschenen Vulkankraters. Adens nach der See hin offener Hafen war der ideale Anlegeplatz für die vor 2000 Jahren üblichen Küsten-Handelsschiffe, die Waren aus Indien und dem Osten brachten, Weihrauchharz aus D̲hufar, besonders aber Weihrauch und Myrrhe von der jenseits des Golfs gelegenen Somaliküste. Von Aden aus brachte man all diese Kostbarkeiten auf kleinen Booten hinüber zum Festland und dann auf Kamelen hin zum Sammelplatz der großen Karawanen, deren Bestimmungsland im Norden lag. Waren genug Transportgüter zusammengekommen, konnten die großen Handelszüge zu ihrer langen Reise nach dem Mittelmeer aufbrechen – einer Reise durch Königreiche, die vom Handel lebten. Auch für Schiffe aus Ägypten war Aden ein wichtiger Hafen: für Schiffe, die durch das Rote Meer und längs der arabischen Küste nach Süden segelten, bevor man wagte, sich dem offenen Ozean anzuvertrauen und den direkten Weg nach Indien zu nehmen.[155]

Jahrhunderte hindurch befand sich Adens Haupthafen in der heutigen Front Bay (was man mit »Außenbucht« oder »Außenhafen« übersetzen könnte). An der Nordseite war dieser Naturhafen durch den Ǧabal Ak̲h̲dar geschützt, an der Südseite deckte ihn die Insel Sira. Während des Nordostmonsums diente die Bucht von Holkat als Ankerplatz. Die Insel Sira bot dem Hafen nicht nur Schutz vor dem Wind, sondern sie diente auch als Festung. Seit Menschengedenken erhebt sich auf ihr ein wohlbewehrtes Fort, das Hafen und Stadt gegen jeden Angriff verteidigt.

Bevor es Kanonen gab, waren Sira und auch der Ǧabal Munzir mit *mangonels* bestückt. Dies englische Wort geht auf das griechische *mágganon* (gesprochen: *mánganon*) zurück, d. h. »Gaukelwerk«, »Taschenspielerausrüstung«. In der militärischen Fachsprache bezeichnet *mangonel* eine Art von Steinschleudern (Katapulten), die vor der Einführung von Feuerwaffen zum Arsenal der Artillerie gehörten. Albuquerque bemerkte sie auf Sira und dem Gabal Munzir, als er 1513 die Befestigungsanlagen erkundete. Beim Ǧabal Munzir handelt es sich um

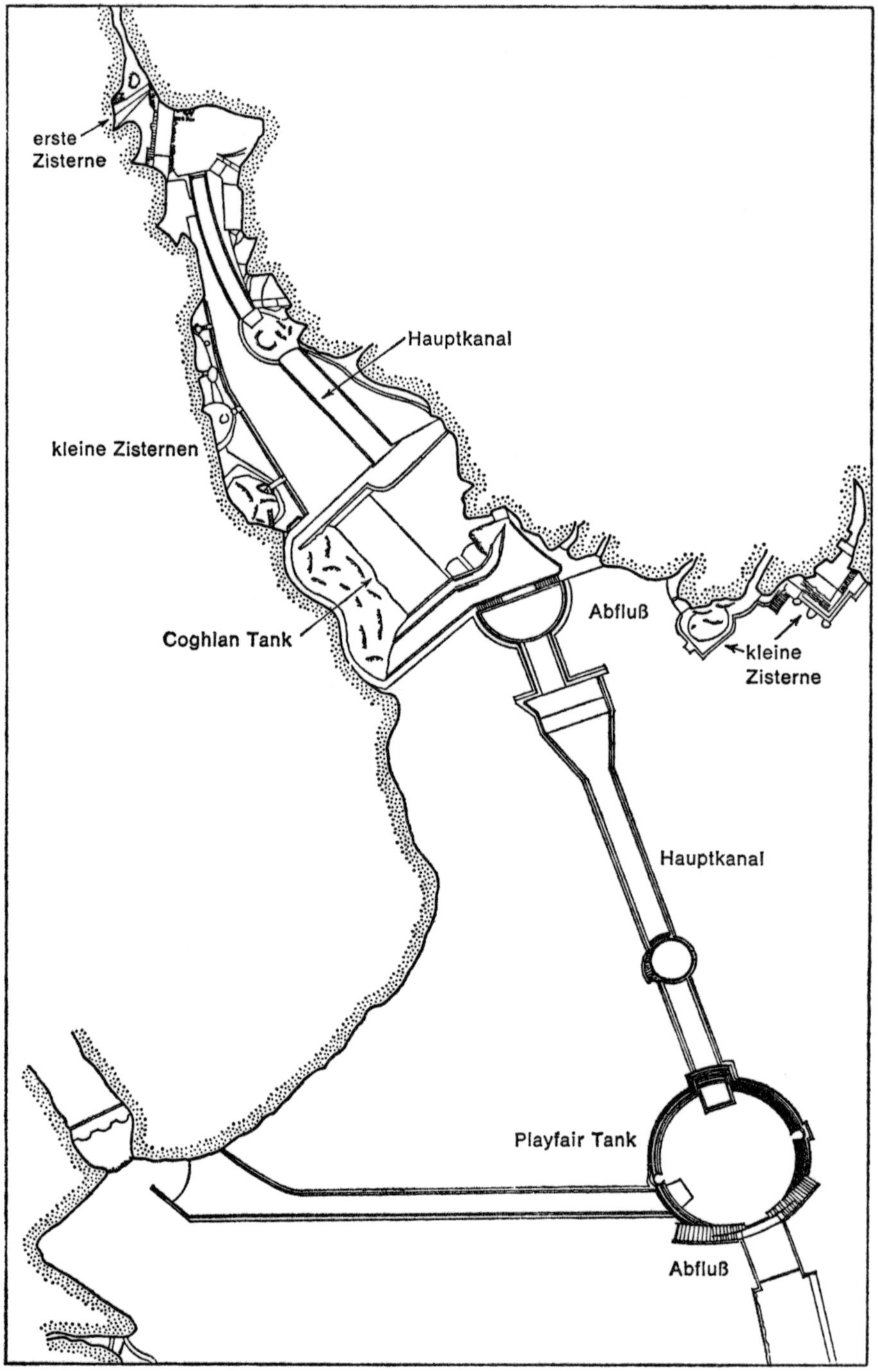

Abb. 6 Eine absteigende Reihe von Zisternen und Anlagen zum Auffangen von Regenwasser: die Wassertanks von Aden im Tawīla-Tal. Nach einer Aufzeichnung von H. T. Norris und F. W. Penhey.

einen landeinwärts gelegenen Bergausläufer. Einen weiteren Schutz für den Hafen bedeutete eine im 12. Jahrhundert errichtete massive Seemauer mit 6 Toren.[156] Vom *Saila Gata* (»Fluttor«) abgesehen, das man öffnete um Wasserüberschuß im Hafenbecken abfließen zu lassen, war das *Customs Gate* (»Zolltor«) die wichtigste dieser Einfahrten. Es befand sich unweit der Straße, die zur Insel Sira führt, am Südende, und die Ladungen sämtlicher Kauffahrer hatten es zu passieren, um vom Zoll begutachtet und besteuert zu werden.

Im Gebiet der Holkatbucht befanden sich auch die Warendepots der Kaufleute. Waren zu stapeln war hier erlaubt, da es keinen Zugang nach Aden gab – außer durch das Südtor, das streng kontrolliert und nachts geschlossen wurde, um den Schmuggel zu unterbinden. Mauer und Tor waren an dieser Stelle gleichfalls im 12. Jahrhundert angelegt worden. Wie es scheint, erfüllt das Gelände der Holkatbucht weiterhin seine Funktion als Warenniederlage, solange *Front Bay* und *Crater* ihre Funktion als Hafen beibehielten.

Heute ist die alte Stadt unter dem Bodenniveau ihrer modernen Nachfolgerin begraben. Kapitän Haines verzeichnet die Bauwerke, die er 1839 im *Front-Bay*-Gebiet fand. Seine Aufzeichnungen sind das Ergebnis von Vermessungen und Untersuchungen, die durchgeführt wurden, bevor man an die Neuplanung und den Neubau der Stadt ging – ein Unternehmen, das die vollständige Einebnung des Geländes bedingte. Wirklich riß man schließlich Gebäude, die nicht selten bereits halb in Trümmern lagen, bis zum Erdboden nieder und füllte ganze Täler mit ihrem Schutt aus. 1963 entdeckte man rund 4 Meter unter dem heute angehobenen Boden Gebäudefragmente zusammen mit großen Stücken von Mauerwerk, die sich bis zum heutigen Straßenniveau hin erstreckten. In der gleichen Tiefe gefundene Keramik hat man dem 14. Jahrhundert, also dem späten Mittelalter, zugewiesen. Von der Seemauer ist nichts mehr übrig, dagegen sind die mittelalterlichen Mauern erhalten, die die Stadt auf der Landseite umgaben. Man hat sie im 19. Jahrhundert hervorragend instandgesetzt.

Überreste kleiner Forts oder Beobachtungsstationen sieht man noch immer auf den Gipfeln der Nordseite des alten Vulkankrater-Randes. Man führt diese Bauwerke auf die Türken zurück, die sie im 16. Jahrhundert errichtet haben sollen. Damals wurde auch ein rund 3 Meter breiter Paßweg mit drei Toren angelegt, von denen allerdings nichts mehr erhalten ist.

Eine schmale Kluft am Westrand der Stadt birgt die großen Zisternen, in denen man das so rare Wasser sammelte, das oben an der Erdoberfläche verfügbar war (Abb. 6). Bei diesen Zisternen handelt es sich um eine dem Talgefälle folgende Reihe von Staubecken, denen ein System kleiner Kanäle das Wasser der hier so seltenen Regen zuführt. Für die Datierung dieser Anlage fehlt bisher jeder Anhaltspunkt. Auch anderswo in Südarabien bediente man sich in vorislamischer Zeit einer entsprechenden Methode der Wasserspeicherung, doch hat man die Zisternen von Aden so oft verbessert und geändert, daß der Plan der ursprünglichen Anlage nicht mehr ersichtlich ist. In Aden gab es außerdem eine große Anzahl von Brunnen, die einen großen Teil zur Deckung des täglichen Wasserbedarfs beigetragen haben dürften.

Nachdem 1834 unter der Führung von Hugh Lindsay das erste Dampfschiff Aden anlief, wurde der Hafen nach und nach zur *Back Bay* (der »Hinteren Bucht«, dem »Binnenhafen«) im Norden verlegt. Hier, bei *Steamer Point* (= »Dampferanlegestelle«) bunkerten die damaligen Postdampfer die Kohlenvorräte, die dort aufgrund einer Übereinkunft mit dem Herrn über Aden, dem Sultan Aḥmad von Laḥej, aufgestapelt waren.

Daß Dampfschiffe mit größerem Tiefgang als Segelschiffe den Nordwesten Adens anliefen, bedeutete eine Änderung des gesamten Lebens der Stadt. Außerdem trug dazu bei, daß der alte Außenhafen der *Front Bay* langsam verlandete. Aden hörte auf, sich innerhalb des Schutzwalls einer Naturfestung zu drängeln, und begann sich über seine alten Grenzen hinauszuentwickeln.

Gleichzeitig verlandete auch der Isthmos, und zwar in solchem Grade, daß man vom Festland aus leichten Zugang zur Stadt hatte, und der Kanal (»arabisch: *khor*), der einst Aden zur Insel gemacht hatte, wurde aufgefüllt – wahrscheinlich erinnert der heutige Name Khormaksar noch immer an diese Vorgänge. Nachdem aber erst Landverbindung bestand, baute man die Straße über den nördlichen Hauptpaß aus. Zuvor war dies nicht erforderlich gewesen, da die sterile Nordküste nichts bot, was eine regelmäßige Verkehrsverbindung gerechtfertigt hätte.

Die Neuorientierung der Geschäftswelt Adens führte schließlich zur Expansion der Stadt. Bauten und bessere Hafenanlagen entstanden bei *Steamer Point*, und ohne Zweifel war dies ein nicht unwichtiger Faktor, der zur Beliebtheit Adens als Hafenstadt beitrug. Zwei weitere Faktoren mußten allerdings hinzukommen: die vollkommene Sicherheit vor jedem Überfall und ein ausgewogenes System nicht ausufernder Steuern.

Khor ʿUmeira

Husn Malisah

Ǧabal Malisah und der teilweise mauerumgebene *husn* mit seinen Bauwerken erheben sich zu einer Höhe von rund 265 Meter über dem Meer. Auf Karten findet man die Stelle unter der Bezeichnung *husn* an der Südostflanke des Ǧabal K͟harāz (Ḥarīz).[157] *Husn* meint in diesem Fall die Überreste eines großen Vulkans, ganz grob gerechnet etwa 100 Kilometer westlich von Aden. Der Zug des Ǧabal K͟harāz hat eine Breite von rund 20 Kilometern, dies bei ungefähr 900 Metern Höhe. Husn Malisah liegt knapp 10 Kilometer unmittelbar im Norden des Polizeistützpunktes K͟hor ʿUmairah, der seinerseits ca. anderthalb bis zwei Kilometer von dem weiter südlich gelegenen Küstenfischerdorf gleichen Namens entfernt ist.

Um den Ǧabal Malisah zu erreichen, muß man die Lavafelder durchqueren, die dem Fuß der Westhänge des Ǧabal K͟harāz vorgelagert sind (Abb. 7). Deutlich ist

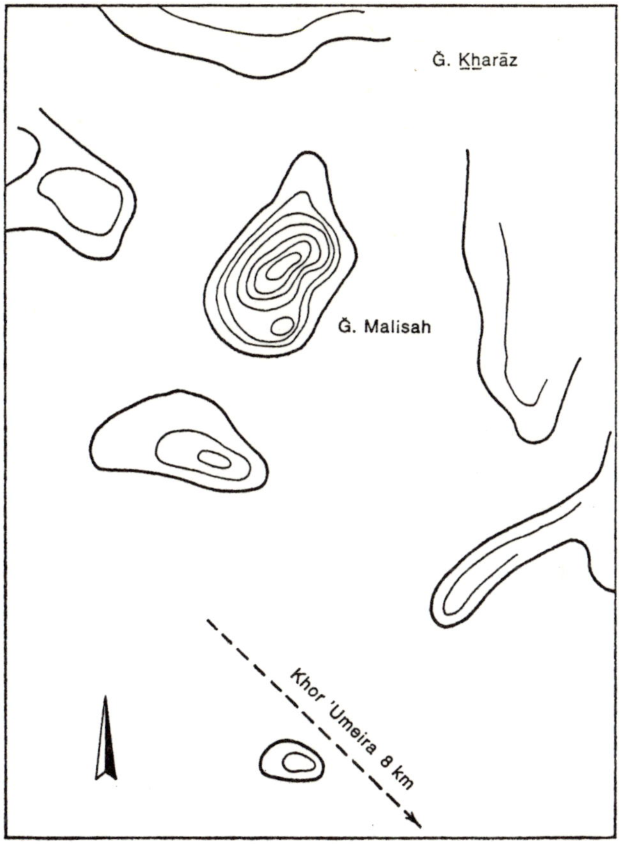

Abb. 7 Die Lage des Ğabal Malisah an der Westseite des Ğabal Kharāz, darüber eine Reihe von Gebäuden.

von dem Pfad aus, der nach Norden hin zum Dorf Huwairib führt, der *husn* (das Wort bedeutet »Fort«, »Festungsturm«) zu sehen. Huwairib liegt etwa 16 Kilometer im Norden des befestigten Polizeistützpunktes Khor 'Umairah, und zwar von Husn Malisah aus auf Kurs 305 Grad. Abgesehen von losen Steinen und lockerem Steingrus auf den steilen Felsen im oberen Abschnitt des Hanges, ist die Besteigung der Südflanke recht einfach, obwohl kein wirklicher Weg bergauf auszumachen ist. Oben auf dem Gipfel, wo sich Bauwerke befinden, fällt das Gelände von einer Bergnase an, auf der sich der Haupt-*husn* erhebt, leicht nach Westen hin ab. Die Gesamtlänge des bebauten Areals beträgt annähernd 90 Meter, die Ost-West-Achse der Anlage hat eine Ausrichtung von ungefähr 240 Grad.

Zwei Geländegrundformen lassen sich unterscheiden: Häuser von rechteckigem bzw. quadratischem und solche von kreisrundem Grundriß (Abb. 8). Das Hauptgebäude besteht aus einer ganzen Reihe von Räumen des quadratischen Typs. Die Mehrzahl der Baulichkeiten weist jedoch die andere der beiden hier vertretenen Hausformen auf. Ihre Wände bestehen aus mörtellosem Findlingsmauerwerk von

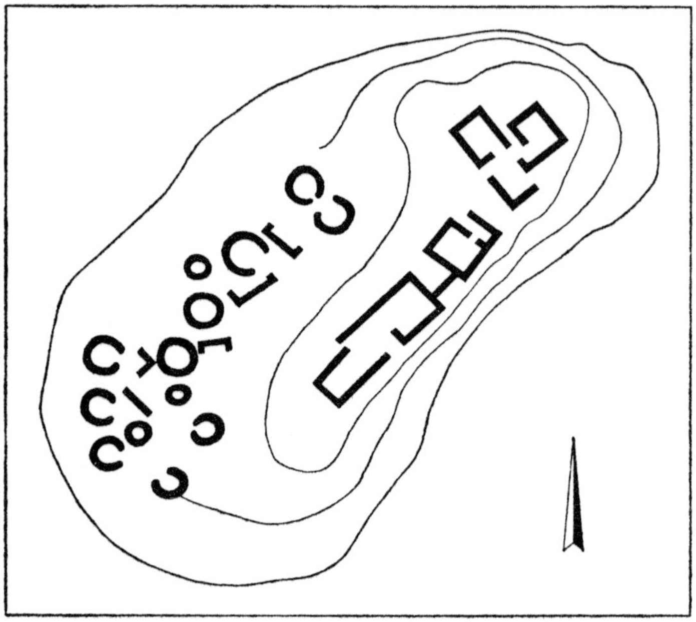

Abb. 8 Planskizze der Baulichkeiten von Husn Malisah.

durchschnittlich 38 Zentimeter Dicke, die Wandhöhe der quadratisch zugeschnittenen Häuser beträgt zwischen 3 und 4 Meter, die der nur einen Raum umfassenden runden Wohnbauten dagegen im Durchschnitt nur etwa anderthalb Meter. Sie sind mit Türöffnungen versehen, die sich gewöhnlich nach innen – in Richtung *husn* – öffnen, desgleichen mit kleinen Fensterlöchern. Das Dach bestand vermutlich aus Ästen und Mattengeflecht, allerdings sind von diesem Material keinerlei Reste erhalten geblieben. Verschwunden ist auch das hölzerne Balkenwerk der Quadrat- bzw. Rechteckbauten. Nur in einem einzigen dieser Bauwerke an der Ostseite der Anlage ist, in das Mauerwerk eingefügt, ein langer hölzerner Türsturz erhalten geblieben.

Keramik, die offen auf dem Boden umherlag, scheint jüngeren Datums zu sein. Offenbar ist sie erst im Laufe der letzten zweihundert Jahre entstanden. Schließlich fand man auch Schleifmühlen.[158]

Gleich, ob im Altertum oder im Mittelalter: Hauptzweck dieser Örtlichkeit war es wohl, als Beobachtungsposten zu dienen, weil man von hier aus gut das ebene Gelände überschauen konnte, das sich nach Westen hin ausdehnt. Außerdem hatte die hier stationierte kleine Garnison wohl für den Schutz der Fischer, Hirten und Bauern, des in dieser Gegend lebenden Ṣubaiḥi-Stammes zu sorgen und desgleichen die Routen zu bewachen, auf denen man von der Insel Perim zu Land nach Aden sowie von ʿUmeirah nach Am-Fadjarah gelangte. Das einzige im Ṣubaiḥi-Gebiet gefundene inschriftliche Zeugnis befindet sich auf einem unter dem

Tafeln 67–69 Am Nordrand des Ǧabal Rada' gibt es längs der Straße hinunter nach Al-Ma<u>dh</u>an eine Reihe von Steinmalen. *Oben:* Ein typischer Hügel dieser Gruppe. Die Felsen der Umgebung (*darunter links*) zeigen sowohl Ritzzeichnungen allerneuesten Datums als auch Spuren übermütiger Büchsenknallerei. *Rechts daneben:* Ritzinschriften aus vorislamischer Zeit.

Tafel 70 Luftaufnahme des ausgedehnten Fundgebiets von Am-'Adiya im Berggelände östlich von Mukeiras. Im Vordergrund links erkennt man einen der gepflasterten Zugangswege, der zur ersten Terrasse der Westseite (links) des zentral gelegenen hohen Felsens führt, um den sich die Stadt ausbreitete.

Tafel 71 Kleines ummauertes Gebäude, bekannt als »Bauwerk W«, auf der ersten Terrasse von Am-'Adiya. Besondere Beachtung verdient das ausgezeichnet beschaffene Quadermauerwerk. Die dikkeren und schwereren Reihen größerer Blöcke befinden sich oben, nach unten hin nehmen dagegen die Maße der verwendeten Quader immer mehr ab. Eine ungewöhnliche Masse von Schwemmaterial im Innern des Gemäuers läßt vermuten, daß sich oberhalb der abgebildeten Quaderschicht ein Luftziegelbauwerk befand.

Tafeln 72, 73 Zwei steinerne Inschriften aus Am-ʻAdiya. *Oben:* Vorzüglich gemeißelter marmorner Trankopfer-Altarstein. In der ersten und zweiten Schriftreihe ist der Name des qatabanischen Gottes ʼAMM ausgemeißelt, desgleichen in der dritten Zeile als Bestandteil eines Personennamens. Dies datiert die Inschrift in die Zeit vor dem Aufstieg der Königreiche von Sabaʼ und D̲hu Raydān. *Unten:* Kalksteinblock mit Inschrift. Deutlich lassen sich von den im Relief wiedergegebenen Buchstaben zwei weitere eingemeißelte Buchstabentypen unterscheiden (Ry 220, Ry 221).

Tafeln 74, 75 Nicht weit vom Dorf Qaraiyat Hussain entfernt, befinden sich im Wadi Shirjān die Überreste einer mächtigen Staumauer. An seiner Ost- und Westseite ist der Steindamm mit Platten ausgelegt. Zwischen seinem Scheitelpunkt (in der Mitte) und seinem westlichen Endpunkt wurde er abgetragen. Vermutlich fand viel von seinem Baumaterial beim Bau der Hauswände des nahen Dorfes Verwendung. An der nördlichen Außenseite des Staudamms (*unten*) findet sich eine kurze Inschrift, genaugenommen zwei Inschriften, die von Wasserspeicherung und Bewässerungsanlagen sprechen.

Tafel 76 Eine der vielen Kratzinschriften auf glattem Felsgrund unweit des auf einem Vorsprung gelegenen Festungsturmes (*husn*), der hoch über dem Wadi den Scheitelpunkt des steilen al-Ruqub-Passes beherrscht.

Tafel 77 Bei dem kleinen Dorf D̲h̲ul Faiyaq im Südwesten von Am-'Adiya gibt es ein mit Steinplatten ausgelegtes ausgedehntes Terrain, das als antike Dreschtenne gilt. An seiner Südseite wurden Gebäudereste und eingeritzte Inschriften aus spätsabäischer Zeit entdeckt.

Tafeln 78 Von einem großen, jedoch zusammengebrochenen, kreisrunden Steinmal ausgehend, finden sich weithin bei G̲h̲anem al-Kufār flache Steinplatten auf dem Boden. Nach Ausweis einer anderen Fundstätte (Grabungsstätte 2) dürften in langen Reihen angeordnete kleinere Steinhügel aus ähnlichen Platten bestanden haben.

Tafeln 79, 80 Die große Mauer von Qalat im Kopf des Wadi Mabana‘ wurde zwischen 24 v. Chr. und 80 n. Chr. als Schutz gegen die Ḥimjariten von den Bewohnern Ḥaḏramauts errichtet. Sie beherrschte den Übergang zu dem Wadi Hayār und damit eine der Routen nach der Hauptstadt Shabwa. Die Inschrift *unten* gilt als das älteste Schriftzeugnis, das Ḥimjar erwähnt. Ihr Stifter, ŠKMM SLḤN, war verantwortlich für den Bau der Mauer und des Tores von Qalat. Der Name seines Auftraggebers lautete **YSKR’L YHR‘Š** ben ’ABYŠA‘ mkrb von Ḥaḏramaut.

Tafeln 81, 82 Wie eine Insel erhebt sich *Husn* al-G̲h̲urāb über einer Landzunge in der Bucht von Bīr ʻAli. Auf ebenem Grund zwischen Fels und Hafen: die Mauerüberreste des Hafens Qana', überragt vom mächtigen Klotz des Burgfelsens. Für diesen ist inschriftlich (CIH 621) der Name Mawyat belegt. Auf seinem Gipfel befinden sich Gebäudereste und Zisternen.

Tafeln 83–85 Grabungsstätte Mayfa'at (Naqb Al-Hajar). *Links:* Südabschnitt der Umfassungsmauern mit Tor. Eine Inschrift an der inneren Mauerfront der Ostbastion dieses Tors (RES 2640) schildert den Bau dieser Mauern. Das Mauerwerk hat nur die Breite einer einzigen Steinlage, eine Reihe von Bastionen sichert seine Stabilität. *Unten:* Weit hinaus in das Wadi und ebenso weit zurück in die Festung ragt die gemauerte Plattform des Nordtors. Vielleicht handelt es sich hierbei um das Tor YKN der Inschrift von Qalat (RES 2687). Jedenfalls zeigt das Mauerwerk an seiner Ostseite (*links*) Spuren ausgedehnter Instandsetzungsarbeiten nach einem Einsturz.

Tafel 86 Al-Ḥauta ist das Handelszentrum des Wahidi-Staates. Schon seit Menschengedenken nahmen Güter, die in Bal-Haf, an der Küste westlich von Bīr 'Ali, angeschifft wurden, ihren Weg durch diese Handelsniederlassung – möglicherweise geht diese Gewohnheit bis auf die Weihrauchkarawanen des Altertums zurück, die der Route von Bīr 'Ali durch das Wadi Amaqīn und das Wadi Jirdān entweder bis Shabwa oder in westlicher Richtung nach Baihān und Marīb folgten.

Tafel 87 Der »Sultanspalast« von 'Azzān bietet ein gutes Beispiel der Luftziegel-*husns* Südarabiens. In der Regel benutzt man die zu ebener Erde gelegenen Räume als Magazine. Im ersten Stockwerk befinden sich Empfangsräume für männliche Besucher. Darüber erstreckt sich das Reich der Frauen. Die Küchen öffnen sich nach den Dachgärten hin.

Tafel 88 Am Talkopf des Wadi Amaqīn erheben sich auf einer Gruppe mächtiger Felsgeröllbrocken die zerstörten Luftziegelhäuser des Dorfes Quarn Bā Ta'ash. Zum Schutz gegen Angriffe wurden die Häuser hoch über dem Talgrund errichtet. Ihre Entstehungszeit ist unbekannt.

▽ Tafel 90 Wasserkanal an der Talflanke des Wadi Amaqīn. Um ihm bei gerader Führung ein möglichst gleichmäßiges und nicht zu starkes Gefälle zu geben, hat man ihn durch das am Talrand angehäufte Konglomerat geführt. Wenn das Wadi Wasser führt, sammelt man in ihm die Flut höherer Talzonen, um sie schließlich weiter talabwärts zu verteilen.

◁

Tafel 89 Von einem hochgelegenen Gelände (*jol*) aus beherrscht das festungsartige Gehöft La 'abel das rundumliegende Gebiet. Aus flachen Steinplatten besteht der Zentral-*husn*, dagegen die anderen Bauwerke aus Luftziegeln. Sie ruhen entweder auf Felsbrocken oder Geröllfundamenten. Man hat die Ansicht vertreten, die Anlage sei ḥimjaritischen Ursprungs. Demnach müßte sich der ḥimjaritische Machtbereich viel weiter nach Westen hin erstreckt haben, als bisher angenommen wurde.

△
▷

Tafeln 91, 92 Felsmalereien und thamudische Schriftzeichen an einem großen Felsblock im Wadi Yaṯuf, einem Nebental des Wadi Jirdān. Vermutlich handelt es sich bei den vielen, in dunkler Farbe und hellrotem Ocker ausgeführten Felsmalereien und Felsinschriften, die hier gefunden wurden, um das Werk von Schaf- und Ziegenhirten.

▷

Tafel 93 Westlich des Wadi Jirdān, im Wadi Salmūn, bietet sich unter zwei aneinandergelehnten Felsblöcken ein schattiger Rastplatz für Hirten und Reisende. Das Felsdach dieses Unterschlupfs ist vollständig mit Zeichnungen und Inschriften bedeckt, die denen im Wadi Yaṯuf (Tafeln 91, 92) ähneln. Besonders zieht ein Kamel die Aufmerksamkeit auf sich, das von einer Raubkatze, vermutlich ein Leopard, angegriffen wird. Tatsächlich gab es einst in den Bergen dieser Gegend Leoparden.

Tafeln 94–96 Hajar al-Barīra, eine ummauerte Siedlung mit zwei Eingängen, unweit der kleinen Stadt As-Shaqq im Wadi Jirdān. Der Plan der Anlage ist von ungefähr herzförmigem Zuschnitt. Allerdings ist der Ostrand zerstört, so daß der Gesamtgrundriß nur mehr erschlossen werden kann, doch scheinen der Nordeingang und die »Herzspitze« auf der Hauptachse gelegen zu haben. Die Westbastion des Nordeingangs erblickt man *links*, das Bild *unten* zeigt den Südeingang von außen. An jedem der beiden Eingänge gibt es Anzeichen für das Vorhandensein eines Tors.

Tafel 97 Hauptbeschäftigung der Bewohner der kleinen Stadt 'Ayadh ist die Schlickgewinnung bei Haid al-Milḥ. Wie einst im Altertum verteilt man auch heute noch den frischen Schlick über die Felder. Allerdings macht man sie damit rasch unbebaubar, denn je mehr sich ihr Niveau hebt, desto schwieriger wird es, sie zu bewässern.

Tafel 98 Al-Binā, eine aus Luftziegeln errichtete, mauerumgebene Ansiedlung ähnlich wie Hajar al-Barīra und möglicherweise die Vorläuferin des heutigen 'Ayadh. Der Ort hat nur einen einzigen Eingang an der Südostseite, die durchschnittliche Höhe seiner Südmauer beträgt etwa 4 Meter über gewachsenem Fels. Als größte Mauerhöhe wurden etwa 6 Meter gemessen, während die größte Breite des Mauerwerks – an der abgebildeten Stelle – mehr als 4 Meter beträgt.

Tafeln 99, 100 In großem Umfang wird in Haid al-Milḥ Salz abgebaut. *Links:* Blick ins Innere der Höhle, wo das Salz gewonnen wird. Decke und Wände sind mit Hackspuren bedeckt – Zeugnisse jahrhundertelang betriebenen Salzbergbaus. *Unten:* Auf einem steilen, engen Pfad wird das frischgewonnene Salz in Säcken vom fast 30 Meter unter der Erde gelegenen Grund der großen Salzhöhle an die Oberfläche geschleppt. Kamele transportieren es von dort nach dem etwa 30 Kilometer entfernten Ataq.

Namen Dar ʿAnad bekannten Felsen östlich des *husn* in der Nähe von Am-Fadjarah.[159] Hier gibt es eine kleine vorislamische Ritzinschrift, die Personen- und Clans-Namen erwähnt.

Al-Anad

Dar Al-Rais

Es handelt sich um eine Ruinenstätte mit Mauerresten auf einem felsigen Gebirgsausläufer am Westrand des Wadi Tiban im Gebiet von Laḥej nördlich der Abadah-Hauptstadt Al-Hauta.

Das Mauerwerk wurde als Fundament für einen Luftziegelpalast benutzt, der im Volksmund den Namen Dar al-Rais (»Kapitänshaus«) trägt.[160] Dieser Bau wird seinerseits heute nicht mehr benutzt und ist nur noch eine Ruine. Unbekannt ist der Zweck des ursprünglichen Gemäuers, das später als Grundmauer des »Kapitänshauses« diente. Vielleicht war es einst Teil eines Staudamms. Al-Hamdani (*ʿIklīl* 8) bezeichnet den Damm von Laḥej als ʾUrash.[161] Die Lage des Bauwerks unter dem Dar al-Rais war für einen Dammbau nicht ungeeignet. Der Felsvorsprung, auf dem das Mauerwerk sich findet, bildet die engste Stelle des Wadi Tiban, das auf der gegenüberliegenden (Ost-) Seite durch einen Alluvialhügel abgeriegelt wird, auf dem sich heute die Ruinen eines unter dem Namen Al-Anad bekannten türkischen Forts erheben.

Dafür, daß sich hier einst ein Damm befand, der die Fluten des Wadi anstaute [162], spricht die Tatsache, daß man auch in jüngster Zeit, und zwar im Jahre 1960, nur etwa anderthalb Kilometer talabwärts eine moderne Staumauer errichtet hat. Dies zeigt deutlich, daß dieser Teil des Wadi sich besonders gut zum Aufstauen der Regenfluten für Bewässerungszwecke eignet.

Die Steine des Mauerwerks unter dem Dar al-Rais bestehen aus hartem, blauem »Granit«-Kalk. Man hat sie aus dem Felsvorsprung von Dar al-Rais selbst gebrochen und zu massiven Quadern verarbeitet, die im Trockenverband (ohne Bindemittel) mit großartig schließenden Fugen zusammengefügt wurden. Ein solcher Quader ist allseitig behauen, seine gesamte Vorderseite weist eine gleichmäßige Maserung auf, während der durchschnittlich etwa knapp 4 Zentimeter hohe Rand von den horizontalen Kanten deutlich abgesetzt ist. Der Typ des Mauerwerks, ja überhaupt die Verwendung großer Steine, stellt für die betreffende Gegend eine Besonderheit dar. Vielleicht verfiel man auf diese Art des Mauerbaus, um der Dammanlage genügend Halt gegen die Flut (*sail*) zu geben, die das Wadi zur Regenzeit führt. Die Maße der größten Blöcke betrugen 3,35 x 3,50 x 0,61 Meter; 2,90 x 2,90 x 0,91 Meter mißt dagegen ein anderer dieser Steine.

Möglicherweise bestand der eigentliche Damm – wie in Marīb – aus einer Erdaufschüttung, die mit Mauerwerk verkleidet war und ständiger Reparaturen bedurfte, wenn die jährliche Flut bevorstand. Heute ist ein steinerner Vorsprung knapp hundert Meter im Norden der Ausgangspunkt eines Bewässerungsgrabens, der an der Westseite des Wadis entlangläuft, so daß das Bauwerk von Dar al-Rais sich heute auf einer Insel zwischen dem Kanal und dem Flutbett des Wadi befindet. Möglicherweise läßt dies die ursprüngliche Bestimmung der jetzigen Trümmerstätte erkennen: man kontrollierte wohl von hier aus die Schleusen, die das Wasser des Hauptdamms ableiteten, um den Wasserstand zu regeln.

Allerdings war es mangels hinreichender Anhaltspunkte bisher noch nicht möglich, die Anlage einwandfrei zu datieren. Einer Felsinschrift zufolge, bei der es sich allerdings nicht um ein offizielles Dokument handelt, dürfte der Damm schon in vorislamischer Zeit entstanden sein. Es ist daher nicht ausgeschlossen, daß man es bei ihm mit dem von al-Hamdani erwähnten 'Urash-Damm zu tun hat. Die 1964 gefundene Inschrift (es handelt sich um einen Graffito) war an der Schauseite eines rund 1,70 Meter langen Mauerteils angebracht, der zu Boden gefallen war. Die Charaktere dieser Inschrift und die Maserung der Blocks sowie dessen abgesetzer Rand sind alle von gleicher Tönung und stammen daher wohl aus derselben Zeit, ja möglicherweise von ein und demselben Steinmetz. Die Schriftzeichen sind durchweg vertikal, zwei Buchstaben »R« sind von einem Ende zum anderen rund 10 Zentimeter lang. Dem epigraphischen Befund nach stammen sie aus der Endphase der sabäischen Ära. Andere Zeichen sind jedoch »thamudischen« Typs. Es ist das erste Zeugnis altsüdarabischer Schrift aus dem Gebiet von Laḥej.

Ǧabal Tala

Das Gebiet unmittelbar im Süden des Ǧabal Tala – westlich des Wadi ʿAbrain, knapp 20 Kilometer nördlich der Hauptstadt Laḥej – war schon in sehr früher Zeit bewohnt. Lange müssen hier Menschen der Urzeit gesiedelt haben, als das Land noch grün und fruchtbar war. Man hat ihre Besiedlungsspuren gefunden – Besiedlungsspuren in Gestalt von zurechtgeschlagenen Steinsplittern und Faustkeilen, dem Hauptwerkzeug des täglichen Gebrauchs. Die Funde erstreckten sich über ein ausgedehntes Areal. Grob gerechnet stammen diese Acheuléen-Werkzeuge aus einer Zeit, die 450 000 bis 300 000 Jahre zurückliegt.

Diese vorgeschichtliche Fundstätte gilt als die erste ihrer Art auf arabischem Boden. Sie weist sehr viel weiter in die Vergangenheit zurück als jede andere Fundstätte, die bisher hier beschrieben wurde. Ihre Bedeutung liegt in den Aufschlüssen, die sie über die Verbreitung jener Leute gibt, welche die hier gefundenen Faustkeile anfertigten, sind doch Faustkeile wie diese in Hülle und Fülle auch aus Tansania bekannt. Die Hersteller dieser Werkzeuge – Werkzeuge, wie sie wahrscheinlich mindestens hunderttausend Jahre hindurch im Gebrauch waren – verbreiteten sich möglicherweise von Afrika aus bis nach Europa und Indien hin, allerdings steht noch nicht fest, auf welchem Wege sie nach Osten gelangten. Die Hypothese, dies könne über eine Landbrücke geschehen sein, die einst an der schmalsten Stelle des Roten Meeres, der heutigen Meerenge von Bab el Mandeb, Afrika und Asien miteinander verbunden habe, erledigt sich mit der Feststellung, daß der Riß des ostafrikanischen Grabens sich auch an dieser Stelle weit früher aufgetan haben muß, bevor von diesen Faustkeil-Menschen die Rede sein konnte. Hinzukommt, daß die Gewässer gerade im Seegebiet von Bab el Mandeb recht tief sind. Es ist daher als wahrscheinlicher anzusehen, daß die besondere Variante der Faustkeiltechnik, von der die urzeitliche Fundstätte am Ǧabal Tala Beispiele erbracht hat, durch Wanderungen urzeitlicher Menschen beiderseits des Roten Meeres in nordsüdlicher Richtung verbreitet wurde. Woher immer sie kamen – jedenfalls scheinen die Faustkeilleute vom Ǧabal Tala die ersten Bewohner Südarabiens gewesen zu sein.

Kawd Am-Sailah

Laḥej

Die Fundstätte Laḥej besteht aus einem hochaufragenden Hügel in der Nähe des »Großen Wadi« (Wadi al-Kabīr), knapp 5 Kilometer von S̲h̲aik̲h̲ ʿUt̲h̲mān (Sheikh Othman) entfernt, liegt sie am Wege nach al-Waht (Abb. 9, 10). Nach Ausweis von Bodenfunden an der Oberfläche des Hügels handelte es sich um ein Zentrum der Glasherstellung. Nirgendwo sonst hat man Klumpen aus Glasfritte und Glasscherben in solcher Anzahl gefunden. Auch glasierte und unglasierte Keramik ist reichlich vertreten. Abermals scheint der Großteil des Fundmaterials an Ort und Stelle entstanden zu sein. Bei den Brennöfen auf dem Hügel fand man noch mißglückte Stücke: Ausschußware.

Wahrscheinlich war das hier hergestellte Glas zum größten Teil für den Export bestimmt, und vermutlich haben wir hier eine der Produktionsstätten jener beliebten Glasarmbänder vor uns, die in den Küstenländern des Indischen Ozeans – vom Roten Meer bis zur afrikanischen Küste, dem Persischen Golf und Indien selbst, ja möglicherweise bis hin nach China – überall Abnehmer fanden. Sie waren gewöhnlich von dreieckigem Querschnitt und bestanden entweder aus einfarbigem grünen Glas, oder sie trugen rote, blaue und gelbe Streifen – bzw. Bandmuster, die zusammen mit Grün die unterschiedlichsten Kombinationen ergaben. Manchmal waren sie an ihrer Außenkante auch mit Punkten verziert. Ihre Herstellungszeit dürfte sich über die Spanne vom 5. oder 6. bis zum 16. Jahrhundert unserer Zeitrechnung erstreckt haben. Ähnliche Glasarmbänder stellt man in Indien her, von wo sie bis auf den heutigen Tag nach Aden ausgeführt werden.

Ausgangspunkt dieser Glasherstellung war vermutlich Persien. Noch vor dem 6. Jahrhundert n. Chr. erwähnt ein chinesisches Dokument »durchsichtiges und milchiges Glas«, das den Chinesen von den Persern angeboten worden sei, und unter »Persern« verstand man damals auch die Bewohner Südarabiens.[163]

Erst unlängst ist man rund 160 Kilometer südöstlich von Bushir am Persisch-Arabischen Golf, beim alten Hafen von Siraf, auf bemerkenswerte Spuren einer Glasindustrie aus islamischer Zeit gestoßen.

Als die persischen Sasaniden im 6. Jahrhundert n. Chr. Südwestarabien eroberten, führten sie wohl auch ihre Glasindustrie hier ein. Die äußerst weite Verbrei-

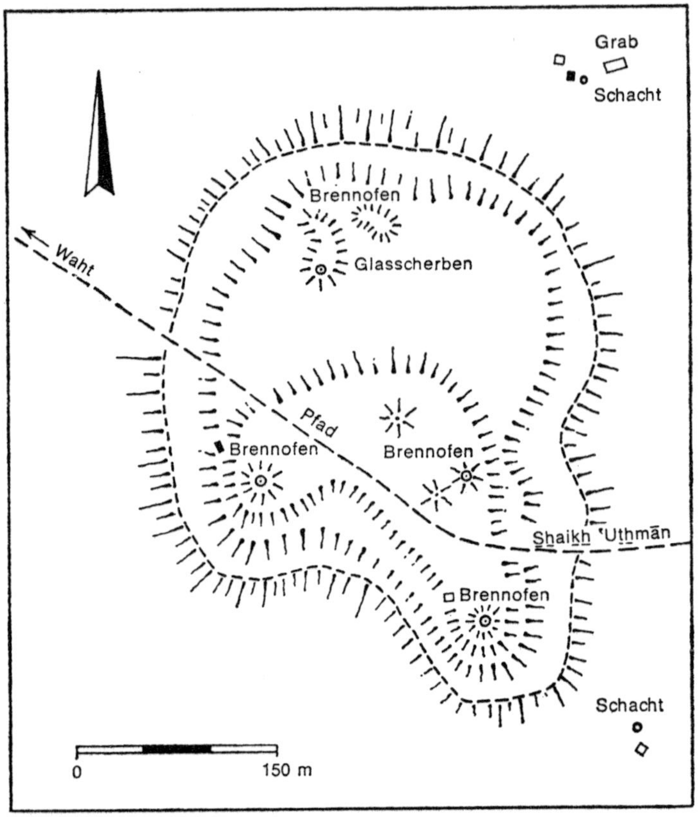

Abb. 9 Plan der Fundstätte Kawd Am-Sailah. Man sieht, wo die Brennöfen an der Erdoberfläche gefunden wurden. An der Westseite ist der Pfad angedeutet, der von S̲haik̲h 'Ut̲hmān nach Waḥt führt, und zwar über den Ruinenhügel und die Stelle eines gemauerten Bauwerks hinweg (vgl. Abb. 10).

tung ihrer Erzeugnisse spricht dafür, daß der Export von Glaswaren beträchtlich gewesen sein muß, und die Produktionsstätten stellten ihre Arbeit wohl erst ein, als im 16. Jahrhundert die Seemacht Portugal den südarabischen Handel im Indischen Ozean zum Erliegen brachte.

Vermutlich lautete der Name von Kawd am Sailah einst Lah̲abah.[164] Anscheinend wählte man den Platz zur Anlage einer Glaswarenfabrik aus, weil er nahe am Meer lag, über genügend Wasser verfügte und von so fruchtbarem Gelände umgeben war, daß es auch Bäume gab, die die Versorgung mit Brennholz sicherstellten. Wenn die Glaswerkstatt so viele Jahrhunderte lang in Betrieb war, muß man Wiederaufforstung betrieben haben, um zu gewährleisten, daß der Brennholzvorrat nicht ausging. Nach 1839 war das Gebiet verhältnismäßig gut bewaldet. Kapitän Haines berichtete, zwischen Laḥej und Bīr Aḥmad sowie Hiswa habe sich dichter Dschungel befunden, wo man sich habe vor Räubern hüten müssen.[165] Die seit 1839 eingetretene Denudation des Geländes ist auf den Raubbau zurückzuführen, den man inzwischen mit dem dortigen Baumbestand getrieben hat, um den Bedarf der rasch wachsenden Stadt Aden zu decken.

Ṣubr-Laḥej

Die bedeutende Fundstätte Ṣubr liegt rund 10 Kilometer südlich von al-Hauta (Laḥej) beiderseits der Straße Aden-Laḥej. Es handelt sich schlicht um offenes Gelände, das sich etwas mehr als anderthalb Kilometer lang von Nordwesten nach Südwesten erstreckt, bevor es unter hohen Sanddünen verschwindet, um nur da und dort wieder aufzutauchen, wo der Flugsand wieder ein Stück des ursprünglichen Bodens freigibt. Keinerlei offenliegende Baureste fallen auf, dafür ist die Fundstätte über und über mit roten Scherben bedeckt, so daß aus einiger Entfernung das ganze Gelände einen braunroten Farbton hat.[166] Im allgemeinen

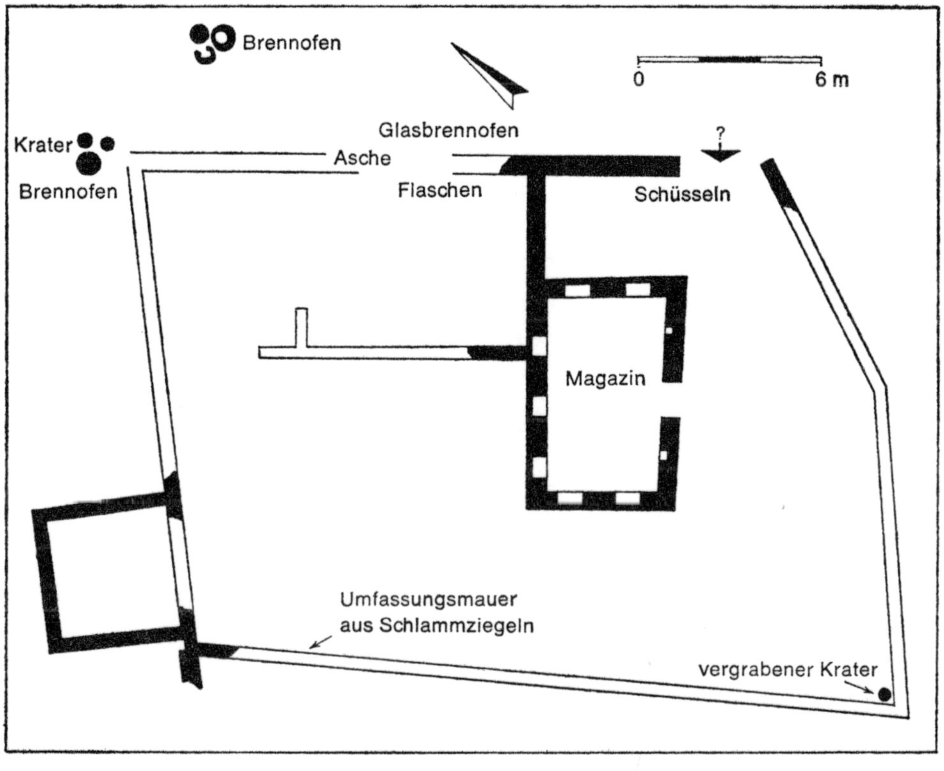

Abb. 10 Plan eines bei Kawd Am-Sailah ausgegrabenen Gemäuers. Der Mittelbau mit seinen gemauerten Alkoven war mit Lehm verputzt und stellenweise mit in rotem Ocker ausgeführten geometrischen Mustern geschmückt. Vom rohen Steinfundament an gerechnet, betrug die Höhe der Mauer etwa 3 Meter. Keramikscherben fand man allerdings nur in etwa 1,20 Meter Tiefe. An der Umfassungsmauer kamen in etwa 90 Zentimeter Tiefe kleine Glasflaschen und Schüsseln mit gemalter Dekoration zum Vorschein.

findet man die Scherben unmittelbar an der Erdoberfläche, doch reichen sie auch noch mehr als einen halben Meter, ja stellenweise sogar noch tiefer, unter die Erde herab.

Daß diese Scherbenschicht hier in solcher Mächtigkeit offen zutage liegt, mag dem Spiel des Windes mit dem Flugsand und dem ursprünglichen Erdreich des Fundplatzes zuzuschreiben sein (Abb. 11–13). Bei einer kleinen Grabung konnte festgestellt werden, daß das Profil der Scherbenschichten nicht den Konturen des Hügels folgte, sondern sich nach innen hin senkte, und noch in einer Tiefe von mehr als anderthalb Metern unter Bodenniveau waren die Scherben vom selben Typ wie oben an der Oberfläche.

Insgesamt besteht Ṣubr aus einer Reihe länglicher Hügel, die sich wie *tells* ausnehmen. Zwar ergab eine oberflächliche Untersuchung, daß die Hügel vielleicht doch natürlichen Ursprung seien, aber eingehende Forschung kann durchaus noch zu ganz anderen Ergebnissen gelangen. Bei ersten Schürfungen im Sand und an der eigentlichen Oberfläche einiger dieser Hügel selbst ergab sich, daß der Boden

Abb. 11–13 Keramik aus Ṣubr. Die Abbildungen 11, 12, 13 zeigen eine Auswahl von Scherben dieser ausgedehnten, ergiebigen Fundstätte. Im allgemeinen ist der Ton sehr locker und mit an Ort und Stelle vorkommenden glimmerhaltigem Sand gemagert. In einigen Fällen hat man allerdings chaff verwendet. Sämtliche Gefäße sind handgefertigt und haben einen rötlichen bis bräunlichen Schlickerüberzug (Engobe). Oft bediente man sich des Verfahrens, das keramische Material in horizontaler oder vertikaler Richtung mit Rollsteinen zu glätten (in diesen Fällen ist noch die Richtung der Strichführung zu erkennen). Beispiele für eine Glättung des noch feuchten Scherbens an der Innenseite bieten vor allem halsige und Schnaupen-Gefäße. Sie alle sind vorzüglich und gleichmäßig gebrannt; nur die Masse der dickwandigsten Gefäße, die gewöhnlich geformt wurden, indem man eine lange Tonwulst in Spiralwindungen übereinanderlegte, enthält einen grauen Tonkern (Abb. 12). Tiefe Schüsseln sind gewöhnlich mit durchbohrten, ösenartigen Henkeln sowie einem erhaben vortretenden, horizontalen, gezähnten Zierband versehen (Abb. 11); andere dagegen weisen einfach eine glatte, dekorlose Oberfläche auf. Senkrecht angebrachte, ösenförmige Henkel findet man zusammen mit unterbrochenen Kammustern, die vom Mündungsrand abwärts den Gefäßkörper bedecken. Desgleichen fehlt es nicht an Beispielen kontinuierlich von oben nach unten geführter Kammlinien (Abb. 12). Gewöhnlich handelt es sich bei den Scherben, die zum Vorschein kamen, um Teile von Gefäßrändern und -henkeln; von einem Weihrauchbrenner abgesehen (Abb. 13), wurde trotz der großen Zahl der Scherben nicht ein einziges Fragment geborgen, das einen vollständigen Gefäßschnitt vom Rand bis zum Boden wiedergegeben hätte. Desgleichen fanden sich auch nur sehr wenige Schüsselbasen sowie nur einige wenige Beispiele von Ringen bzw. ganz niedrigen Ständern (Abb. 13). Nur zwei Beispiele horizontaler Randhenkel (Abb. 12) und nur wenige Beispiele zweimal durchbrochener horizontaler Ösenhenkel (Abb. 13) sind zu verzeichnen – sie kamen wohl nur verhältnismäßig selten vor. Eine Rarität waren auch Fragmente von Kannenschnäbeln. Die gezahnte Dekoration eines Gefäßmittelteils, die die Abbildung zeigt, kam an dieser ausgedehnten Grabungsstätte nur einmal vor. Abgesehen von einer einzigen anderen Fundstätte (Al-Quraiyat in Abyan), gibt es keine in Material und Form vergleichbaren Parallelfunde.

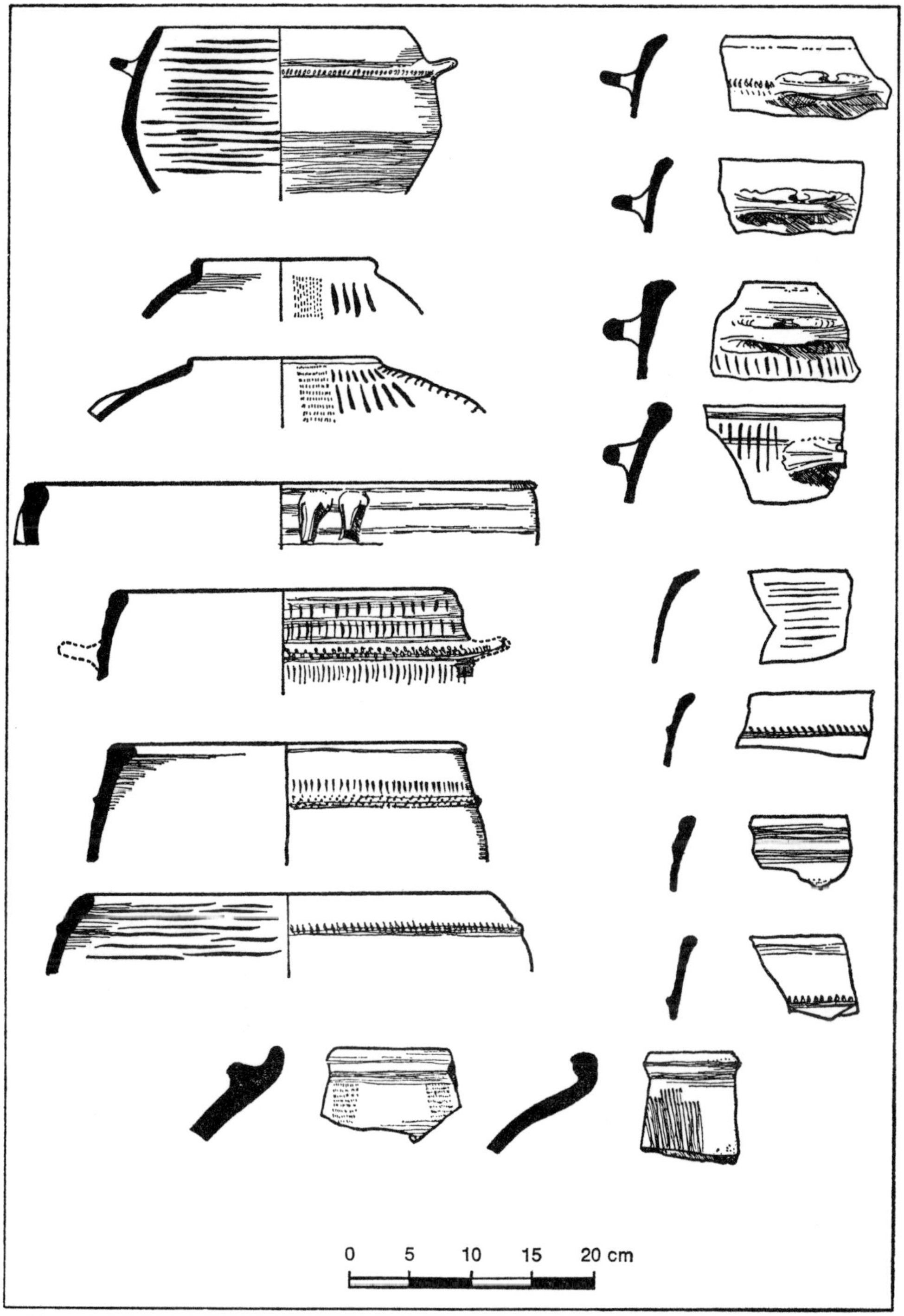

Abb. 11

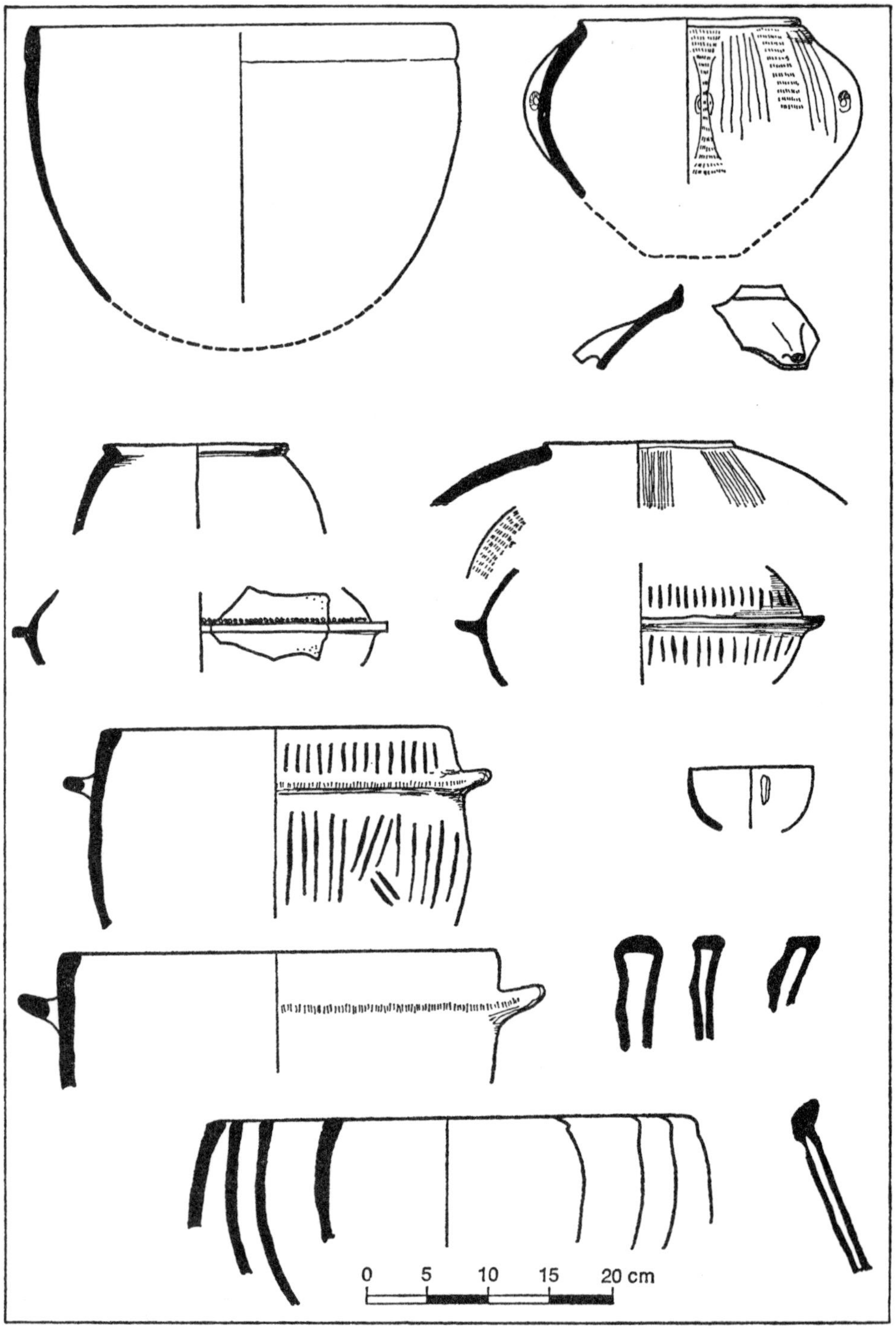

Abb. 12

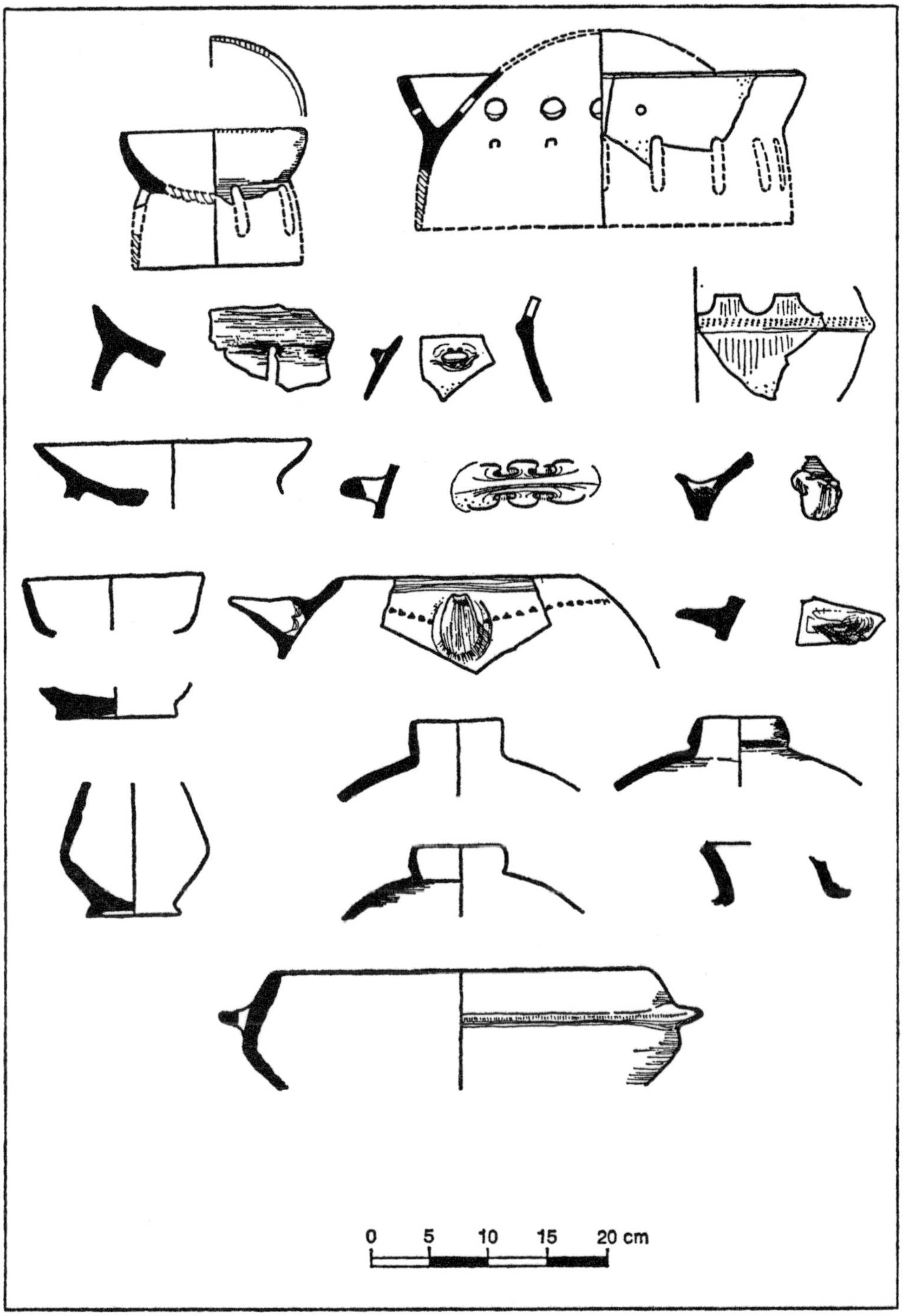

Abb. 13

aus grauem Erdreich besteht, das sich wie trockener Lehm ausnimmt und in das Taschen von Asche eingebettet sind. Möglicherweise hat man darin die Überreste von Bauten zu erblicken, die – wie auch heutige Häuser in dieser Gegend – aus luftgetrockneten Schlammziegeln errichtet waren: aus Schlammziegeln, deren Material man an Ort und Stelle gewinnt und die man ebenfalls an Ort und Stelle in der heißen Sonne Südarabiens dörren läßt.[167]

Einer der Hügel von Ṣubr-Laḥej ist höher als alle anderen. Er liegt an der Westseite der Landstraße, und heute befindet sich auf seiner Höhe ein Haus. In seiner Nähe hat man die Brunnen angelegt, die heute den Bewohnern des Ortes Wasser liefern, und ebenfalls in seiner Nähe bilden einige heute noch bewohnte Luftziegelbauten jüngeren Datums eine kleine Ansiedlung.

Einst diente Ṣubr wohl als Warenniederlage und hatte wegen der geringen Entfernung zur Oase Laḥej recht ansehnliche Bedeutung. Laḥej war der Ort, wo die Kamelkarawanen, die großen Transportzüge des Altertums, für die lange Reise nach Norden zusammengestellt wurden und all die Waren exotischer Herkunft aufnahmen, die von der Ostspitze Afrikas oder aus dem Fernen Osten gekommen und in Aden umgeladen worden waren.

Daß sich dermaßen viel Keramik in Ṣubr gefunden hat, deutet darauf hin, daß der Platz lange bewohnt war, und wenn vielleicht auch nur von durchziehenden Nomaden, die hier vorübergehend ihre Zelte aufgeschlagen haben mögen. In gleiche Richtung weisen Schaf- und Ziegenknochen, Holzkohlenfeuer und große Kochtöpfe. Von diesen Kochgefäßen könnte ein großer Teil eines bestimmten Scherbentyps von Ṣubr stammen, von dünnwandigen Gefäßen mit runden Böden, die offensichtlich keinen Ständer oder Fuß hatten.

Als der Hafen von Aden zerstört wurde und die von Aden ausgehende Handelsroute verödete, muß auch Ṣubr seine Bedeutung als Handelszentrum verloren haben. Wann dies geschah, ist unbekannt, doch wahrscheinlich fiel der fragliche Zeitpunkt in die Periode jener Kriege, die Ḥimjar, Qatabān und Saba' um die Vormachtstellung untereinander ausfochten. Der *Periplus Maris Erythraei* berichtet von der »kürzlich« erfolgten Zerstörung des Hafens als einem Ereignis, das »nicht lange vor unserer Zeit« stattgefunden habe.[168] Allerdings steht die Abfassungszeit des *Periplus* selbst noch keineswegs fest, vielmehr schwanken die Zeitansätze vom Ende des 1. Jahrhunderts n. Chr. bis zum Beginn des 3. Jahrhunderts n. Chr.

Drittes Gouverneurat

Das Gebiet von Abyan

Knapp 50 Kilometer östlich von Aden stößt man, wenn man an der Küste entlang nach Osten fährt, im Fadhli-Staat auf die erste Marke des Distrikts von Abyan. Es handelt sich um das kleine Delta, das sich an der Stelle ausgebildet hat, wo das Wadi Bana in den Golf von Aden mündet. Von hier ab führt der Weg nach Abyan über hochgelegenes Terrain. Im Bauerndorf Al-Kud gibt es heute noch eine Egrenierfabrik, die die Baumwolle der gesamten Umgebung entkörnt.

Im Altertum bildete das Wadi Bana die Grenze zwischen den Königreichen von Tubanaw (Laḥej) im Westen sowie Tafid (Abyan) und Dahas (Yafiʿ) im Osten.

Das inschriftlich erwähnte Territorium von Abyan (vgl. CIH 550) umfaßt das Delta von Wadi Bana und Wadi Hasan. Hier trafen die Karawanen auf den Handelsstraßen aus dem Hinterland zusammen. Nach der Karte, die der große Astronom und Geograph Claudius Ptolemaios im 2. Jahrhundert n. Chr. anfertigte, bildete Abyan (Bana) ein Verbindungsglied auf der Route zwischen Shabwa und Aden. Es ist auch nicht auszuschließen, daß es einst hier einen Hafen gab. Bei Plinius dem Älteren heißt es, weiße Myrrhe werde aus einem einzigen Bezugsort nach *Mesalum oppidum* gebracht und dort zum Verkauf angeboten.[169] Nach al-Hamdani handelt es sich gerade bei der hier besprochenen Gegend um Sarw Ḥimjar, und auch bei Plinius fand sich schon eine entsprechend zu deutende Notiz: *Homeritae Mesalo oppido, Hamiroei.*[170] Nachdem Aden zerstört war, war Mesalum wahrscheinlich mit dem Hafen von Yafaiʿ[171] identisch, das Ptolemaios als äußeres Myrrhenland erwähnt. Die mittelalterliche Ruinenstätte Al-ʾAssalah zwischen Zingibar und Shuqra legt es ihrerseits nahe, daß sich nicht allzuweit von hier, unweit der sanft geneigten, langsam vorrückenden Küste von Abyan, einst ein Hafen befand. Zu Ptolemaios' Zeit mag die tatsächliche Küstenlinie hier an die anderthalb Kilometer weiter landeinwärts verlaufen sein. Auch im 10. Jahrhundert unserer Zeitrechnung war Abyan durchaus als Hafen bekannt.

Die heutige Hauptstadt des Fadhli-Staates ist Zingibar. Unmittelbar im Norden und Nordwesten von Zingibar gibt es Stellen, wo man – ohne graben zu müssen – Gefäßscherben findet, die einfach auf dem Boden verstreut sind (Abb. 14). Funde, die am Hügel von Al-Qaraw gemacht wurden, deuten auf eine vorislamische Ansiedlung hin. In nördlicher Richtung von Zingibar befindet sich die auffallende Felsformation von K͟hanfer, an deren Fuß Gaʿar liegt, das Verwaltungszentrum des tiefergelegenen Yafiʿ-Staates. Unmittelbar südlich davon liegen in der Nähe des heutigen Forts, das die Stelle einer älteren Befestigungsanlage einnimmt, die Überreste einer mittelalterlichen Stadt, die einst wohl den Namen Abyan führte.

Etwa sechseinhalb Kilometer östlich von Gaʿar befindet sich eine Felsgruppe, die unter dem Namen Am-Ǧabalain bekannt ist. Hier fand man Keramikfragmente aus dem Mittelalter. Rund 3 Kilometer im Norden davon erheben sich auf dem bis annähernd 300 Meter ansteigenden Ğabal Al-ʾAhabuš die Ruinen einer Festung (Abb. 15). Am Fuß des Gipfels entdeckte man unweit vom Rand des Wadi Bana eine vorislamische Inschrift offiziellen Charakters (Abb. 16).

An die 6,5 Kilometer östlich von Khanfer erhebt sich der Ğabal Sarar mehr als 330 Meter über dem Meeresspiegel. Auch auf seinem höchstem Punkt entdeckte man Bauwerke, Mauern, Staubecken und Zisternen (Abb. 17).

Am Rand des breiten Wadi Jeramis an der Nordflanke des Gebiets von Abyan, durch welches die Wasser des Wadi Hasan fließen, erblickt man auf hohen Fels-

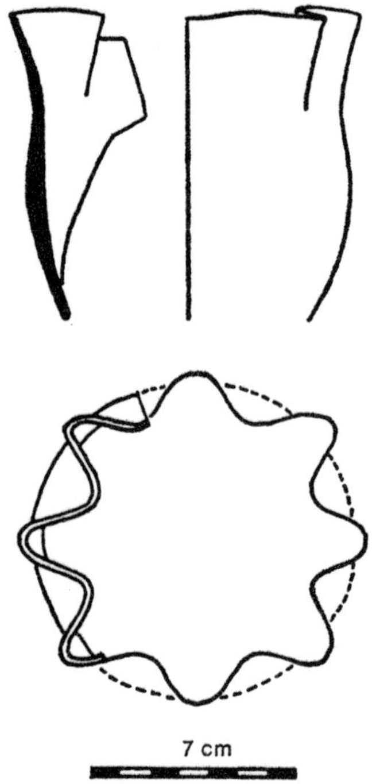

Abb. 14 Fragment einer nichtglasierten Schale oder Schüssel mit Wellenrand. Fundort: der Hügel von Al-Qaraw, Zingibar. In seiner Gestaltung ähnelt das Stück sehr stark qatabānischen Keramikschüsseln, die im Wadi Baihān gefunden wurden. In der Tat handelt es sich um das einzige Beispiel derartiger Keramik, das außerhalb des Baihān-Gebiets zum Vorschein kam. Unbekannt ist, ob man es mit Importware zu tun hat oder ob es an Ort und Stelle selbst hergestellt wurde. Fraglos weist es auf eine Verbindung zwischen beiden Fundstätten hin und zeigt darüber hinaus, daß Al-Qaraw in vorislamischer Zeit besiedelt war.

vorsprüngen die Ruinen alter Befestigungsanlagen (Abb. 18). Die bemerkenswertesten von ihnen befinden sich am Ğabal ʾAm-Mʿ Abeath und bei Shariah. Diese Forts müssen einst dem Schutz der Handelsstraße gedient haben, die durch das Audhilla-Plateau von der Küste ins Landesinnere führte.

Inschriften aus Abyan

Zwei erst kürzlich entdeckte Inschriften sprechen vom Königreich Sabaʾ, das in Abyan Aktivität entfaltet zu haben scheint. Besonders bedeutsam ist, daß es sich bei ihnen um Zeugnisse einer Zeitspanne handelt, die sich etwa vom 6. Jahrhundert v. Chr. bis ungefähr zum 4. Jahrhundert n. Chr. erstreckte. Besonders wichtig sind sie auch als Zeugnisse für die lange unverminderte Bedeutung, die Marīb

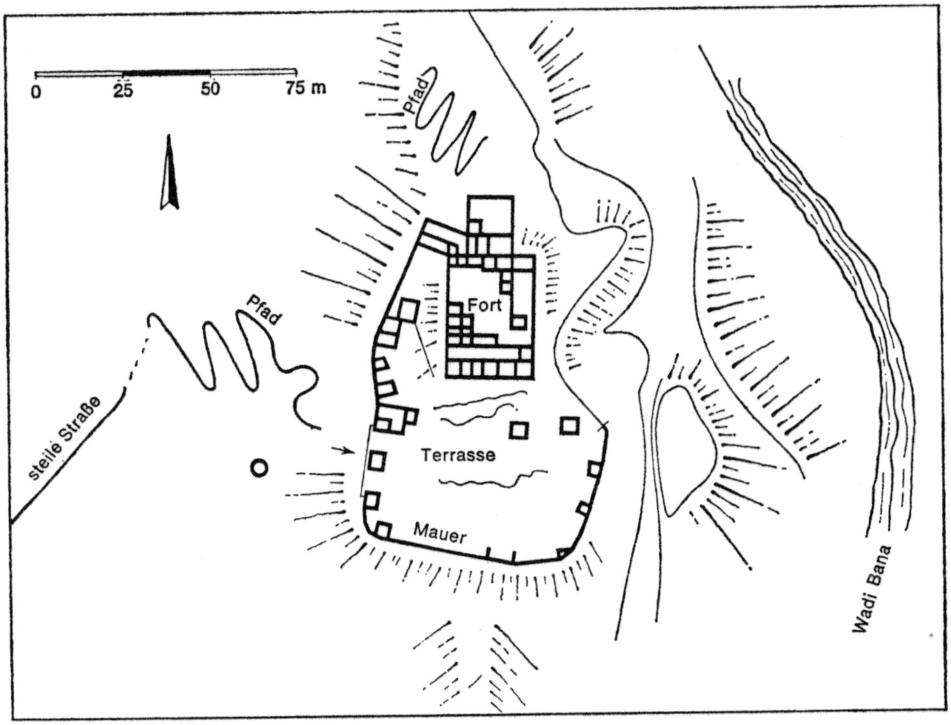

Abb. 15 Vermessungsskizze der Anlage auf dem Gipfel des Ǧabal al-ʾAḥabuš. Man erkennt die Festung und die aus unregelmäßigem Findlingsmauerwerk aufgeführten Umfassungsmauern. Die Fundstätte hat keinerlei datierbares Material erbracht. Von der Stelle aus, wo sich die Bauwerke befanden, überblickt man das Gelände nach Aden hin. Anscheinend befand sich hier einst ein Beobachtungsposten. Doch nahm man – wie es auch bei anderen Festungsanlagen der Fall war – wohl bauliche Veränderungen vor, als das Fort im Laufe von Stammeszwistigkeiten als Garnison diente.

zuerst unter seiner traditionellen Dynastie, doch auch später noch unter den neuen Herren hatte, die sich den Königstitel von Sabaʾ und D̲hu Raydān beilegten.

Die ältere dieser beiden Inschriften befindet sich auf einer quadratischen, glattflächigen Kalksteinplatte, die einst nur ein Teil einer langen, einzeiligen Inschrift war. Zum Glück besteht das Wort, das sie wiedergibt, im Namen Smhʿaly oder Sumhuʿalay, und die Maßverhältnisse der Buchstaben erinnern an ähnliche Inschriften aus Marīb. Smhʿaly war der Name zahlreicher sabäischer Herrscher Marībs. Beispielsweise findet man denselben Namen als Namen eines Königs von Sabaʾ an der Mauer des ʾAwwām-Tempels. Eine dem 6. Jahrhundert v. Chr. zugewiesene Inschrift erwähnt Sumhuʿalay als Vater des *Mukarrib* (»Priesterfürsten«) Y adiʿʾil D̲arih. Außerdem gab es einen Sumhuʿalay D̲arih um 450 v. Chr. (Jamme 551), ja ein noch früherer Sumhuʿalay Yanuf ist aus der Zeit um 450 v. Chr. bezeugt (Jamme 557).

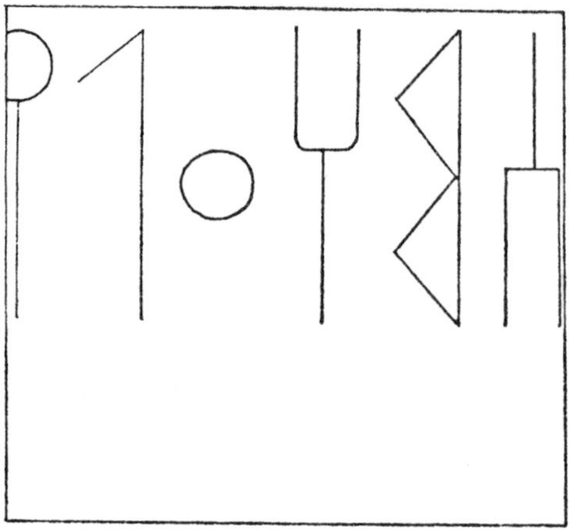

Abb. 16 Abzeichnung der älteren Kalkstein-Inschriftenplatte vom Mauerwerk eines kleinen Gebäudes nördlich des Ǧabal al-'Aḥabuš.

Die längere der beiden Inschriften weist die dekorativen Zeichen der spätsabäischen Periode auf und dürfte aus dem 4. Jahrhundert n. Chr. stammen. Sie erwähnt den Namen der königlichen Residenz Slḥn zu Marīb und wird von einem zentralen Ornament beherrscht, das man als »Lebensbaum« angesehen hat.

Die Inschrift lautet:

2 ... und es gewährte ihnen Gesundheit ...
3 ... und ihr Feind, der (in Richtung) nach ...
4 ... und Gehorsam der Seelen
5 ... und für ihr Haus Salḥin
6 ... und Schadenfreude ihrer Feinde ...
7 ... was in den Jahren ...

Das Audhilla-Gebiet

Das malerische Zara ist Verwaltungszentrum der Audhali-Distrikte. Seine mittelalterlichen und neuzeitlichen Steinbauten sind gleichsam mit den Felsvorsprüngen verwachsen, auf denen man sie – fast 1000 Meter über dem Meer – über flachem, ebenem Gelände errichtet hat. Das Marktzentrum dieses Gebietes ist die Stadt Lodar mit ihren Luftziegelbauten, die etwa anderthalb bis 2 Kilometer östlich von Zara liegt.

Nördlich von Zara erhebt sich der mächtige Kaur – eine abermals etwa 1000 Meter abfallende Hochlandkarte – jäh aus der Ebene, die sich in östlicher Richtung bis nach Dathina erstreckt, und gibt der Szene einen dramatischen Hintergrund.

Mehrere Paßwege (*aqaba*) winden sich auf den Khaur hinauf und stellen die Verbindung zur Hochebene her. So gelangt man über den im Osten gelegenen *Aqabat* Talh in den Aulaqi-Staat, doch am bekanntesten sind die beiden Paßstraßen von Thira: die etwa 11 Kilometer lange moderne Autostraße und der alte Paßweg, der zum Teil gepflastert ist. Endlich bildet der *Aqabat* Fid Fada eine

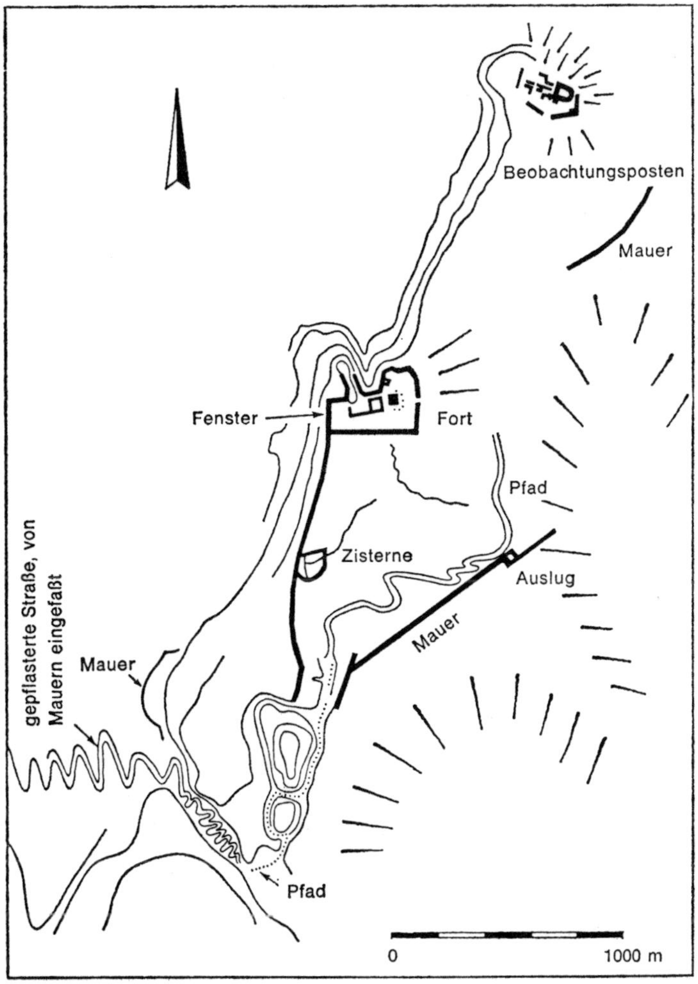

Abb. 17 Im Osten der Ebene von Abyan beherrschen die Festungsanlagen auf dem Gipfel des Ǧabal Sarar das Gelände nach Osten, Süden und Westen hin. Den Zugang bildet ein schmaler, terrassierter Pfad, der durch eine enge Kluft führt. Quer über die Felsen geführte Mauern erleichtern die Verteidigung der Örtlichkeit. Die eigentliche Festungsanlage ist erneuert und umgebaut worden; doch die fast 2 Meter dicken Hauptmauern scheinen aus dem Mittelalter zu stammen. Allerdings war der Platz wohl schon in vorislamischer Zeit bewohnt. Damals war Abyan ein Handelszentrum der Himjariten.

wichtige Verbindung zwischen dem höher- und dem tiefergelegenen Landesteil. Unbekannt ist, wann die alte Thira-Paßstraße angelegt wurde. Mit Sicherheit diente sie jedoch jahrhundertelang nicht nur dem »Nahverkehr« zwischen den Bewohnern der angrenzenden Gebiete, sondern auch dem mittels Kamelkarawanen abgewickelten »Fernverkehr«.

Verwaltungszentrum des Hochplateaus ist das kleine Städtchen Mukeiras, das seine Entwicklung seiner Lage unweit der Grenze zu Nord-Jemen und der sich daraus ergebenden Verlagerung des wirtschaftlichen Schwergewichts zu ungunsten von Al-Baidha im Jemen verdankt. Als Mukeiras bezeichnet man auch das gesamte Gebiet rings um die gleichnamige Stadt.

Mukeiras

Die Stadt Mukeiras, der Mittelpunkt des gleichnamigen Distrikts liegt, etwas mehr als 240 Kilometer nordöstlich von Aden, auf dem mehr als 2000 Meter

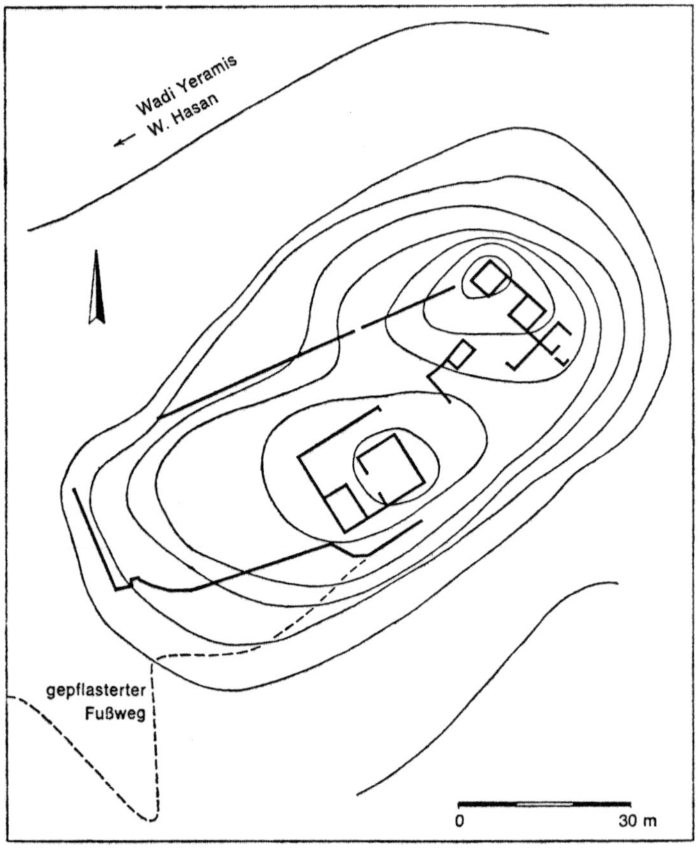

Abb. 18 Skizze des in Trümmern liegenden Forts auf dem Gipfel des Ǧabal ʿAm-Mʿ Abeath an der Südseite des Wadi Yeramis. Mörtelloses, unregelmäßiges Findlingsmauerwerk bildet die Umfassung. Einst führte eine der wichtigsten Handelsrouten aus Aden und Abyan durch dieses Gebiet. Die abgebildete Befestigungsanlage war eine der bedeutendsten Festungen, die sich einst hier auf Felsvorsprüngen erhoben. Sie dienten einem doppelten Zweck: einmal oblag ihren Besatzungen der Schutz der Karawanen, zum anderen die Verteidigung der Stammesgrenzen.

hohen Audhilla-Plateau. Sie befindet sich genau im Norden des alten Thira-Passes, der sich, von der südlichen, tiefergelegenen Ebene ausgehend, an der steilen Flanke des Khaur emporwindet. Mukeiras liegt beiderseits der alten Handelsroute, die die Ebene von Datinat (Dathina) und das Volk der Kaḥad mit den das obere Plateau bewohnenden Aud-Leuten verband. Der gesamte Distrikt gehörte einst zu der alten Handelsmacht ʾAusān, deren Haupstadt Miswara (RES 3945) oder Hajar am-Nab war. Beide Stätten liegen im Süden von Baihān.

Am ʿAdiya, der wichtigste Fundort im Gebiet von Mukeiras, befand sich in unmittelbarer Nachbarschaft des Südabschnitts der Handelsstraße nach Timnaʿ und Marīb. Seinen Wohlstand verdankte es den Karawanen, die hier einst mit Weihrauch und Myrrhe aus dem Somaliland durchzogen, obwohl man Myrrhe auch in Yafaʿ anbaute. Zu den exotischen Wohlgerüchen, Gewürzen, Textilien und Seidenstoffen, die man zu Schiff aus Indien herbeigebracht hatte, kamen Goldstaub, Edelhölzer und Tiere aus Afrika hinzu.

Längs derselben Strecke fand man auch zahlreiche Ritzinschriften aus vorislamischer Zeit – Inschriften auf flachen Felsplatten, an steilen Felshängen, auf den Kulminationspunkten von Pässen, über die noch heute Herden ziehen: überall dort befinden sich auch Felszeichnungen, die zeigen, daß sich einst Hirten ihre Langeweile vertrieben haben.

Nur wenige Kilometer vom Kulm des so wichtigen Thira-Passes entfernt erhebt sich der Ğabal Hakar, der durch seine Inschrift bekannt ist – eine Inschrift, die vom Fortschritt der Bewässerung und vom Weinanbau berichtet. Rund 6 bis 8 Kilometer hinter dem heutigen Mukeiras befindet sich östlich der alten Handelsroute eine alte Ansiedlung auf dem Ğabal Radaʿ. Nur ein kurzes Stück weiter befindet sich eine Gruppe von Steinmalen, die Bestattungen bergen. Von ihrem Alter zeugen altsüdarabische Inschriften. Dort, wo diese Steinmale sich erheben, hat man einen weiten Blick auf die Ebene von Nord-Jemen.

Im Osten und Süden von AmʿAdiya trifft man nach der Flanke des felsigen Abhangs hin auf mehrere sorgfältig gepflasterte ebene Stellen, bei denen es sich um öffentliche, gemeindeeigene Dreschtennen zu handeln scheint. Folgt man dem Felshang noch weiter, gelangt man zu einer Gruppe von Steinen, die vor einem mächtigen Felsblock aufgereiht sind. Man befindet sich hier wohl an einer Kultstätte, wenn auch wohl einer Kultstätte aus längst vergangener Zeit.

Nach einem über Marawaha weiter nach Nordosten führenden Marsch von 2 oder 3 Stunden gelangt man zum Wadi Rahab. Dort befindet sich eine Ruinenstätte, auf die man erstmals aufgrund einer von Naib Ğabal ben Hussain al-Audhalli nach Mukeiras gebrachten Inschrift aufmerksam wurde (Abb. 19). Die alte Stadt führte den Namen Rahab. Dies verkündet eine Mauerinschrift, die auch den Königsnamen des Yadaʿʾab Ḏubyan, eines Herrschers von Qatabān angibt, der im 5. Jahrhundert v. Chr. regierte und von dessen Machtgebiet die Rede ist (Abb. 20). Im Norden von Marawaha findet man Graffito-Inschriften. Hier entfaltet sich die Fruchtbarkeit des Wadi Shirjān. Vom Handel und seinen Wechsel-

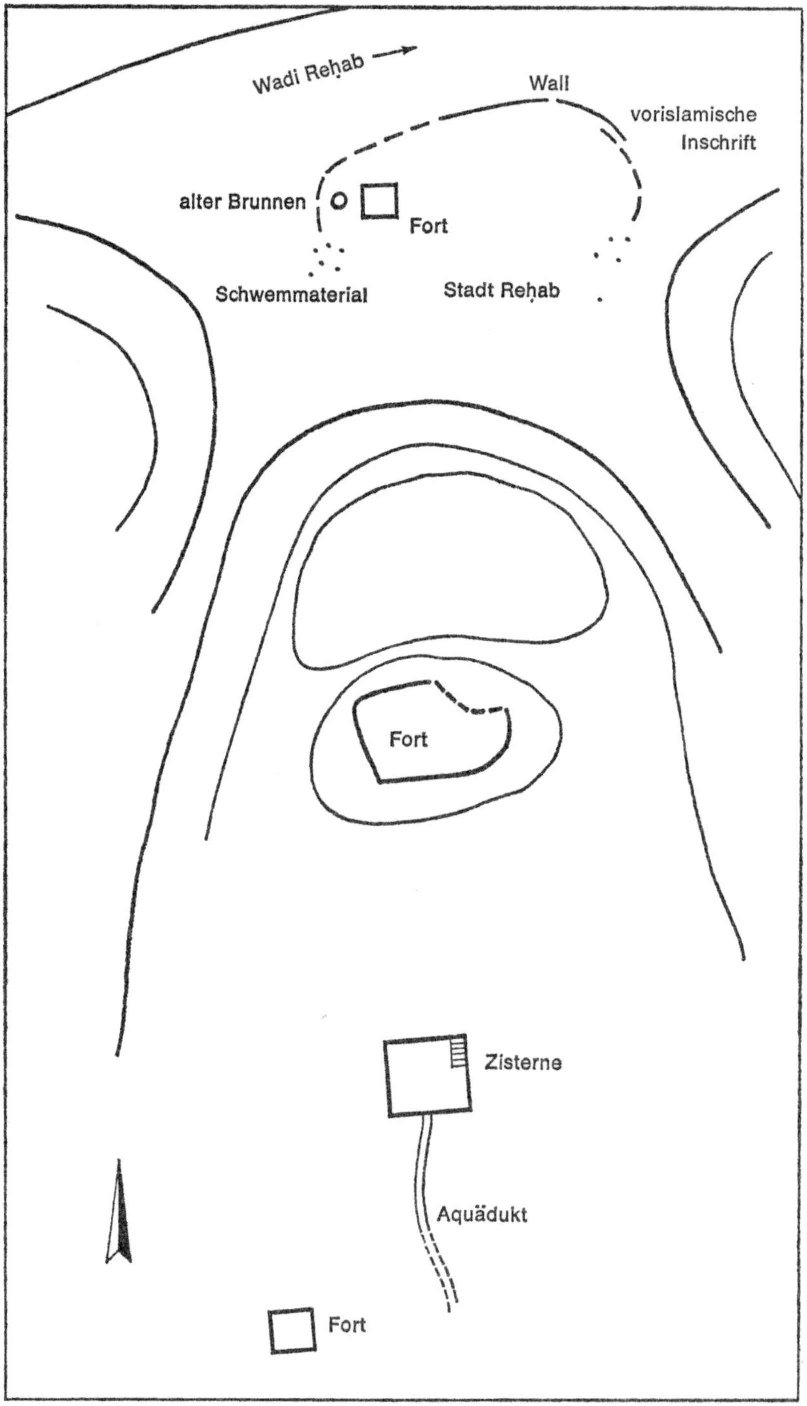

Abb. 19 Planskizze der Fundstätte Raḥab (Rehab) östlich von Mukeiras.

Abb. 20 Inschriftenstein aus Raḥab, das älteste Zeugnis über die Existenz dieser alten qatabänischen Stadt. Sein Fundort ermöglichte gleichzeitig deren Ortsbestimmung.

fällen scheint man hier weniger gespürt zu haben, denn alle die Inschriften, die man hier fand, sprechen von der Arbeit an Staumauern und vom Eindämmen der jährlichen Fluten zu Bewässerungszwecken.

In mehr als einer Hinsicht ist diese Gegend für den Archäologen von Interesse. Für den Epigraphiker und den Sammler von Graffiti ist sie ein wahres Paradies.

Ǧabal Hakar

Ǧabal Hakar liegt dicht bei der Stadt Aryab, die ihrerseits nördlich des Thira-Passes von der antiken Handelsstraße berührt wird. Man hat es mit einem noch nicht einmal 200 Meter hohen, kahlen Hügelzug zu tun, der auf den ersten Blick vollkommen uninteressant zu sein scheint. Doch an der Mauerfront des alten Sultanspalastes in Aryab befindet sich eine Inschrift in sorgfältig geschnittenen, vorzüglich proportionierten Buchstaben, die von Hakar spricht und von einer dortigen Weinkultur berichtet. Eine sehr große Überraschung ist dies nicht, denn auch noch heute gibt es im Gebiet von Mukeiras eine gewisse Bodenkultur. Doch daß man eigens eine Inschrift anfertigte, verleiht dem Ǧabal Hakar ganz besondere Bedeutung. Auch die Tatsache, daß man von seinem Gipfel eine weite Fernsicht hat und bis nach Mukeiras blickt, macht den Ǧabal Hakar zu einem wichtigen Punkt an der alten Handelsstraße. Er stellte wohl ein wichtiges Verbindungsglied zwischen dem Süden und dem Kulm des Thira-Passes dar. Schon von weitem erkannte man von hier aus Angreifer, mochten sie sich von Norden oder Süden nähern, und weithin waren die Warnsignale sichtbar, die man, falls Gefahr drohte, von hier aus gab. Noch an einem so weit entfernten Punkt wie in Am-ʿAdiya, das im Bergland östlich von Mukeiras liegt, konnte man die Warnzeichen erkennen.

Von oben bis unten sind die Hänge des Ǧabal Hakar mit mächtigen Felsbrocken übersät, die teilweise Spuren einer Bearbeitung von Menschenhand verraten. An der Aryab zugewandten Seite gelangt man über einen gepflasterten und teilweise mit Stufen versehenen Weg zuerst zu einem ebenen Areal, das mit einer kleinen, aber aus dickem, kräftigem Mauerwerk bestehenden Futtermauer versehen ist.

Von hier aus führt eine weitere Stufenflucht auf den eigentlichen Gipfel und zu einem kleinen, rechteckigen Bauwerk, das mit dickem Kalkmörtel verputzt ist. Es ist an den Ecken ausgebuchtet, allerdings ist von seinen steinernen Mauern nicht viel über der Erdoberfläche erhalten geblieben. Von hier aus geht es auch noch über andere Stufenreihen und Mauerzüge hinab zu der plattformartigen Terrasse, von der zuerst die Rede war.

Am nördlichen Ende dieser Terrasse befindet sich das zu diesen Baulichkeiten gehörende Wasserreservoir. Es besteht aus einem in den Felsen gehauenen Regenwasser-Auffangbecken, von dem aus das Wasser in einen kleinen, halbkreisförmigen und mit Kalkputz abgedichteten Behälter fließt, der seinerseits teils aus der Felswand gehauen, teils – an der Außenseite – aus Mauerwerk aufgeführt ist. Was dieser Behälter nicht fassen kann, fließt weiter in einen großen rechteckigen Behälter, der gleichfalls in den Felsen gehauen, doch ebenso mit verputztem Mauerwerk versehen ist. Daneben bemerkt man weitere Ruinen, Teile von Mauerzügen, Stufen, ja das gesamte Gelände scheint von den Resten kleinerer Bauwerke geradezu übersät zu sein. Möglicherweise hat man hier das ursprüngliche Hakar vor sich, denn die erwähnte Inschrift des Sultanshauses von Aryab hatte einst hier in der Nähe ihren Platz. Überraschenderweise bemerkt man keinerlei Spuren irgendwelcher Terrassen für den Weihrauch, doch mag dies darauf zurückzuführen zu sein, daß die Terrassen-Stützmauern am Hügelhang zusammengebrochen sind und die Erosion das Übrige getan hat. Auch nicht eine einzige Tonscherbe wurde bisher gefunden.

Wahrscheinlich erfüllte die heute in Trümmern liegende Befestigung auf dem Ǧabal Hakar noch bis zum Mittelalter ihren Zweck. Bei der unteren Terrasse fand man eine kurze, roh in einen Stein gehauene arabische Inschrift, möglicherweise eine Gedächtnisinschrift für einen Toten. Wenn es auch keinerlei Sagen über diesen Ort und den Berg gibt, auf dem er lag, so war Hakar doch ganz offensichtlich im Altertum ein wichtiger Platz an der großen Handelsroute, der Mittelpunkt eines Weinbaugebietes mit Zitrushainen und Getreideanbau.

Die ersten Reisenden, die die Inschrift von Hakar zu sehen bekamen, waren wohl L. Kirwan und B. J. Hartley, der damals die Funktion eines *Director of Agricuture* ausübte. Noch bevor die Inschrift als Baumaterial weiterverwendet wurde, wurde sie so an ihrem alten Ort photographiert, und die beiden Besucher trugen nach Kräften dazu bei, daß sie schließlich doch erhalten blieb. Auf diese Inschrift beruft sich A. Jamme [172], erwähnt wird sie von Hermann von Wissmann und Maria Höfer [173], veröffentlicht schließlich von A. F. L. Beeston.[174]

Leider war die Textkopie, die der Veröffentlichung Beestons zugrundelag, lückenhaft. Heute liest man die Inschrift wie folgt:

»HWFʿM vom Clan ʿRLN hat vollendet und gepflanzt den Weinberg D̲'ALN in der Nachbarschaft der Stadt HaKaR und (fertiggestellt) sein Bewässerungssystem TGYB für sich und seine Clansleute, die Herren ihrer Häuser mit dem Beistand ihrer Sonnengöttin und der Gottheit der Bewässerung.«

Ǧabal Radaʿ

In den Bergen nördlich von Mukeiras liegt, knapp 10 Kilometer von Mukeiras entfernt, ein seltsames Ruinenfeld. Einen großen Teil des Weges dorthin hat man zu Fuß zurückzulegen, und dies zwischen Felsen, denen die Winderosion die phantastischen Formen verliehen hat. So kann man sich beim Betreten dieser eindrucksvollen Stätte kaum gegen die Empfindung wehren, an einem Ort von religiöser Bedeutung zu sein. Am Zugangsweg erheben sich zahllose Steine, die man hier aufgerichtet hat, etwa einen Meter hoch. Mit großer Sorgfalt hat man auf ihnen kleine Geröllsteine aufgetürmt – dies ist Brauch, und man meint, damit dem Ortsheiligen zu gefallen und gleichzeitig Teufel und böse Geister zu vertreiben.

Dieser Zugang führt zu einem weiten, ebenen, offenen Platz, der mit feinem Gras bewachsen ist. Von ihm gehen zwei Täler aus, die miteinander in keinem Zusammenhang stehen. Das eine liegt im Norden und birgt die Ruinen, bei dem anderen handelt es sich um eine schmale Kluft. Sie führt zu einem höhergelegenen Platz, wo sich ein islamischer Friedhof befindet, in der Mitte das Grab eines islamischen Heiligen. Für die Bevölkerung des Mukeiras-Distrikts ist dies der Schauplatz einer jährlichen *ziara.*

Jenseits der Felsen sind die Steintrümmer des Ruinenfeldes über die Nordhänge verstreut, einige Abschnitte antiker Mauerzüge sind allerdings noch stehengeblieben. Auch der Mittelteil der Trümmerstätte ist mit Überresten zerschmetterten Findlingsmauerwerks übersät, dessen einzelne Blöcke von ganz unterschiedlichem Format waren, so wie der Zufall es wollte. Am Ostrand gab es ein Tor, durch das man in das Wadi gelangte. Nach Westen hin war einer Ausbreitung der Ansiedlung dagegen keine Grenze gesetzt, wenn man von einer gekrümmten Linie von Geröllblöcken absieht, die man hier aufgerichtet hatte, um den Stadtrand zu markieren.

Am Nordhang der Hauptfelsgruppe, wo sich die Stadt anlehnte, gab es zwei aufgemauerte Wasserbehälter. Sie waren halbkreisförmig, ihr Mauerwerk bestand aus ungleichmäßigen Lagen und man hatte es mit Mörtelbewurf abgedichtet. Die beiden Enden eines jeden dieser Mauerhalbkreise lehnten sich an den gewachsenen Felsen, dessen glatte Partien das Regenwasser sammelten. Es ist ohne weiteres möglich, daß sich die Wasserzisternen in dieser Höhe auch tatsächlich füllen.

Unbedeutend sind die Keramikfunde. Die wenigen Scherben, die überhaupt zum Vorschein gekommen sind, dürften aus dem Mittelalter stammen.

Eine Besonderheit dieser Stätte ist, daß man Steine, wie sie etwa zum Bau von Dolmen verwendet wurden, in zwei Reihen angeordnet hat, die vom Zentrum des Ruinenfeldes nach dessen östlichem Ende führen. Dort markierten einzelne Blöcke von 60 Zentimeter bis 1 Meter Höhe den Rand eines weiteren, fast kreisrunden Areals. An dessen Südwestpunkt erhebt sich ein größerer Steinblock, in dem sich eine kreisrunde, beckenartige Vertiefung befindet, die entweder das Werk von Menschenhänden ist oder ihr Dasein der Auswitterung verdankt. Was den islamischen Friedhof angeht, so legte man ihn offensichtlich unweit der heutigen Ruinen an, als die Stadt zwar noch bewohnt war, ihre Bewohner jedoch bereits den Islam angenommen hatten.

Wahrscheinlich bestand die Stadt schon vor dem Sieg des Islam. Schon damals war sie wohl durchaus kein unbedeutender Ort. Daß sie tatsächlich in vorislamischer Zeit schon bewohnt war, daß sie wiederaufgebaut wurde und weiterhin bewohnt blieb, dafür spricht das Vorhandensein einer kurzen, verkehrt in eine Mauer eingefügten frühKarabischen Inschrift.

Irgendwann wurde dann die in den Bergen gelegene heilige Stätte zu einem religiösen Zentrum des neuen Glaubens, des Islam. Nun waren es nicht mehr die alten Götter, denen sie ihre Weihe verdankte, sondern das Grab eines islamischen Heiligen bildete nun den religiösen Mittelpunkt.

Am-ʿAdiya

Einen charakteristischen Zug einer Landschaft kahler Felsen und vegetationsloser Hügel bilden Felsblöcke, die ihr oft geradezu phantastisches Aussehen der Verwitterung verdanken. Allerdings unterbrechen hin und wieder fruchtbare Wadis die Trostlosigkeit dieser Landschaft. Oft hat man in diesen Tälern Terrassen angelegt, um den unschätzbar wertvollen Kulturboden weniger der Erosionsgefahr auszusetzen. So nimmt sich das Bild in der Landschaft aus, in der Am-ʿAdiya liegt – Am-ʿAdiya im Gebiet von Karish, etwa 13 Kilometer östlich von Mukeiras.[175]

Die Fundstätte liegt im Sattel eines aus Granit bestehenden Felsvorsprungs, dessen Westteil sich aus einem flachen Wadibett erhebt, während ihn im Norden und Süden kleinere, in Terrassen absteigende Wadis flankieren (Abb. 21). Der Platz ist von allen Seiten her zugänglich, und es gibt Anhaltspunkte, daß einige der Zugangswege gepflastert waren. Abgesehen von Stufen in der Nordmauer, scheint es drei Haupteingänge gegeben zu haben, von denen wiederum der an der Südwestecke der wichtigste gewesen zu sein scheint. Zu ihm führt eine im Durchschnitt 3,70 Meter breite gepflasterte Straße hinauf, die aus dem Talgrund emporsteigt und sich zuerst in Kehren, dann durch eine Felsenkluft, nach oben windet. Wo sie beginnt, besteht ihre Pflasterung aus großen, rohbehauenen blauschwarzen Basaltplatten, doch sobald die Steigung anfängt, ist der Weg mit kleineren Granitblöcken ausgelegt.

Etwa auf halbem Wege kommt man an einem großen Felsblock vorbei, der von irgendwoher dorthin gerollt sein mag. Auf ihm erkennt man einen Graffito. Ein Abschnitt dieser Inschrift enthält das Wort Mʿdy. Offensichtlich handelt es sich um den Namen der Stadt.

Am-ʿAdiya scheint keine Verteidigungsanlagen besessen zu haben, wenn man davon absieht, daß der Ort schon durch seine bloße Lage als Naturfestung hinreichend geschützt war. Außerdem brauchte er wohl keinerlei Befestigung, was wohl mit seinem Charakter als religiöses Zentrum zusammenhing.

Der Zugang bringt den Besucher zum südlichen Teil der unteren Terrasse, ganz in die Nähe der ausgezeichneten, aus vorzüglich gemeißelten Granitblöcken bestehenden Mauern des als »Haus des Lahayʿat« bekannten Bauwerks, das eine Inschrift trägt. Sie lautet: »LḤYʿT, der Sohn des ṢWBN YʿB, hat gebaut und instandgesetzt den Bau und das Fundament [seines] Hauses ŠBʿN, bei ʾAmm und ʾAnbay und bei Dāt-ḤMYM-ʿAṯtar YGL und bei seinen Brüdern und Kindern.«

In der Fortsetzung der Terrasse bemerkt man ein weiteres Bauwerk (W), dessen Mauern noch bis zu einer Höhe von rund 1,20 Meter stehengeblieben sind. Sie bestehen aus ungewöhnlich gutbehauenem Mauerwerk. Das Gebäude besitzt einen zentralen Eingang.

Durch den Eingang des Lahayʿat-Hauses betritt man ein Feld ringsumher verstreuter rohbehauener und roh zugeschnittener Steine. Hier und da zeigt sich eine Spur von Gebäudefragmenten. Die Straße oder der Pfad vor dem Haus führt auf höhergelegenes Gelände und setzt sich in verhältnismäßig gerader Linie zwischen zusammengestürztem Mauerwerk an den Felshängen im Süden und der als 2. Terrasse bezeichneten Bodenerhebung an der Nordseite fort. Der Felsen an der Südseite fällt stufenweise ab und weist somit alle Voraussetzungen für das Sammeln von Regenwasser auf. Als Reservoir diente eine rechteckig gemauerte und mit Putz abgedichtete Zisterne, deren Inneres über Stufen betreten werden kann und für Bewässerungszwecke mit Schleusen versehen ist. Unweit dieser Zisterne befindet sich das Osttor, und von hier aus führt eine gepflasterte Straße hinauf zu einem Bauwerk der 2. Terrasse. Man hat diesem Gebäude den Namen »Haus der Schlangen« gegeben, weil hier ein Türsturz mit zwei antithetisch dargestellten Schlangen gefunden wurde. Von diesem »Schlangenhaus« gelangt man weiter hinauf zur 3. Terrasse.

Hier befindet sich ein Komplex von Bauwerken, deren Mauerwerk größtenteils aus zugeschnittenen, behauenen Blöcken besteht. Die Zuordnung der einzelnen Bauten läßt vermuten, daß man hier eine nach geometrischen Gesichtspunkten geplante Häuserreihe über einer Reihe älterer Bauwerke aufgeführt hat. Oft macht angeschwemmtes Lockermaterial den Grund, auf dem diese Gebäude sich erhoben, unsichtbar. Was an gutbehauenen Steinen frei herumliegt, reicht einwandfrei nicht hin, um damit hohe Mauern aufzuführen. Allerdings gibt es daneben große Mengen grobzugeschnittener Steine, die sich, mit Lehmmörtel zusammengefügt, für Findlingsmauerwerk eignen, das man auch mit einer Lehmschicht verputzen konnte.

Mit einem langgestreckten Bauwerk aus ausgezeichnetem Mauerwerk hat man es beim Hause Yafʿn zu tun. Zwei große Steine in seiner Ostwand zeigen in knapp 40 Zentimeter langen Buchstaben die Worte Wadʾb und Yafʿn. Es handelt sich hier um eine wohlbekannte magische Formel, durch die man ein Haus

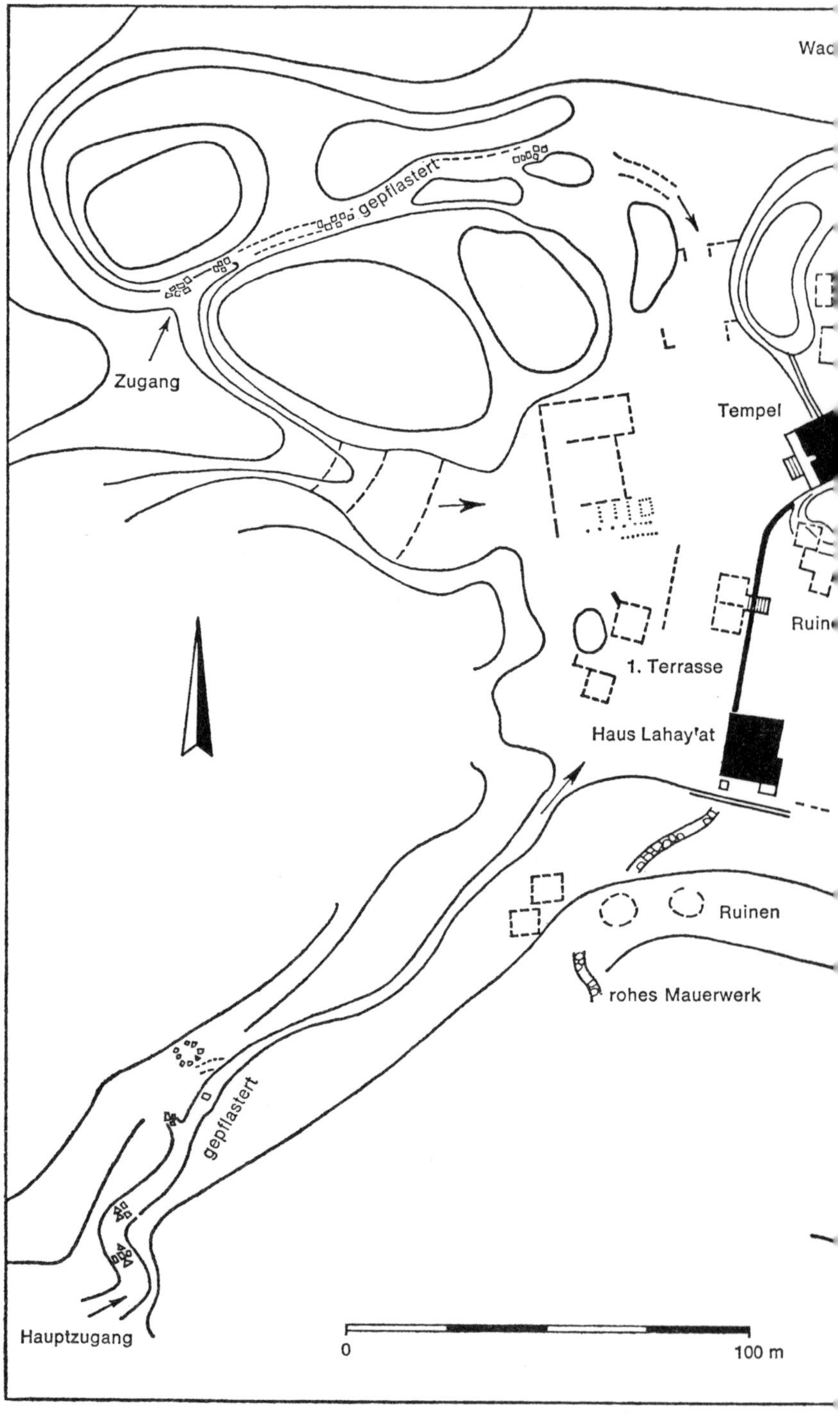

Abb. 21 Vermessungsskizze der Fundstätte Am-ʿAdiya östlich von Mukeiras.

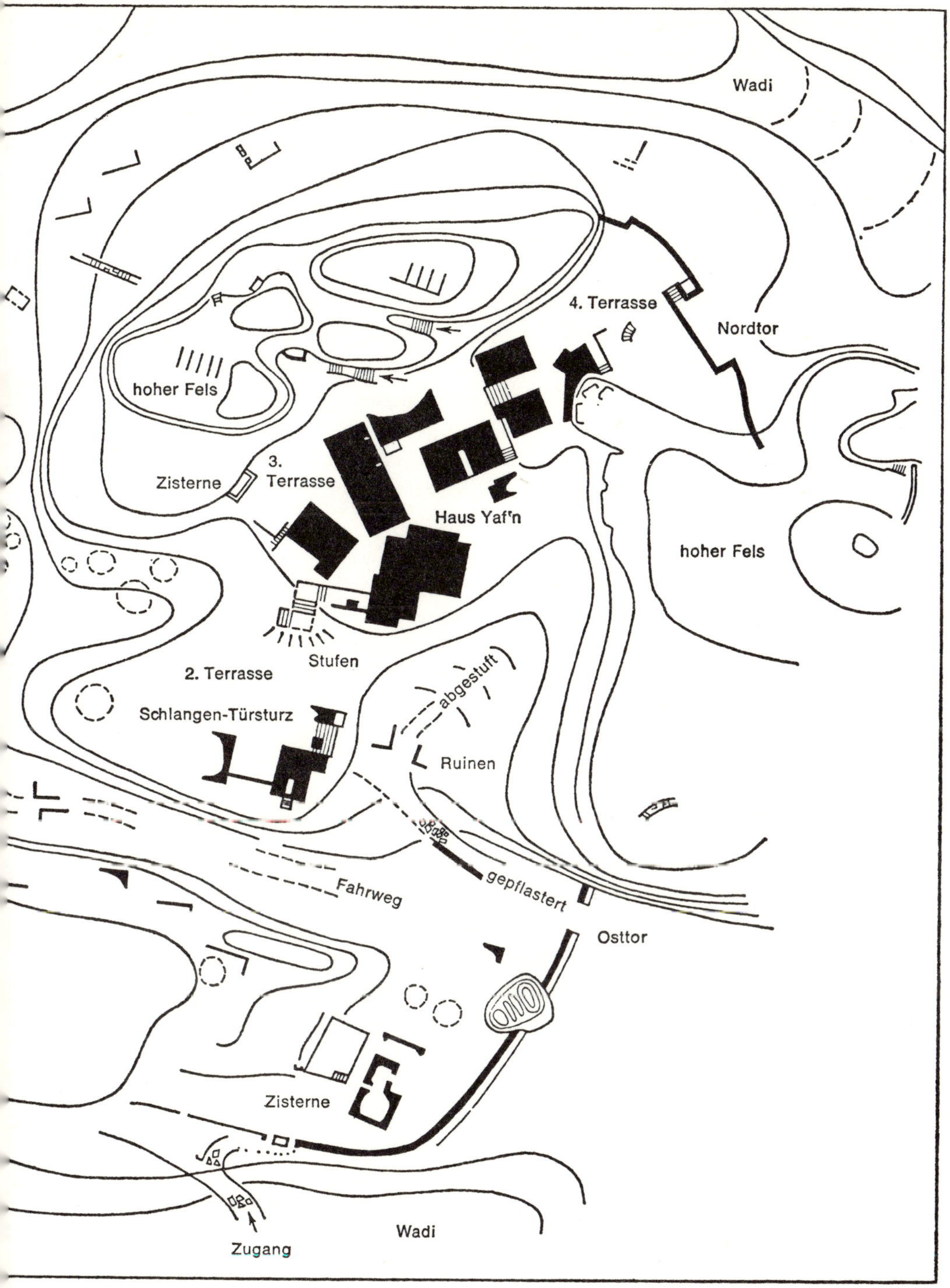
Wadi
4. Terrasse
Nordtor
hoher Fels
3.
Terrasse
Zisterne
Haus Yaf'n
hoher Fels
Stufen
2. Terrasse
abgestuft
Schlangen-Türsturz
Ruinen
Fahrweg
gepflastert
Osttor
Zisterne
Zugang
Wadi

und seine Bewohner des Schutzes der Götter versichern wollte. In ihrer wörtlichen Übersetzung lautet sie folgendermaßen: »Wadd [so der Name des Mondgottes] ist der Vater von Yafᶜn.«

Von ausgezeichneter Arbeit ist die Nordmauer, obwohl sie einst beschädigt war und wieder instandgesetzt wurde. Durch einen mit Stufen versehenen Torhang gelangt man hier hinaus in das nördliche der beiden den Bergausläufer flankierenden Wadis. Auch außerhalb der Mauer findet man hier Überreste erstklassigen Stein-Mauerwerks. Vermutlich handelt es sich um die Reste kleinerer Privathäuser.

Von der obersten Terrasse führt eine heute nur noch zum Teil erhaltene breite Treppenflucht in westlicher Richtung hinauf auf den Hauptfelsen, der sich ziemlich genau in der Mitte all dieser Bauwerke erhebt. Auch auf seinem Gipfel steht man vor den Überresten eines großen Bauwerks, dessen Mauerwerk von hervorragender Güte war.

Überraschenderweise kam bei der Untersuchung dieses Platzes bisher keinerlei Scherben zum Vorschein, während andere Fundstätten davon wie übersät sind. Nur einige wenige Bruchstücke von Gebrauchskeramik zeigten sich, darunter ein Krug und der untere Teil eines Topfes. All diese Stücke bestanden aus hartem, gutgebranntem glimmerhaltigem Ton, der wahrscheinlich aus einer anderen Gegend eingeführt war. Die Farbe des eigentlichen keramischen Materials ist Grau, doch sind die Gefäße mit rötlich-braunem Schlicker (Engobe) überzogen. Die Gefäßmündungen scheinen mit der Töpferscheibe angefertigt zu sein. Unterhalb des Randes hat man Ornamente in den Scherben gekerbt und dabei auch die Innenseiten dieser Kerben geglättet. Die Irdenware ist schwer und von grobkörniger Struktur.

Selbstverständlich steht durchaus noch nicht mit absoluter Sicherheit fest, ob Am-ᶜAdiya wirklich ein Kultzentrum war. Doch in diesem Zusammenhang ist es vielleicht nicht ohne Bedeutung, daß es bei den Bewohnern der dortigen Gegend noch immer als ein Ort bekannt ist, wo man einst Idole verehrte, und sicher hat es etwas zu sagen, daß sich nirgendwo auf dem Grund und Boden der alten Stadt in neuerer Zeit wieder Menschen angesiedelt haben. Andererseits befindet man sich hier an einem lange Zeit umkämpften Schauplatz blutiger Stammesfehden – eine Tatsache, die allein hinreichen dürfte, um den Ort für Siedler wenig anziehend zu machen.

Das Wadi Shirjān

Wadi Shirjān[176] liegt etwa zwischen 15 und 20 Kilometer hinter dem Ǧabal ᶜAdiya im Osten von Mukeiras (Abb. 22). Nachdem man einem gewundenen Pfad in das Wadi Nᶜabata gefolgt ist und die steile Flanke der Nordkette des Ǧabal Jurundish bestiegen hat, genießt man den Blick in das reizvolle, grünende Tal und auf Quraiyat al-Hussain Muhammad, ein von Kulturland umgebenes Dorf, das sich gegenüber an den Fuß des Ǧabal Salima schmiegt. Der Pfad steigt dann am Südwesthang des Jurundish ins Tal hinab und erreicht den Talgrund an der Stelle, wo der zur Aufnahme der jährlichen Flut bestimmte Kanal in einer weiten Rechtskurve seine bisherige Richtung ändert und durch das mitten im Talzentrum gelegene Kulturland schneidet, das zum Dorf gehört. Hinter dem Dorf, kanalaufwärts, verengt sich das Wadi an seinem südlichsten Punkt, und an dieser Stelle hat man die Überreste eines alten Steindamms vor sich. Dieser verband einst zwei Felsvorsprünge miteinander, sein Mauerwerk stützte sich in der Mitte des Flutbettes auf einen kleineren Felsen und bildete so ein V-förmig angewinkeltes Gebilde, um dem Druck der angestauten Wassermassen größeren Widerstand entgegenzusetzen. Das alte Mauerwerk mit seiner Verkleidung ist an der Ostseite noch erhalten, nichts ist jedoch vom Westabschnitt des Dammes übriggeblieben. Wahrscheinlich befand sich hier einst ein Schleusentor, so daß dieser Teil des Bauwerkes weniger widerstandsfähig war. Tatsächlich muß die Wucht der Wassermassen beträchtlich gewesen sein. Eine große, teichartige Ausspülung am Fuß des Dammes macht deutlich, mit welcher Gewalt hier

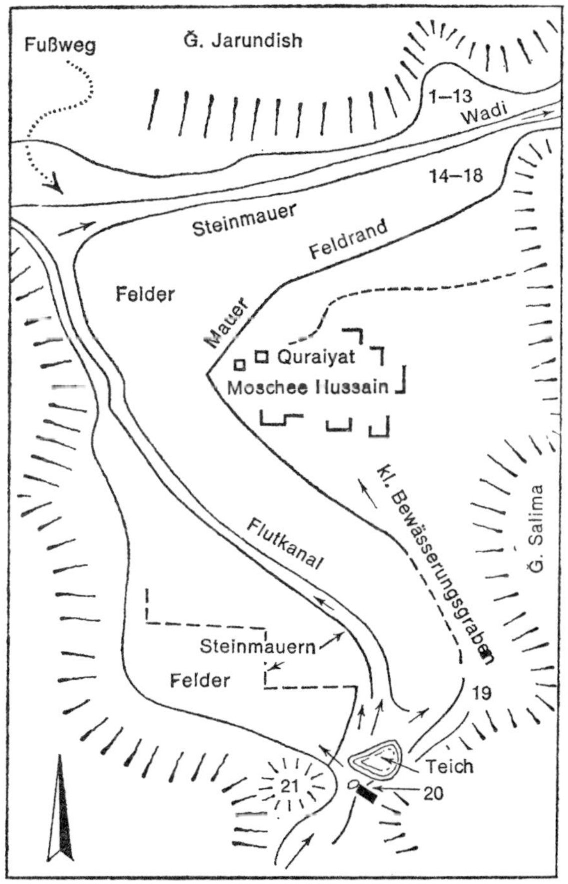

Abb. 22 Übersichtsskizze des Wadi Shirjān. Man erblickt das Dorf Quraiyat al-Hussain Muhammed, außerdem sind die Fundstellen der Inschriftengruppen und der Rest des Dammes eingezeichnet. Die Zahlen beziehen sich auf die aufgenommenen Texte, die teilweise vom Bau der Bewässerungsanlagen berichten.

während der *sail*-Periode die Strömung talabwärts schießt. Unterhalb dieses Teiches führt an der Westseite des Wadi der Haupt-Flutkanal zutal, ein anderer, kleinerer Bewässerungsgraben an der Ostseite leitet dagegen dem Dorf Wasser zu.

Nicht weniger als 21 Inschriften wurden bisher im Wadi Shirjān entdeckt. Sie lassen sich grob in zwei Gruppen gliedern: die einen stammen aus dem Gelände nördlich des Dorfes, die anderen aus der Umgebung des Staudamms. Diesen Inschriften zufolge trug das Wadi Shirjān seinen heutigen Namen schon im Altertum. Gewisse übersteigerte Eigenheiten der Buchstaben sind typisch für die spätsabäische Periode, die bis zum 6. Jahrhundert oder 7. Jahrhundert n. Chr. reichte. Besondere Beachtung verdienen große Monogramme der zweiten Inschriftengruppe – Monogramme von geschmackvollem Duktus. Anscheinend geben sie sämtlich in verschiedenen Varianten den Namen des Damm-Erbauers ʾLTBʿʾGŠR wieder, der der Sohn des MRṮDʾLN ʾŠWʿ war (Abb. 24). Die Inschriften geben Aufschluß über die zur Wasserversorgung und Feldbewässerung nötigen Baumaßnahmen, daneben sprechen sie von den am Bau beteiligten Familien und außerdem führen sie die Namen benachbarter Stämme an.

Zwei Aufsätze befassen sich mit den Inschriften im Wadi Shirjān. Der erste

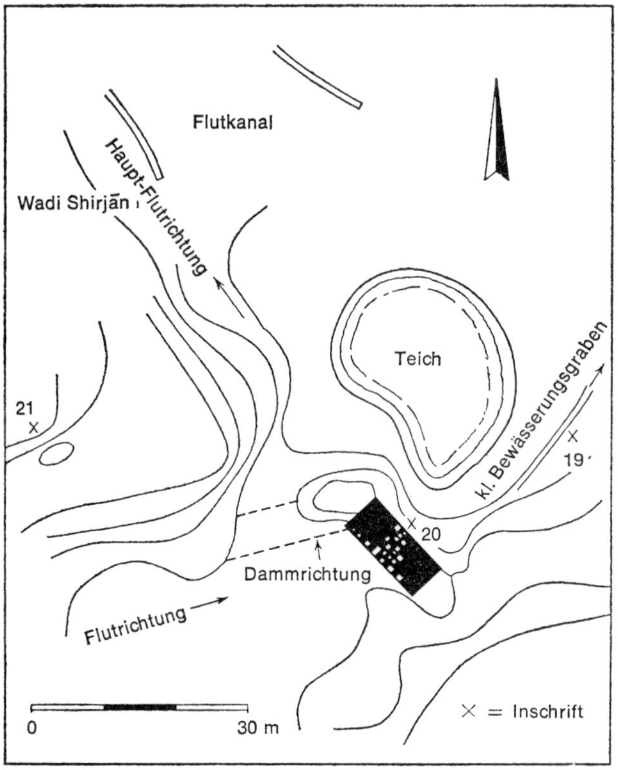

Abb. 23 Skizze des mit Steinen verkleideten und mit Platten ausgelegten Dammes im Wadi Shirjān. Am Felsen in der Mitte des Wadi sowie an der Felswand der westlichen Talseite fand man Zementspuren. Sie ermöglichen es, den Verlauf des fehlenden Teilstücks zu rekonstruieren.

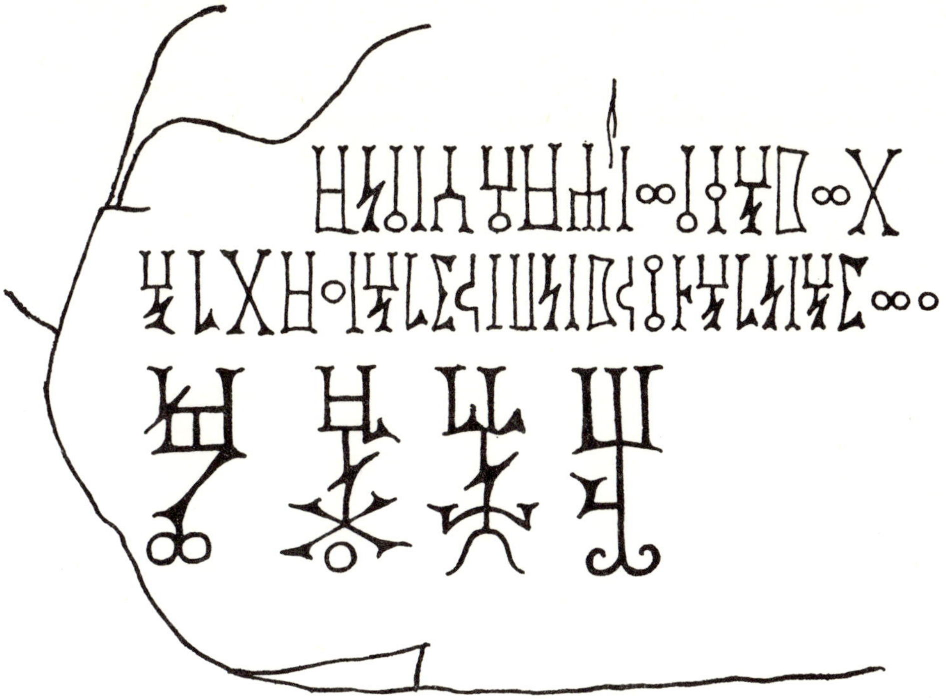

Abb. 24 Abschrift der Inschrift Nr. 21, die an einer Stelle angebracht ist, von der aus man auf den Damm des Wadi Shirjān blickt. In den dekorativen Monogrammen kehren die Namen der Damm-Erbauer wieder.

erschien 1951. Sein Verfasser ist Professor A. Jamme.[177] Er erwähnt vier Inschriften im Ornamentstil der spätsabäischen Zeit, die Jamme am Ğabal Maghaniymah gefunden hat – jenem Berg, der sich hinter dem Damm erhebt. Autor des zweiten Aufsatzes ist Mahmud ʿAli G͟hūl.[178] Er berichtet von der Aufzeichnung weiterer Inschriften. Eine davon bezieht sich auf Bauarbeiten. Sie lautet:

1. »HWFʿM ʾWLT NHLN, mit seinen [beiden] Söhnen H
2. LʿW und NTBm, [den Dienern] des qayl, leitete das Behauen des Felsens [oder Steine]
3. und die Bauarbeiten und den Verputz und [das Anbringen] der abgestuften inneren Verkleidung und beaufsichtigte
4. seine [Schar von] Helfern bei [der Arbeit an] diesem Wasser-Reservoir BNʾ in Überein-
5. stimmung mit den Anordnungen seiner Herren Ba-
6. nū Haṣbaḥ, und er vollendete das Werk.«

Die Inschriften im Nordteil des Wadi

Der an der Westseite des Wadi Shirjān entlanglaufende Flutkanal macht, nachdem er quer durch die Felder vor Qariyat al-Hussain Muhammad geflossen ist, eine Wendung nach Osten und zieht sich nun am Fuß des Ğabal Jurundish entlang. Hier liegt das von den Dorfleuten bebaute Kulturland rund anderthalb bis fast zwei Meter höher als der Grund des Wasserlaufs. Findlingsmauern geben hier dem Ackerboden Halt. Dreizehn Inschriften hat man dort, wo sich das Tal etwas weiter unter wieder verengt, an den Hängen, des Ğabal Jurundish ausgemacht (Nr. 1–13 auf der Skizze), fünf weitere (Nr. 14–18) ihnen unmittelbar gegenüber an der senkrechten Felswand, die hier den Südrand des *sail*-(Flut) Bettes (*nuqb*) bildet. Allerdings sind einige dieser Inschriften schwer verstümmelt. Es ist durchaus nicht unwahrscheinlich, daß noch mehr Inschriften an dieser Seite des Flutkanals zum Vorschein kommen, wenn es möglich sein wird, eingehendere Untersuchungen des Geländes vorzunehmen. Immer wieder kommt ein Name in diesen Inschriften vor: Der Name eines gewissen Hwfʿ Am, dessen Familie offenbar viel mit den Bewässerungsanlagen im Wadi Shirjān zu tun hatte.

Möglicherweise gab es dort einst an dieser Stelle irgendeine Vorrichtung zum Regulieren des Wasserstandes. Das Wadi-Bett ist hier eng genug für einen Damm, und für das ehemalige Vorhandensein einer Sperrmauer sprechen Zementspuren, die noch an den Felsen des Nordufers haften. Wahrscheinlich lag das Flutkanalbett einst tiefer als heute, und das Niveau des einst bewässerten Landes mag sich durch Anschwemmungen im Laufe der Zeit gehoben haben. Allerdings ist die Notwendigkeit für die Anbringung einer Sperrmauer gerade zu dieser Stelle schwer einzusehen. Der Damm im Südteil des Wadi hatte ja bereits den Fluten ihre zerstörerische Gewalt genommen und zugleich die Wasserversorgung der nahegelegenen Felder sichergestellt. Darüber hinaus wären, falls sich auch hier im Norden ein Damm befand, die Inschriften am Südufer wenigstens teilweise überspült worden.

Die Inschriften im Süden des Wadi

Einer Quelle am Hang des Ğabal Maghaniymah, die alljährlich Zufuhr von Regenwasser erhält, verdankt das Wadi Shirjān seine Fruchtbarkeit. Der Wasserlauf mündet durch einen felsigen Engpaß in das Tal, und hier ist die Stelle, wo man im Altertum den Staudamm anlegte, dessen Rest man noch heute sieht. Nur 3 Inschriften wurden bisher hier bei diesem Damm gefunden. Eine davon (Nr. 20 auf der Skizze) befindet sich an der Nordseite (der Talseite) des Dammes selbst, die zweite (Nr. 21 der Skizze) enthält vier Monogramme. Man findet sie auf dem westlichen der beiden Felsvorsprünge, die hier die Talenge bilden, und zwar an einem Punkt, der das gesamte Gelände beherrscht. Die dritte schließlich (Nr. 19) enthält drei Monogramme und ist nordöstlich des Staudammes in die granitne Felsflanke des Ğabal Salima gehauen. Ihre Schlußzeilen werden von dem zum Dorf führenden Bewässerungsgraben überspült.

G̱hanem al-Kufār im Wadi Aḥwar

Aḥwar ist das Zentrum des unteren Aulaqi-Staates. Seine eindrucksvollen Luftziegelbauten bedecken dort, wo sich das Wadi verbreitert, ein ausgedehntes Areal. Die Stadt liegt einige Kilometer von der Küste entfernt, denn die Küstenzone selbst ist wegen gefährlicher Felsvorsprünge und Lavabrocken für Handelsfahrzeuge nicht zu benutzen. Von S̱huqrā aus erreicht man Aḥwar auf einer Straße, die durch ein ungeheures Lavafeld führt, das mit der Lava geologisch junger Vulkane übersät ist.

Einer der Plätze, die auf der Landkarte durch jene bekannten Punkte als Ruinenstätte gekennzeichnet sind, ist G̱hanem al-Kufār.[179] Doch abgesehen davon, daß man ungefähr wußte, wo es liegt, war über den Ort nicht viel bekannt. Vergeblich wäre jeder Versuch gewesen, eine Beschreibung von ihm aufzutreiben. Es liegt unmittelbar im Süden der Stelle, wo das Wadi al-Jaḥr mit seinem Lavafeld und das sich nach Süden und Osten erweiternde Wadi Kaiqah zusammentreffen. Von hier ab heißt das Tal wieder Wadi Aḥwar. Etwa nach 30 Kilometern in Richtung al-Mahfiḏẖ stößt man hier auf zwei antike Stätten, die etwa anderthalb Kilometer auseinanderliegen. Man findet hier flache Steine oder Steinplatten nach verschiedenen Richtungen hin angeordnet. Gewöhnlich gehen die einzelnen Reihen von Steinmalen oder kreisrunden Plätzen aus, die mit flachen Kalksteinstücken übersät sind.

Fundstätte Nr. 1 (Nord): Anscheinend liegen die Steinplatten lediglich auf dem Boden, der hier aus einer etwas höhergelegenen Geröllbank über dem Grund des Haupt-Wadi besteht (Abb. 25). Es läßt sich nicht übersehen, daß hier von kreisrunden, von Steinen bedeckten Plätzen Reihen von Steinen ausgehen. Ge-

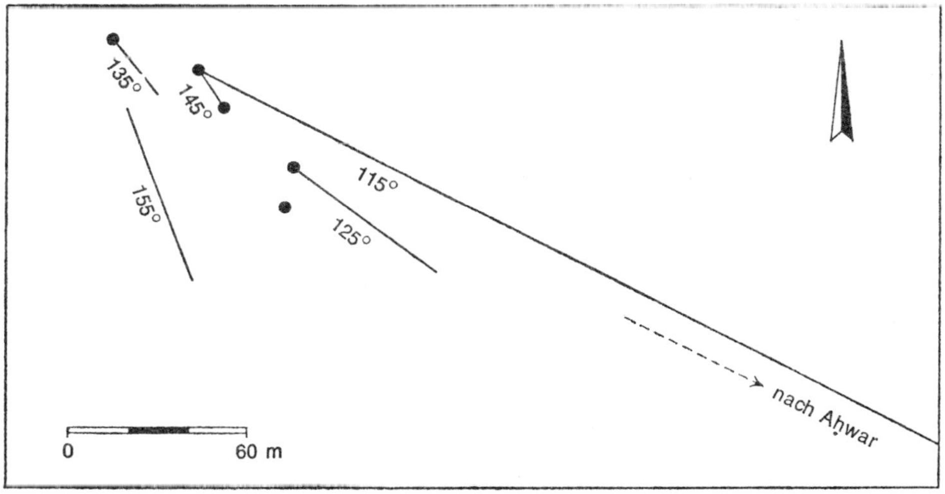

Abb. 25 Steinreihen und Steinmale von G̱hanem al-Kufār. Nordgruppe (Abschnitt 1).

wöhnlich sind diese Steinreihen etwa 1,80 Meter breit. Die längste allerdings, sie ist fast 300 Meter lang, hat eine Breite von nicht weniger als rund 3 Metern. Die kreisrunden Steinplätze erheben sich leicht über den Grund. Vielleicht handelt es sich bei ihnen um eine Art von Steinmälern über Gräbern. Die Richtung der Steinreihen schwankt zwischen 115 und 155 Grad, und zwar jedesmal mit einer Differenz von etwa 5 Grad.

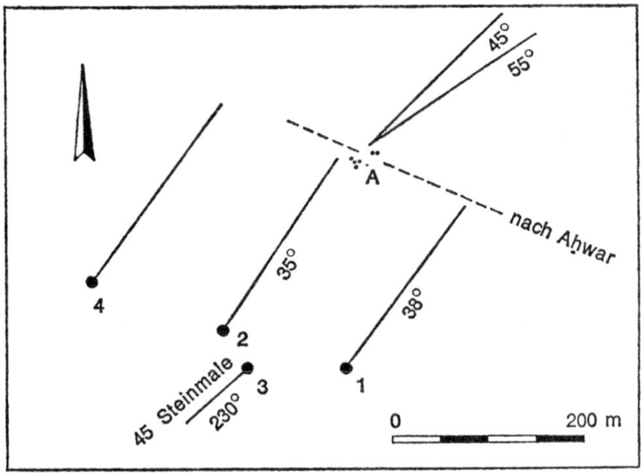

Abb. 26 G̱hanem al-Kufār: Südgruppe (Abschnitt 2).

Fundstätte Nr. 2 (Süd): Auch hier findet man ein System von Steinhaufen mit Steinreihen, wenn auch nicht die gleiche strahlenförmige Anordnung (Abb. 26).

Zum Steinmal Nr. 1 gehört ein Steinkreis, von dem sich noch 6 senkrecht aufgerichtete Platten in ihrer ursprünglichen Position befinden (Abb. 27). Ursprünglich betrug die Zahl dieser aufgestellten Platten allerdings 9. Das Steinmal erhebt sich auf einem flachen Hügel. Sein Durchmesser beträgt 2 Meter, die größte der senkrecht stehenden Platten ist 1,32 Meter hoch. Auf der Innenseite einer dieser Platten bemerkt man eine Abschlag-Felszeichnung. Sie stellt ein Kamel und einen Reiter dar. Außerdem erkennt man das ḥimjaritische Zeichen »W«. Offensichtlich handelt es sich um ein Stammes-*wasm*.

Die von diesem Steinmal ausgehende Steinreihe hat eine Richtung von 38 Grad. Fast parallel dazu verläuft die Achse eines anderen Steinmales (Nr. 2), das jedoch von einem anderen Typ ist. Es besteht aus einem Kreis von 3,66 Meter Durchmesser und etwa 60 Zentimeter Höhe, der aus 5 Reihen horizontaler Steinplatten zusammengesetzt ist. Niedrige, 45 bis 50 Zentimeter hohe Steinhäufchen bilden die Steinreihe, deren Richtung in diesem Fall 35 Grad beträgt.

Zwischen den Steinmalen 1 und 2 lag eine 32 Zentimeter lange Steintafel mit ihrer Oberseite nach unten am Boden (Abb. 28). Sie trug eine Graffito-Inschrift von 3 Zeilen. Die Inschrift, die sich heute im Museum von Aden befindet, zeigt, daß es sich hier um eine Stätte aus vorislamischer Zeit handelt.

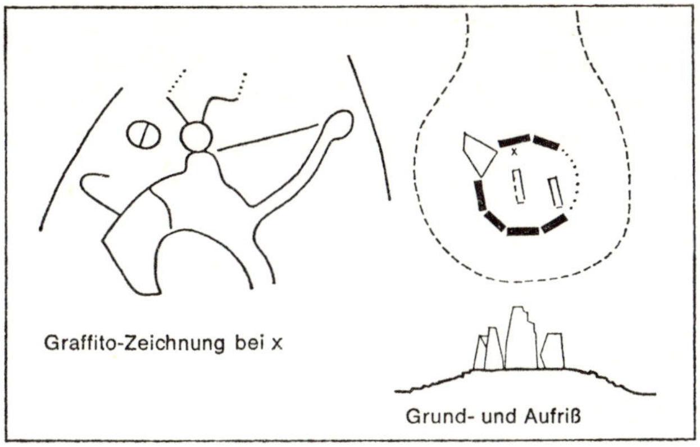

Abb. 27 Plan und Querschnitt des aus senkrechten Platten bestehenden Steinmals mit der an der Innenseite einer in situ *befindlichen Platte angebrachten Graffito-Zeichnung (Abschnitt 2, Ghanem al-Kufār).*

Steinmal Nr. 3 entspricht dem Steinmal Nr. 2, allerdings beträgt sein Durchmesser etwa 3 Meter. In der Höhe mißt es ungefähr 60 Zentimeter. Seine Steinplatten sind ohne Bindemittel aneinandergefügt. Insgesamt ist die Steinreihe in diesem Fall mehr als 90 Meter lang, und auf ihrer Länge zählt man nicht weniger als 45 Steinhaufen. Sie bestehen jeweils aus einem senkrecht aufgerichteten Mittelstein, der 60 bis 90 Zentimeter hoch ist und kleineren Steinen, die man rigsumher aufgehäuft hat. Wahrscheinlich hat man hier noch die unverfälschte Urform all dieser Steinmale vor sich – eine Form, der einst auch die anderen Steinhügel und Steinreihen entsprachen.

Auch in anderen Teilen Südarabiens findet man kreisrunde Steinmale zusammen mit Gruppen oder Linien anderer Steinhaufen oder einzelner Steine. Dies gilt vor allem für die Anhöhen im Wadi Irma sowie für die Hügelketten und Felsvorsprünge rings um Al-ʿAbr. Gewöhnlich hat man diese Steinmale so angelegt, daß sie sich über der jeweiligen Bergflanke oder Felswand deutlich

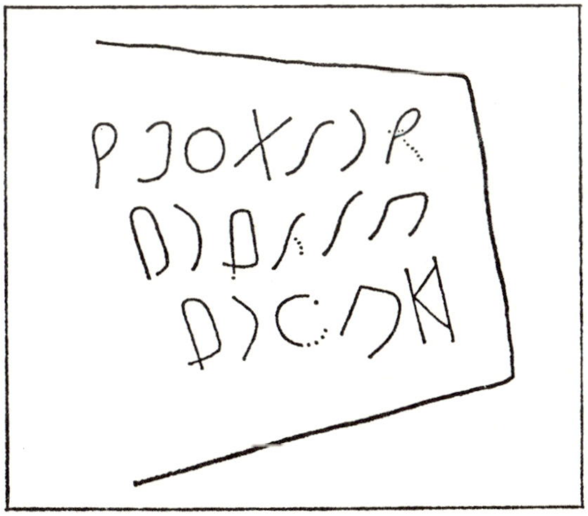

Abb. 28 Stein mit Inschrift (Abschnitt 2, Ghanem al-Kufār).

gegen den Himmel abheben und jeder, der eines dieser Wadis durchzieht, sie bemerkt. Anders verhält es sich jedoch bei Ghanem al-Kufār.

Ungewöhnlich ist die hier anzutreffende geometrische Anordnung der niedrigen Steinmale, und man kann sich der Vermutung nicht erwehren, daß die verschiedenen Winkel, die diese Steinreihen gegeneinander einnehmen, astronomische Bedeutung haben, wie es beispielsweise auch bei europäischen Megalithbauten der Fall ist. Vielleicht dienten diese merkwürdigen Steinanordnungen der Mondbeobachtung.

Ghanem al-Kufār bedeutet »Böcke der Ungläubigen«, »Heidenböcke«. Als »Ungläubige« galten einst alle, die sich nicht zum Islam bekannten. Bei den Toten unter diesen Steinhügeln kann es sich daher ebenso um christliche Abessinier wie um nicht-moslemische arabische Landesbewohner handeln.

Viertes Gouverneurat

Das Waḥidi-Gebiet des Wadi Maifaʿah

Wadi Maifaʿah senkt sich in südöstlicher Hauptrichtung vom Gebirge zum Meer hinab und ändert dabei gleichzeitig seinen Charakter. Aus einem engen, von Felsmauern umragten, geröllreichen Wadi wandelt es sich, sobald es die Küste erreicht hat, in ein breites, ebenes, sandiges Mündungsgebiet.

Im Altertum führte die vom Hafen Qanaʾ ausgehende wichtige Handelsstraße durch dieses große Wadi hinauf nach Mayfaʿat, der alten Hauptstadt von Unter-Ḥaḍramaut, die man etwa auf der Hälfte der Wadi-Strecke nicht weit von ʿAzzān erreichte.

Auf einer abschüssigen Felskante im gebirgigen Hinterland nördlich von Qanaʾ befinden sich Mauer und Tor von Qalat. Die Festung beherrscht einen Paß. Sie wurde angelegt, um den Handel durch Ḥaḍramaut zu kontrollieren, als die Ḥimjariten den Hafen eingenommen hatten.

Die Mauer von Qalat

Diese antike Mauer am Tor zum Ḥaḍramaut befindet sich im Norden des kleinen Fischerdorfes Jilʿah, dicht bei Bal Haf, dem Haupthafen des Waḥidi-Staates. Von Wrede, der Qalat 1843 sah, bezeichnete die Stätte später als Obne. Andere damalige Besucher kannten sie unter dem Namen Libna, korrekt lautet ihr Name jedoch Al-Mabnaʿ.

Der Platz wurde auch von der österreichischen Südarabienexpedition aufgesucht sowie später, im Jahre 1938, von Doreen und Harold Ingrams, als diese Sidara ihren Besuch abstatteten. Im Jahre 1965 nahm schließlich der Verfasser eine Untersuchung vor.

Führer des Verfassers war Shaikh Muhammad Al-Qurra. Sein Stammesname

S̲h̲aik̲h̲ ba Suwait spiegelt sich im Namen des Hochlandclans der S̲h̲aik̲h̲ain, der im Wadi Al-Mabnaʿ seinen Sitz hatte. S̲h̲aik̲h̲ Muhammad führte den Verfasser durch ein ausgedörrtes Wadi und durch Gebirgs-Flutbetten voll von Geröll. Ein großer Teil des Weges oben auf der Anhöhe muß auch heute noch zu Fuß zurückgelegt werden, und man versteht voll und ganz, warum nur so wenige sich zu diesem entlegenen Stück Erde hoch in den Bergen aufgemacht haben. Der Platz ist wirklich bemerkenswert. Nicht nur, daß es hier eine massive Mauer und ein Tor gibt, sondern man hat mit aller Sorgfalt jeden anderen Zugangsweg durch Mauern versperrt, so daß es wirklich nur an einer einzigen Stelle möglich war, die alte Festung zu betreten. Eine Inschrift an der Südostbastion läßt keinen Zweifel, welchem Zweck die Anlage diente. Ihre Aufgabe bestand darin, den Hajr-Distrikt von Ḥaḍramaut gegen die Ḥimjariten zu verteidigen, die den Süden beherrschten. Anscheinend befanden sich diese, als die Festung erbaut wurde, im Besitz des Hafens Qanaʾ, den sie den Herrschern des Ḥaḍramaut abgenommen hatten. Offenbar kontrollierten die Ḥimjariten kurz vor der Zeitenwende bis zum Ende des 1. Jahrhunderts n. Chr. das gesamte Küstengebiet. Zumindest geht dies aus dem paläographischen Befund hervor, den eine Inschrift (RES 2687) liefert, die vermutlich als erste von der Expansion des Königreiches Ḥimjar berichtet. Anzumerken ist, daß von Wrede, der als erster den Text dieser Inschrift aufzeichnete, es nicht lassen konnte, seinen Namen in einer Ecke anzubringen. Die Inschrift lautet: »ŠKMm SLḤN, der Sohn des RḌWN, wurde vor seinen Gebieter YSKRʿL YḤRʿS, den Sohn des ʾBYSʾ, den mkrb von ḤḌRMT, geführt, und seine beiden Gebieter HYSʿʾL ʿLHN, der Sohn des BNʾL, und DWSm MSBḌ, der Sohn des ẒRB, befahlen ihm: den Paß QLT und die Pässe, die die beiden Höhen vom Meer scheiden, vorn mit rohen und behauenen Steinen auszubauen, desgleichen die Mauer von QLT und den Paß zu erbauen, wenn sie sich gegen ḤMYRm verteidigten. Und er folgte HYSʿʾL und DWSm und ihren Verwandten unter den Vätern von ḤḌRMT. Und er eroberte dann MYFʿT und die Engpässe in der Schlacht und baute und ebnete die Paßstraßen in den Engen, und er errichtete die Mauer und die beiden Türme YDʾN und YḎTʾN sowie das Tor YKN aus Quadersteinen, desgleichen eine Sperrmauer und eine Zufluchtstätte ... und die Tore von unten bis oben hin aus sonnengetrockneten Ziegeln: (dies wurde) im (Jahr) des YŠRḤʾL dʿḎḎm, des zweiten, von 200 Mann in drei Monaten (vollbracht und) in massiver Bauweise (ausgeführt).«

Man beachte, daß die Inschrift von der strategisch wichtigen Lage der Verteidigungsanlagen von Mayfaʿat spricht und ihre Instandsetzung erwähnt.

Die Mauer von Qalat besteht aus langen, ausgezeichnet gemeißelten Kalksteinblöcken mit hammerbeschlagenen Außenseiten. Die Blöcke sind ohne Bindemittel aneinandergefügt und insgesamt weist das Mauerwerk einen vorzüglichen Verband auf. Eine Besonderheit, die sich am Haupttor beobachten läßt, ist der Gebrauch durchschnittlich 76 Zentimeter langer horizontaler Ecksteine, die mit Lagen von Bindern abwechseln. Die Gesamtlänge dieser Mauer beträgt annähernd 177 Meter. Durchschnittlich etwa 5 Meter hoch, erstreckt sie sich vom Grat der Wadi-Felsen bis hin zur ansteigenden Gebirgsflanke. Der Durchgang befindet sich etwa in der Mitte. Es gibt dort eine abgesetzte Tüwange (Laibung), allerdings fehlt jeder Hinweis auf irgendeine Vorrichtung, mit der man hätte Torflügel befestigen können.

Qana'

Den Sandstrand beim heutigen Bīr ʿAli beherrscht der schwarze Lavaklotz Husn al-G̲h̲urāb (Abb. 29). Der schimmernde Küstensand unterstreicht noch die Schwärze der Lava, die zwischen Fels und Meer den Boden bedeckt.

Der heutige Name Husn al-G̲h̲urāb bedeutet »Krähenfestung«. Der alte Name des Platzes lautete jedoch ʿUrr Mawiyāt. Hier befanden sich Festung und Beobachtungsposten, die den Handelshafen Qana' schützten. Zwischen D̲h̲ufar (mit seinem Hafen Moscha) und Aden ist Qana' der einzige Naturhafen an der Südküste Arabiens, ein Hafen, der äußerst günstig gelegen ist und der nicht nur dem Königreich Ḥaḍramaut Anschluß an den Seehandel ermöglichte, sondern auch für Shabwa, die Hauptstadt der eigentlichen Landesherren, die gleiche Funktion erfüllte. Qana' war der Hafen, der die wichtigste Karawanenstraße nach Norden mit Zulieferungen versorgte, denn das Weihrauchharz, das man von den Weihrauchbäumen von D̲h̲ufar und Qara gewann, war schlechthin das Beste, und die Tatsache, daß es seinen Weg auch über Shabwa nahm, trug noch dazu bei, seinen Wert zu erhöhen.

Möglicherweise findet sich die älteste Erwähnung dieses bedeutenden Hafenplatzes beim Propheten Hesekiel (Ezechiel [27, 22–23]). Die betreffende Bemerkung bezieht sich auf die Zeit um 600 v. Chr. Es heißt hier (Text nach Martin Luther): »Die Kaufleute aus Saba und Ra'ma haben mit dir (gemeint ist Tyros) gehandelt und allerlei köstliche Spezerei und Edelsteine und Gold auf deine Märkte gebracht. Haran und Kanne und Eden samt den Kaufleuten aus Saba ...« Wahrscheinlich hat man unter »Kanne« und »Eden« Qana' und Aden zu verstehen. Anscheinend waren dies die wichtigsten Häfen am Indischen Ozean, die mit Somaliland, Ostafrika und Indien Handel trieben. Es sind die südlichsten Punkte, die Hesekiel in seiner Aufzählung erwähnt. So lange die »Weihrauchstraße« in Betrieb war, die Saba', aber auch Ḥaḍramaut, Qatabān und Maʿin mit dem Mittelmeer verband, muß Qana' der Hauptumschlagplatz für wertvolle Schiffsladungen gewesen sein, die man hier umpackte und auf dem Landweg weiterverfrachtete. Dies dauerte bis zum 2. Jahrhundert v. Chr. und ergab sich wohl zwangsläufig, nachdem Aden zerstört war und infolgedessen seine Leistungsfähigkeit als Hafen-, Stapel- und Umschlagplatz eingebüßt hatte. Allerdings brachte man den Weihrauch aus D̲h̲ufar (Ẓafar) wahrscheinlich nicht nur auf dem Seewege entlang der Küste nach Qana', sondern auch auf dem Landweg durch das Wadi Ḥaḍramaut.

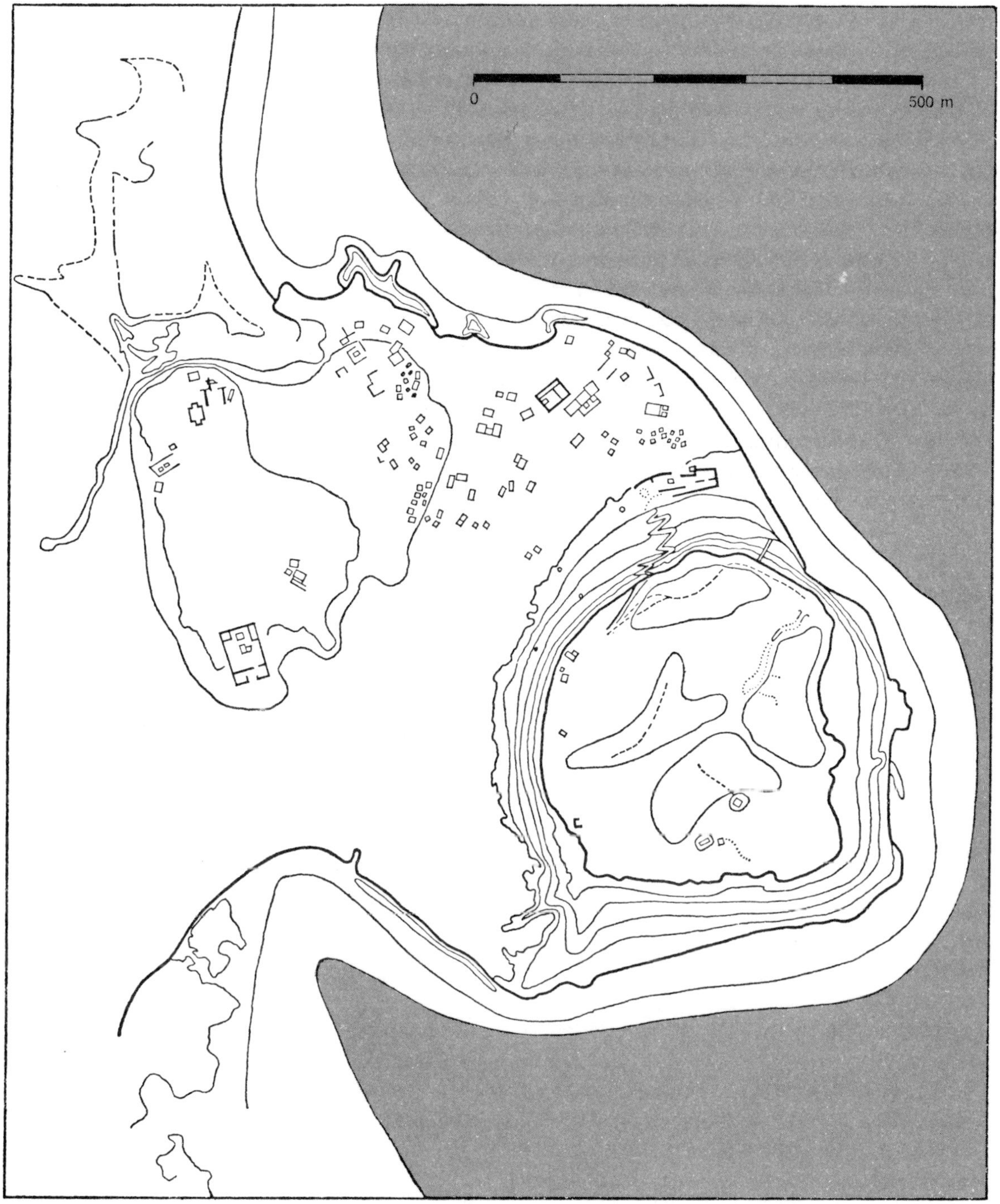

Abb. 29 Lageplan von Qana', dem alten Hafen des Ḥaḍramaut. Der an der Nordseite eingezeichnete Pflasterweg erklimmt den Felsen von Husn al-Ghurāb (in der Inschrift an der Felswand als ʿUrr Mawiyāt bezeichnet). An den unteren Hängen des Husn al-Ghurāb gibt es Reste von Steinbauten, die Überreste weiterer Bauwerke, die zu den Festungsanlagen gehörten, fanden sich an der Nordwestseite des Plateaus.

Als Ägypten römische Provinz war, waren seine Handelsbeziehungen zu Indien äußerst intensiv. Doch die Indienfahrer legten nur an einer einzigen Stelle an, in Okelis am Bab el-Mandeb, wo allerdings die Bedingungen zum Nachfassen von Trinkwasser durchaus nicht erstklassig waren. Aden lag damals in Trümmern und kam daher als Anlegeplatz nicht in Frage. Qana' jedoch war nach dem *Periplus Maris Erythraei* der Haupthafen von Ḥaḍramaut und trieb regen Handel mit Oman, Persien und Indien.

Am oberen Teil des Pfades, der den Lavaklotz der »Krähenfestung« Husn al-G̲h̲urāb hinaufklimmt, bemerkt man zwei Inschriften an der Felswand. Die kürzere von ihnen (CIH 728) verkündet, der Verteidiger des Hafenplatzes Qana' habe eine Inschrift am Fels von ʿUrr Mawiyāt angebracht. Diese Inschrift selbst befindet sich an einer Stelle, auf die man von Qana' aus blickt und von der aus man umgekehrt ganz Qana' überschauen kann. Ihr Text ist recht lang (vgl. RES 2633 = CIH 621). Er umfaßt 10 Zeilen, und berichtet, Samyafaʿ 'Ašwaʿ, vermutlich ein Verwandter des gleichnamigen Herrschers, habe eine Gruppe von Leuten aus den Stämmen Ḥaḍramauts die Befestigungsanlagen und Wasserzisternen reparieren lassen. Die Instandsetzungsarbeiten hingen mit dem Krieg zusammen, den Abessinien aus Rache für eine 525 oder 531 n. Chr. stattgefundene Christenverfolgung gegen das Königreich Saba' und Ḥimjar führte. Wörtlich lautet die Inschrift wie folgt:

»SMYFʿ 'ŠWʿ und seine Söhne ŠRḤB'L YKML und MʿDKRB YʿQR, die Söhne von LḤYʿT YRH̲M, die des KLʿN und D̲YZ'N und GDNm und MT̲LN und ŠRQN und ḤBm und YTʿN und YSRM und YRŠ und MKRBm und ʿQBT und BS'YN und YLGB und GYMN und YŠBR und LBḤm und GDWYN und KŠRN und RH̲YT und GRDN und QBLN und SRGY und die banū MLḤm und ihre Stämme, und ḤẒT und 'LHN und SLFN und ḌYFTN und RYḤm und RKBN und MṬLFN und S'KLN und ŠKRD sowie die Kabire und Anführer der SYBN d̲NṢF: Sie ließen diese Inschrift am Felsen MWYT anbringen, als sie ihn [in bezug auf] seine Mauern, sein Tor, seine Zisternen und seine Zugangswege wieder instandsetzten, als sie ihre Position auf ihm festigten, als sie vom Land der 'ḤBŠT zurückkehrten und die 'ḤBŠN den Feldzug in das Land der ḤMYRm unternahmen, als sie den König von ḤMYRm und seine Hauptleute, die ḤMYR und 'RḤBN, töteten: das Datum: d̲ḤGTN von 640 Jahren.«

Wie einige Inschriften (Ryckmans 533; CIH 334 und *Jamme* 632) berichteten, griff Šaʿrm 'Autar, König von Saba' und D̲h̲u Raydān[180], von Marīb und Ẓafar aus Shabwa und Qana' an, doch dies geschah rund zwei- bis dreihundert Jahre bevor Samyafaʿ 'Ašwaʿ seine Inschriften an der Felswand von Husn al-G̲h̲urāb anbringen ließ. Damals sollte 'Ilʿazz, der König von Ḥaḍramaut, zum Vasallen des Saba' unterstellten D̲h̲u Raydān gemacht werden.[181] Die Eroberer brachten reiche Beute nach Hause, darunter vier Statuen und einen Bronzestier, der dem Tempel von Marīb geweiht wurde. Noch bis zum 7. Jahrhundert n. Chr. scheint Husn al-G̲h̲urāb (ʿUrr Mawiyāt) eine gewisse Rolle gespielt zu haben, doch schon seit dem Ende des 3. Jahrhunderts n. Chr. begann Qana' seine Bedeutung als Handelshafen nach und nach zu verlieren.

Der Felsen von Husn al-Ghurāb war mit Gebäuden bedeckt. Unter anderem gab es einen Wachtturm sowie Zisternen oder Regenwasser-Staubecken aus verputztem Mauerwerk. Mit dem tief unter der Zitadelle gelegenen Hafen war die Festung durch einen schmalen Zickzackpfad verbunden, dem steinerne Stützmauern und eine Rampe Halt und Schutz gewährten. An jeder Kehre befinden sich Stufen, die ausgezeichnete Steinmetzarbeit verraten, und im oberen Abschnitt bietet der Aufstieg nur Platz für jeweils eine Person und ist daher leichter zu verteidigen, sein unterer Endpunkt war durch einen Torturm geschützt.

Im Jahre 1834 betrat Kapitänleutnant Wellsted vom Forschungsschiff *Palinurus,* das unter dem Kommando von Kapitän S. B. Haines stand, die Stätte von Husn al-Ghurāb. Von seinem Besuch berichtete er in seinem 1838 in London erschienenen Buch *Travels in Arabia* (»Reisen in Arabien«). Nach seinen Beobachtungen gab es nicht nur Spuren des alten Haupthafens von Qana' im Norden, sondern auch Anhaltspunkte für das einstige Vorhandensein eines inzwischen versandeten zweiten Hafens im Südwesten.

Anscheinend bestand Qana' aus mehreren getrennten Häuservierteln. An der Ostseite liegt Schutt, der von kleineren Wohnbauten zu stammen scheint, und unmittelbar im Norden des Festungstores gab es zahlreiche Bauwerke von kreisrundem Grundriß. Im Zentrum bestanden die Gebäude aus Quadermauerwerk, das man an der Innenseite mit einer etwa 2,5 Zentimeter dicken Kalkputzschicht beworfen hatte. Doch wahrscheinlich bildeten diese Mauern nur den unteren Teil der Häuser, die über den Quaderreihen wohl aus Holz, Mattengeflecht oder aus luftgetrockneten Ziegeln aufgeführt waren, wenn auch die steinernen Fundamente und die unteren Mauerzüge stark genug waren, um auch ein aus Quaderwerk errichtetes zweites Stockwerk zu tragen.

Nach Nordwesten hin steigt der Boden leicht an, und hier zeugen die Reste großer Bauten und andere Ruinen davon, daß sich unweit der Stelle, wo sich heute eine kleine Meeresbucht befindet, der von Gebäuden bestandene Grund landeinwärts fortsetzte.

Als Kapitänleutnant Wellsted Husn al-Ghurāb besuchte, markierten zwei isolierte Türme die Stelle des Burgtores. Von ihnen ist nichts mehr übrig, wenn auch ihre Fundamente noch zu erkennen sind und desgleichen die Stufen, über die man auf ihren gepflasterten Vorplatz gelangte. Dieses Festungstor mit seinen beiden Bastionen entsprach wohl dem Tor des antiken Mayfa'at. An seiner rechten Seite befindet sich eine ebensolche leicht abfallende, gemauerte Rampe wie dort.

Die Anzeichen, daß Qana' eine mauerumgebene Stadt war, sind spärlich. Dies gilt besonders für die Landseite. Allerdings scheint es hinter dem Festungstor Reste eines Walls zu geben, der sich nach Norden zum Meer hin erstreckte. An der Ostseite scheint der vorhandene natürliche Schutz, den hier Felsen gewährten, durch eine zusätzliche Mauer verstärkt worden zu sein.

Beachtung verdient eine nach 148 Grad ausgerichtete Umfassungsmauer, die man im Südwesten des wichtigsten Gebäudebezirks erblickt. Möglicherweise handelt es sich um eine Tempeleinfassung. Der zugehörige gepflasterte Hof umgibt ein Gebilde, bei dem es sich entweder um einen Altar oder um den Überrest eines inneren Kultraums handelt. Im Ostteil der Einfriedung gab es einige kleine Räumlichkeiten.

Dieser antike Hafenplatz verdient eingehende Untersuchung. Zwar liegt ein großer Teil der Grundmauern auf freiem Felsboden offen zutage, andererseits bedeckt heute Flugsand zahlreiche Bauwerke, deren Fundamente weiter unter der heutigen Sanddecke liegen. Diese Gebäude erfordern ebenso Ausgrabung wie kleinere Bauten – offenbar Privathäuser oder Wirtschaftsgebäude –, die sich ungefähr dort, wo der zur Festung emporführende gepflasterte Pfad beginnt, am Fuß des großen Felsens drängen.

Mayfaʿat

Die aufsehenerregendste unter den ummauerten Städten Südarabiens ist Mayfaʿat, das heutige Naqb al Hajar (Abb. 30). Mayfaʿat lag in beherrschender Position hoch oben auf der Ostspitze eines langen Geröllrückens, der in das Zentrum des Haupt-Wadis vorspringt. Eine Besonderheit der alten Stadt ist der durchgehend hohe Mauerzug, der sie umgibt. Er besteht aus mit Hacke und Hammer bearbeiteten Kalksteinblöcken. Mayfaʿat beherrscht die gesamte Umgebung, und keine Kamelkarawane mit Gewürzen und Luxusgütern aus Qanaʾ konnte wohl einst hier unbemerkt vorüberziehen. Mayfaʿat gilt als alte Hauptstadt von Unter-Ḥaḍramaut. In Anbetracht seiner Größe und der Stärke seiner Mauern scheint es auch durchaus möglich, daß es tatsächlich diese Rolle spielte.

Aufgrund seiner strategisch günstigen Lage konnte Mayfaʿat jederzeit den Zugang zum Norden schützen oder gar sperren und kontrollieren, wohin die Karawanen zogen. Hier gabelte sich der Weg nach Norden. Die eine Route führte durch das Wadi Limatah und das Wadi Habban nach Timnaʿ, der Hauptstadt von Qatabān, die andere nach dem Wadi Amaqīn und über die Berge nach dem Wadi Jirdān und Hajar al-Barīra. Von dort führte ein direkter Karawanenweg weiter nach Shabwa, und zwar war dies ein Stück der Hauptroute, auf deren Fortsetzung man von Shabwa über Husn al-ʿAbr und quer durch die Wüste nach Najran in Maʿin gelangte.

Mayfaʿat bedeckt eine Fläche von annähernd 152 mal 304 Metern. Nach der Mitte hin fällt das Gelände ab, denn Mayfaʿat ist auf zwei Erhebungen errichtet, zwischen denen sich eine Senke befindet. Wo sich diese Senke, die zum Flutbett des Haupttals abfällt, nach Norden hin öffnet, scheint sich auf den ersten Blick das Nordtor der Stadt befunden zu haben. Mächtige Bastionen aus massivem Mauerwerk flankieren hier eine etwa 13 Meter breite Plattform, die sich heute rund 6 Meter über den Talgrund erhebt. Stufen oder Rest einer gemauerten Rampe gibt es nicht, doch möglicherweise liegt heute der Talboden niedriger als im Altertum. Fast 9 Meter beträgt der Abstand zwischen den hohen Torbastionen. Zwei anderthalb Meter dicke Mauern engen ihn ein – es ist dies keine so brauchbare Verteidigungsanlage im Fall eines unmittelbaren Angriffs, wie man sie gerade an dieser Stelle erwarten möchte. Nach beiden Seiten hin riegeln Wälle, Mauern und Türme die Öffnung der Senke zum Haupttal hin ab. Der Hauptbrunnen liegt dicht beim Nordtor. Wie es scheint hat man ihn auch später

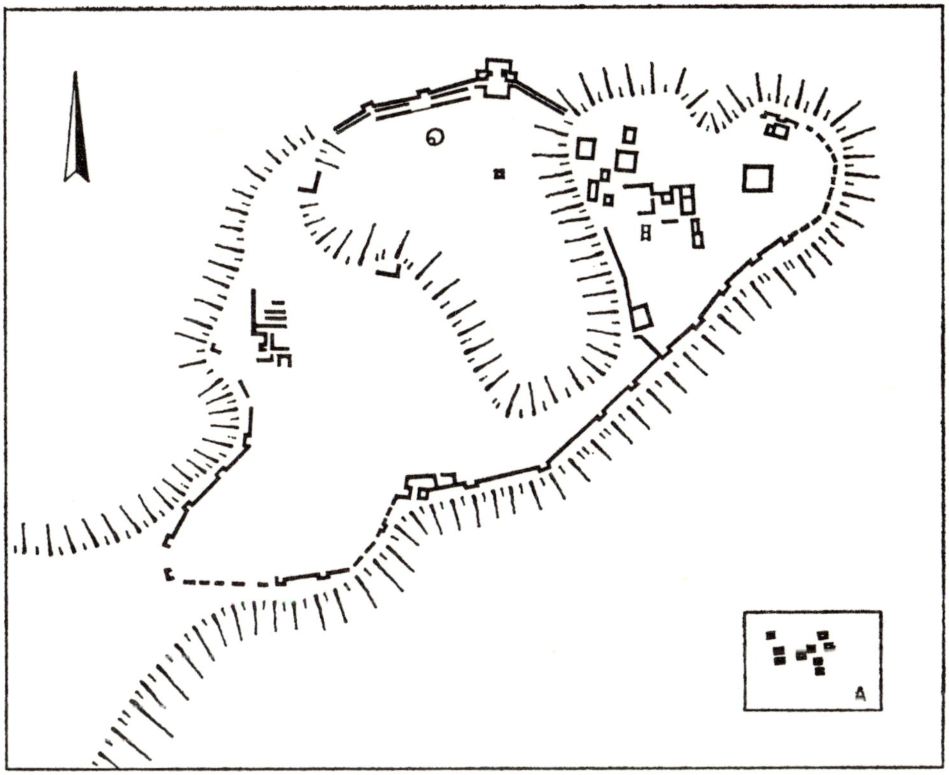

Abb. 30 Übersichtsskizze von Mayfaʿat. Die mauerumgebene Stadt gilt als Hauptstadt des antiken Unter-Ḥaḍramaut. Sie liegt an der Nordwestroute, die von Qanaʾ entweder nach Baihān oder Shabwa führte. Eingezeichnet ist die Position der beiden massiven Tore. Ihre unterschiedliche Gestaltung deutet wohl darauf hin, daß sie nicht zur gleichen Zeit entstanden sind. Wahrscheinlich waren Nordmauer und Nordtor das Ergebnis der Erneuerung, von der die Inschrift RES 2687 in Qalat spricht, wogegen man es beim Südtor und der übrigen Umfassungsmauer mit der ursprünglichen Anlage zu tun hat, von der in zwei älteren Inschriften die Rede ist: RES 2640 (am Südtor) und RES 3869 (heute im Museum von Bombay). Nur schwer lassen sich die nicht ummauerten Teile der Fundstätte wiedergeben. Noch unter Bodenniveau befindet sich der Nordostabschnitt. Im Westen des Nordtors liegt der Hauptbrunnen, außerhalb des Südrandes der Stätte erodierte Felder und alte Bewässerungsgräben. Auf die kleinen Steinbauten des vermutlichen Friedhofs weist das eingezeichnete A hin, in Wirklichkeit liegen sie etwas weiter östlich.

noch benutzt, als die Stadt schon verlassen war, denn von Seil-Wetzspuren zerschnittene Randsteine hat man durch neue ersetzt. Zur Brunnenanlage gehört ein mauerverkleideter hoher Turm, der wahrscheinlich dazu diente, das Wasser mit Gefäßen so weit wie möglich hochzuziehen, um damit eine Wasserleitung zu speisen. Vielleicht ließen sich in späterer Zeit noch einmal Angehörige der in dieser Gegend heimischen Stämme vorübergehend an dieser Ruinenstätte nieder, als im Wadi Maifaʿah jene Befestigungen und *husns* aus Luftziegelgemäuer entstanden, die man heute überall hier sieht.

In gerader Linie gegenüber dem Nordtor befindet sich an der Südmauer der Stadt das eindrucksvollste Bauwerk von Mayfaʿat: das Südtor. Ohne Zweifel befand sich hier einst der Hauptzugang. So mächtig die Bastionen sind, die den Torweg flankieren: sie zeigen keinerlei Spur einer Aufhängevorrichtung für Torflügel. Der Pfad zur Stadt führt einen steilen Felshang empor zum äußeren Portal, wo eine Mauer jeden, der eintritt, zu einer Wendung nach rechts zwingt. Einst bestrich man wohl, wenn man sich gegen Eindringlinge zur Wehr zu setzen hatte, diese Stelle von der Flanke her.

Die Bastionen sind in ausgezeichnetem Zustand. Sie erheben sich unmittelbar auf dem Felskonglomerat, das hier den Grund bildet, und da der Boden geneigt ist, liegen die Fundamente der westlichen Bastion knapp zwei Meter höher als die der östlichen. Die Türme erheben sich bis zu einer Höhe von rund 10 und ungefähr 12 Metern, ihre Südfronten haben die Breite von mehr als 3 und rund 5 Metern. Drei Inschriften sind in die Stadtmauer eingefügt. Eine davon befindet sich mitten am Oberteil der 3. Bastion westlich des Südtores, die zweite unmittelbar am Südtor selbst und zwar an der linken (westlichen) Wand des Torganges. Beide Inschriften sind jedoch nicht so wichtig wie die dritte – ein langer Text, auch der am Südtor selbst, nämlich außen an einem Stein der stadtwärts gewandten Mauerfront der Ostbastion. Die ersten beiden Inschriften sind recht verwittert, doch wiederholen sie im wesentlichen nur, was die dritte berichtet. Ihr Text (RES 2640 Naqb al-Hajr) lautet:

»HBSL, der Sohn des ŠGB, war verantwortlich für den Bau der Mauer von MYFʿT und ihr Tor aus Stein, Holz und Flechtwerk, desgleichen vom Fundament bis zum Dach für den Bau der Häuser, die an der Mauer stehen. Mit ihm war auch sein Sohn SDQYDʿ als Baumeister tätig.«

Der größte Teil des Umfassungs-Mauerwerks befindet sich noch *in situ* (an seinem ihm ursprünglich zugewiesenen Platz). Von außen bieten diese Festungsanlagen ein eindrucksvolles Bild wehrhafter Kraft. Bei näherem Einblick allerdings ist der Eindruck weniger überzeugend, denn im allgemeinen haben diese Mauern nur den Durchmesser einer einzigen Steinlage. Ihre Stärke beruhte ausschließlich auf dem Gewicht und der Größe dieser mit dem Hammer bearbeiteten Blöcke, deren Durchschnittslänge fast einen Meter beträgt, sowie darauf, daß die Mauer in regelmäßigen Abständen mit Bastionen befestigt ist. Auch was in der Ruinenstätte an Trümmerschutt umherliegt, vergrößert nicht die Wahrscheinlichkeit, daß diese Stadtmauern jemals dicker oder durch weiteres Mauerwerk in der Innenseite verstärkt waren. Offensichtlich genügten die Mauern, so wie sie waren, um Angreifer abzuschrecken, zumal sie sich ja auf steiler Höhe über dem Talgrund erhoben, so daß jeder Versuch eines Angreifers aussichtslos gewesen wäre, einen Rammbock wirkungsvoll in Stellung zu bringen. Es bleibt das Rätsel der stets offenen Torgänge, und nachzutragen ist, daß stellenweise – besonders auf der westlichen, höheren Erhebung des Terrains – die Mauer bis auf die Fundamente verschwunden ist. Wo sich das Südtor befindet, erhebt sich der westliche der beiden Stadthügel, mit dessen Gipfel das Stadtgebiet seinen höchsten Punkt erreicht. Hier und weiter im Norden scheint es Reste alter Gebäude zu geben. Ihre Bauweise erinnert stark an die Art, wie man die Mauern älterer Bauten in Shabwa aufführte. Das Mauerwerk bestand aus größeren Geröllbrokken, die man jedoch lagenweise verlegt und mit feinem Quaderwerk verkleidet hatte.

Im Zentrum der alten Stadt stößt man unten in der Nähe des Brunnens auf die Überreste eines kleinen quadratischen Baus, dessen Quaderfassade ausgezeichnete Meißelführung verrät. Einen anderen Bau von quadratischem Zuschnitt – er liegt auf dem östlichen Stadthügel – hielt Kapitänleutnant Wellsted 1834 für einen ehemaligen Tempel. Ohne Grabung läßt sich diese Ansicht weder bestätigen, noch widerlegen. Leider ist das vorzügliche Blendmauerwerk aus Kalksteinquadern, das Wellsted noch sah, heute nicht mehr vorhanden. Nur noch die aus der inneren Mauerfüllung ragenden Verbinder sind erhalten geblieben, die einst in das äußere Quaderwerk der Mauerfront eingefügt waren.

Unmittelbar über diesem Bauwerk steht man vor den Resten einer Mauer mit ausgezeichnet zugeschnittenen und verlegten Quadern, deren Mittelfelder, bei deutlich abgesetztem Rand, ausgehauen sind. Dicht bei diesem Gebäude wiederum hat man Überreste eines Baus vor sich, von dem das meiste erhalten zu sein scheint, obwohl das Gemäuer im Innern voll von Schutt ist. Hier erblickt man noch, in vorzüglichem Trockenverband, die glatten, weißen Kalksteinplatten der Mauerverkleidung mit ihren herrlich schließenden Fugen, und man versteht, daß Wellsted dachte, Mauerwerk aus solchem Material und in solcher Meisterschaft ausgeführt, wie er es an jenem anderen Gebäude vor sich sah, müsse aus Marmor bestehen.

Es steht außer Zweifel, daß bei einigen Bauwerken auf der Höhe des Osthügels irgendwann in der Vergangenheit schon früher gebrauchtes Baumaterial erneut verwendet worden sein muß. Wo dabei Lücken entstanden, wie die einzelnen Elemente nicht zueinander paßten, half man mit großen Mengen von Mörtel nach. Sehr viel späteren Datums als die übrigen Bauten ist auch eine Findlingsmauer, die quer durch einen Teil der Ansiedlung läuft. Weiterhin fand man im Mittelabschnitt der östlichen Geländeerhebung einen breiten, erhöhten, plattformartigen gemauerten Boden mit Seitenwänden von 12,4 und knapp 10,82 Metern Länge. Die Achse des Ganzen hat eine Weisung von 280 Grad. Wahrscheinlich erhob sich über diesen Resten einst das wichtigste Wach- oder Zollgebäude, von dem aus man einen weiten Blick über das gesamte Wadi nach Nordwesten hatte.

Eine große Ingenieurleistung war die Anlage eines *naqb*, eines Wasserkanals, dem der Platz möglicherweise sogar seinen heutigen Namen Naqb al-Hajr verdankt. Es handelt sich um eine am Hang der Konglomeratbank entlanggeführte, etwa 7,6 bis 12,2 Meter tiefe, rund 7,6 bis 9,1 Meter breite und annähernd 170 Meter lange Wasserleitung, die man angelegt hatte, um weiter oben im Wadi an der Nordseite gestautes Wasser mittels gemauerter Schleusen auf die im Südwesten der Stadt gelegenen Felder zu verteilen. Auf der dem Tal zugekehrten Seite folgte ein äußerst zweckmäßig konstruierter Kanal den Konturen der Hügel. Er diente ebenso der Wassergewinnung wie jeweils neu angelegte Erddämme, die das jährliche *sail*-(Flut)-Wasser abfingen und aus dem Flutbett des Wadi dem *naqb*, dem künstlich geschaffenen Bewässerungsgraben, zuleiteten. Es ließ sich nicht vermeiden, daß die nagende Kraft des Wassers das Wadi immer weiter ausspülte, so daß der Talgrund immer tiefer sank. Andererseits brachte die jährliche Flut stets neues Schwemmaterial mit sich, das sich auf den Feldern ablagerte und entfernt werden mußte, damit das Niveau des Kulturbodens sich nicht über das der Bewässerungsanlagen hob, was eine weitere Bewässerung unmöglich gemacht und damit das Ende der Feldwirtschaft bedeutet hätte. Es gibt Anhaltspunkte dafür, daß gerade dies sich schließlich doch ereignete und daß man daher später einen neuen Einstich vornahm, um das Gefälle des *naqb* zu vergrößern. Er sollte nun das Teichgelände im Süden füllen, nachdem es nicht mehr möglich war, das zu sehr in die Höhe gewachsene Ackerland einfach mit Hilfe der Schleusen zu bewässern. Doch dies muß ein kurzlebiges Unterfangen gewesen sein.

Auf antikem Schwemmboden liegt knapp im Südwesten der Ruinenstätte in einer Richtung von 250° vom Südtor eine Reihe rechteckiger Gebilde aus behauenen Blöcken. Was hier an Mauern erhalten ist, ist im Durchschnitt nicht mehr als etwa 60 bis 90 Zentimeter hoch. Es scheint sich um die Nekropole von Mayfaʿat zu handeln: den Platz, wo man die Toten begrub. Tatsächlich kamen bei einer Schürfung, bei der man seitlich in ein von Erosion zerstörtes Bauwerk dieser Örtlichkeit eindrang, Skelettreste von Menschen zum Vorschein. Man fand sie in einer kleinen Kammer aus ebenfalls kleinen, durch Mörtel verbundenen Steinen, und dies scheint darauf hinzudeuten, daß man es mit einer Zweitbestattung zu tun hat.

Das dicht bei der Stadt gelegene Schwemmland ist mit Knochenresten von Menschen (und Tieren) übersät. Unbekannt ist, ob es sich dabei um die Überreste von Bestattungen handelt, die in die gleiche Zeit weisen wie die Nekropole. Immerhin fand man Fragmente glasierter und unglasierter Töpferwaren außerhalb der Südmauer, die wohl dafür sprechen, daß Mayfaʿat noch in verhältnismäßig später Zeit Bewohner hatte. Was innerhalb der Mauern bisher an Scherben gefunden wurde, ist ohne jede Bedeutung.

Demgegenüber kamen innerhab des Stadtgebiets Fragmente marmorner Steinbockkopf-Friese, kleine Kalksteintafeln mit Namen in früh-südarabischer Schrift, Karniesteile mit schnabelähnlichen Ornamenten (sie stammen von Wellsteds »Tempel«) sowie dekorative Stein-Paneele und Quadern mit angehauenem Mittelfeld – abgesetztem Rand zum Vorschein.

Unklar ist zur Zeit noch immer, welcher Epoche man diese mauerumgebene antike Stadt zuzuweisen hat. Als sie als Festung diente, lag vielleicht die Zeit schon lange zurück, da man in ihr Kamelkarawanen zusammengestellt hatte. Ihre Mauern dienten eindeutig der Verteidigung. Es handelte sich nicht um eine Festung, die irgendjemanden bedrohte oder herausfordern wollte, sondern man hatte die Stadt zur Festung gemacht, weil man sich selbst bedroht sah. Die Inschrift von Qalat läßt die Folgerung zu, daß dies (auch hier) geschah, nachdem die Ḥimjariten Qanaʾ erobert hatten. Nun brachte man wohl die Stadt durch Instandsetzung vorhandener Festungsanlagen in Verteidigungsbereitschaft, um sich gegen Ḥimjar zur Wehr zu setzen. Dies dürfte in der Zeit zwischen dem 1. Jahrhundert v. Chr. und dem 1. Jahrhundert n. Chr., also etwa um die Zeitenwende, geschehen sein. An sich waren die Verteidigungsanlagen wohl einige Jahrhunderte älter, was auch der paläographische Befund der langen Inschrift am Südtor zu bestätigen scheint.

Das Gebiet des Wadi Jirdān

Wenn auch reich an archäologischem Material und entsprechenden Fundplätzen, gehört das Gebiet des Wadi Jirdān doch zu jenen Gegenden, wohin sich Archäologen nur höchst selten verirren. Am Eingang des Wadi liegt die moderne Stadt Aya<u>dh</u>. Im Osten von ihr befindet sich ein befestigter Platz aus vorislamischer Zeit mit dem Namen Al-Binā. Die Festungsanlage entspricht in ihrem Plan der von al-Barīra. Al-Barīra selbst liegt zwischen den Flutbetten des Wadi Jirdān und des Wadi Risha.

Vor der Mündung des Wadi Jirdān befindet sich eine nicht allzu hohe Moräne, eine leichte Erhöhung aus dem Geröllschutt des Flutbettes, und auch Sandtäler haben sich hier gebildet. An der Kante dieser Moräne liegt das Dorf Saʿda. Ein Kanal führt dem kleinen Tal von Osten her Wasser zu. Es handelt sich um eine Bewässerungsanlage aus vorislamischer Zeit. Tatsächlich gibt es noch mehr Bauwerke dieser Art, die im Altertum entstanden und heute noch in Betrieb sind.

Hajar al-Barīra

Im Südosten von Al-Binā, etwas mehr als 16 Kilometer von Aya<u>dh</u> entfernt, liegt Hajar al-Barīra.[182] Seine Entfernung nach dem im Westen gelegenen Saʿda beträgt etwa 6,5 Kilometer, nur knapp 2,5 Kilometer ist es dagegen von dem im Osten gelegenen al-<u>Sh</u>iqq entfernt.

Der Platz besteht aus einem steinumwallten Gelände von herzförmigem oder ovalem Umriß (Abb. 31). Allerdings scheint im Norden an der Wadi-Kante

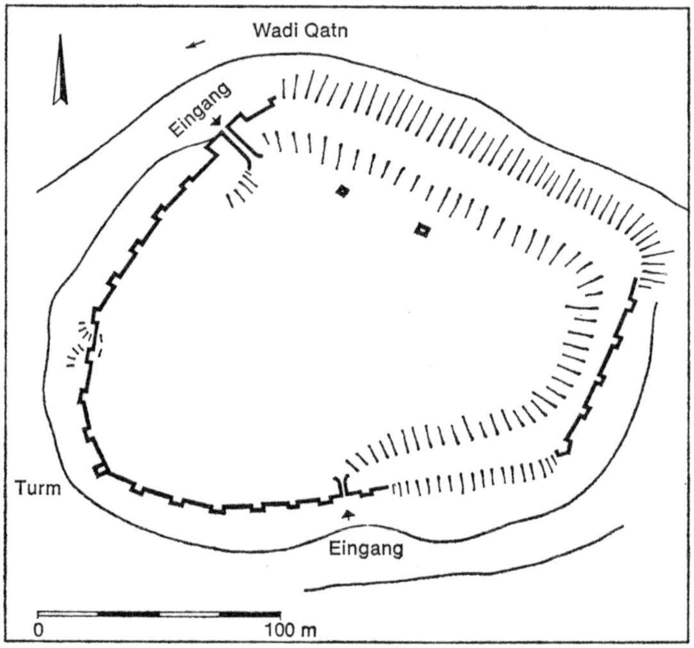

Abb. 31 Plan der ummauerten Ruinenstätte Al-Barīra im Wadi Jirdān.

ein Stück zu fehlen, das vermutlich von den Fluten des Wadi unterhöhlt und fortgespült wurde. Im Südosten, Süden und Südwesten umgibt von Schwemmboden bedecktes Ackerland den Ort. Dessen Mauern bestehen aus ohne Bindemittel zusammengefügten Kalksandsteinblöcken, die zwar horizontalen Lagen bilden, doch von ungleichem Format, nur roh zugeschnitten und an der Schauseite ebenso flüchtig bearbeitet sind. Kleinere Steine helfen als Lückenbüßer, eine einigermaßen gleichmäßige Schichtung einzuhalten. Die größeren Blöcke messen 45 mal 60 Zentimeter oder weniger. An einigen Stellen in der Nähe des Nordtores besteht das Mauerwerk noch immer aus 6 Lagen und erreicht eine Höhe von mehr als 3 Metern, beim Südtor dagegen sind nur noch 2 Steinlagen übereinander erhalten. Hier ist heute die Umfassungsmauer am niedrigsten.

In ihrer gesamten Länge war die Mauer mit Bastionen versehen, deren Breite von 4,88 Metern bis zu 5,50 Metern schwankt und die 1,83 Meter vorspringen. Knapp 11 Meter beträgt die durchschnittliche Entfernung zwischen diesen Bastionen, von denen man noch 20 zählt; die übrigen sind eingestürzt oder unter Trümmern begraben. Das eindrucksvollste Bauwerk der gesamten Ruinenstätte ist das Nordtor. Es wird von zwei 8,23 Meter breiten und 5 Meter tiefen Bastionen flankiert, wovon die westliche an ihrer äußeren Ecke 3,35 höher ist als die im Osten. 18,30 Meter beträgt die Länge der den Torgang flankierenden Mauern, die nach 140 Grad der Windrose ausgerichtet sind. Ihr Abstand verengt sich von 30 Metern am westlichen (äußeren) auf 2,13 Meter am östlichen (inneren) Ende. Die Außenseite der beiden Tortürme flankiert, nur von Westen sichtbar, eine 14 Meter lange und nur etwa 3 Meter hohe Stützmauer, die durch einen Sims vom Grund abgesetzt ist.

Die Seitenwände des Torganges im Süden der Trümmerstätte haben bei einer Länge von 7,47 Metern eine Ausrichtung von 335 Grad. Im Gegensatz zum Nordtor vergrößert sich ihr Abstand nach innen zu. Erhalten geblieben sind sie in einer Durchschnittshöhe von etwa 90 Zentimeter. Keiner der beiden Torgänge bietet irgendwelche Anhaltspunkte dafür, daß es einst wirkliche Türen gab.

Auch in Mayfaʿat (Naqb al-Hajar) gab es keinerlei Hinweis auf das Vorhandensein von Türen. Allerdings gab es dort eine Schutzmauer, die den Torweg abriegelte und ihm einen rechtwinkligen Knick nach rechts gab.[183] Daß die Torgänge in Hajar al-Barīra demgegenüber geradlinig geführt sind, mag mit den Erfordernissen von Kamelkarawanen zusammenhängen, denen der Zugang erleichtert werden mußte, weil die Stadt Karawanenplatz war.

Die siebente Bastion westlich des Südtors ist größer als alle anderen. Sie ist fast 4 Meter breit, mehr als 5 Meter lang, und es ist sehr wahrscheinlich, daß man es hier mit einem ehemaligen Wachtturm zu tun hat.

Im Osten desselben Tores findet man in einer Richtung von 75 Grad nach einer unter Trümmern verschütteten Mauerstrecke eine Eckbastion mit angewinkelter Außenfront. Ihre Ostfassade hat einen Winkel von 10 Grad und ist 5,49 Meter lang und besteht aus großen Mauerblöcken. Von dieser südöstlichen Eckbastion aus liegt das Nordtor genau 200 Meter entfernt, und zwar in einer Peilrichtung von 315 Grad.

Der anhand von Luftaufnahmen überprüfte Plan der Ruinenstätte zeigt, daß sich das Nordtor nach der Straße nach Shabwa hin öffnete, und außerdem läßt er vermuten, daß bei der Anlage der alten Stadt eine gewisse Symmetrie waltete. Vermutlich hatte das Südtor sein Gegenstück in der Nordmauer (das sogenannte »Nordtor« befindet sich ja im Nordwesten der Stadt). Im Wadi fand man keine Spuren irgendwelcher Mauerreste, die den Schluß zuließen, daß die in das Innere des ummauerten Stadtgebietes eingedrungene Flut Häuserreste fortgerissen habe, doch vermutlich fand ein großer Teil des Trümmermaterials beim Bau der benachbarten neuen Stadt erneut Verwendung.

Das von der alten Stadtmauer umgebene Gelände ist heute von einer ebenen Schicht angeschwemmten Materials bedeckt, aus der sich flache Hügel erheben, die an der Nordseite mit einer dünneren Scherbenschicht bedeckt sind. Außerdem fällt das Terrain hinter der Stadtmauer bzw. dort, wo die Stadtmauer heute nicht mehr sichtbar ist, leicht nach innen ab. Im allgemeinen liegt das Bodenniveau etwa 3 Meter über dem Nordtor-Eingang. Ein gewisses Maß an Grabungstätigkeit haben Schatzsucher entfaltet, wobei ein kleines Stück Mauer – der Rest eines Gebäudes – zum Vorschein gekommen ist.

Offen an der Erdoberfläche liegen zahlreiche Scherben umher, dies gilt ganz besonders für die Stellen hinter der Mauer, wo sich das Gelände senkt. Die hier gefundene Keramik läßt sich mit der Töpferware von Al-Binā und Raibun, von Huraidah im Wadi ʿAmd sowie von Mushgha im Wadi ʿIdm vergleichen. Zeitlich gehört sie wohl in das 5. Jahrhundert v. Chr., wenn sie nicht noch früher anzusetzen ist. Für eine solche zeitliche Einordnung spricht auch das in Baihān zutage gekommene Fundmaterial.

Zwei Steine aus Hajar al-Barīra tragen Inschriften, und ihre mit außergewöhnlicher Sorgfalt ausgeführten, wohlausgewogenen Schriftzeichen sind typisch für die frühe Periode. Dem paläographischen Befund nach hat man diese Inschriften wahrscheinlich der Zeit zwischen dem 5. und 3. Jahrhundert v. Chr. zuzuweisen.

In einer Richtung von 261° von Al-Barīra aus liegt jenseits des ehemaligen Kulturlandes am Rande des Wadi-Jirdān-Flutbettes ein mächtiges Felsstück frei zutage. An seinem Fuß befindet sich eine große Zisterne, und oben auf dem Felsen erhebt sich eine unter dem Namen Husn Barīra bekannte Befestigung. Seine Lage machte diesen Punkt zu einem wichtigen Beobachtungsposten; den Nutzen hatten die Bewohner des Wadi.

Das alte Ackerland von Hajar al-Barīra hat an der Nordseite eine roh aufgeführte Grenzmauer. Ihre Länge liegt zwischen knapp 300 und rund 360 Metern, ihre Höhe – und sie ist in voller Höhe erhalten geblieben – stellenweise zwischen

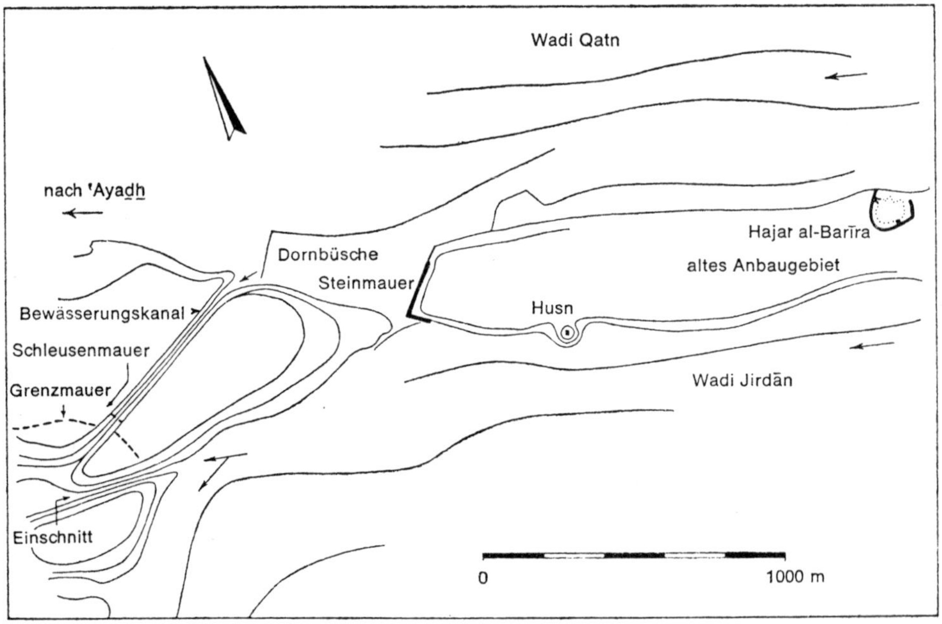

Abb. 32 Übersichtsskizze des alten Anbaugebiets von al-Barīra mit den beiden Kanälen, die das Wasser der jährlichen Wadi-Fluten zu dem mitten in einem moränenartigen Schutthügel gelegenen Saʿad leiten.

Tafeln 101, 102 *Oben:* Über dem Flutbett des Wadi Merkha erhebt sich Hajar Am-Nab. Es ist von einem Muster aus erodierten Feldern und versandeten Bewässerungsgräben umgeben. *Rechts:* Typisches Gebäude dieses Ortes, dessen Mauerwerk aus unregelmäßigen Lagen verschieden großer Blöcke besteht. Diese Bauweise ist typisch für die Gegend. Vermutlich hat man hier ein Bauwerk vor sich, das erst spät über weit älteren Fundamenten errichtet wurde.

Tafel 103 Ǧabal Raydān beherrscht das Wadi Baihān und die heutige Stadt Baihān al-Qasab. Auf dem Boden sind Schlammziegel, das Baumaterial für neue Häuser, zum Trocknen ausgelegt.

Tafel 104 An der Südseite das Ǧabal-Raydān-Gipfels befindet sich eine Reihe ohne Mörtel und in unregelmäßiger Bauweise aus Geröllmauerwerk aufgeführter Gemäuer. Oberhalb davon erkennt man einige kleine, durch Bewurf abgedichtete Zisternen für die Wasserversorgung.

Tafeln 105, 106 Rund 21 Hektar bedeckt das Gebiet von Timna', der alten Hauptstadt von Qatabān (*rechts*). Ursprünglich war die Stadt etwa 16 bis 17 Meter über dem Wadi-Boden auf einer Bank aus Schwemmmaterial angelegt. Erst neuerdings entdeckte man ein Tor an ihrer Südostecke sowie einige Häuser. *Oben:* Schrägaufsicht auf den Haupttempel. Noch immer ist in großen Zügen recht viel vom Grundplan der Anlage zu erkennen.

Tafeln 107, 108 Haupttempel von Timna'. *Oben:* Blick über den Tempelvorhof nach Westen auf die Stufen und Stylobaten (Fundament-Oberteile) des eigentlichen Tempels (vgl. auch Tafel 105). *Rechts:* Teil des massiven Mauerwerks an der Südseite des Haupttempels. Man erkennt das religiöse Symbol Wad'b: Mondsichel, Venusscheibe und eine Menschenhand mit ausgespreizten Fingern.

Tafeln 109–111 Hajar ben Humaid – Grabungsstätte auf einem Trümmerhügel, etwas mehr als 20 Meter über dem Wadigrund. Die Flächenausdehnung der Ruinenstätte beträgt etwa 1,6 Hektar. Bis zu einer Tiefe von mehr als 7 Metern fand man 1951 bei einer Grabung noch Keramik, was sich darunter befand, war Schwemmland, das von früheren Bewässerungsmaßnahmen herrührte, oder ehemaliger Feldboden. Das auf der Tafel *oben* links sichtbare Mauerwerk besteht aus wiederverwendetem älterem Baumaterial. In einen der Steine dieser Mauer, den man auf dem Kopf stehend wiederverwendet hat, waren die drei Strauße (*rechts*) eingehämmert. Vermutlich entstand dieser Mauerzug in den ersten Jahrhunderten unserer Zeitrechnung. An der *tell*-Oberfläche die *rechts unten* abgebildete Inschrift des NABAT YUHAN'M ben ŠAHR HILAL. Diese Inschrift spricht auch vom Königspalast von ḤRB, dessen Lage jedoch unbekannt ist.

Tafeln 112, 113 Über den Najd-Marqad-Paß, Übergang über einen felsigen Gebirgsausläufer am Rande der Sandsee zwischen Wadi Baihān und Wadi Ḥarib, führt eine mauereingefaßte und gepflasterte Straße. Auf der Paßhöhe liegen die Mauern etwa 10 Meter auseinander, an den Enden der Paßstraße dagegen 18 bzw. 23 Meter. Nur zwei Teilstrecken der Pflasterung sind noch erhalten, obwohl einst der gesamte Weg mit unregelmäßig geformten Blöcken ausgelegt war. Najd Marqad diente als Rast- und Zollstätte für Kamelkarawanen.

Tafel 114 Die alte qatabanische Stadt Ḥaribat im Wadi Ḥarib, ungefähr gegenüber dem Einstieg zum Mablaqa-Paß. Die große Ruinenstätte liegt rund 4 bis 5 Meter über dem Wadigrund, ihre Ausdehnung beträgt knapp 300 × 200 Meter; es handelt sich um recht übersichtliches Terrain. Viele der Bauwerke liegen frei. Sie bestehen aus vorzüglich behauenem und gut geschichtetem Quadermauerwerk.

Tafel 115 Anzapfen eines typischen Weihrauchstrauchs in der Nähe von Hanun, nördlich von Salalah in D̲h̲ufar.

Tafel 116 Gesamtansicht von Shabwa beim Zugang von Westen. Links das Dorf Maiwan, in der Mitte die Gebäude von Mathina, dahinter Hajar. Der Tempel befindet sich rechts von der Mitte.

Tafeln 117, 118 Zwei Architekturdetails des Tempels von Shabwa. *Links oben:* Das rechte Podium, das die Tempelstufen flankierte. Die Rillen und die Vertiefung lassen vermuten, daß einst eine Statue oder etwas anderes auf diesem Podium stand. *Unten links:* Die vier Säulenbasen der Tempelanlage (dahinter das rechte Podium). Die Rillen rings um die Basen und das Dübelloch in der Mitte lassen vermuten, daß die Säulen aus einzelnen steinernen Trommeln und nicht wie sonst in Südarabien aus Monolithen bestanden.

Tafeln 119, 120 Den Hauptblock südlich des Ǧabal ʿUqlah krönt ein Gemäuer, das die Inschrift des Steins als ʾANWADUM bezeichnet. Ein Teil der unteren Zisterne durchschneidet die Inschrift des ʾIlʿazz Yalit, Königs von Ḥaḍramaut. Diese Inschrift berichtet von einer Zeremonie des Königs (RES 3909), andere Inschriften stammen vermutlich von seinen Gefolgsleuten, von denen einige damals wohl Hoftitel erhielten.

Tafel 121 Gesamtansicht des Wadi Aqābih von der Höhe des Ǧabal Aqābih aus. Der Fundort der Inschriften liegt im Mittelgrund der Aufnahme, Al-'Abr rund 16 Kilometer entfernt im Südwesten.

Tafel 122 Wadi Aqābih. Blick durch den Mittelabschnitt nach Südwesten.

Tafeln 123, 124 Felsbilder und -inschriften am Südende des Wadi Aqābih. Ein hier oft anzutreffendes Motiv besteht in einer Reihe rechter Handflächen mit gespreizten Fingern, die sich zusammen mit einer kurzen Inschrift in einem umrandeten Feld befinden. *Darunter:* Weniger klar markierte Felsinschrift neben der Silhouette eines Kamels.

Tafeln 125, 126 *Oben:* Felsbilder mit Reitern, die anscheinend wie im Turnier mit voller Wucht gegeneinander anrennen. *Unten:* Mehrere Reiter auf einem einzigen Pferd. Zwei von ihnen scheinen Gewehre zu schwingen.

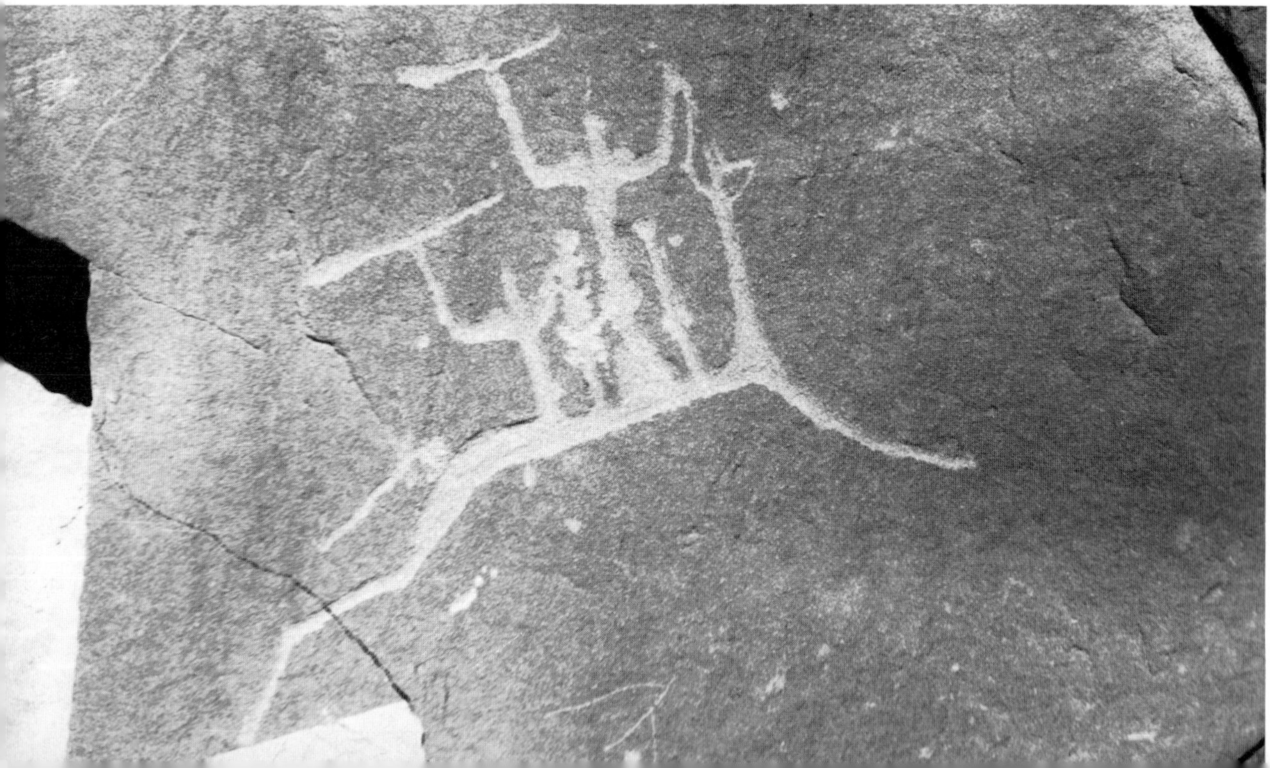

Tafeln 127, 128 Kilometerweit erblickt man von der Ebene des Nordens aus die Steinmale auf dem Kamm des Ǧabal Aqābih. Die hier zu erkennenden Steingebilde dieser Art gehören zu einer Reihe von 33 Steinmalen, die sich von dem Haupt-Steinhügel, dessen Durchmesser rund 5 Meter beträgt, nach Südosten hinzieht. *Darunter:* Nicht selten enthalten die Platten, aus denen man die Steinmale aufgeschichtet hat, Felsinschriften.

Tafel 129 Am Westufer des Flutbetts im Wadi ʿIdm liegt die ausgedehnte Ruinenstätte Mushgha. Leider fiel sie teilweise der Erosion zum Opfer; das Flußbett hat sich in den Ostteil der Ruinen hineingefressen. Die Aufnahme läßt das Wadi-Bett unter dem im Vordergrund nun freigelegten Mauerwerk erkennen.

Tafel 130 Husn al-ʿUrr, eine mächtige Festungsanlage auf Fels. Einst schmückten hervorragend gearbeitete Türscharniere, Türstürze und Kapitelle dieses Fort. Das am besten behauene und zugeschnittene Kalkstein-Baumaterial wurde mehrfach verwendet. Ohne Zweifel handelt es sich um eine Anlage, deren Bedeutung sich nicht darin erschöpfte, das Tal zu beherrschen.

Tafel 131 Mitten in Sūk auf der Insel Sokotra befinden sich auf einer flachen Aufschüttung die Überreste einer kleinen Kirche, deren mit Putz überzogenen ebenen Boden das Foto zeigt. Weiterhin erkennt man einige Pfeilerbasen aus Kalkstein- und Korallenblöcken; insgesamt sind es neun. Außerdem gab es anscheinend zwei verputzte Böden übereinander. Möglicherweise wurden sie im Zuge baulicher Veränderungen angelegt, die die Portugiesen an dem Bauwerk vornahmen, das in seiner Gesamtheit älter und arabischen Ursprungs ist.

Tafel 132 Der verputzte Eingang an der Nordseite der Kirche von Sūk mit Mauerresten. Es handelt sich um einen rechteckigen Anbau, der auf dem zweiten verputzten Boden ruht und sich unmittelbar an die gleichfalls mit Putz beworfene Kirchen-Nordwand anlehnt.

Tafel 133 Aus Kalkstein und Korallenblöcken bestehende Säulenbasen am Nordeingang der Kirche von Sūk. Die Basen sind von unterschiedlichem Zuschnitt. Offenbar bestanden die Säulen aus Putz-überzogenen Blöcken.

Tafel 134 Eine jener Bestattungen, die man östlich von Sūk an den unteren Hängen des Ǧabal Hawāri eingemauert fand. Nach Ausweis des Beckens dürfte es sich um einen männlichen Toten handeln. Allerdings lag das Becken andersherum als der Schädel, außerdem fanden sich Fragmente eines zweiten Schädels. Demnach wurde einst hier wohl nicht die unversehrte Leiche des Verstorbenen beigesetzt. Das bei den Gebeinen geborgene Fundmaterial trägt zur Identifikation bei, und man darf wohl vermuten, daß diese Gräber etwas mit dem höher am Berg gelegenen portugiesischen Fort und der Garnison zu tun haben.

3 bis 6 Metern (Abb. 32). An der Nordwestecke des Kulturbodens gibt es einen weiteren – und zwar angewinkelten – Mauerzug. Er diente wohl einem doppelten Zweck. Einmal sollte er die Felder schützen und ihre Unterspülung verhindern, und außerdem sollte er wohl auch das Flutwasser aus dem Bett des Wadi Gatn (einem Tal, dessen Fortsetzung nach Norden den Namen Riša führt) in das Hauptbett des Wadi Jirdān ableiten.

Zwei als Bewässerungskanäle dienende Einstiche führen in das ebene Landbaugebiet des kleinen Tals von Saʿda, das in der Nähe zwischen Schutthügeln liegt. Zweck des Hauptkanals ist es, dem Wasser ungehinderten Zufluß zu den Feldern von Al-Binā zu verschaffen. Überschüssiges Wasser aus dem Wadi Jirdān nahm seinen Weg längs der Südflanke des Geröllhügels, und an einer Stelle wo dieses Geröll den alten Boden freigibt, findet man Anzeichen dafür, daß es schon im Altertum hier Felder gab, die auf die gleiche Weise bewässert wurden. Dies deutet darauf hin, daß es auch hier eine antike Stadt gab – oder daß das benachbarte Dorf Saʿda auf den Fundamenten einer Ansiedlung errichtet ist, die schon im Altertum bestand. Vermutlich hob man die das Wasser der Flutbetten ableitenden Kanäle erst aus, nachdem das einst hier befindliche Kulturland schon unter Flußgeröll und angeschwemmtem Material begraben war.

Man hält diese Kanäle für Anlagen aus vorislamischer Zeit. Ohne Zweifel handelt es sich um Bauwerke, die beachtliches, handwerkliches Können verraten. Der Hauptdurchstich (*naqb*), dessen Lauf im großen ganzen die Richtung von 180 Grad einhält, ist etwa 27 Meter tief und oben rund 42 Meter breit. An seiner inneren Öffnung betragen Breite und Tiefe noch immer ca. 27 bzw. 15–21 Meter.

Der zweite Kanal erreicht das Tal durch den Schutthügel von Nordwesten. Seine Aufgabe besteht darin, das Wasser des Wadi Gatn zu sammeln. Er verläuft vollkommen gerade, sein Profil hat am oberen Rand von Einschnittkante zu Einschnittkante eine Breite von 12,35 Metern. Die Seitenwände fallen gleichmäßig ab, ihre Neigung beträgt 45 Grad und vom oberen Rand bis hinab zur Kanalsohle messen sie 10,37 Meter. Die Gesamtlänge dieses künstlichen Wasserlaufs betrug 198,25 Meter, doch nach 167 Metern sind beiderseits in die aus Geröll bestehenden Uferböschungen einige große Steinblöcke eingefügt – vielleicht befanden sich hier einst Schleusentore. Der Einlaß dieses Durchstichs liegt rund 9 Meter höher als der Boden des Tals, in das er am anderen Ende schließlich mündet, und er liegt ebenso hoch über dem Grund des Hauptkanals. Das gesamte Moränenhügeltal umgeben am inneren Geröllhügel-Rand Reste von primitivem Mauerwerk, das stellenweise bis zu 91 Zentimeter dick ist. Vermutlich hat man es hier mit Überresten gemauerter Grenzmarkierungen zu tun.

Welche Art von Zusammenhang zwischen Al-Barīra und Al-Binā bestand, ist ungewiß. Fest steht nur: in beiden Fällen hat man es mit ummauerten Plätzen zu tun, in beiden Fällen verwendete man Baumaterial, das überall in der Umgebung zur Verfügung stand, schließlich ähneln sich beide Stätten, was die Größe des ummauerten Areals und die gerundete Grundrißform der gesamten Anlage angeht. Man hat die Vermutung geäußert, es handle sich bei beiden Orten nur um Forts zur Flankendeckung für eine Stadt namens Hajar Jirdān, doch die Bewohner der Gegend wissen nichts von anderen Ruinenstätten oder steinernen Mauerresten. Heute wohnen in der Mündung des Wadi Jirdān, in ʿAyadh, in Saʿda, ja bis nach Al-Barīra hin Leute, die in der Tiefe des Ǧabal al-Milh Salzbergbau treiben und damit einer Tätigkeit nachgehen, die sich wahrscheinlich bei lückenlosem Zeugnismaterial bis auf die Tage zurückverfolgen ließe, als neben dem Weihrauchhandel auch der Handel mit Salz von höchster Bedeutung war. Im übrigen ist es keineswegs unwahrscheinlich, daß der inschriftlich erwähnte Ort Hajar Jirdān nichts anderes war als Hajar al-Barīra, das ja im Wadi Jirdān liegt.

Beitwan Mugraf-Saʿad

Nördlich des Pfades von Husn al-Barīra nach Ataq, südwestlich von Saʿda, erhebt sich auf einem markanten Geländepunkt ein kleiner *husn.*

In die Außenfront der roh zusammengefügten Mauern dieser kleinen Festung hat man Graffiti eingeritzt. Westlich von diesem Gebäude findet sich ein ebenes Geländestück, und hier bemerkt man noch die oberen Stufen einer Treppe, die einst an der Südwestecke in den Stein gehauen war. An einer ebenen Felsfläche daneben findet man eine Reihe weiterer Graffito-Inschriften, desgleichen eine flache Vertiefung von den Umrissen und Maßen eines menschlichen Fußes, daneben eine weitere – diesmal schüsselförmige – Vertiefung, deren Durchmesser (bei einer Tiefe von 6,35 Zentimetern) 12,70 Zentimeter beträgt.

Außerdem findet man an der Südseite der kleinen Befestigungsanlage zahlreiche Namen in den Felsen gehauen oder ausgehackt – allerdings zeigt das Felsgestein stellenweise schwere Verwitterungsspuren.

Anscheinend hat man es hier mit einem Beobachtungsposten der Ḥaḍrami zu tun, von dem aus man die gesamte Wadi-Mündung und das ganze Gelände zwischen Al-Barīra und Al-Binā überblicken konnte.

Al-Binā

Al-Binā liegt im Wadi Jirdān, und zwar nördlich von Hajar al-Barīra, jedoch südöstlich der heutigen Stadt ʿAyadh (Abb. 33). Es handelt sich um eine von einer Mauer umgebene Stätte von, grob gesprochen, rundem Gesamtumriß. So gut wie auf allen Seiten ist sie von einstigen Feldern und Bewässerungsgräben umgeben, die heute jedoch alle zugeschwemmt sind.

Die Mauern bestehen aus etwa 38 Zentimeter langen Luftziegeln. An der Südwestflanke kann man erkennen, daß das Mauerwerk fast 4 Meter dick ist. Nicht weniger als dreimal scheint man hier das Mauerwerk repariert zu haben, denn Erosion hat drei verschiedene Mauerfronten zum Vorschein kommen lassen. Die Gesamthöhe der Mauer, soweit sie noch erhalten ist, beträgt rund 6

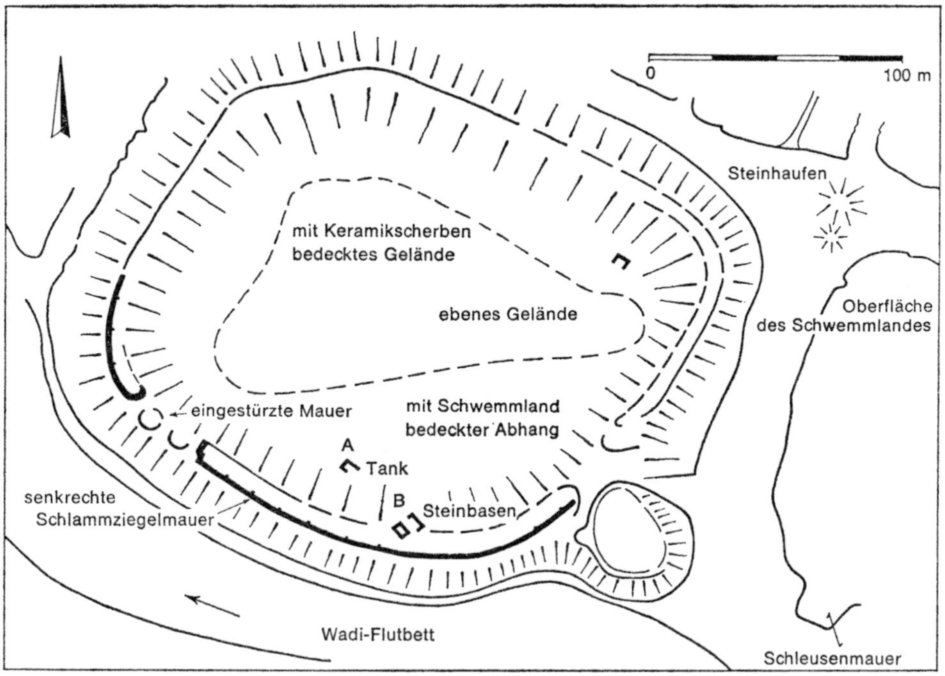

Abb. 33 Plan von Al-Binā. Der Ort war von einer Luftziegelmauer umgeben. Anscheinend handelte es sich um eine befestigte Ansiedlung dicht am Flutbett des Wadi, dessen Fluten man zur Bewässerung der umliegenden Felder nutzte. Bei den auf dem Plan eingezeichneten Steinhaufen handelt es sich wohl um Reste von Schleusentoren, mit deren Hilfe man einst den Wasserstand in den Kanälen regulieren konnte.

Meter über dem Wadibett. Anscheinend wurde sie direkt auf Geröllkonglomerat errichtet. G. Lankaster Harding bemerkte, daß sich deutlich zwei getrennte Bauphasen unterscheiden ließen. Die unterste Schicht, so fand er, bestand aus einem 5 bis 15 Zentimeter dicken Lager von feinem, grauem Staub, Holzstückchen, Strohhalmstückchen, Holzkohlenresten und einigen wenigen schwer einzuordnenden Scherben. Darüber lag eine Luftziegelschicht von unterschiedlicher Stärke, allerdings war sie nirgends dicker als etwa 30 Zentimeter. Über dieser Ziegelschicht folgen erneut Trümmer – schwärzliche Trümmer dieses Mal; ihre Schicht war ca. 10 Zentimeter dick. Auf diesen Trümmern endlich stand die noch heute sichtbare Umfassungsmauer.[184] Vom Eingang – er liegt im Süden – hat man entlang der Längsachse des gesamten Areals 196 Meter in Richtung 300 Grad zu gehen, um zur Mitte der gegenüberliegenden Mauer zu gelangen. Die Breite beträgt dagegen knapp 168 Meter. Es scheint nur das eine Tor an der Südseite gegeben zu haben. Ursprünglich schützte ein Lehmwall, der wie ein Riegel vor dem Eingang lag, das Tor. Er ist heute eingestürzt.

Man erblickt drei Baulichkeiten: Bauwerk A befindet sich in Richtung 270

Grad vom Eingang und ist von diesem 91,5 Meter entfernt. Möglicherweise war es einst ein kleines Reservoir, eine Zisterne. Seine Maße betragen 3,96 mal 6,10 Meter. Es besteht aus gebrannten Ziegeln, und feiner Kalkmörtel bedeckt in 4 Lagen die Innenwände. Bauwerk B ist 30,50 Meter vom Bauwerk A entfernt. Es scheint aus mehreren Räumlichkeiten bestanden zu haben. Seine Mauern ruhten auf breiten Fundamenten, die noch über die eigentliche Mauerkante hinausragten. Einer der Räume mißt 2,75 mal 6,71 Meter. Die Wände ruhen auf steinernen Basen – roh zugeschnitten, jedoch unter dem Boden lagenweise verlegt und mit einer Geröllpackung verstärkt. Der Boden hat durch Kalkmörtel seinen letzten Schliff bekommen. An die 6 Meter liegt das Niveau dieses Bodens über dem Wadibett. Auch an der Nordseite dieser Ruinenstätte befinden sich – in 134 Meter Entfernung – Reste von Steinmauern oder Mauerfundamenten.

Die Mitte des Ruinengeländes von Al-Binā ist eben und vor allem dort, wo der Boden leicht zur Umfassungsmauer hin ansteigt, mit Scherben besät. Nach außen hin ist ein großer Teil der einem Ringwall ähnlichen Erhöhung, auf der sich die Mauer von Al-Binā erhob, abgerutscht und hat große Teile des Mauerringes mit sich gerissen. Auch hier findet man zahlreiche Scherben, die die Bodenerosion freigelegt hat. Nach der Menge von Lehm zu urteilen, die das Gelände innerhalb der Mauereinfassung bedeckt, dürften die Mauern einst viel höher gewesen sein. Entsprechend niedriger war damals wohl das Bodenniveau im Innern des Mauerrings.

Im Osten, Westen und Süden umgeben Bewässerungskanäle die Ruinenstätte (Abb. 34). Im Norden grenzt sie an das Haupt-Flußbett des Wadi, dessen Fluten drei Kanäle und Schleusen ableiteten. In dem breiten Kanal an der Ostseite der Ansiedlung erkennt man – unmittelbar gegenüber der Ostecke des Mauerzuges – Steinhaufen. Hier handelt es sich wohl um Reste einstiger Schleusen, mit denen man den Wasserstand regulierte. Eine Luftaufnahme zeigt klar, wo sich einst für diesen Teil der Anlage das Hauptschleusentor befand, deutlich erkennt

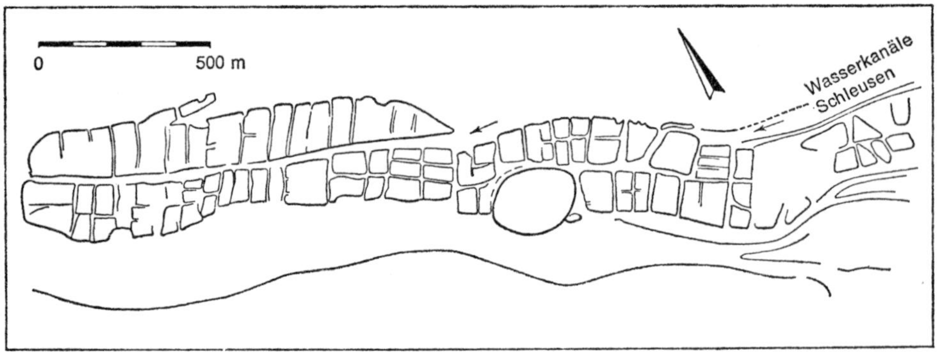

Abb. 34 Skizze nach einer Luftaufnahme der Royal Air Force. *Deutlich erkennt man, was von den einstigen Feldern und dem Kanalsystem bei Al-Binā übriggeblieben ist.*

man den wichtigsten Sammelkanal und die Zugmauer. Dem Nordteil des Anbaugebiets führte ein in gerader Linie verlaufender Kanal Wasser zu, von dem in seiner ganzen Länge nach beiden Seiten hin Nebenkanäle abzweigen.

Die Annahme hat viel für sich, daß es sich bei Al-Binā um ein befestigtes Dorf handelte, dessen Wohnhäuser und sonstige Baulichkeiten zum größten Teil aus ungebrannten, luftgetrockneten Ziegeln bestanden. Wahrscheinlich wachte man hier über das benachbarte Salzbergwerk, bis das Land unter Geröll und Schwemm-Material begraben wurde und man in die nahe Stadt ʿAyadh umzog. Als sie angelegt wurde, brauchte man keine Befestigungen mehr.

Die in Al-Binā gefundenen Scherben ähneln sehr stark denen aus Hajar al-Barīra. Ein Vergleich mit dem Material anderer Fundstätten aus dem Ḥaḍramaut läßt vermuten, daß der hier anzutreffende Keramiktyp etwa aus dem 5. Jahrhundert v. Chr. stammt.

Im Südosten des Ruinengeländes von Al-Binā fand man ein Stück Quadermauerwerk aus weißem Kalkstein mit abgesetztem Rand und ausgehauener Innenfläche. Es lag offen auf dem Boden. Dies hat wohl nicht viel zu bedeuten, doch ist es recht unwahrscheinlich, daß man dieses Mauerfragment hier ablegte, als Al-Binā nicht mehr bewohnt war. Betrachtet man dieses Mauerfragment als zur Ruinenstätte gehörig, so muß es auch als Zeugnis eines handwerklichen Könnens gewertet werden, wie es gewöhnlich nur an Plätzen von Bedeutung anzutreffen ist.

Wadi Merkha

Wadi Merkha gilt als das Zentrum von ʾAusān. Das Wadi verläuft längs der Südflanke des Ǧabal Nisyin nach Nordosten. Vor seiner Mündung breitet sich weithin ebenes Gelände aus, wo man noch Überreste alter Bewässerungsanlagen und große, heute von angeschwemmtem Material bedeckte Flächen erblickt, wo sich einst in geometrischer Anordnung die Felder befanden.[185]

Vom Flugzeug aus erkennt man 4 Plätze, wo sich einst Städte befunden haben müssen. Auf weitere Fundstätten müßte man bei ausgedehnter Bodenforschung stoßen. Die bekannteste dieser Stätten trägt heute den Namen Hajar an-Nab. Es handelt sich um einen ebenen Platz, der – ein wenig erhöht – dicht am heutigen Hauptflutbett des Wadi liegt. Es gibt dort Überreste aus Stein aufgemauerter Bauwerke, und man fand dort Alabasterkunstwerke, darunter Statuetten, sowie Bronzefigurinen aus vorislamischer Zeit.

Das Baihān-Gebiet

Ein breiter Talgrund, von angeschwemmtem Sand bedeckt, von steilen Felsmauern umragt, die sich weit nach Norden hinziehen: diesen Anblick bietet das Wadi Baihān, eines der besonders bedeutenden Täler Südarabiens. Es erstreckt sich von Süden nach Norden und mündet schließlich in die Sandwüste.

Am südlichen Ende (oder vielmehr am Anfang) des Wadi Baihān liegt Baihān

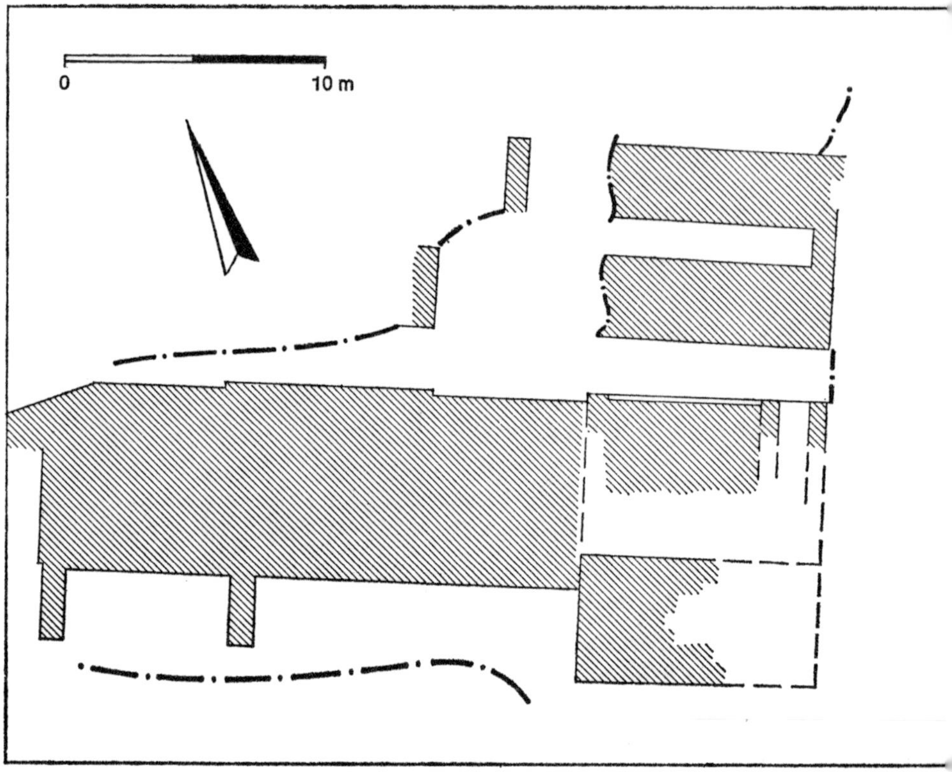

al-Qasab, einst die Hauptstadt des Emirats Baihān. Im Altertum bildete das gesamte Tal eines der Hauptzentren des Königreiches Qatabān. Hier erstreckt sich das Gebiet des einen von 5 einflußreichen Stadtstaaten, die längs der Handelsrouten ihre Macht entfalteten. Timna', die alte Hauptstadt, befand sich dort, wo sich heute – am Nordende des Wadi – der in der dortigen Umgebung unter dem Namen Hajar Kohlān bekannte alte Kulturhügel erhebt.

Hügel, die die Überreste alter Kultur bergen, Trümmerhügel gibt es mehrfach in diesem Tal, desgleichen ungeheure Gebiete, wo sich einst fruchtbare Felder erstreckten – Felder, die man mittels Schleusen aus einem annähernd 25 Kilometer langen Kanal bewässerte, der das von den Bergflanken herabströmende Wasser der jährlichen Regenperiode auffing.

Die Kontrolle über die Kamelkarawanen erleichterten zwei Pässe: *Aqabat* Najd Marqad in der Nähe der Sandwüste und *Aqabat* Mablaqah. Der Najd-Marqad-Paß verbindet das Mündungsgebiet des Wadi Baihān mit der Mündung des Wadi Ḥarib. Im Altertum befand er sich auf qatabānischem Territorium. Es

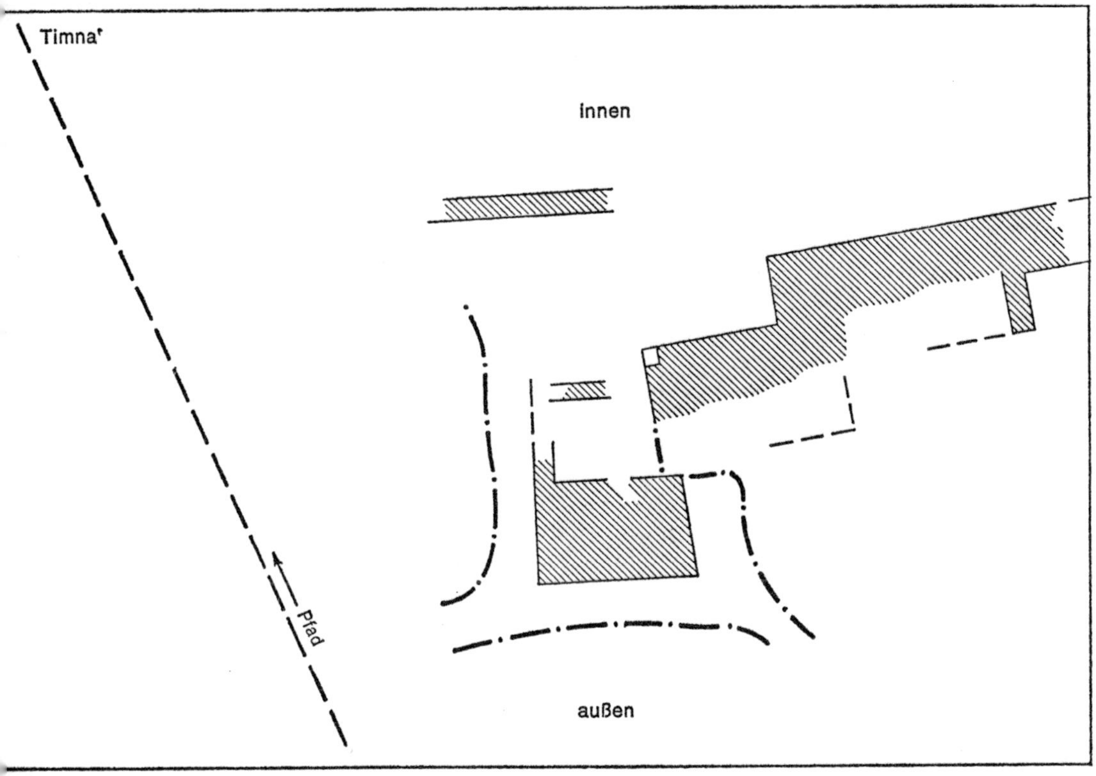

Abb. 35 Vermessungsskizze eines Teils des erst kürzlich freigelegten Südostzugangs und der Umwallung von Timnaʿ im Wadi Baihān. Die starken Punkt-Strich-Linien deuten den Umfang der Grabung an.

handelt sich um eine gepflasterte Straße, die auf beiden Seiten von Mauern flankiert wird. Wahrscheinlich wurde hier einst von den Kaufleuten, die mit ihren Kamelkarawanen die Wüstenstrecke eingeschlagen hatten und auf direktem Wege nach Westen, nach Marīb, weiterziehen wollten, Zoll erhoben. Nach Westen führt auch der Mablaqah-Paß, eine schmale, gleichfalls gepflasterte Straße quer über die Berge nach Hajar Henu Az-Zureir im Wadi Ḥarib. Auch von hier gelangte man nach Marīb, das annähernd 80 Kilometer entfernt war, und über Marīb schließlich nach einer endlosen Wüstenstrecke nach Gaza am Mittelmeer. Diese etwas weiter im Süden gelegene Paßstraße ist zwischen 4 und 5 Meter breit. An den steilsten Punkten hat man sie mit Stufen versehen und über künstlich angelegten Terrassen in Haarnadelkurven geführt. Die Gesamtlänge des Passes beträgt knapp 5 Kilometer, und am Paßkulm hat man, rund 305 Meter über dem Talboden, einen etwa 305 Meter langen Abschnitt der Paßstraße quer durch den Felsen geschnitten. An jedem Ende der Paßstraße befindet sich – sei es zufällig, sei es, daß man die Strecke absichtlich so geführt hat – ein kleines Wasserreservoir. Reisende und Tiere konnten sich an diesen Wasserstellen erfrischen.

Hajar Henu Az-Zureir ist der heutige Name einer anderen, einst bedeutenden qatabānischen Stadt, die im Altertum Ḥaribat hieß. Sie lag in strategisch günstiger Position am Westende des Mablaqah-Passes und stellte damit das westliche Gegenstück zu Hajar ben-Humaid dar, das am Anfang der Ostrampe des Passes lag.

Der Hügel von Hajar ben-Humaid mit seinen archäologischen Schichten ist wahrscheinlich die älteste Fundstätte im Wadi Baihān. Seine Entfernung beträgt etwa 14 bis 15 Kilometer von Timnaᶜ, das im Norden liegt. Grabungen haben gezeigt, daß der Ort seit rund 1000 v. Chr. bewohnt war, und zwar liegen die Reste einer ganzen Reihe von Ansiedlungen übereinander. Die älteste von ihnen war auf angeschwemmtem Material errichtet, das von einem noch älteren Bewässerungssystem herrührt. Der Hügel, von dem hier die Rede ist, erhebt sich gegenüber der Stelle, wo das Wadi Mablaqa abzweigt. Er birgt die Trümmer einer im Altertum bedeutenden Stadt. Eine Inschrift legt die Vermutung nahe, daß sich die Münzprägestätte des Ḥarib-Palastes hier befand.

Einige Ruinen bemerkt man bei einem Dorf namens Maryamah südlich von Baihān al-Qasab und südöstlich des heutigen Dorfes al-Harejah. Hier erblickt man noch Reste steinerner Mauern. Es handelt sich um die Mauern von Häusern, die teils an der Vereinigung zweier Wadis von angeschwemmtem Material begraben sind, teils sich auf einem Felsrücken erhoben. Das dortige Gebiet mit seinen Überresten von Bewässerungsanlagen verdient Aufmerksamkeit und dürfte ein lohnendes Objekt künftiger Forschung sein.

Timnaᶜ

Timnaᶜ, das Thomna Plinius' des Älteren[186], im Altertum Hauptstadt des Königreichs Qatabān, war einer der fünf bedeutenden Stadtstaaten, die entlang der alten Handelsstraßen aufblühten. Eine Inschrift an der Mauer des Südtors ermöglichte es, die Stätte zu identifizieren. Endgültig scheint Timnaᶜ im 1. Jahrhundert n. Chr. zerstört worden zu sein, und zwar in Kriegen mit Ḥaḍramaut. Zu den Funden, die in Timnaᶜ gemacht wurden, gehören eine Anzahl von *terra-sigillata*-Scherben*. Man fand die betreffenden Scherben in den Trümmern einiger Häuser.[187] Da es sich bei *terra sigillata* um bekanntes, datiertes Material handelt, dürfte damit wohl auch der *terminus post quem* für den Zeitabschnitt feststehen, in dem Timnaᶜ bewohnt war.

Als Timnaᶜ später zerstört wurde, bedeutete dies keineswegs den Untergang des Königreichs Qatabān. Vielmehr trat, wie es scheint, ein anderer Ort, Hajar ben Humaid, das Erbe der gefallenen alten Hauptstadt an. Es scheint, als ob sich in

* Als *terra sigillata* bezeichnet man das ursprünglich feine tönerne Tafelgeschirr der römischen Kaiserzeit, das seit 30 v. Chr. in Arezzo, später auch an anderen Orten des römischen Reichsgebiets, vor allem in Frankreich und Deutschland, hergestellt wurde und schließlich zur plumpen Massenware entartete (Anm. d. Übers.).

dieser Entwicklung etwas von der beständigen Aktivität der Einwohner des Wadi Baihān spiegelte.

Die Ruinenstätte von Hajar Koḥlān umfaßt etwa 21 Hektar. Ihr längster Durchmesser beträgt 612 Meter, während man an der schmalsten Stelle nur noch rund 320 Meter mißt. Ihre Höhe über dem Bett des Haupt-Wadi beträgt beim Südtor knapp 24 Meter. Wie es scheint, hat man die Stadt auf einem von der Natur geschaffenen Kliff am Nordeingang des Wadi angelegt. Timnaʿ war eine ummauerte Stadt mit mehreren Toren. Teilweise bildeten Häuser-Außenwände einen Bestandteil der Stadtmauer, und an der Südseite fand man auch außerhalb der Mauer von Häusern herrührende Überreste steinernen Mauerwerks.

Anscheinend gab es vier Tore: das sogenannte »Südtor« im Südwesten sowie weitere Torbauten an der Südost-, Nordwest- und Ostseite (Abb. 35).

Das Südtor ist von zwei Bastionen umgeben. Es ist für den Epigraphiker, den Inschriftenkundler, von größter Bedeutung, denn 3 Meter über dem Bodenpflaster befindet sich an der massiven Mauer eine Inschrift mit den Gesetzen der Stadt.[188] Das Gemäuer mit seinen breiten, unregelmäßigen Lagen roher Blöcke, von denen einer 2,44 mal 0,61 Meter mißt, verrät eine archaische Bauweise und scheint aus einer früheren Phase der Stadtgeschichte zu stammen, vielleicht aus der gleichen Zeit wie die unteren Mauerzüge des Haupttempels. Auf der linken Torbastion scheint es einst ein kleines Haus für die Wache gegeben zu haben. Noch immer befindet sich hier *in situ* für die Wache eine hohe, ebene Plattform.

Im Gegensatz zu anderen Torbauten Südarabiens bemerkt man hier zwei senkrechte Einlässe im Mauerwerk.[189] Sie waren zur Aufnahme der Seitenbalken eines hölzernen Türrahmens bestimmt. Es gab folglich hier nicht nur eine Türöffnung, sondern eine regelrechte Tür, und Nischen weiter oben in der Mauer lassen vermuten, daß diese Tür auch oben einen hölzernen Sturz (Querbalken) hatte.

Noch unerforscht sind die anderen Torbauten an der Ost- und Nordwestseite der Stadt, doch die Grabungen ortsansässiger Bauunternehmer, die auf der Suche nach Baumaterial waren, haben die Bastionen des Südwesttores zum Vorschein kommen lassen. Hier verrät das Mauerwerk mehr Kunstfertigkeit. Die gut zugeschnittenen, mit dem Hammer bearbeiteten, ordentlich verlegten rechteckigen Blöcke und die ganze Art dieser Mauerung nehmen eine Bauweise vorweg, die man später bei privaten Bauten innerhalb des Stadtgebiets anwandte.

Unweit vom Stadtzentrum befindet sich der Haupttempel. Seine Achse hält sich im großen und ganzen an die Ostwestrichtung. Seine Grundfläche mißt etwa 49 mal 3,60 Meter (?). Man kennt dieses Heiligtum als ʿAhtar-Tempel.[190] Im unteren Teil bestehen die Mauern dieses großen Gebäudes aus unbehauenen, massiven Granitblöcken, die unregelmäßige Lagen bilden. Im Osten, Norden und Süden springt das Mauerwerk in Abständen vor und bildet Bastionen, die mit zurückgesetzten Mauerabschnitten (Kurtinen) abwechseln. Hier scheint mesopotamischer Einfluß wirksam gewesen zu sein. In seiner höheren Schicht besteht das Mauerwerk aus Kalksteinblöcken von regelmäßigem Zuschnitt. Hier zeigt sich größeres

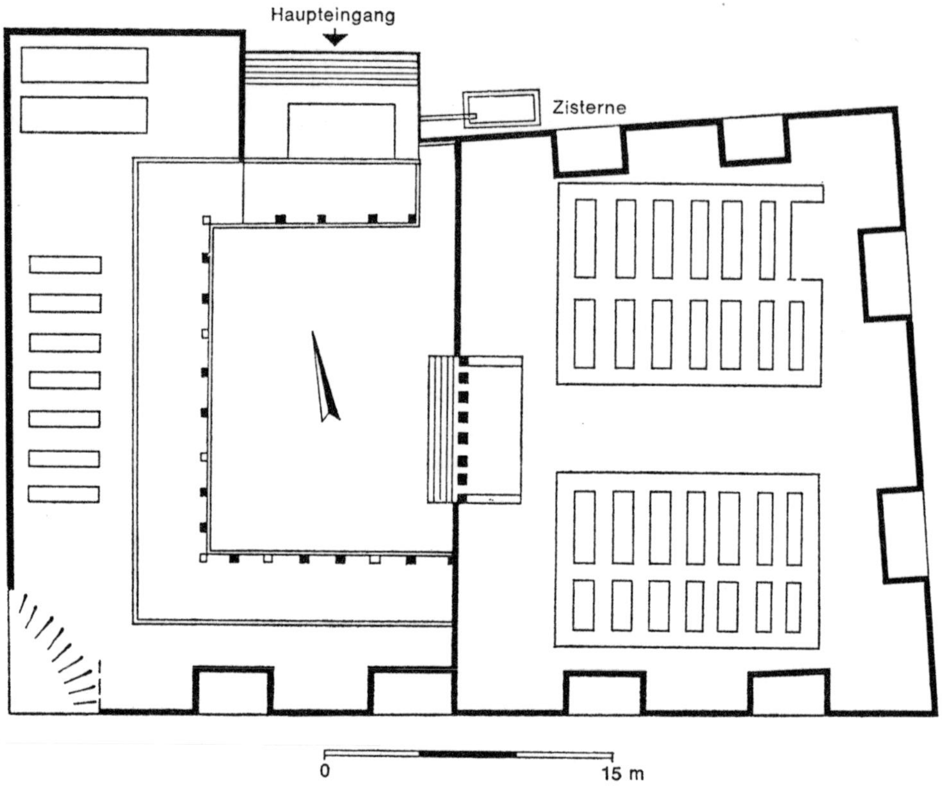

Abb. 36 Plan des Tempels bzw. der Kultstätte von Timna', die im wesentlichen von der Expedition der American Foundation *freigelegt wurde. Leider ist von den oberen Partien des Bauwerks heute nicht mehr viel sichtbar. Allerdings reichen die erhaltenen Überreste noch hin, die unterschiedlichen Bauphasen erkennen zu lassen. Die früheste Schicht besteht aus der Grundmauer mit den mächtigen Bastionen.*

Raffinement; anscheinend hat man auch den ursprünglichen Plan erweitert und verbessert. Wahrscheinlich fand der Bau dieses Tempels in vier Etappen statt. Von der ersten Phase zeugt heute noch das massive Mauerwerk der untersten Schichten. Sie sind wohl die ältesten Teile dieses Heiligtums selbst. Zwar liegen unter ihnen noch ältere Mauerreste, doch gehören diese nicht mehr zu dem Tempel, sondern zu einem viel früheren Bau, der sich vor der Errichtung des Tempels an dessen Stelle befand. Die zweite Bauperiode ist durch Erweiterungen gekennzeichnet, die im 3. Jahrhundert v. Chr. vorgenommen wurden. Hof und Treppen kamen vermutlich unter den Königen des 1. Jahrhunderts v. Chr. hinzu. Im Tempel fand man tiefrote und cremefarbene Platten aus poliertem Marmor. Wahrscheinlich waren mit ihnen einst die Innenwände des Tempels verkleidet. Die Stärke dieser Platten schwankt zwischen knapp 4 und etwas mehr als 6 Zentimetern.

In seinen Hauptzügen läßt sich der Tempelgrundriß wie folgt beschreiben: Eine breite Freitreppe führte zu dem an der Nordseite liegenden Haupteingang. Durch ihn gelangte man in einen säulenumstandenen Vorhof, ein Atrium, dessen Boden mit rötlichen Kalksteinplatten ausgelegt war. Einige der Basen seiner quadratischen Säulen sind noch erhalten. Etwa 1955 wurde eine kleine Treppe zerstört, die in einem der nischenartigen Kurtinen-Zwischenräume zwischen zwei Bastionen des ursprünglichen Mauerwerks angebracht war und die zum Vorhof führte. An der Ostseite dieses Vorhofs befanden sich die fünf 7,62 Meter breiten Stufen und die Säulenfassade des inneren Heiligtums. Heute erblickt man auf dem Boden dieses höhergelegenen Tempelabschnitts die Überreste vieler niedriger Mauern, die einst beiderseits der Hauptachse des Tempels einzelne Räume abtrennten. Unbekannt ist zur Zeit noch, welchem Zweck sie dienten, wenn es sich nicht um Grabkammern handelte. Die Tempelmagazine befanden sich an der Westseite des Vorhofs. Wie das ausgezeichnet verlegte Mauerwerk der Tempel-Westwand zeigt, gehörte dieser Teil zu den später umgebauten Tempelabschnitten.

Die Expedition der *American Foundation of the Study of Man* (der »Amerikanischen Anthropologischen [und ethnologischen] Stiftung«) legte einen Obelisken frei, der jahrelang aus dem Sand von Timnaʿ geragt hatte: den Obelisken des Königs Šahr Hilal. Die beachtenswerten Inschriften dieses Monolithen (RES 4337 A und B) beziehen sich auf die Handels-, Markt- und Steuergesetze der Stadt.

Zwei in ihrer Konstruktion vorzügliche Bauwerke, die die amerikanische Expedition gleichfalls ausgegraben hat, sind als Haus Yafaʿan und Haus Yafash bekannt. Sie liegen an der Westseite der Stadt, und zwar das Haus Yafaʿan näher dem Südtor. Bedeutung hat Haus Yafash vor allem wegen seiner sechs Inschriften. Die fraglichen Texte – sie wurden alle bei den amerikanischen Grabungen entdeckt – lassen nicht nur eine Entwicklung des Schriftbildes erkennen, sondern geben außerdem Aufschluß über die Thronfolge einer ganzen Reihe qatabānischer Könige. Vor der Mitte der Mauer dieses Hauses fand man beim Südtor die antithetische – spiegelbildlich-gegenläufige – Gruppe bronzener Löwenreiter.[191]

Dicht daneben befinden sich, gleichfalls gegenüber dem Südtor, die Reste eines bedeutenden Bauwerks, dessen Quadermauerwerk das des Hauses Yafash an Güte weit übertrifft. Und zwar ist die Südwestecke des Gebäudes erhalten, und man erkennt hier ausgezeichnet zugeschnittene, an der Fassade vorzüglich geglättete Quadern, in entsprechendem Mauerwerk ohne Bindemittel und mit hervorragend schließenden Fugen verlegt. An der Südseite dieses Gebäudes findet man die Reste einer aus dem Felsen gehauenen Stufenreihe, eine zweite mag es an der Ostseite gegeben haben.

Weiter im Norden sowie 90 bis 100 Meter westlich des Haupttempels entdeckte man 1967 unter anderem einen Gebäudekomplex mit Mauerwerk, das dem des Hauses Yafash sehr ähnlich ist. Dicht nebeneinander gibt es hier die Überreste zweier Baulichkeiten. In jedem Fall gehörten dazu ein Wohnhaus und eine Werkstatt. Nur eine schmale Straße trennte die beiden Gebäude. Inschriften an beiden Häusern überlieferten die Namen Šabʿan und ʿAṯʿan (Abb. 37).

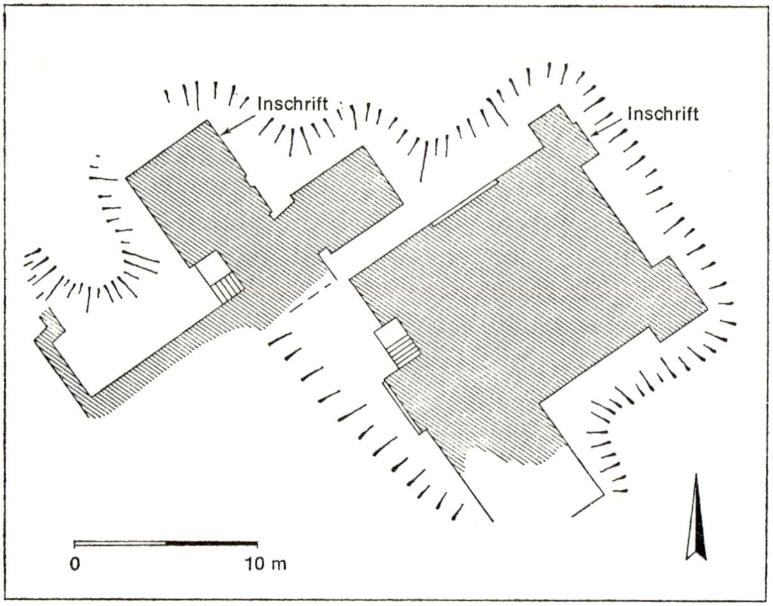

Abb. 37 Plan der Außenmauern der Häuser Šabʿān (rechts) und ʿAṯʿan (links), 1967 ausgegraben. An ihren Wänden entdeckte man Inschriften: Beschreibungen der Bauwerke mit ihren Werkräumen und den auf dem Plan erkennbaren Außentreppen.

Den Plan der als »Haus Yafash« bekannten Bauwerke[192], die von der *American Foundation* ausgegraben wurden[193], beschreiben die in die Außenmauern eingefügten Inschriften. Offenbar bestand das Haus aus mehreren Räumen – darunter einer Werkstatt – zu ebener Erde. Eine Außentreppe führte zum oberen Stockwerk. Hier gab es Lagerräume – wohl für Weihrauch – und eine offene Veranda.

Auch die Häuser Šabʿan und ʿAṯʿan waren nach demselben Plan angelegt. Dies zeigte sich, als man sie später freilegte. Überdies bestätigte eine Inschrift an der Mauer des Hauses Šabʿan noch einmal ausdrücklich die hier gegebene Beschreibung.

Die Mauerung dieser Häuser scheint vom gleichen Typ gewesen zu sein. Sie bestand in beiden Fällen aus regelmäßigen Lagen mit dem Hammer behauener Bruchsteinblöcke. Einige der unteren Mauerlagen im Hause Šabʿan waren allerdings an der Außenseite mit dünnen, hochkant angebrachten, fein zugeschnittenen Kalksteinblöcken von glatter Oberfläche verkleidet.

Zu den übrigen Funden gehören neben den hellenistischen Bronzelöwen mit ihren cherubischen Reitern zwei runde bronzene Weihrauchbrenner. Die Weihrauchschalen befinden sich auf erhöhten Basen und haben eine hohe Rückenpartie. Ein einzelner, freistehender Steinbock bildet den Handgriff. Die Stücke kamen in der Nähe des Tempels zum Vorschein. Zu den Bronzefunden gehören schließlich

Buchstaben der südarabischen Schrift, die an einer Steinfläche befestigt waren, sowie Bronzehufe: Zierfüße für die Beine hölzernen Mobiliars.

Eine Entdeckung von größter Bedeutung war der Fund der Bronzestatue einer sitzenden Frau in der Kleidung der späthellenistischen Periode. Der Fund glückte der amerikanischen Expedition im Hause Hadath.[193]

Neuere Entdeckungen in den Häusern ʿAṯʿan und Šabʿan sind Einheimischen zu verdanken. Diese fanden im Haus ʿAṯʿan eine 0,91 Meter breite und 50 Zentimeter tiefe bronzene Badewanne. Sie hat einen rundgeformten Rand und zwei Paare einander gegenüber angebrachter vertikaler Henkel in Ösenform. Außerdem erkennt man die Strümpfe von vier Füßen. Unter ihrem Rand und unter ihren Henkeln trägt sie eine Inschrift, die in erhabenen Buchstaben ausgeführt ist. Überdies zeigt der Gefäßkörper gewisse Andeutungen einer Dekoration. Das Stück wird in dem kleinen Museumsmagazin in Baihān al-Qasab aufbewahrt.

Weiterhin fand man Fragmente eines vorzüglich modellierten, freistehenden Hirschs, dessen gekrümmter Hals verrät, daß er eine lauschende Haltung einnahm. Es handelt sich um ein bemerkenswert naturgetreues Kunstwerk. Die Basis, auf der das Tier stand, ist heute verloren, doch vermutlich hatte das Bildwerk einst eine Höhe von etwa 53 Zentimetern.

Bei Alabaster-, Marmor- und Kalksteinarbeiten handelt es sich meist um Votivgaben, die irgendein Stifter dem Tempel geweiht hat, jedoch auch Gedächtnisgaben für Verstorbene sind darunter. Was an Funden dieser Art in Timnaʿ zum Vorschein kam, umfaßt Stelen, die ebenso aus einfachen Alabastertafeln wie aus Platten mit einem Stierkopf zu Ehren des Mondgottes oder aus stilisierten Köpfen bestehen können, die den Stifter oder die Stifterin darstellen sollen. Oftmals bestehen diese Stelen mit ihren Basen aus ein und demselben Material. Gewöhnlich sind die Basen jedoch aus Kalkstein, die Stelen mit Kalkmörtel eingefügt.

Schließlich fanden sich in Timnaʿ an der Erdoberfläche ebenso wie bei Grabungen, die die einheimische Bevölkerung unternahm, um Baumaterial zu gewinnen, Trankopferaltäre mit Abflüssen in Stierkopfform, Friese von Steinböcken sowie Architekturornamente aus geradlinigen Mustern.

Inschriften

Zum Glück sind die Steinblöcke, an denen die Inschriften von Timnaʿ gefunden wurden, dies gilt besonders für die Inschriften vom Südtor, zu schwer, als daß man sie einfach von ihrem Platz entfernen und anderweit verwenden könnte. Die Inschriften von Timnaʿ befinden sich daher noch immer dort, wo man sie ursprünglich angebracht hat. Allerdings haben sie in der Neuzeit manchen schweren Schaden davongetragen.

Eine Reihe dieser Inschriften, die die Stadtgesetze verkünden, hat E. Glaser aufgezeichnet. Einige wurden 1924 von N. Rhodokanakis veröffentlicht, und die den Mord betreffende Inschrift publizierte 1967 A. K. Irvine.[194] Es handelt sich um eine Inschrift RES 3878. Ihr Text ist ein Erlaß, den um 200 v. Chr. König YDʿʾB

D̲BYN, der Sohn des ŠHR, erließ und der sich mit der Strafe für Mord befaßt. Der Inhalt ist in Kürze: wenn ein Mann aus Qatabān oder den zugehörigen Stämmen einen seiner Mitmenschen tötet, soll er in Acht und gesetzlos sein. Ignorierte er den Bann und blieb auf qatabānischem Gebiet, so ordnete der König an, ihn zu töten, und wer immer einem Mörder das Leben nahm, hatte vom Gesetz nichts zu fürchten. Repressalien konnten gegen ihn nicht erhoben werden.

Bei der Inschrift RES 3879 hat man es mit einem Steuergesetz zu tun, das König ŠHR YGL, der Sohn des YDʿʾB, erließ. Wahrscheinlich war ŠHR YGL kein anderer als der Vater des YDʿʾB D̲BYN. Gegenstand des Erlasses sind die Steuergesetze des Landes, denen sich nicht nur alle männlichen und weiblichen Verwandten des Königs, sondern alle beugen mußten, die in Timnaʿ und Umgebung geboren waren, einschließlich aller Sklaven beiderlei Geschlechts.

Wie der Handel gesetzlich geregelt war, berichten die Inschriften RES 4337 A und B. Sie wurden am Obelisken des Königs ŠHR HLL im Zentrum von Timnaʿ gefunden. Sie zeugen von den Anstrengungen, die man im alten Timnaʿ unternahm, um den Handel auf dem Markt von ŠMR zu zentralisieren und gleichzeitig jeden Handel in der BRM oder der näheren Umgebung zu unterbinden. Auch diese Inschrift wurde von E. Glaser aufgezeichnet. Veröffentlicht wurde sie 1935 von Maria Höfner und 1959 von A. F. L. Beeston.[195] Im folgenden sei ein Auszug aus der Publikation Beestons gegeben. Es heißt in der Inschrift:

»Also verfügt, ordnet an und bestimmt ŠHR HLL, der Sohn des YDʿʾB, König von Qatabān, der Qatabāner in TMNʿ und BRM und der Region (?) der beiden Alluvialtäler von ḤWKM, der ›Kinder des ʿAmm‹ sowie der Herren der ›Kinder des ʿAmm‹:

1. Wer immer in TMNʿ oder BRM in irgendeiner Form Handel treibt, muß in TMNʿ die Marktsteuer errichten und in ŠMR einen Laden haben.
2. Und wer immer mit Waren, Ballen (?) und Gütern nach Qatabān reist, soll, gleich zu welchem Stamm er gehört, in ŠMR einen Laden haben, wo er seine Geschäfte tätigt und seine Waren verkauft.
3. Und wenn ein solcher einen Laden errichtet hat, mag er entweder (auf eigene Kosten) Handel treiben oder ohne die Intervention des Aufsehers von ŠMR mit einem [anderen]Ladenbesitzer oder Kaufmann eine Partnerschaft eingehen.
4. Und wenn der Aufseher von ŠMR bekanntgibt, er wünsche, daß Männer von Qatabān im Gebiet der Stämme (Handels-)Reisen unternähmen, während er selbst in TMNʿ Handel treibt und einen Laden in ŠMR hat, dann mögen Männer aus Qatabān auf eigene Rechnung mit den Stämmen handeln.
5. Und wenn sie dem Aufseher von ŠMR melden, daß irgendein Fremder irgendeinen Teil von Qatabān mit Handelsware für Qatabān zu betreten versucht hat oder (daß) irgend jemand dauernd seinen Kompagnon oder Partner betrügt, soll er zur Strafe 50 Goldstücke . . .
6. . . . Sie sollen kein ›Saat-Privileg‹ für irgendeine Ware in Anrechnung stellen,

die von qatabānischen Kaufleuten oder solchen gehandelt und erworben wird, von denen der Aufseher von ŠMR über das hinaus, was die Qatabāner am Markt von ŠMR zahlen, eine Handelssteuer von N Goldstücken in qatabānischer Münze erhoben hat.

7. Jeder qatabānische, minäische oder (sonstige) Einwohner von TMNᶜ, der sein Haus oder *(m)htn* an einen Ladeninhaber vermietet, soll an den König von Qatabān die in TMNᶜ übliche Marktsteuer entrichten, und zwar entweder aus seinem (des Ladeninhabers) Besitz oder Lagerbestand, oder, sofern sie diesen übersteigt, aus seinem persönlichen Eigentum.
8. Keinerlei Geschäft irgendwelcher Art darf von Personen geführt werden, die die Marktsteuer von TMNᶜ in der Absicht entrichten, statt mit Qatabān und Sfln mit einem fremden Stamm Handel zu treiben; [dies geschieht], damit die Qatabāner entsprechend den Anordnungen ihres Königs zu den ihnen zustehenden Rechten kommen und daß . . .
9. Sobald jemand mit den Gütern, die er in ŠMR handelt, Großhandel treibt, muß er in Qatabān durch Mittelsmänner vertreten sein, die Einzelhandel treiben.
10. Sobald irgend jemand versucht, irgend etwas bei Nacht in ŠMR zu verkaufen, soll man von ihm bis zum Tagesanbruch die Leute fernhalten.
11. Der König hat die oberste Aufsicht über jede Transaktion, und er hat das Recht, jeden Artikel, der in sein Land eingeführt wird, zu kontrollieren.
12. Jeder König möge die Durchführung dieser Anordnungen unterstützen«.

An der Ostseite des Haupttempels von Timnaᶜ erblickt man, in die Stein-Oberfläche geschlagen, das zentrale Motiv des Halbmonds mit Venusscheibe und Wadd-ʾab-Formel. Wenn sich diese Arbeit auch am inneren Schenkel (Face) einer Nische zwischen zwei Bastionen des Mauerwerks der ältesten Tempelphase befindet, stammt sie dennoch wohl aus der späteren Zeit, in der der darüberliegende Tempel-Neubau entstand.

Angefügt sei die Übersetzung einer von der *American Foundation for the Study of Man* 1951 im Yafash-Haus gefundenen Inschrift. Sie wurde 1958 von A. Jamme veröffentlicht.[196]

C – Jamme 118

»Hawfiᶜamm, der Sohn des Tawnab, hat gekauft, in Besitz genommen, erworben, sein Besitzrecht an ihm gesichert, gebaut und instandgesetzt sein Haus Yafash und seine Werkstätten, sein Weihrauchheiligtum und seine Arkaden an der Ostseite sowie die zugehörigen oberen Räume, ihre Dachterrassen und ihre Brüstungen (?), alles zusammen von [der] Grundmauer bis obenhin nach dem Gesetz des ʾAnbay und ʾIl Taᶜalay. Bei ᶜAṯtar und bei ʻAmm und bei ʾAnbay und Ḏat-Ṣantim und bei Ḏat-Ẓahran sowie seinem Herrn Yadiᶜʾab Gaylān, dem Sohn des Fariᶜ Karib, dem König von Qatabān«.

Der Friedhof von Timnaᶜ auf dem Haid ben Aqil

Dieser Friedhof [197] befindet sich ungefähr anderthalb Kilometer nördlich von Timnaᶜ. Seine Reste liegen an der Westseite eines großen Felsvorsprungs. Es gibt hier eine Reihe qatabānischer Bauten aus Stein- und Luftziegelmauerwerk. Das unterste Bauwerk am Fuß des Felsens hält man für einen Totentempel. Hier befindet sich ein rund 18 Meter tiefer Schacht, in dem zahlreiche Fundstücke und eine Inschrift entdeckt wurden. Das felsige Gelände enthielt Grabbauten. Man fand hier eine Reihe von Krypten oder Kammern, jede allerdings nur knapp 2 Meter lang und nur etwa 46 Zentimeter breit. Es gab ganze Gruppen von 8 bis 10 solcher Kammern, die von steinernen Platten in obere und untere Kammern unterteilt wurden.

Sicher wurden die Gräber von Timnaᶜ in der Vergangenheit geplündert, doch sie erbrachten noch Funde wie etwa ein ausgezeichnetes Goldhalsband [198], Skulpturen, und zwar sowohl in der Form von Rundskulptur als auch Reliefarbeiten, Schrifttafeln und skulpierte Friese, Stelen, Bronzegegenstände, Weihrauchbrenner, kunstvolle Schmuckperlen und Keramik; einige Gefäße waren sogar noch unbeschädigt. All diese Dinge werden einen wertvollen Beitrag zur Bestimmung der Perioden von der frühesten Besiedlung des Baihān-Gebietes bis zur Zerstörung von Timnaᶜ leisten. Insbesondere darf dies erwartet werden, wenn die Funde von Keramik und Kunstgegenständen, die etwa 16 Kilometer südlich von Timnaᶜ bei der Ausgrabung des Hügels von Hajar ben Humaid zum Vorschein gekommen sind [199], durch eine detaillierte Publikation der wissenschaftlichen Öffentlichkeit zugänglich sind.

Hajar Henuaz-Zureir (Haribat)

Noch wenig bekannt sind die bedeutenden Reste der qatabānischen Stadt Haribat. Sie liegt nördlich des Ǧabal Qarn ᶜUbaid in strategisch günstiger Lage und zwar beherrscht sie die Westrampe des großen Mablaqa-Passes. Es handelt sich um ein vollständig ebenes, annähernd rechteckiges Gelände, dessen Nordsüdachse etwa 270 Meter mißt – gegenüber rund 183 Metern der Ost-West-Achse. Die Oberfläche des plattformartigen Gebildes liegt etwa 4,57 Meter über dem Wadigrund. Einen ganz offensichtlich wohlgeordneten Stadtplan lassen die erhaltengebliebenen unteren Quaderlagen der einstigen Häusermauern erkennen. Offenkundig stammen sie ausnahmslos von bedeutenden Bauwerken. Einst war die Stadt ringsum von einer Mauer umgeben, die jedoch vollständig eingestürzt ist. Nichts ist von ihr übriggeblieben als Schutt. Ein großartiger Bau erhob sich einst in der Südwestecke des Stadtgebiets. Er bestand aus zwei in Quaderbauweise aufgeführten Seitenflügeln. Der Eingang lag, etwas zurückgesetzt, in einem Mitteltrakt. Zwischen den Seitenflügeln befand man sich auf einem gepflasterten Hof. Von Westen her verbanden Stufen dieses Bauwerk mit dem Niveau der übrigen Stadt.

In der Nordseite der Nordwestecke befindet sich eine Inschrift *(Ryckmans*

391), an der Westseite dieser Mauerecke hat man das Wadd-ʾab-Zeichen angebracht. Ein Stein an der Südmauer zeigt, ähnlich wie der Schlangen-Türsturz in Am-ʿAdiya zwei Schlangen, deren Köpfe sich im Mittelpunkt der Relief-Darstellung treffen, doch die beste Steinmetzarbeit ist ein Relief zweier stehender, langgehörnter Stiere mit der Wadʿab-Formel (RES 3643). Nigel St John Groom, der 1948 als *Political officer* im Baihān-Gebiet tätig war, nahm als erster diese Inschriften auf. Die Archäologie ist ihm für seine Arbeit und sein Interesse am Aufspüren und Untersuchen antiker Stätten im Baihān zu Dank verpflichtet, nicht zuletzt auch, weil er zusammen mit C. J. Inge dafür gesorgt hat, daß die Texte dieser Inschriften G. Ryckmans übermittelt wurden, der sie übersetzt hat.[200]

Für den Ausgräber hat Haribat den großen Vorteil, daß die Ruinenstätte frei von Flugsand ist. Auch ohne ausgegraben zu sein, stehen die Gebäude gänzlich sichtbar im Gelände, ja einige Mauern von ausgezeichneter Bauweise haben noch eine Höhe von etwa 3 Metern. Möglicherweise ist es von Bedeutung, daß das Hauptwerk an der Südwestecke der Stadt, wie auch alle anderen Gebäude, parallel zur Nord-Süd-Achse der Stadt ausgerichtet sind.

Viertes und fünftes Gouverneurat

Wadi Ḥaḍramaut

Von der Sandwüste Ramlat Sabatain und der alten Stadt Shabwa im Westen erstreckt sich das große Tal des Wadi Ḥaḍramaut bis nach G̲h̲urāf, wo mehrere Täler sich schneiden, und bis zur Mündung des Wadi ʾIdm und nach Tarīm im Osten. Allerdings setzt sich das Wadi noch weiter nach Osten hin fort. Es wendet sich nach Süden, der See zu, und sein Name ändert sich dabei in Wadi Masilah. Wichtiger, fruchtbarer und reicher jedoch ist der weiter im Binnenland liegende Westteil mit seinen Städten Shibām, Saiwūn und Tarīm. Steile, abschüssige Klippen umgeben das Tal – Klippen mit charakteristischen, als *jōl* bekanntem flachem Rücken. Die einzigen Zufahrtsstraßen nach Mukalla führen durch das Wadi Duan oder das Wadi ʿIdm.

Möglicherweise durchströmten lange vor unserer Zeit die jährlichen Fluten das Tal von Westen nach Osten, und hoben hier durch ihre Ablagerungen langsam den Talgrund. Die neolithischen Bewohner dieser Gegend betätigten ihre handwerklichen Fähigkeiten auf der Hochfläche des *jōl* oder auf niedrigeren Schultern der das Tal umgebenden Klippen. Doch die Hinweise auf eine Besiedlung des fruchtbaren Tals beschränken sich nicht auf diese frühe Periode, vielmehr liegen auch aus späterer Zeit, vor allem aus dem Zeitraum vom 8. bis 5. Jahrhundert v. Chr., Zeugnisse vor, und zwar an Stätten wie Mashgha im Wadi ʿIdm und Huraidhah im Wadi ʿAmd. An großen Findlingen längs der Wadiränder findet man Graffiti (Ritzinschriften), gewöhnlich in Schriftzeichen »thamudischen« Typs geschrieben oder gehauen. Man hat es bei ihnen nicht mit regelrechten Dokumenten zu tun, sondern sie geben lediglich Personennamen – meist sabäischen Ursprungs.

Urgeschichtliches Material im Ḥaḍramaut

Feuersteingeräte im Gebiet des Wadi Ḥaḍramaut fand Frau Dr. G. Caton Thompson bei ihrer Expedition im Jahr 1937. Drei Gruppen paläolithischer (altsteinzeitlicher) Geräte, die aus dem Gebiet zwischen Wadi ʿAmd und Tarīm stammen, sind veröffentlicht.[201]

Neolithische Artefakte hat das fast 300 Kilometer östlich von Tarīm an der Grenze von D̲h̲ufar gelegene Gebiet rings um Fort Habarut erbracht. Die Funde lagen hier einfach auf der Sanddecke. Ähnliches Material aus der Rubʿal-K̲h̲ali hat man in die Zeit um 3500 bis 3000 v. Chr. gewiesen.[202]

G. Lankaster Harding veröffentlichte zusammen mit einer Auswahl der bei Habarut an der Kante der Rubʿal-K̲h̲ali nordwestlich von Al-ʿAbr gefundenen Feuersteingeräte weitere Werkzeuge aus Feuerstein, die er 1959 bis 1960 bei Makainan östlich von Tarīm entdeckt hatte. Nach seiner Auffassung besteht eine offenkundige Verwandtschaft zu ähnlichen Artefakten aus Ägypten, und die Möglichkeit, daß während der neolithischen Periode zwischen beiden Gebieten eine Verbindung bestand, sei daher nicht von der Hand zu weisen.[203] Allerdings muß hinzugefügt werden, daß für Südarabien der Zeitansatz der fraglichen Periode noch keineswegs feststeht.

Eine beharrliche wissenschaftliche Suche nach urzeitlichem Material führte im Zusammenhang mit der unter der Leitung G. W. van Becks stehenden Expedition der *Smithsonian Institution* in den Jahren 1961 bis 1962 G. Cole durch. Einige Gesichtspunkte dieser Arbeit schnitt der *Smithsonian Institution Report* für das Jahr 1963 an.

Bei der Felsnase von Qarn Qaimah westlich von Hainin und nordöstlich des Gebirgsausläufers von K̲h̲or Malik fand sich ein Faustkeil, der vermutlich aus dem Acheuléen stammt. Allerdings zeigte die verwitterte Oberfläche des Stücks einen rötlichen Ton, der sich erheblich von dem sonst an Ort und Stelle gefundenen grauen Kalkstein unterscheidet. Auch kann bei der Seltenheit der vorgefundenen Exemplare keine Rede von Beweisen für eine Besiedlung dieses Gebiets zur Zeit des Acheuléen sein. Von der Somaliküste dagegen kennt man Stücke wie diesen Faustkeil sehr gut.

In großer Menge finden sich Artefakte aus rötlich-braunem, feuersteinähnlichem Quarz südwestlich von G̲h̲urfah über einen großen Teil des Gipfelplateaus auf dem Ǧabal Ǧibb verstreut. Hier befand sich eine Werkstatt. Sie war sehr viel später als die auf dem Hauptplateau, wo sich vermutlich Menschen des Oberen Pleistozäns mit primitiven Steinwerkzeugen und -waffen versorgten. Es gibt Anhaltspunkte dafür, daß sehr viel später der bei der Steingeräteherstellung auf dem Gabal Ǧibb angehäufte Abfall doch noch Verwendung fand. Cole und van Beck äußern in ihrem Vorbericht, die früheste hier verbreitete Industrie, beruhe auf der Technik, die für das Levalloisien charakteristisch sei. Man sei sehr lange bei dieser Technik geblieben, bis eine neolithische Industrie die alte Levallois-Technik abgelöst habe. Möglicherweise lassen sich diesem Wüsten-Neolithikum auch die Megalithbauten sowie die Kreise hochkant stehender Steine zuordnen, die man anderswo findet. Vermutlich dauerte diese Kulturschicht hier bis in die 2. Hälfte des 2. Jahrtausends v. Chr.[204]

Shabwa

Die berühmteste der antiken Städte Arabiens war Shabwa, die Hauptstadt von Ḥaḍramaut. Geographen und Historikern am Anfang unserer Zeitrechnung war sie durchaus ein Begriff. Wenn man von ihr sprach, dachte man an den Handel mit orientalischen Luxusgütern. Erzählungen von ihren großartigen Tempeln und anderen stattlichen Bauwerken machten die Runde. Ihr Name regte die Phantasie damaliger Reisender an.

Um so weniger weiß man heute von Shabwa. Die Stelle, wo es lag, ist schwer zu erreichen, und bei den heutigen Bewohnern seiner Ruinen sind Besucher durchaus nicht gern gesehen. Wahrscheinlich war der Verfasser nicht der erste, den das in der Ruhe, die über der Trümmerstätte liegt, nicht überhörbare Knacken eines Gewehrschlosses davon abhielt, eine Scherbe vom Boden aufzuheben.

Shabwa liegt rund 1,6 Kilometer östlich von ʿUqla im Wadi ʿAtf, einer Fortsetzung des Wadi ʿIrmah, das sich nördlich von Shabwa in das Wadi Maʿshar und das Wadi Mihbadh teilt.

Niedrige Anhöhen fassen die am Südende eines Talzuges liegende Ruinenstätte ein (Abb. 38). An der Südseite wird sie von einem großen Hügel begrenzt, der die Wasser des Wadi ableitete und eine Überschwemmung des offenen Geländes verhinderte. Zum Teil dürften Menschenhände nachgeholfen haben, um dem Hügel seine endgültige Form zu geben, doch birgt er im Innern eine von der Natur geschaffene Felsrippe. Auf und hinter dieser Barriere liegen die Ruinen der antiken Stadt, weitere Ruinen findet man jedoch auch auf dem Hügel, der die Ostgrenze Shabwas bildete. Hinter diesen Hügeln lagen die heute von Sedimenten – von den Ablagerungen der jährlichen Fluten – bedeckten landwirtschaftlichen Anbaugebiete. Nicht alle Felder freilich sind unbenutzbar geworden. Einige Felder im Osten des zugeschwemmten Gebietes werden aus dem Wadi Mihbadh bewässert und tragen auch heute noch Ernten. Die Salzbergwerke von Shabwa befinden sich in den Anhöhen, die das Tal umgeben.

Das heutige Shabwa besteht aus drei Dörfern, deren Bewohner mitten unter den steinernen Zeugnissen antiken Glanzes leben. Die Namen dieser drei Dörfer lauten Maiwan, Mathna und Hajar. Maiwan liegt nach Norden zu, Mathna nach Osten hin, und Hajar schließlich klettert auf die Anhöhe am östlichen Stadtrand empor. Es ist klar, daß Menschenhände an den Ruinen von Shabwa vollbracht haben, wozu nicht einmal die nagenden Kräfte von Wind und Wetter imstande

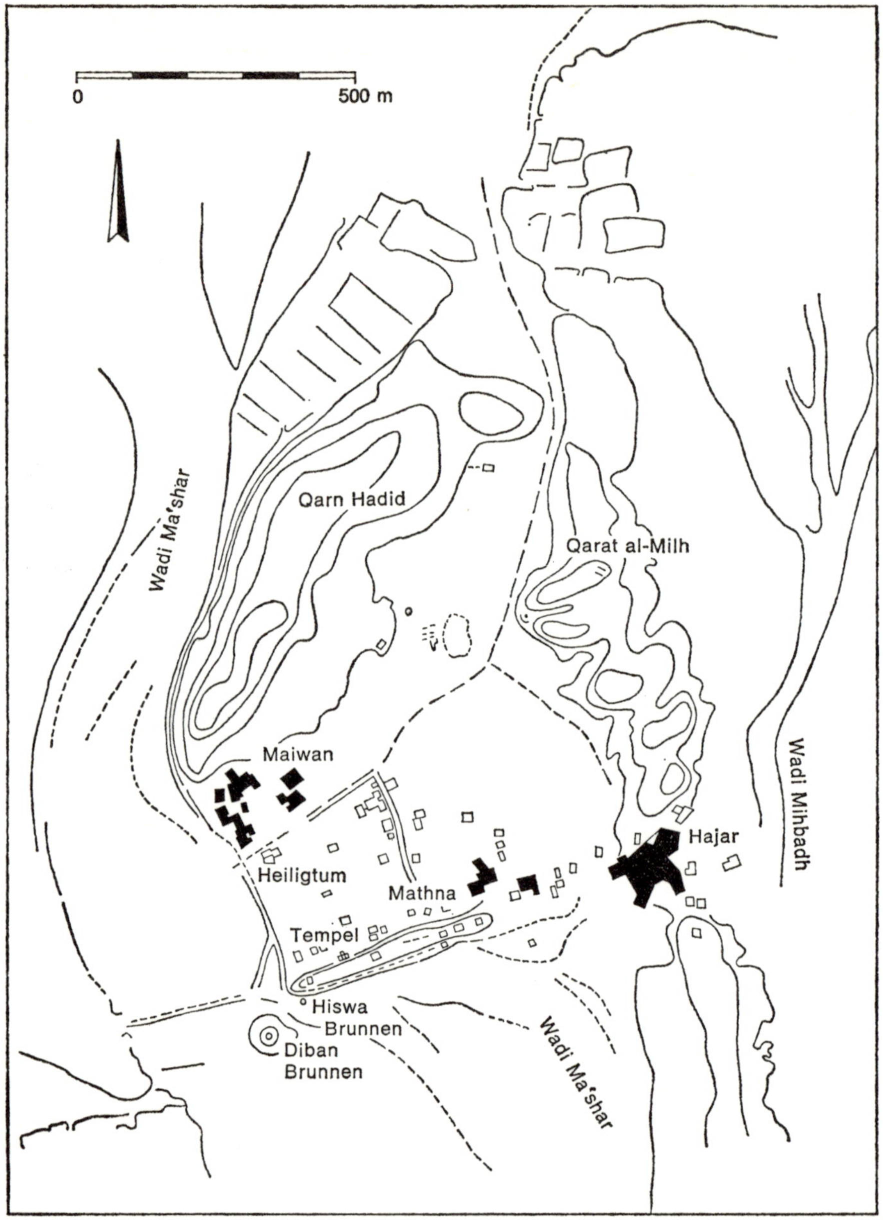

Abb. 38 Skizze von Shabwa nach Luftaufnahmen der Royal Air Force, *dem von H. St. John Philby entworfenen Plan und eigenen Bodenforschungen des Verfassers.*

waren. Was immer ihnen von Shabwas Trümmern als Baumaterial geeignet schien, haben die Bewohner der heutigen drei Dörfer zum Bau ihrer Behausungen verwandt. Manches von diesem wiederverwendeten antiken Mauerwerk erinnert an die Kalksteinblöcke des Bauwerks von ʿUqla. Auch diese zeichnen sich durch die gleiche feine Bearbeitung aus und zwar weisen sie die Bearbeitung auf allen Seiten auf. Hier wie dort sind die horizontalen wie vertikalen Ränder der Blöcke in feiner Meißelarbeit vom Mittelfeld abgesetzt. Die Mittelfelder dagegen sind ausgehackt, und hierin zeigt sich eine Beziehung zu der Art von Mauerwerk, die van Beck als Typ 2 bezeichnet hat.[205] Tatsächlich scheint auch die unter anderem von Philby[206] photographierte Quadermauerfront des Palastes von Hajar, von der van Beck spricht, von ähnlicher Bauweise gewesen zu sein.

L. P. Kirwan, der Direktor der *Royal Geographical Society* (der »königlichen Gesellschaft für Erdkunde«), hat dem Verfasser freundlicherweise die Aufzeichnungen zugänglich gemacht, die Major A. Hamilton (der spätere Lord Belhaven) anfertigte, als er während seiner Dienstzeit als *Political Officer* im Westlichen Protektorat – in Shabwa Grabungen durchführte. Hamilton hat zahlreiche Veröffentlichungen verschiedener Art und auch Bücher über Südarabien verfaßt. Zu seinen bekanntesten Werken zählen *The Kingdom of Melchior* (»Das Königreich Melchiors«) und *The Uneven Road* (»Die unebene Straße«).

Der Verfasser schätzt sich glücklich, Hamiltons Notizen aus dem Jahre 1939 – einen Bericht aus erster Hand – hier wiedergeben zu können. Sicher besitzt jeder Bericht von Neufunden seinen Wert. Doch gewöhnlich ist man nicht in der Lage, die Geschichte archäologischer Funde mit den eigenen Worten des Entdeckers wiederzugeben.

A. Hamilton: »Aus meinen Aufzeichnungen von der Grabungsstätte«

»Ich erreichte Shabwa von Norden, am Westrand des Wadi Maʿshar reitend, bis die kleine Moschee oder der kleine Schrein von Maiwan in Sicht kam und daneben ein großer, rechteckiger Bau aus großen, gutbehauenen Steinblöcken, die eindeutig aus vorislamischer Zeit stammten. Zwischen der (für Tiere bestimmten) Wasserstelle Tiban und dem (für Menschen bestimmten) Hiswa-Brunnen durchquerte ich das Wadi und bestieg die Naturbastion aus massivem Felsen, die mir etwa 40 Fuß (rund 12 Meter) hoch zu sein schien.

Man erlaubte mir, von dem offenen Gelände vor dem Dorf Hajar aus den Damm oder Hügel zu betreten, und ich bemerkte zahlreiche Bauten, bei denen man altes Mauerwerk wiederverwendet hatte, doch sah ich keinerlei Scherben auf dem Boden liegen. Ein Bauwerk, das ich zwar nicht betreten, aber doch photographieren konnte, entsprach in seinem Typ genau dem Gebäude auf dem ʾAnwdm-Felsen bei ʿUqla sowie einem Gebäude in Naqb al Hajar. Man berichtete mir, dies sei jenes Bauwerk, das der verstorbene Lord Belhaven ausgegraben habe, als er 1938 einige Wochen in Shabwa verbrachte.

Ich besichtigte die Stätte des ›Tempels‹, die Philby sehr eingehend beschrieben hat. Ihm hatte man genügend Zeit gelassen, hier einige Bauwerke zu vermessen. Und ich sah die Kalksteinbasen der vier runden Säulen, von denen er spricht, konnte aber die ›Löcher, auf denen all diese Säulen ruhten‹, nicht finden – vermutlich handelte es sich um Einsätze für die Dübel. Ebenso vergeblich suchte ich nach Resten dieser Säulen, die ja möglicherweise aus Stein und glatt verputzt waren, wie man es auch heute noch im Ḥaḍramaut findet. Deutlich sichtbar war an der Ostseite des Eingangs die große Plinthe, und ich bemerkte Vertiefungen in ihr, wo einst wohl eine Statue, die vielleicht aus Metall bestand, oder etwas Ähnliches befestigt war. An der gegenüberliegenden Seite des Eingangs befand sich das Gegenstück zu dieser Plinthe. Bei einer Basis von 2 Fuß und 6 Zoll (62,5 Zentimeter) und einem an der Basis rund 2 Fuß (61 Zentimeter) betragenden Säulendurchmesser lag das Gebälk wohl nicht höher als 20 Fuß (etwas mehr als 6 Meter) über der Basis. Der Eindruck von Größe ergab sich bei diesen Maßen wohl nur, wenn man am Fuß der Treppe stand. Allerdings war die Verwendung runder Säulen in Südarabien eine Seltenheit. Daß es sie hier gab, hat man vermutlich als direktes Resultat äußerer Einflüsse zu betrachten.

Es ist einiger Überlegung wert, ob diese Säulenfassade zu den Anbauten gehörte, von denen die in ʿUqla gefundene Inschrift des Ydʿʾl Byn, eines Königs von Ḥaḍramaut, spricht.

Bei der zur Verfügung stehenden Zeit und den vorhandenen Hilfsmitteln war es nicht möglich, den von Philby angefertigten Plan der Ruinenstätte zu korrigieren oder zu ergänzen. Ziel der kleinen Grabung, die durchgeführt wurde, war es, sich über den Zweck der großen Stufenpyramiden-Bauten Klarheit zu verschaffen, deren Anzahl, weil sie anscheinend miteinander zusammenhängen, nicht mit Gewißheit angegeben werden kann; allerdings dürften es weit mehr als fünfzig sein. Das größte Gelände dieser Bauten liegt westlich des Haupttempels. Ohne umfangreiche Grabungen, deren Kosten, in Pfund gerechnet, mehrere Tausende betragen dürften, ist es wohl unmöglich, das Durcheinander innerer und äußerer Mauern zu entwirren.

Allerdings läßt sich feststellen, daß in diesem gesamten Ruinenfeld eine übereinstimmende Bauweise vorherrscht. Und zwar ist der Straße eine steil abgestufte ›Fassade‹ zugewandt. Hinter einer solchen ›Fassade‹ und beiderseits davon verlaufen die Linien und Wände von Gängen, die kleine, rechteckige Kammern ohne Fenster und Türen enthalten. Die Böden bestehen aus einer dünnen Mörtelschicht, und wo diese durchbrochen ist, findet man darunter eine tiefe Erdschicht. Ganz offensichtlich waren diese Kammern nicht als Wohnungen gedacht, sondern es handelt sich um Gräber, woraus man zu schließen versucht ist, daß das antike Shabwa ein einziger riesiger Friedhof war.

Bei der für die Grabung ausgesuchten Stelle handelt es sich möglicherweise gerade um den am wenigsten ertragreichen Punkt des Ruinenfeldes, denn sie war nicht nur in der Neuzeit bewohnt, sondern man hat hier offensichtlich oft gegraben und vieles dabei zerbrochen. Die Grabung wurde eingestellt, als ich mir ihre

Fortsetzung nicht länger erlauben konnte, doch sind die geöffneten Grüfte vielleicht späteren Ausgräbern von Nutzen und verdienen gewiß Aufmerksamkeit, wenn sie auch nichts Aufregendes erbracht haben. Auf jeden Fall ist klargeworden, daß bedeutende Mittel erforderlich sein werden, bevor sich auch nur magere Aufschlüsse gewinnen lassen.

Die interessanteste Entdeckung war der Fund einer Tür, von der sich noch Holzreste an Ort und Stelle befanden. Im Innern einer Kammer befand sich eine große Marmorplatte. Es handelte sich weder um eine Tür, noch um eine Bodenplatte. Vielmehr scheint sie von oben herabgefallen zu sein, ebenso wie die große steinerne Fensterbank. Der Kammerboden wies keinerlei Belag auf. Er bestand aus ungeschütztem Erdreich. Als nicht weniger rätselhaft erwies sich die Nachbarkammer. Eine bis in 5,80 Meter Tiefe vorstoßende Schürfung ergab, daß das sorgfältig gearbeitete Mauerwerk bei etwa 4,90 Metern aufhörte, doch gelang es nicht einmal zu klären, welchem Zweck die Mauern irgendeiner dieser Kammern dienten. Es gab eine Tür, die von außen mit einer Marmorplatte verschlossen war. Dies beweist eine Verbindung mit dem kleinen Tempel, doch später, als diese Tür vorhanden war, merkten die, die hindurchschritten, nichts mehr von den langen, ausgezeichneten Mauern oder dem ›Fenster‹ unter ihren Füßen. Man vermutet, daß diese Mauern in der Tiefe zu viel älteren Gebäuden gehörten, die man aufgegeben hatte und als Fundament für den späteren Stufenpyramiden-Bau benutzte. Anzeichen für einen einstigen Bodenbelag aus Holz oder hölzerne Stufen gab es nicht, und doch hätte eine hölzerne Treppe den Erbauern der Tür Zugang zu den Räumen ermöglicht, die darunter in der Tiefe lagen und von denen man möglicherweise zu den oberen Gräbern Zutritt hatte. Die Wand der oberen Passage verläuft genau senkrecht auf der Westmauer der unteren Kammer. Dies deutet auf eine Übereinstimmung hinsichtlich des Verwendungszwecks hin, oder es gab einen zentralen Gang, der die beiden Haupt-Gräberblöcke trennte. Vielleicht wurden, angefangen in einer Tiefe von 6 Metern oder mehr unter Bodenniveau, die Gräber aufgefüllt und mit Erde zugeschüttet, bis schließlich nur noch ein einziges, kleines, quadratisches Grab alles krönte. Die Steinstufen lassen vermuten, daß das Bauwerk entweder höher war, wofür wiederum die zerbrochenen und unvollständigen Freskos und die fragmentarische Inschrift sprechen, oder – dies ist allerdings weniger wahrscheinlich – daß es, noch unvollendet, aufgegeben wurde.

Keinerlei vollständige Bestattung wurde gefunden. Beim Zustand der Gräber, die alle verwüstet waren, war dies auch nicht zu erwarten. Grab I war das einzige Grab, das noch einen Boden hatte. Es wurde aufgedeckt.«

G. Lankaster Harding äußerte nach seinem kurzen Besuch im Jahre 1959:

»An der Kreuzung der Nordtorstraße und einer anderen, die nach Osten verläuft, befindet sich eine Erhebung und auf ihr die Räume, die Lord Belhaven ausgegraben hat. Es ist unmöglich, heute diese Arbeit zu kommentieren, denn die Räume, die unter Bodenniveau liegen, sind zu sehr ausgeräumt, und nirgendwo ist eine Kontrollmöglichkeit übriggeblieben. Das ausgezeichnete Mauerwerk besteht aus sorgfältig behauenen Kalksteinblöcken, die Räume sind durch Türöffnungen miteinander verbunden, einer von ihnen hat eine Reihe gutgearbeiteter Stufen. Im Süden liegen unter diesen Räumen einige lange, schmale Kammern, deren Südmauer die Außenwand eines durch Erdbeben zerstörten Gebäudes gewesen zu sein scheinen. Zwei Mauerlagen eines anderen Bauwerks an der Südseite der Straße vor dieser Wand bestehen aus mit der Hacke bearbeiteten Steinen, deren Ränder abgesetzt sind. Das Mauerwerk scheint dem Typ 4 der Klassifikation van Becks anzugehören. Allerdings war keine Zeit, sehr in die Einzelheiten gehende Untersuchungen anzustellen ... Ganz offensichtlich handelt es sich nicht, wie Lord Belhaven folgerte, um eine Totenstadt; seine ›Gräber‹ enthielten keine Leichen, von Friedhöfen kann keine Rede sein, und es handelt sich tatsächlich um ganz gewöhnliche Räume ganz gewöhnlicher Häuser.« [207]

Brown und Beeston bemerken schließlich: »Diese schmalen Zellen fand man vollgepackt mit Erde, die Menschenknochen und anscheinend auch Keramik enthielt. Wenn sie voll waren, versiegelte man sie mit Mörtel. Lord Belhaven hielt sie für Gräber, doch keine Bestattung wurde *in situ* gefunden.«[208]

Es scheint demnach, daß nur unter Einbeziehung aller naturwissenschaftlichen Hilfsmittel durchgeführte Grabungen an dieser Ruinenstätte die eine oder andere dieser widerspruchsvollen Ansichten überzeugend bestätigen können.

ʿUqla

An der Südflanke des etwa 16 Kilometer westlich von Shabwa liegenden Ǧabal ʿUqla befindet sich eine an sich unbedeutende Felsengruppe. Dennoch handelt es sich um eine Stätte besonderer Art, denn hier haben die frühen Könige Ḥaḍramauts und ihre Nachfolger die Erinnerung an ein Zeremoniell festgehalten, bei dem geladenen Gästen Titel verliehen wurden. Die glatteren Oberflächen der Felsen sind mit Inschriften förmlich bedeckt.

Den mittleren Felsen dieser Gruppe krönt ein kleiner Steinbau. An drei Seiten umgeben eine Grenzmauer und ein Graben diesen Felsblock, nur im Südwesten geht diese Befestigung ins Gelände über.

Als St. John Philby 1939 bei seiner Ḥaḍramaut-Reise dieses Gebiet besuchte, scheint er als erster die Inschriften von ʿUqla gesehen und aufgenommen zu haben.[209] Inzwischen ist die Gesamtzahl der Inschriften, die man an diesen Felsen gefunden hat, auf 100 angestiegen.[210] Einige davon umfassen allerdings nur wenige Buchstaben, einige andere sind verstümmelt oder unkenntlich geworden.

Man nimmt an, daß dieser im Altertum als ʾAnwadm bekannte Ort für die Könige und die Bevölkerung von Shabwa, der Hauptstadt des Ḥaḍramaut, von größter Bedeutung war.

Hierher kamen wohl die Stammesführer und sonstige Stammesprominenz, kamen Gesandte benachbarter Könige, um hier feierliche Rituale zu zelebrieren. Viele der hiesigen Inschriften enthalten namentliche Erwähnungen ḥaḍramautischer Könige und ihrer Gefolgsleute, die an der Krönungszeremonie teilnahmen, welche der eigentlichen Thronbesteigung voranging. Eine Inschrift – die des Ydʿʾl Byn – spricht von Shabwas Wiederinstandsetzung. Die Vollendung dieses Werks wurde in ʾAnwadm mit einer rituellen Jagd und einem Bankett gefeiert. Gottheiten allerdings und Votivopfer bleiben auf diesen Inschriften unerwähnt. Möglicherweise dienten die Zeremonien, die man in ʾAnwadm abhielt, lediglich der Entfaltung höfischen Gepränges und der Demonstration staatlicher Macht, und die Felsen hatten keinerlei religiöse Bedeutung.

Der Zentralfelsen hat keineswegs Würfelgestalt. Doch der Einfachheit halber empfiehlt es sich, von seiner Ostwand, Westwand usw. zu sprechen. Der nächste Nachbarfelsen liegt, knapp 5 Meter von ihm entfernt, an seiner Südseite.

Deutliche und besonders aufschlußreiche Inschriften befinden sich an seiner Ostwand. Hier gibt es auch zwei Zisternen. Der eine dieser beiden Wasserbehälter ist von rechteckiger Gestalt und befindet sich zu ebener Erde, den anderen dagegen hat man oben an der überhängenden Felsenkante über den Inschriften und über dem erstgenannten Wasserreservoir angebracht. Beide Zisternen weisen recht rohes Mauerwerk auf. Die Blöcke bilden unregelmäßige Lagen, als Bindemittel dient Kalkmörtel, und außen wie innen hat man das Mauerwerk mit Kalkputz beworfen. Daß diese Wasserbehälter aus derselben Zeit stammen wie die Inschriften oder das Gemäuer oben auf dem Felsklotz, ist nicht wahrscheinlich. Ein Teil der unteren Zisternenmauer lehnte sich an die Felswand an, die heute allerdings freiliegt, und verdeckte hier zwei ihrer Inschriften.

In Trümmern liegt das den Felsen krönende Gebäude, doch an allen Seiten sind Reste seiner Wände erhalten geblieben. Sein Grundriß nähert sich der Form eines Quadrats von etwa 15 Meter Seitenlänge. Seine Nordmauer hat eine Ausrichtung nach 125 Grad, bei der Ostseite dagegen zeigt die Peilung 220 Grad. 1,67 Meter beträgt die Höhe des erhaltenen Mauerwerks an der Südost-Ecke, und auch die Ecken im Nordosten und Nordwesten sind noch immer 1,52 Meter hoch. An allen vier Fronten sind die Mauern mit Ecksteinen versehen, im übrigen bestehen die Fassaden aus vorzüglich bearbeiteten Blöcken mit gemeißeltem Rand und ausgehauenem Mittelfeld, die in ausgezeichnetem Trockenverband aneinandergefügt sind. Die Mauerlängen hat man aus nur roh behauenen, trocken versetzten Bindern von übereinstimmender Größe zusammengefügt. Da die Binder von gleicher Höhe sind wie die Ecksteine, ergibt sich ein Verband mit regelmäßigen Lagen.

Es ist nicht unwahrscheinlich, daß dieses Bauwerk zu einem späteren Zeitpunkt als Beobachtungsposten oder Fort diente. Vielleicht legte man damals die Zisternen an, um die Männer mit Wasser zu versorgen, die hier ihren Dienst versahen. Nach und nach ließ man den Bau jedoch verfallen. Allerdings fehlt es auch nicht an gewissen Anzeichen für absichtliche Beschädigung. Beispielsweise deutet das Fehlen von Ecksteinen in diese Richtung! Lediglich vermuten läßt sich der ursprüngliche Zweck dieses Gebäudes. Wahrscheinlich hatte es mit den Feierlichkeiten zu tun, die der Hof von Shabwa hier abhielt, und man könnte sich vorstellen, daß es als eine Art Thron diente oder dem König die Möglichkeit gab, sich zurückzuziehen.

Die Ecksteine waren nicht an Ort und Stelle gebrochen und zugeschnitten worden. Möglicherweise stammten sie aus denselben Steinbrüchen, aus denen man das Baumaterial für Shabwa bezog, denn auch dort zeigten viele Mauerblöcke die gleiche Bearbeitung des Mittelfeldes und der Ränder.

Im Osten der Felsgruppe von ʿUqla liegt eine Reihe kleiner Erhebungen aus Steinen. Auf den ersten Blick hin schien es sich um Steinmale bzw. steinerne Hügel über Gräbern zu handeln. Später stellte sich jedoch heraus, daß man lediglich moderne Brustwehren für – wenn der Notfall es will – Truppen mit leichten Infanteriewaffen vor sich hat.

Inschriften

a) ʿUqla Nr. 12 = *Philby* 83 = RES 4910 = *Jamme* 921

»1. ʾIlʿad̲ Yalut, König von Ḥa-
2. ḍramaut, Sohn des ʿAmmdahar, kam
3. zur Festung ʾAnwadum, um
4. Titel zu verleihen.«

b) ʿUqla Nr. 40 = *Philby* 84 = RES 4912 = *Jamme* 949

»1. Yadaʿʾil Bayin, König von Ḥaḍramaut, Sohn des Rabbšams, des Edlen von Yuhabiʾr, er, der die Stadt Šabwat erneuert und umgestaltet
2. und aus Steinen denTempel erneuert hat, versah die Festung mit Boden [und] Dach, als sie [Tempel und Festung] bei einem Zusammensturz in Trümmer gesunken waren. Und es wurden 35 Ochsen,
3. 82 Jungkamele, 25 Gazellen und 8 Leoparden bei der Festung ʾAnwadum getötet.«

Al-ʿAbr, Wadi al-Aqābih

Etwa 16 Kilometer nordwestlich von Al-ʿAbr liegt das Wadi al-Aqābih. Bei den dortigen Verhältnissen bedeutet diese kurze Entfernung etwa eine Stunde Fahrt mit dem Wagen. Obwohl Einheimische Ras Arg̲hadd als markanten Geländepunkt in der Nähe angeben, ist der Ort bisher auf keiner offiziellen Karte verzeichnet. Die charakteristischste Landmarke im Gebiet des Wadi ist der Ǧabal Aqābih, der, am Ostrand der Talschlucht gelegen, das Gelände beherrscht.

Durch diese enge Passage läuft eine der Hauptrouten, die die Hügel rings um Al-ʿAbr durchquert. Bei der Oase Al-ʿAbr handelt es sich um das alte äußere Zentrum jener Handelsstraße, die das südlich der Sandwüste gelegene Ḥaḍramaut und seine Hauptstadt Shabwa mit Najran und dem Norden verband. Der von Nordosten herangewehte Flugsand hat das Ende der Nordrampe dieses Passes eingeebnet. Heute lassen sich hier drei Niveaus unterscheiden. Besonders augenfällig zeigt sich die Anhebung des Geländes, wo man genau in Bodenhöhe oder – wie es an einigen Stellen der Fall ist – sogar noch darunter Ritzinschriften am Felsen findet. Etwas mehr als 0,75 Kilometer beträgt die Gesamtlänge des Passes. Rund 300 Meter davon entfallen auf die erste Teilstrecke, die durch eine im Durchschnitt nur etwa 12 Meter breite Felsenklamm führt. Rund 180 Meter breit ist der höhergelegene Mittelabschnitt. Auf gleicher Höhe mit den Felsflanken liegt der Nordabschnitt, bis sich das Wadi nach der Sandwüste hin öffnet.

Eine Wasserstelle gibt es am Nordende der ersten Teilstrecke dieser Paßstraße. Der betreffende Brunnen ist noch im Gebrauch. Anders verhält es sich mit der Wasserstelle am Ende des zweiten Streckenabschnitts. Sie ist nicht mehr zu benutzen, jedoch vorhanden, wovon man sich an Ort und Stelle überzeugen kann.

Beiderseits des Passes sind die Felswände mit Hunderten von Inschriften und Zeichnungen bedeckt.[211] Die Zeichnungen sind zum großen Teil recht ungewöhnlich. Es handelt sich um die Umrisse von Händen mit ausgestreckten Fingern und Daumen, die neben einem Personen- und manchmal auch einem Familiennamen stehen. In der Regel befinden sich Namen und Hände innerhalb einer die gesamte Zeichnung umschließenden Linie. Bei einigen dieser Inschriften zählt man nicht weniger als 12 bis 17 derartiger Hände, andere enthalten nur 4 bis 6, und viele Inschriften zeigen auch sogenannte »Wasserzeichen«. Inschriften dieser Art nehmen sich etwa wie folgt aus: HYB (mit 17 Händen); YMDʾL (mit 6 Händen und 3 verschiedenen »Wasserzeichen«); MMRHMW (mit 6 Händen); TBʿṮY (mit 4 Händen).

Unbekannt ist, was diese Hand-Darstellungen zu bedeuten haben. Es könnte sich um Entfernungsangaben handeln, oder man wollte die Kamelzahl der Karawanen angeben, mit der man auf dieser wichtigen Handelsroute reiste. Auf jeden Fall scheinen die hier an den Felswänden dieser Paßhöhe den einzelnen Namen beigegebenen Hände die Bedeutung der Träger dieser Namen zu steigern. Ein einheimischer Wüstenführer unserer Tage namens Hamid hatte keine Ahnung, was diese Zeichnungen bedeuteten. Dennoch steuerte auch er einen kurzen Graffito bei.

Beachtung verdient der den Paß überragende Ǧabal Aqābih wegen der Steinmale, die seinem schmalen Grat folgen. Auf beiden Seiten des Ǧabal sind sie vom Tal aus gut sichtbar, doch möglicherweise war gerade beabsichtigt, daß Reisende, die auf dieser Paßstraße ihres Weges zogen, diese Steinmale gegen den Himmel erblickten (Abb. 39). Insgesamt zählt man hier 33 Steinmale von gleichbleibender Größe und gleichbleibendem Aussehen. Ihre Höhe beträgt etwa 90 Zentimeter, ihr Abstand von einander rund anderthalb Meter. Man hat große Sorgfalt auf sie verwandt. Allerdings bestehen sie aus rohem, mörtellosen Findlingsmauerwerk. Die einzelnen Steine liegen auf ihrer flachen Seite. Ein weiteres Steinmal erhebt sich am nordwestlichen Ende des Kammes. Es ist viel größer als alle anderen, etwa 1,20 bis 1,50 Meter hoch und ungefähr 4,6 Meter breit. Möglicherweise enthielt es einst eine – heute zusammengebrochene – Kammer. Ein ähnliches Steinmal hat man ausgegraben. Dabei stellte sich heraus, daß es menschliche Gebeine enthielt. Auch zahlreiche weitere Steinmale dieser Art findet man auf Berg- und Hügelrücken im Gebiet von Al-ʿAbr, im Wadi ʿIrma und Wadi ʿIdm südlich von Sāh.[212] Die größeren von ihnen lassen sich mit dem oben beschriebenen Steinmal vergleichen. St. John Philby erwähnt außerdem Steinmale eines »Pillenschachtel«-Typs, die bei Ruwaiq und ʿAlam Abiaḍ zu finden sind[213], doch handelt es sich bei dieser Art ohne Zweifel um Gruppen von Gräbern, wogegen die aus einer einzigen Steinreihe bestehenden Male auf dem Bergrücken möglicherweise eher als Wegweiser dienten. Steinmale, die Philby notierte, als er in südöstlicher Richtung nach Al-ʿAbr reiste, gaben wohl die bessere Route an. Wie Philby bemerkte, gibt es nach dem Steinmal von Radm Al-Amir und in gerader Linie nach Al-ʿAbr Steinhaufen in regelmäßigen Abständen von wenigen hundert Metern, und es hieße, daß sie eine als Darb al-Amir (»Fürstenstraße«) bekannte Route begleiteten. Doch wenn diese Route selbst vielleicht auch alt ist, so erweckt doch die Reihe steinerner Wegweiser eher den Eindruck, jungen Datums zu sein. Ein Daḥmi S̲ha̲kh legte sie an, um den Pfad nach Al-ʿAbr zu markieren.

Andere Steinmal-Reihen, die man in der Nachbarschaft von Al-ʿAbr bemerkt, befinden sich im Westen der Oase östlich der modernen Straße, die sich von Al-ʿAbr in südlicher Richtung auf die Sandebene von Ramlat Sabatain, zu den Felsen von Tirbaq und Arain sowie schließlich durch das Wadi S̲huqaiqāt hinab nach Shabwa windet.

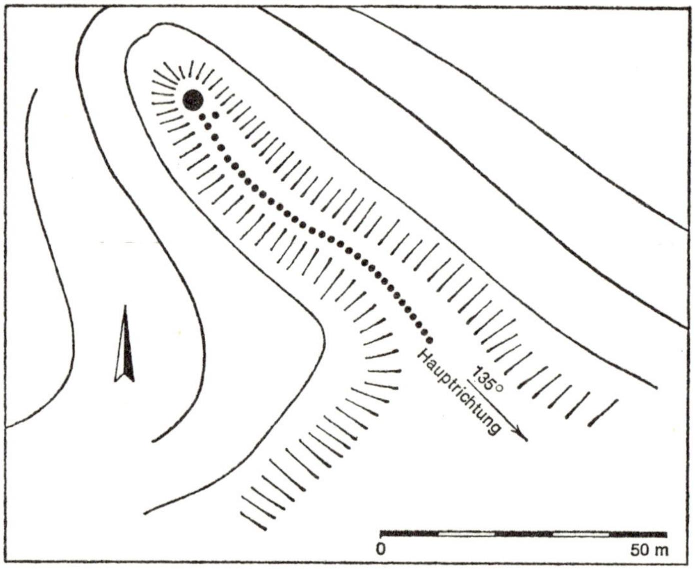

Abb. 39 Verlauf der niedrigen Steinsetzungen, die auf dem flachen Gipfel des Ǧabal Aqābih von einem Hauptsteinmal ausgehen. Es gibt zahlreiche Steinhaufen und Steinreihen dieser Art in der fraglichen Gegend.

Huraidhah

Die Trümmerstätte besteht aus den Ruinen des Mondtempels, den Resten von Privathäusern und Gräbern in den nördlichen Geröllhängen des Wadi ʿAmd, wenige Kilometer nordwestlich der Stadt Huraidhah. Unter Leitung von Frau Dr. G. Caton Thompson wurde hier 1937 die erste kontrollierte archäologische Grabung in Südarabien, dem heutigen Südyemen durchgeführt.[214]

Inschriften zufolge, die man auf dem Gelände des Tempels fand, war dieser Tempel dem Mondgott Sīn geweiht. Ebenfalls inschriftlich bezeugt ist der antike Name der Stätte. Er lautete Maḏābum.

Der Mondtempel

Als früheste Bauphase dieses Gebäudes konnte eine steingepflasterte, längliche Plattform ermittelt werden (Abb. 40). Sie ist 12,35 Meter lang, 9,71 Meter breit und ruht auf einer Anzahl von Geröllbrocken, die von einer mehr als 3,60 Meter hohen Mauer umgeben waren. Nur wenig ist noch vom Überbau erhalten, allerdings gibt es Reste steinerner Säulenbasen und Teile von Trennmauern der zweiten und dritten Bauphase. Sie unterteilten den südwestlichen Teil des Tempelgeländes in Vorhöfe und Gänge. Zwei Reihen steinerner Stufen führten zur Plattform hinauf. Ursprünglich bestand das Mauerwerk aus Geröllblöcken, die man zu recht gleichmäßigen Lagen zu ordnen verstanden hatte. Man hatte ihnen einigermaßen längliche Formen gegeben, die Ecksteine dagegen waren roh zu einer Art Quader geformt. Das Abfangmauerwerk der ersten Bauphase hatte mit dem Meißel abgesetzte Ränder und mit der Hacke bearbeitete Mittelfelder.

Die Tempelplattform ruhte auf einer Anzahl von Findlingsblöcken und Geröll. Darüber lag eine Schüttung kleineren Geröllmaterials aus Kalk- und Sandstein, über die man schließlich Gipsmörtel gegossen und verstrichen hatte. Außerhalb der Stützmauern an der Nordwest- und Südostseite sind vollständige Reihen des Bodenbelags erhalten geblieben. Die früheste Phase des Bauwerks hat man dem 5. Jahrhundert v. Chr. zugewiesen.

Die Ecken des Baus weisen nach den vier Himmelsrichtungen. Seine Hauptfassade befindet sich an der Südwestseite.

Keine einzige Inschrift wurde an den Mauern gefunden, die sich noch *in situ*, in ihrer ursprünglichen Position, befand. Nicht weniger als 21 Inschriften archaischen Typs aber, die aus der Entstehungszeit der Frühphase des Bauwerks stammen dürften, hatte man später wieder als Baumaterial verwendet. Auch keinerlei unversehrte Töpferware kam im Tempelbereich zum Vorschein, doch der Vergleich hier gefundener Scherben mit den Grabbeigaben zeigt, daß man es hier wie dort mit den gleichen Formen zu tun hat. Gewöhnlich war die in den Gräbern gefundene Keramik recht hart und gut gebrannt sowie mit roter oder rotbrauner Engobe überzogen.

Unweit der Südwestseite des Tempelgeländes befindet sich eine Reihe mit

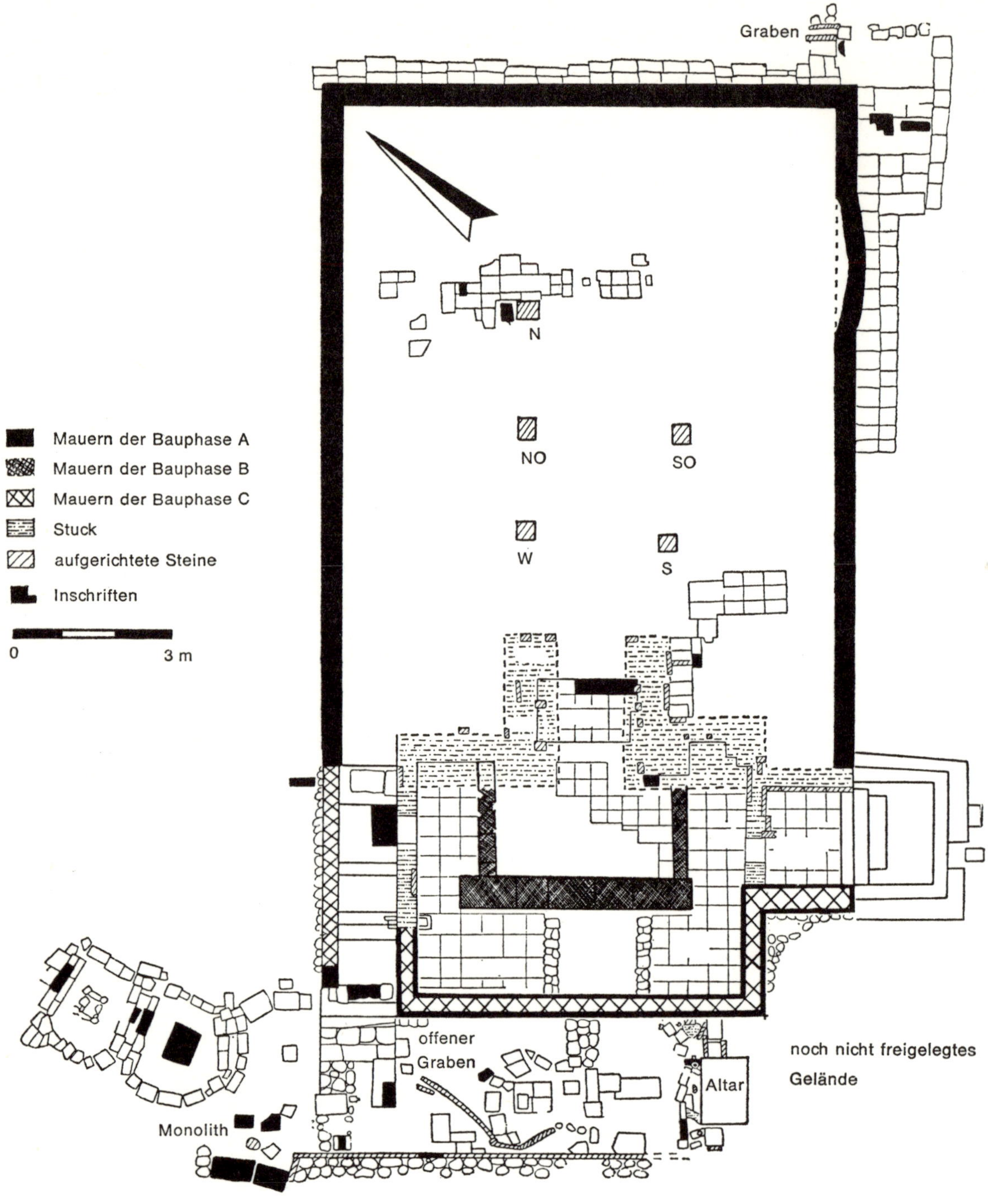

Abb. 40 Plan des in Ḥuraiḍah dem Mondgott Sīn geweihten Tempels. Nach den Aufzeichnungen von G. Caton Thompson.

Apsiden versehener Schreine mit Altären. Sie wurden wohl erbaut, um nach der Zerstörung des Tempels das Fortbestehen des Kults zu ermöglichen. Parallel zur Tempelfassade läuft ein ununterbrochener Saum von 16 Steinplatten, der anscheinend die Begrenzung dieser Schreine markierte.

In den Apsiden-Schreinen fand man mehrere Weihrauchbrenner aus Kalkstein mit vier würfelförmigen Beinen. Ein entsprechendes Stück wurde auch im Tempelgebiet entdeckt.

Gräber

Mehrere Gräber liegen in den Schuttkegeln unterhalb der Steilhänge im Norden. Zwei von ihnen wurden ausgegraben. Offensichtlich handelte es sich um künstlich geschaffene Hohlräume für die Beisetzung menschlicher Gebeine. Nur teilweise wurde ein drittes Grab freigelegt. Es wies eine Reihe leerer Wandnischen auf. Die Öffnung des einen dieser Gräber bildete ein unregelmäßiges Oval, dessen größte Weite 2,87 Meter betrug und das nach Südosten hin, und zwar nach 132 Grad, ausgerichtet war. Etwa 8 Meter tief hatte man die Grabkammer, die einen hufeisenförmigen Grundriß besaß, in das Geröllkar vorangetrieben. Mehr als 2,33 Meter waren die Seitenwände zum Dach hin nach innen geneigt. Das Grab enthielt ortsübliche unglasierte Keramik. Einige Gefäße, darunter Schüsseln mit Fuß, Becher und Näpfe sind noch unzerbrochen. Man fand die Stücke zusammen mit menschlichen Skelettresten auf dem Boden des Grabes.

Zu den häufigeren Funden zählten Schüsseln mit einem Fuß und breitem Rand mit früh-südarabischen Schriftzügen. Daneben kamen auch Schüsseln aus Stein sowie ungewöhnliche Näpfe mit Ausgußtülle und flanschartigem Griff zutage.

Aus Alabaster bestanden lediglich einige Kosmetiknäpfchen mit drei kurzen Beinen. Endlich fanden sich bei den Skelettresten Metallschmuck in Form wahrscheinlich bronzener Ringe, Nadeln und Armringe, desgleichen schließlich Halsbandglieder aus Karneol, doppelkegelförmige Schmuck-»Perlen« aus farbigem Glas sowie durchbohrte Muscheln und Fayencescheiben. Der Boden der Gräber war mit Obsidianmikrolithen übersät.

Bei den heutigen Bewohnern der Gegend sind diese Gräber als Wohnstätten und Lagerplätze sehr gefragt.

Der Bauernhof

Ungefähr 137 Meter im Norden des Tempelgeländes befindet sich ein aus Luftziegeln errichtetes Bauerngehöft. Seine Mauern besitzen kein Steinfundament. Als Bindemittel für die luftgetrockneten Ziegel hat man Lehmmörtel verwendet, und mit Lehm ist das Mauerwerk auch verputzt.

Aus hartem Lehm bestanden endlich die Böden, die Decken der Räume dagegen aus grobem Holzsparrenwerk, ausgefüllt und überdeckt von Zweigen und Lehm.

Keramikfragmente, einige wenige Stücke davon mit früh-südarabischen Schriftzeichen, die Bauten des Gehöfts datieren in die Zeit der Gräber.

Mashgha (Hidbat al Ghusan[215] *und Dar al-Ghanimah)*

Mashgha[216] befindet sich mitten im Wadi ʿIdm, wenige Kilometer nordwestlich des Dorfes Sūnah. Die nächstgelegene Stadt ist Ar-Rudūd.

Es handelt sich um eine ausgedehnte Ruinenstätte aus vorislamischer Zeit. Ihre Maße betragen knapp 550 Meter (Nordsüdachse) zu ungefähr 320 Metern (Ostwestachse). Der Platz liegt auf stark vom Flutwasser des Wadi erodiertem Schwemmland. Die Wassererosion hat eine Reihe isolierter Erhebungen übriggelassen, die von Stein- und Luftziegelmauerresten gekrönt werden. Hier haben die Besiedlungsspuren eine Tiefe von mehr als 6 Metern.

An der Ostseite der Ruinenstätte hat die Erosion eine knapp 4,60 Meter hohe Luftziegelmauer zum Vorschein kommen lassen. Nach Nordosten hin befindet sich ein hoher Hügel. Auf ihm liegen Reste eines Gebäudes frei, die sowohl Stein- als auch Luftziegelmauerwerk aufweisen.

Eine andere, nach Norden zu gelegene Erhebung trägt ein großes Steingemäuer. An seiner Südfront erblickt man einen Zug guten Steinmauerwerks.

Im Westteil des Mittelabschnitts der Ruinenstätte erhebt sich ein Bauwerk auf einem rechteckigen Podium mit einer steinernen Stützmauer und mächtigen Kalksteinblöcken. An seiner Ostseite befindet sich ein überaus roh gepflastertes Bodenstück.

Offen auf dem Erdboden lagen Inschriftenfragmente, die Überreste von Architekturornamenten sowie Bruchstücke von Skulpturen und Weihrauchbrennen umher.

Weit und breit über das Ruinenfeld verstreut findet man Keramikscherben. Einige der Fragmente zeigen eine deutliche Politur, doch alle diese Irdenware weist recht dicken, mitgebrannten Schlickerüberzug (Engobe) auf. Beliebte Ornamente dieser Keramik sind eingekerbte Wellenlinien und erhaben vortretende Bänder mit Fischgrätenmuster. Die Tiefe der Kulturschicht zeugt von einer langen Periode ständiger Besiedlung, deren Anfang man wahrscheinlich im 8. Jahrhundert v. Chr. anzusetzen hat.

Daneben, und zwar fast genau im Nordwesten erhebt sich dicht an der Flanke der Wadi-Klippen ein rund 150 m hoher Felsvorsprung. Auf seinem Gipfel fand man die Überreste eines rechteckigen Bauwerks aus Stein. Einst erreichte man die Höhe des Felsens über eine gemauerte Treppe, die jedoch heute nur noch ein kurzes Stück den Abhang hinabreicht. Einige Steine in der Umgebung waren mit früh-südarabischen Namen beschrieben. Da das Bauwerk nach den vier Himmelsrichtungen ausgerichtet war, mag es durchaus von religiöser Bedeutung gewesen sein.

Am Südfuß dieses Felsens befinden sich die Trümmer einer kleinen Stadt. Auch hier liegen Mauerreste frei herum. Die ausgedehnten Ruinenstätten dieses Gebiets berichten davon, daß dieser Teil des Wadi einst dicht besiedelt war.

Husn al-ʿUrr

Das mächtige, sofort die Aufmerksamkeit auf sich ziehende Fort dieses Namens erhebt sich in beherrschender Lage auf einer Felsnase nördlich des Flutbettes in der Mitte des Wadi (Abb. 41).[217] Die Burg befindet sich zwischen den Orten Qasam und al-Saum östlich von Tarīm. Die Fundamente der Gebäude ruhen unmittelbar auf dem Felsen. Am meisten fällt das große rechteckige, etwas mehr als 9 Meter hohe Gebäude ins Auge, das den Ostteil der Ruinenstätte beherrscht. Sein Mauerwerk besteht aus grob zugeschnittenen Steinblöcken von durchschnittlich etwa 60 Zentimetern Länge, die ohne Bindemittel in relativ regelmäßigen Lagen verlegt sind. Man erreicht dieses Bauwerk von Norden her auf einem abschüssigen Pfad, der mitten durch die Ruinen eines Wacht- und Torhauses führt, hoch über einem tiefen Brunnenschacht am Ende eines sich an der Nordseite hinziehenden Pfades. Bei dem Torgebäude macht der Pfad einen scharfen Knick nach rechts, und man erblickt auf halber Höhe der Nordmauer des Hauptgebäudes eine vierzeilige Inschrift aus vorislamischer Zeit. Der Pfad setzt sich bis zum Gipfel fort. Hier gibt es eine geräumige, mit Verputz abgedichtete Wasserzisterne von rund 7 Meter Länge und 2 Meter Breite. Daneben befindet sich an der Südseite eine sehr tiefe Aushöhlung im natürlichen Felsboden, die man erst für einen Brunnen oder eine Zisterne hielt. Rings um den Felsgipfel fanden sich mehrere Reste aus Stein gemauerter Bauwerke, im Hauptgebäude war jedoch die Ḥaḍrami-Beduinenlegion untergebracht, und infolgedessen hat man im Innern des Bauwerks und auch an seinem Äußeren gewisse Verbesserungen unternommen, die vom Standpunkt des Archäologen aus dem Bau nicht nur gut bekommen sind. Jedoch handelt es sich hier nur um den Oberteil des betreffenden Bauwerks. An seiner

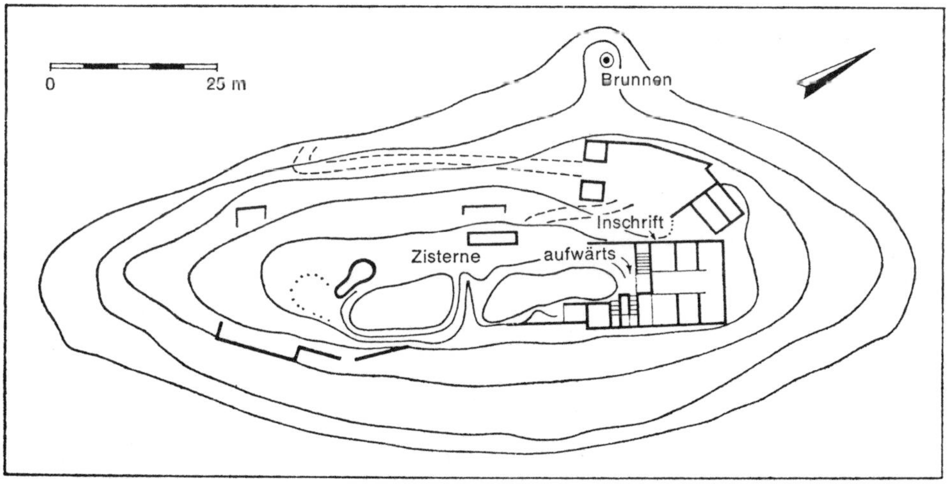

Abb. 41 Skizze von Husn al-ʿUrr. Nach Zeichnungen von H. von Wissmann, H. T. Norris sowie aufgrund eigener Bodenforschungen des Verfassers.

Südmauer deuten alte Fensteröffnungen darauf hin, daß möglicherweise ein unter dem heutigen Bodenniveau gelegenes tieferes Stockwerk Räume birgt, die in der Neuzeit noch niemand betreten hat.

Ausgezeichnet zugeschnittene Kalksteinstufen nehmen sich aus, als ob man sie aus einer Quadermauerfront entfernt hätte. Und obwohl dieses Fort anscheinend nur aus einer Reihe von Zweckbauten bestand, gibt es noch heute in der Stadt Mukalla Teile vorzüglich bearbeiteter Steine. Sie legen die Vermutung nahe, daß man es mit späteren Bauwerken zu tun hat, die auf den Fundamenten luxuriöserer Gebäude errichtet worden waren. Wahrscheinlich besteht die gesamte Häusergruppe auf diesem Gipfel aus militärischen und privaten Bauten eines wohlhabenden Herrschers, der das gut bewässerte und fruchtbare Wadi in seiner Gewalt hatte. Ein Stein zeigt in vortrefflicher Meißelarbeit die Form eines byzantinischen Kapitells mit der Darstellung einer rituellen Steinbockjagd durch Menschen und Hunde. Oberst van der Meulen entfernte diesen Stein von seinem Platz an der Mauer. Der Fund befindet sich heute im Museum von Aden. Im Museum von Mukalla kann man heute große Stücke steinerner Fenster oder Türsturze betrachten, deren Dekoration aus Weintrauben und Weinblattmustern besteht. Umgeben von reicher Pflanzenmotivik sind Reliefdarstellungen von Steinböcken und Menschen. Die betreffenden Fragmente fand man in Husn al-ʿUrr auf dem Boden liegend.

Auf dem flachen Wadigrund sowie an allen Seiten des Felsens bemerkt man zahlreiche Steinhaufen – Überreste eines vorislamischen Bewässerungssystems, das die Fluten des Hauptbettes auffing und über Schleusen, die den Wasserstand regelten, auf die Felder verteilte, die einen großen Teil des Wadigeländes bedeckten. Wahrscheinlich war Husn al-ʿUrr damals Sitz eines einheimischen Machthabers und keineswegs immer nur ein Fort, das das Wadi Ḥaḍramaut vor Angriffen aus dem Osten zu schützen hatte. Dies war wohl seinerzeit eher die Aufgabe der in den Baracken und der Festung von Makainan garnisonierten Streitkräfte.

Mittelalterliche Städte lagen im Wadi Ḥaḍramaut meist auf Felsschultern und Felsbänken der das Wadi begrenzenden Klippen. Gewöhnlich besaßen sie ein hoch aufragendes Fort (*husn*) aus steinernem Mauerwerk. Dies läßt vermuten, daß die frühislamische Periode eine Zeit der Unsicherheit war. In ihrer Anlage entsprechen die Forts auf dem Boden des Wadi sehr oft dem Yafiʿ-Muster.[218]

Wahrscheinlich waren sie das Vorbild der früheren Bauten auf dem Wadigrund. In seinen Hauptzügen besteht der Grundriß eines solchen Komplexes aus einem quadratischen Gebäude, dessen Ecken mit annähernd zylindrischen Bastionen befestigt sind. Ganz offensichtlich war ein solches Bauwerk dafür bestimmt, durch Flankenfeuer verteidigt zu werden. Gewöhnlich bleiben Bauten dieses Typs nicht ständig bewohnt, obwohl gerade das beste Beispiel dieser Bauweise, der großartige Palast von Saiwūn, noch immer als Wohnung dient. Bei späteren Bauwerken verzichtete man auf die Eckbastionen, und im Laufe einer langen Friedensperiode entwickelte sich ein klar rechteckiger oder quadratischer Grundrißtyp, bei dem man mit der Baufläche sparsamer umging. Es ist keine Seltenheit, daß im Gebiet des Wadi einzelne Häuser, ja ganz kleine Städte aufgegeben wurden. Die Einwohner verließen sie, um sich näher bei ihren Feldern niederzulassen. Nicht selten erblickt man ein relativ neues Haus unmittelbar neben einer in Trümmern liegenden Festung.

Abgesehen vom Hafen Mukalla sind Al-Qatn, Shibām, Saiwūn und Tarīm, alle im Wadi Ḥaḍramaut, die bedeutenden Städte und Handelszentren im Ostteil des Landes. Nimmt man Shiḥr an der Küste und Huraidhah im Wadi ʿAmd hinzu, hat man zugleich die Kulturzentren, wo Familien und Moscheearchive historische Dokumente und Familienpapiere verwahren.

Saiwūn, die Hauptstadt des Kathīri-Staates, mit ihren Häusern und Märkten rings um ihren ungeheuren, weiß getünchten Palast im Schatten der Wadi-Klippen, ist das typische Beispiel einer Stadt, die in Friedenszeiten in das sie umgebende Land hineingewachsen ist. Im Gegensatz dazu ist an Shibām bemerkenswert, daß es sich Jahrhunderte hindurch nicht über seine Stadtmauer hinaus verbreitete.

Hier in diesem Qaitiʿ-Zentrum fand das Wachstum nach oben hin statt. Innerhalb seiner Verteidigungsmauern wuchsen seine Luftziegelhäuser, deren Wände in einzelnen Fällen in die Stadtumwallung einbezogen sind, mächtig in die Höhe. Umgeben von Ackerland und Flutbett, bildet der das Landbaugebiet am Wadieingang beherrschende Ort eine regelrechte Insel: ein lohnendes Objekt für Archäologen der Zukunft.

Erstes Gouverneurat

Soqotrā

Auch eine Darstellung, die sich auf einige der Hauptfundstätten Südwestarabiens beschränkt, kann nicht darauf verzichten, wenigstens kurz auf die Insel Soqotrā einzugehen.

Soqotrā[219] liegt im Indischen Ozean, etwa 760 Kilometer vom arabischen Festland und rund 800 Kilometer von Aden entfernt. Der Name seiner Hauptstadt lautet Hadibu (Hudaibū), die zweitwichtigste Stadt ist Qallansiya an der Westküste.

Hadibu (Hudaibū), das einstige Tamarida (Tamrida), liegt an der Nordküste, und zwar am westlichen Endpunkt einer halbkreisförmigen, von Bergen umgebenen fruchtbaren Ebene. Die Hauptkette des dortigen Berglandes ist unter dem Namen Haggier-Gebirge (Ǧabal Hajir) bekannt. Ihre granitenen Zinnen erreichen eine Höhe von etwa 1500 Metern.

Am Ostende der Hadibu-Ebene befindet sich die kleine Küstenstadt Sūk. Wahrscheinlich war sie in der Vergangenheit Soqotrās Hauptstadt. Hier errichteten 1507 nach der Eroberung von Albuquerque die Portugiesen ein Fort und später auch eine kleine Kirche.

Die im Gebirge niedergehenden Regen sichern eine reichliche Bewässerung der Ebene. Hauptsächlich zwei Wadis leiten das Wasser den Palmen und Feldern zu. Die Südseite der Insel ist demgegenüber so gut wie unbewohnbar. Im Gegensatz zum Norden fehlt es hier an trinkbarem Wasser, und der Küstenstreifen ist durch hohe, unpassierbare Klippen vom Hinterland getrennt.

Die Küstenbewohner Soqotrās stammen von Festlandarabern ab, die zwischen dem 12. und 13. Jahrhundert unserer Zeitrechnung eingewandert sind. Die damals schon auf Soqotrā ansässige Bevölkerung wurde in die Bergregionen des Insel-Inneren vertrieben. Die von den heute an der Küste Ansässigen als *»bedus«* bezeichneten Berg-Leute fristen ein primitives Dasein. Zum größten Teil handelt es sich bei ihnen um höhlenbewohnende Ziegenhirten.

Alte Steinbauten und verlassene Ruinen stammen vermutlich von den Urbewohnern der Insel, deren Nachkommen die heutigen Höhlenbewohner in den Bergen Soqotrās sein dürften.

Soqotrā hatte früh Berührung mit dem Christentum. Allerdings ist nur wenig über diese Phase seiner Geschichte bekannt. Vor dem Aufkommen des Islam blühte das Christentum für eine kurze Zeit in Südarabien, und sein Einfluß erstreckte sich auch auf die Insel.

Als Bringer des christlichen Glaubens gilt der Apostel Thomas, der hier im 1. Jahrhundert n. Chr. Schiffbruch erlitten haben soll. Von Äthiopien kommend, besuchte Kosmas Indikopleustēs (Kosmas »der Indienfahrer«) Soqotrā im Jahre 524 und fand, daß es dem nestorianischen Katholikos von Babylon unterstand.

Einen Bericht über das Leben auf Soqotrā unmittelbar vor dem Einfall der Portugiesen gab Ibn Mādjid, der berühmte Lotse Vasco da Gamas. Von ihm erfahren wir, daß Christen auf Soqotrā lebten. Ibn Mādjid behauptet auch, daß die Priester der Christen, die in den Kirchen wohnten, bestimmten, wer wen heiraten dürfe, und daß sie nach dem Rat ihrer Herrscherin Ehen stifteten.[220]

Vor der Ankunft Ibn Mādjids hatten Mitglieder der herrschenden Familie aus Marah eine Festung erbaut und sich in den Besitz der Macht über Soqotrā gebracht. Als einer dieser Mahri-Männer ermordet wurde, erschienen vom Festland her Mahri-Stammesgenossen zur Verstärkung, um seinen Tod zu rächen und die Mahri-Herrschaft über Soqotrā wurde auf diese Weise gefestigt.

Als später der Jesuitenmissionar Franz Xaver auf der Durchreise nach Indien auf Soqotrā Station machte (1541–42), gab es keinen Klerus mehr auf der Insel, der die Bedingung der sogenannten »Apostolischen Sukzession« erfüllt hätte – die »Apostolische Sukzession« war erloschen. Und obwohl man viermal am Tage öffentlich liturgische Texte rezitierte, war doch vom christlichen Glauben der Bewohner Soqotrās nur wenig übbriggeblieben. Zwar erinnerten sich die Leute von Soqotrā noch an das Kreuzzeichen, doch Taufen gab es hier schon lange nicht mehr.

Sowohl in Hadibu (Hudaibū) wie im westlichen Teil der Insel, in der Hafenstadt Qallansiya, bestehen Moscheen und andere Bauten hauptsächlich aus unregelmäßig verlegten, mit Lehm abgebundenen und mit Kalkmörtel verputztem Mauerwerk. Ihre ganze Anlage zeigt deutlich, daß Winkeldreieck und Lot wenig zu ihrem Entstehen beigetragen haben. Bei den großen Moscheen der beiden Orte überwölbt eine geräumige Luftziegelkuppe den Innenhof, und ein kleines, aber wohlproportioniertes Minarett beherrscht das Ganze. An bedeutenderen Bauwerken verwendete man als Architekturornament ein gewöhnlich aus flachen Luftziegeln gebildetes fortlaufendes Dreieckmuster in einem waagrechten Wandfeld.

Kapitän S. B. Haines von der indischen Marine untersuchte auch Soqotrā, als er in den Jahren 1834–35 mit dem unter seinem Kommando stehenden Forschungsschiff *Palinurus* die Küste Arabiens am Indischen Ozean aufnahm. Der Regierung in Bombay schien es ratsam, hier einen neuen Stützpunkt zu errichten und sich die Insel als Bunkerstation für die damals gerade aufkommenden Dampfschiffe zu sichern, die zwischen Suez und Bombay verkehrten. Doch ganz abgesehen von den ungünstigen Seeverhältnissen, für die Soqotrā bekannt ist: Die Insel erwies sich, zumindest, was das Klima der Küstenstreifen anging, als zu ungesund für die dort stationierten Truppen. Nach kurzer Beratungszeit wurde das Militär wieder abgezogen.

Die archäologische Erforschung Soqotrās begann mit der 1956 entsandten Expedition der Universität Oxford. Der Archäologe des Gelehrtenteams, P. Shinnie, hatte damals Gelegenheit, einige Ruinen zu untersuchen. Die Stätten, wo man schürfte (oder die man zumindest besichtigte), waren in der Ebene von Hadibu (Hudaibū) das Fort des Ǧabal Hasun und das Fort in Sūk, sowie einige Bauwerke in seiner Nähe. Eines dieser Bauwerke, die mitten im Zentrum von Sūk liegen, war für eine Moschee gehalten worden, doch vermutlich handelte es sich um eine Kirche. Die geräumige Festung ist heute ein Trümmerhaufen geborstenen Mauerwerks. Sūks Bewohner haben sie schon in der Vergangenheit geplündert, doch die erhaltenen Fundamente der runden Eckbastionen und der Festungsmauern zeigen klar, daß man hier die Reste einer ausgedehnten Verteidigungsanlage vor sich hat. In ihrem Plan ist die Anlage alten Festungen des sogenannten Yafiʿ-Typs nicht unähnlich, wie man sie noch heute im Wadi Ḥaḍramaut finden kann (und wovon der Palast von Saiwūn das beste Beispiel darstellt). Das Fort von Sūk ist, bei einer Länge von knapp 26 Metern, rund 20 Meter breit. Seine Achse weist genau nach Norden.

Knapp 100 Meter im Nordosten der Festung liegt der plattformartig erhöhte Platz, wo sich die Kirche befand. Es gab hier wohl schon ein älteres Bauwerk, denn man hat zwei Mörtelböden gefunden. Die Kirchenachse hat eine Weisung von 35 Grad. Wahrscheinlich benutzten die Portugiesen diese Kirche und restaurierten sie später mit ihren Säulen aus Korallenblöcken als Kirche Unserer Lieben Frau vom Siege.

Die Ruine besteht aus einer niedrigen Bodenerhöhung. Auf ihr erblickt man ein vollkommen ebenes Rechteck aus glatt verstrichenem Kalkmörtel, das 8,54 mal 9,45 Meter mißt. Reste der Mauer, die dieses Rechteck einst umgaben, erblickt man nur noch an der Nordfront des Gebäudes, wo sich der Eingang befand. Noch sieht man die Basen der neun Säulen des Baus. Sie bestehen aus Kalkstein und sind von verschiedenem Zuschnitt: achteckige, runde und sternförmige Zwischenelemente bilden den Übergang vom würfelförmigen Basisquader zum Säulenschaft, der offensichtlich rund war. Andere Spuren – Reste der eigentlichen Säulen selbst – gibt es nicht mehr. Wahrscheinlich bestanden die Säulen aus nur roh zugeschnittenen Blöcken, deren Unebenheit ein glättender Mörtelbewurf verdeckte. Noch lange bediente man sich dieses Verfahrens beim Bau der Häuser von Sūk. Erhalten sind noch Reste des Eingangsportals und einer verputzten Seitenwand, die den Eingangsvorhof abgrenzte. Allerdings ist, was von ihr übbrigblieb, nur etwa 60 mal 90 Zentimeter hoch. Bei der Schürfung an dieser Ruinenstätte fand man eingeführtes chinesisches Porzellan und glasierte Keramik. Eine Zeichnung, die von einem Portugiesen angefertigt wurde, als Don Joam de Castro 1541 die Insel besuchte[221], ist ein wertvolles Dokument. Sie zeigt nicht nur, daß es die fraglichen Gebäude wirklich gab, sondern sie vermittelt bis zu einem gewissen Grad einen Begriff von ihrem Aussehen. Das interessanteste Detail ist die Ansicht der hier beschriebenen Kirche, die über dem Eingang einen einzelnen offenen Turm hatte. Sie lag außerhalb der Mauern der gleichfalls abgebildeten Festung und war daher wohl ebenso für die einheimischen Bewohner von Sūk gedacht wie für die portugiesische Besatzung der nahen Garnison.

Fast 200 Meter im Süden der Kirche befinden sich Zeichnungen, die man einfach in den offenen Kalksteinboden gehackt hat. Diese Hackbilder geben verschiedene Muster wieder, doch herrschen Kreuze mit gleichlangen Armen vor.

Wahrscheinlich bietet Sūk mit seinen Palmen und seiner Lagune an der Wadimündung noch immer den gleichen Anblick wie damals, als die Portugiesen es zum erstenmal sahen. Mit welcher Sorgfalt die portugiesischen Künstler zu Werke gingen, die es abzeichneten, zeigt ihre Sorgfalt bei der Wiedergabe einzelner Felsdetails der Haggier-Kette (Ǧabal Hajir). Noch immer erkennt man den Ǧabal Hawāri, in dessen Schatten Sūk liegt, an dem weißen Flugsand, der seinen Nordosthang bedeckt.

Das Fort auf dem Felsen des Ǧabal Hawāri, der Sūk überragt, erblickt man auf der portugiesischen Zeichnung nicht. Allerdings überrascht dies nicht, denn die Festung ist gut getarnt. Ihre Lage als Beobachtungsposten mit nach allen Seiten hin freiem Blickfeld sowie als Schutzburg für das weiter unten am Berghang gelegene alte Sūk muß geradezu ideal gewesen sein. Wahrscheinlich wurde das Fort im Jahre 1507 von den Portugiesen nur angegriffen und fiel erst später in ihre Hand.

Auf der fraglichen Zeichnung erkennt man auch bedeutende Bauten in Hadibu

(Hudaibū), allerdings ist nichts von der Festung auf dem symmetrisch geformten Ǧabal Jasun im Süden von Hadibu zu sehen. Diese Gipfelfestung war von recht solider Bauart. Sie bestand aus dem eigentlichen, inneren Fort und äußeren Umfassungsmauern, deren Länge annähernd 18 Meter und deren Breite von Nord nach Süd rund 15 Meter betrug. Die Innenfläche des vorzüglich gebauten Mittelbaus ist mit Stuck überzogen, außerdem bemerkt man kleine Öffnungen in der Nordfassade: wohl Öffnungen der Wasserkanäle, die von einem kleinen Vorhof nach innen führten. Trifft dies zu, so hat man hier die Zisterne vor sich. Vielleicht war sie oben offen, denn eine Überdachung hätte Stützpfeiler notwendig gemacht. Wahrscheinlich war die Befestigung auf dem Ǧabal Hasun eher eine ummauerte Einfriedung als eine regelrechte Burg von mehreren Stockwerken, obwohl sicher eine kleine Garnison hier einquartiert war.

Der Bau des wohl nach 1541 errichteten Forts mit seinem uneingeschränkten Blickfeld scheint den Zweck gehabt zu haben, nach Süden hin gegen die aus der Küstenebene ins Gebirge vertriebenen Einwohner der Stadt eine Schutzwehr zu errichten. Die das Wadi Manufu überblickende Besatzung konnte im Fall eines Angriffs der kleinen, aber sich entwickelnden Stadt Hadibu (Hudaibū), der Residenz der Mahra-Herrscher, rechtzeitig Warnzeichen geben.

Eine andere Befestigung im Inneren der Insel befindet sich an einer Talenge bei Feragey. Sie ist von dreieckigem Grundriß, und an jeder Dreieckspitze befindet sich ein Turm. Diese Festungsanlage beherrschte einen der Hauptwege quer über die Insel. Wahrscheinlich wurde sie zur Zeit der Mahri-Invasion angelegt, um den Zugang vom Insel-Inneren zur Hadibu-Ebene abzuriegeln.

Westlich der Hadibu-Ebene führt ein felsiger Paß über die Höhen des Ras Hebak zu der R.A.F.-Station bei Ras Kharma. Auf flachem Tafelland (Cemetery Hill) und auf dem tiefer gelegenen ebenen Streifen längs der Küste erblickt man Bauten aus Findlingsmauerwerk von kreisrundem Grundriß. Die Bauten dieser Art, die an der Küste liegen, sind nicht in so guter Verfassung wie die auf dem Hochland. Insbesondere ein Rundbau auf dem Tafelland läßt steinerne Säulen erkennen, die das Dach trugen, und besaß auch einen Herd.

Weiter im Westen befindet sich die Eriosh-Ebene. Hier hat ein von der Natur geschaffener Kalkstein-»Pflasterboden« durchziehende Wanderer, wahrscheinlich Schafhirten, gereizt, sich hier durch Hackbilder zu verewigen. Ein sehr verbreitetes Motiv sind Menschenfüße. Allerdings erblickt man auch geometrische Muster und Kreuzzeichen. Andere Zeichnungen stellen Steinböcke dar oder geben südarabische Schriftzeichen wieder. Möglicherweise deuten sie auf eine direkte Verbindung mit dem arabischen Festland in vorislamischer Zeit hin. Der beschriebene Platz liegt etwa 2,5 Kilometer landeinwärts und rund 5,5 Kilometer östlich von Ghuba (Khor Dehagihan). Eine roh zusammengefügte Steinmauer umgibt teilweise diesen Platz, dessen Breite etwa 30 Meter beträgt. Seine Ost-West-Achse mißt demgegenüber etwa 229 Meter.

Bei dem Pfad, der Ghuba mit Qallansiya verbindet, befindet sich etwa 8 Kilometer südlich des hochaufragenden Ǧabal Abalan eine annähernd kreisrunde Bodensenke von knapp 30 Metern Durchmesser. Hier erblickt man Steinmauerwerk, das ähnlich wie die Ränge eines Amphitheaters in konzentrischen Kreisen angeordnet ist. Aus der Lage der Stelle an den unteren Berghängen darf man wohl schließen, daß diese Anlage einst der Wasseraufbewahrung und Bewässerung diente.

In nächster Nähe davon gibt es weiter westlich nach Qallansiya hin in vorzüglicher Lage ausgedehnte quadratische Felder mit niedrigen steinernen Einfassungen.

Kapitän Haines, der 1834 die Insel untersuchte, verzeichnet auf seiner Karte auch südlich von Ras Badu Ruinen, die dicht an der Lagune liegen. Diese Ruinen liegen auf einer Anhöhe hoch über Lagune und Ufer. Es handelt sich um einen Komplex mehrerer Räume und kleinerer Bauwerke aus großen, roh zugeschnittenen Blöcken, wie man sie an Ort und Stelle findet. In einigen Fällen betrug die Höhe der Mauerreste noch etwa 1,20 Meter. Scherben oder andere Besiedlungsspuren gibt es nicht.

Unweit davon liegt ein bisher noch nicht verzeichnetes, weit größeres Ruinenfeld, und zwar dort, wo das ebene Gelände in den Südhang des am Ort unter den Namen Ǧabal Simār Quār bekannten Ras Badu übergeht. Simār Quār lautet auch der Name dieser Ruinenstätte. Ihre Richtung zur Spitze des Ras Badu beträgt 340 Grad, 240 Grad die zum Ras Shaab und 145 Grad schließlich die zum Ǧabal Shaab im Inneren der Insel. Man findet hier Häusermauern, die größtenteils noch 60 bis 120 Zentimeter hoch sind. Abermals bestehen die Mauern aus Blöcken von ganz unterschiedlicher Größe, die man zu ganz unregelmäßigem Mauerwerk zusammengefügt hat. Das Sandsteinmaterial ist von rötlichbrauner Farbe. Der Ort gliedert sich in zwei Haupt-Gebäudegruppen. Seine Gesamtausdehnung beträgt von Süden nach Norden annähernd 100 Meter.

Etwas mehr als 100 Meter entfernt im Nordwesten liegt ein Friedhof mit den Resten eines kleinen Gebäudes. Rings um seine Gräber hat man steinerne Platten aufgestellt. Die Grabstätten sind in gutem Erhaltungszustand, doch nach verschiedenen Richtungen hin orientiert.

Auch hier fanden sich nur wenige Scherben, und dies überrascht. Man hätte mehr derartige Besiedlungsspuren erwartet, da es sich bei der Trümmerstätte eindeutig um die Überreste einer kleinen Stadt oder eines Dorfes handelt.

Es ist fast unmöglich, eine Fundstätte dieser Art zeitlich einzuordnen, die kein der Datierung dienendes Fundmaterial liefert. Man kann nur vermuten, daß die Stätte verlassen wurde, als fremde Eindringlinge die Gegend heimsuchten. Möglicherweise war dies zur Zeit der Mahri-Einfälle. Unter anderem entdeckte man auf diesem Trümmerplatz einen kleinen Steinblock mit zwei kreisrunden Höhlungen und einem geometrischen Muster an der Vorderfront. Es könnte sich um einen Trankopferaltar gehandelt haben. Das geometrische Muster scheint sich mit früh-südarabischen Schriftzügen zu berühren.

Die archäologische Erforschung der Insel beschränkt sich nicht auf Sūk und Haggier-Gebirge, sondern auch das Ostgebiet um Ras Momi wurde einbezogen. Hier findet man die Ruinen zahlreicher Bauwerke. Häuser und Gehöfte. Gewöhnlich folgen sie dem gleichen Plan. Ihre Wände bestehen aus Findlingsmauerwerk ohne Bindemittel. Monolithen trugen das Holzdach. Außerdem findet man ausgedehnte Mauerzüge aus mächtigen Geröllblöcken auf der ganzen Ostseite der Insel.

Aufmerksamkeit verdient eine Überlieferung der heutigen *Bedu,* nach der christliche Araber nicht nur in den Haggier-Bergen, sondern auch auf dem Hochplateau lebten, das sich nach Ras Momi hinzieht. Bisher liegt freilich keinerlei archäologische Bestätigung für diese Behauptung vor.

Versucht man anhand der auf einem großen Teil der Insel zutage liegenden Besiedlungsspuren der Vergangenheit einen Überblick über die Bedeutung der Insel Soqotrā im Altertum zu gewinnen, so fallen zwei Dinge ins Auge: Einmal das Fehlen bedeutender Bauwerke sowie das Fehlen anderen bedeutsamen Materials wie Architekturornamente, offizielle Inschriften in frühem Südarabisch oder identifizierbare Keramikfragmente. Der andere Punkt ist die Ausdehnung der landwirtschaftlichen Nutzflächen, das Vorhandensein von Gehöften und ungeheuren Flächen, die von Steinmauern eingefaßt werden. Nach dem *Periplus Maris Erythraei*[222] gehörte die Insel zum Machtbereich der Könige von Ḥaḍramaut, und der nächste Punkt auf dem Festland, wo man Weihrauch und Aloe ausführte, war der Hafen Qana'. Wie der *Periplus* berichtet, wurde damals die Insel vollkommen als Landwirtschaftsgebiet genutzt und mit Garnisonen versehen. Dies läßt erkennen, daß man es als Teil des Reichsgebiets betrachtete und zu schützen versuchte. Hier wuchsen Aloe und Weihrauch: Produkte, die nach Qana' verschifft und dort weiterverfrachtet wurden.

Anmerkungen

Zahlenangaben, denen *Bibl.* voransteht, beziehen sich auf die Bibliographie.

1 *Bibl.* 6a, 52–53

2 *Bibl.* 2a, 120, desgl: BASOR 78 (1940) 8 ff.

3 *Bibl.* 5a, 231.

4 *Bibl.* 15b; 61e, 474, und Anmerkungen 117, 118.

5 *Bibl.* 61c, 300.

6 *Bibl.* 32b.

7 *Bibl.* 61e, 492.

Topographie und Klima

8 *Bibl.* 15e; Gass, I. G., Mallick, D. I. J., und Cox, K. G. The Royal Society Vulcanological Expedition to the South Arabian Federation: *Nature* 205 (1965).
952–955; Gass, I. G., Mallick, D. I. J., Jebel Khariz, in: *Bulletin Volcanologique* 32,1 (1968) 33–38.

9 *Bibl.* 30, 13.

10 Einzelheiten verdankt der Verfasser dem Wetterdienst der Royal Air Force in Khormaksar, Aden.

Sprache

11 *Bibl.* 27, 70–71.

12 *Bibl.* 59a, 6.

13 *Bibl.* 25, 51.

14 *Bibl.* 22, 116–120.

15 *Bibl.* 4h.

16 *Bibl.* 43a, 88–103 und Abb. 6.

Religion

17 *Bibl.* 3f, 534–537.

18 *Bibl.* 41a, 363–364.

19 *Bibl.* 6b, 133–136.

20 *Bibl.* 41a, 371–379.

21 *Bibl.* 55, 125–128.

22 *Bibl.* 8a, 65.

23 *Bibl.* 61b, 22; 61f, 39, Anmerkung 8.

24 *Bibl.* 27, 48.

25 *Bibl.* 4c, 207–228.

26 *Bibl.* 34.

27 Philostorgios, *Historia ecclesiastica* III, 4.

28 *Bibl.* 61c, Anmerkung 8; 11b, 150.

29 *Bibl.* 61e, 490.

30 *Bibl.* 61c, 319.

31 *Bibl.* 48, 322f.

32 *Bibl.* 60.

33 *Bibl.* 48, 320–325.

Weihrauch und Myrrhe

34 Breasted, J. H. *Ancient Records of Egypt*, Chicago, 1906. 1, 161, Sahure von der 5. Dynastie; 1, 360, 361, Pepi II von der 6. Dynastie.

35 *Bibl.* 49, 121–122; 29, 7–9.

36 *Bibl.* 27.

37 *Bibl.* 49, 123.

38 *Bibl.* 26, III, 97; 44, XII, 68–70.

39 *Bibl.* 3e, 82–86.

40 *Bibl.* 3b, 146.

41 *Bibl.* 2a, 120.

42 *Bibl.* 44, XII, 52, 53.

43 *Bibl.* 44, XII, 54.

44 *Bibl.* 44, XII, 60–63.

45 *Bibl.* 26, IV, 42.

46 *Bibl.* 61c, 303–304.
47 *Bibl.* 44, XII, 85–87; 26, III, 107.
48 *Bibl.* 49, 285–286.
49 *Bibl.* 49, 30–32.
50 *Bibl.* 44, XII, 84.
51 *Bibl.* 39, 54.
52 *Bibl.* 27, 63; 60.
53 *Bibl.* 27, 66.

Geschichte, Kunst und Königreiche

54 *Bibl.* 21b.
55 *Bibl.* 27, 51 (tatsächlich war die Zahl der Inschriften, die gefunden wurden, weit größer. Arnaud nennt 60, Halévy 685 und Glaser gibt gegen 2000 an).
56 *Bibl.* 61a.
57 *Bibl.* 8a.
58 *Bibl.* 6a; 42; 9a; b.
59 *Bibl.* 33e.
60 *Bibl.* 25.
61 *Bibl.* 61g, 56–60; 15a, Report 1960–1961 und Bulletin; Report 1961–1963, 4.

Minäer

62 *Bibl.* 61c, 308 und Anmerkung 67; 61e, 432.
63 *Bibl.* 44, XII, 53–56.
64 *Bibl.* 44, VI, 154–156.
65 *Bibl.* 59a, 3–9.
66 *Bibl.* 16a, 131; 2b, 15, Anmerkung 31.
67 *Bibl.* 54, VII, 16, 4, 2 und 16, 4, 18.
68 *Bibl.* 54, VII, 16. 4. 4.
69 *Bibl.* 41c, 264–271.
70 *Bibl.* 44, VI, 156–159.
71 *Bibl.* 61c, 299–300.
72 *Bibl.* 14.
73 *Bibl.* 61c, 297–299.
74 *Bibl.* 16a, vgl. Anmerkung 70, die Abbildung gegenüber den Seiten 111 bis 117 und 133. Desgl. Robertson, D. S. *A Handbook of Greek and Roman Architecture*, Cambridge, 1943, S. 221.
75 *Bibl.* 2c, 20. Desgl. den Abriß von: T. Ryckmans, L'institution monarchique en Arabie meridionale avant l'Islam, in: *J. Amer. Orient Soc.* 73 (1953) 36–40.
76 *Bibl.* 6a, 295.
77 *Bibl.* 2b, 10–11.
78 *Bibl.* 61c, 300–301, 307–308, Anmerkung 41, 42a, 42b.
79 *Bibl.* 61e, 447.
80 *Bibl.* 2b, 11, Anmerkung 14.
81 *Bibl.* 44, VI, 161–162.

Qatabān

82 *Bibl.* 42, 123.
83 *Bibl.* 32c; 46.
84 *Bibl.* 2b, 5–15.
85 *Bibl.* 61e, 431–432.
86 *Bibl.* 61f, Tafel 2.
87 *Bibl.* 61e, 432–434, Anmerkung 10, 13.
88 *Bibl.* 4f, 51.
89 *Bibl.* 61e, 442.
90 *Bibl.* 42, 220.
91 *Bibl.* 10, 119; 61e, 465.
92 *Bibl.* 44, XII 63–65; 44, VI, 151–154.
93 *Bibl.* 4f, 47–48.
94 *Bibl.* 61e, 464. Anmerkung 86.

ʾAusān

95 *Bibl.* 41a, 346–348.
96 *Bibl.* 49, 28.
97 *Bibl.* 61b, 294–295.
98 *Bibl.* 11; 61e, 432, Anmerkung 8 (Res 3858); 47c, (*Ryckmans* 116); 61b, 276–277 und Anmerkung 5.
99 *Bibl.* 36, 6–8 (Res 454).
100 *Bibl.* 43b, 138–140, und Tafel XI.
101 *Bibl.* 61b, 288.

Sabäer

102 *Bibl.* 27, 37.
103 *Bibl.* 27, 42.
104 *Bibl.* 54, VII 16, 419–420.
105 *Bibl.* 45b, 45–48.
106 *Bibl.* 6a, 215–239.

107 *Bibl.* 44, VI, 159–162.
108 *Bibl.* 61e, 430.
109 *Bibl.* 54, VII 16, 424; 61e, 435.
110 *Bibl.* 44, VI, 158–162.
111 *Bibl.* 33e, 318 (*CIH.* 140).
112 *Bibl.* 33e, 83 (*Jamme* 578); 61e, 451.
113 *Bibl.* 33e (*Jamme* 629), 128–130.
114 *Bibl.* 33e, 351–375.
115 *Bibl.* 61e, 493, Anmerkung 176.

Ḥaḏramaut

116 Plinius spricht von Atramiten, Eratosthenes von Chatramotiten. Beides scheint mit dem heutigen Namen Ḥaḏramaut zu tun zu haben bzw. in ihm fortzuleben.
117 *Bibl.* 2b, 14.
118 *Bibl.* 44, VI, 154–156.
119 *Bibl.* 31b, 340.
120 *Bibl.* 62.
121 *Bibl.* 44, XII 50–53.
122 *Bibl.* 33f.
123 *Bibl.* 61e, 482, Anmerkung 139; 33b, I, Anmerkung 3; 2b, 14.
124 *Bibl.* 42, 306.

Kunst

125 *Bibl.* 45b, 49, Abbildungen 15, 16.
126 *Bibl.* 3c, 287, Anhang V.
127 *Bibl.* 3d, 269–273.
128 *Bibl.* 1b, 231.
129 *Bibl.* 1a, 25–38; 6a, 123.
130 *Bibl.* 1a, 28; 42, 256–257.
131 *Bibl.* 45b, 134.
132 *Bibl.* 25, 43–44, Tafel XXXVII.
133 *Bibl.* 22, Tafel XXVI, 2.
134 *Bibl.* 45c, Abb. 11; 22, 213. Abb. 97.
135 *Bibl.* 13, 36–47.
136 *Bibl.* 9a, 455–460.
137 *Bibl.* 33c.
138 *Bibl.* 45a, 246 Aufn. 394–396. Ähnlichkeit hiermit weist eine lebensgroße römische Porträtstatue des Kaisers Gaius Vibius Trebonianus Gallus auf, der von 251 bis 253 n. Chr. regierte; die Skulptur zeigt den Kaiser in mahnender Geste. Abgesehen von der Drapierung über dem Arm und den Riemensandalen ähnelt sie der Statue aus Sana'a verblüffend (Sammlung des Metropolitan Museum of Art, New York, Rogers Fund 1905 Nr. 05,30; Höhe 231 cm).
139 *Bibl.* 6a, 269, Anmerkung 11; 283, Aufn. 196–199.
140 *Bibl.* 51, 210; 6a, 155–178.
141 *Bibl.* 15c, 150–162.
142 *Bibl.* 15a und 15c; 25, 20.
143 *Bibl.* 8a, 115–131; 25, 28–32 sowie Anmerkung auf S. 12.
144 *Bibl.* 8a, 96.
145 *Bibl.* 4f, 48.
146 *Bibl.* 43b, 61–65.
147 *Bibl.* 56a, 623–626.
148 *Bibl.* 32a, 35.
149 *Bibl.* 44, XII, 83–84.
150 *Bibl.* 58, 157–182.

Fundstätten

151 *Bibl.* 44, XII, 87–89.
152 *Bibl.* 15a, 60–61, 13; 15c, 161.
153 *Bibl.* 52c, 126–127.
154 *Bibl.* 61c, 305, Anmerkung 60.
155 *Bibl.* 49, 32 § 26.
156 *Bibl.* 15e, 4; 15f, 7–9.
157 *Bibl.* 39, 102; 52c, 127.
158 *Bibl.* 15a, *Bull.* 7, 15.
159 *Bibl.* 52, 123.
160 *Bibl.* 61b, 307, Tafel I, 2.
161 *Bibl.* 19, 69.
162 *Bibl.* 15a, *Bull.* 7.
163 *Bibl.* 35, 108.
164 *Bibl.* 52c, 125.
165 *Bibl.* 15c, 161–162.
166 *Bibl.* 25, 20.
167 *Bibl.* 15a (60, 61), 11; 15c, 158.
168 *Bibl.* 49, 32 § 26.
169 *Bibl.* 44, XII, 69.
170 *Bibl.* 44, VI, 158.
171 *Bibl.* 61e, 439 und Anmerkung 24.
172 *Bibl.* 33a.
173 *Bibl.* 61b.

174 *Bibl.* 4f, 51–52.
175 *Bibl.* 15a, *Bull.* 2; 61g, 68–77.
176 *Bibl.* 15a, *Bull.* 4; 61g, 77–89.
177 *Bibl.* 33a.
178 *Bibl.* 20, 425–429.
179 *Bibl.* 15a, *Bull.* 6; 15d, 31–38.
180 *Bibl.* 33c, 300; 15b, 191–198.
181 *Bibl.* 61e, 474.
182 *Bibl.* 25, 35; 61d.
183 *Bibl.* 4f, 46.
184 *Bibl.* 23, 33.
185 *Bibl.* 41a.
186 *Bibl.* 44, XII, 63–65.
187 *Bibl.* 6a, 199–207.
188 *Bibl.* 46.
189 *Bibl.* 3a, 8.
190 *Bibl.* 3a, 10–13; 42, 170–173.
191 *Bibl.* 6a, 155–164.
192 *Bibl.* 6a, 183–193.
193 *Bibl.* 3a, 10; 6a, 191–192.
194 *Bibl.* 46; 31c, 278–292.
195 Veröffentlicht wurde dieser Text von A. F. L. Beeston in: *Qahtan. Studies in Old South Arabien Epigraphy*, London 1959.
196 *Bibl.* 6a, 186–188.
197 *Bibl.* 9b; 3a, 13–14.
198 *Bibl.* 42, 115 und Abbildung gegenüber Seite 116.
199 *Bibl.* 3a, 14–17.
200 *Bibl.* 47b.
201 *Bibl.* 86, 189.
202 *Bibl.* 63; 3f, 533–534.
203 *Bibl.* 25, 49 sowie Abbildung XXIV und LI.
204 *Bibl.* 3f, 526–534, 543.
205 *Bibl.* 3c, 291.
206 *Bibl.* 41a, 84.
207 *Bibl.* 25, 38–39.
208 *Bibl.* 7, 43–62.
209 *Bibl.* 4b; 41a und Anhang.
210 *Bibl.* 33f.
211 *Bibl.* 33g, 47–50; 25, 57–59.
212 *Bibl.* 6b, 133–136.
213 *Bibl.* 41a, 373–379.
214 *Bibl.* 8a.
215 *Bibl.* 61b, 134.
216 *Bibl.* 25, 40–42; 3f, 537–539.
217 *Bibl.* 61b, 136–139; 25, 43–44.
218 *Bibl.* 52b, 157.
219 *Bibl.* 15a, South Arabian Notes, 1–5.
220 *Bibl.* 52b, 157–158, Anhang V.
221 *Bibl.* 52b, Tafel 12.
222 *Bibl.* 49, 34 § 31.

Bibliographie

Hinweise im Anmerkungsteil, denen *Bibl.* voransteht, beziehen sich auf das nachfolgende Verzeichnis

Abkürzungen

BASOR *Bulletin of the American Schools of Oriental Research.*
BSOAS *Bulletin of the School of Oriental and African Studies.*
CIH *Corpus Inscriptionum Semiticarum IV, Inscriptiones Sabaeas et Himiariticas continens*, Bde. I–III, 1889–1927.
JRAS *Journal of Royal Asiatic Society.*
RES *Répertoire d' Epigraphy Sémitique*, Bde. V–VIII, 1938–50.

1a ALBRIGHT, F. P. The Excavations of the Temple of the Moon at Marib (Yemen), in: *BASOR*, 128 (1952), 25–38.

b – Excavation at Marib in Yemen, *Archaelogical Discoveries in South Arabia* (Baltimore 1958), 215–239.

c – und BOWEN, R. Le Baron. *Archaelogical Discoveries in South Arabia* (Baltimore 1958).

2a ALBRIGHT, W. F. *From the Stone Age to Christianity* (Baltimore 1940).

b – The Chronology of Ancient South Arabia in the Light of First Campaign of the Expedition in Qataban, in: *BASOR* 119 (1950), 5–15.

c – The Chronology of the Minean Kings of Arabia, in: *BASOR*, 129 (1953).

3a BEEK, G. W. VAN. Recovering the Ancient Civilization of Arabia, in: *Biblical Archaeologist* 15 (1952).

b – Frankincense and Myrrh in Ancient South Arabia, in: *Journal of the American Oriental Society*, 78, 3 (Juli–Sept. 1958), 141–152.

c – *Marginally Drafted, Pecked Masonry Archaeological Discoveries in South Arabia* (Baltimore 1958).

d – A new interpretation of the so-called South Arabia House Model, in: *American Journal of Archaeology* 63 (1959), 269–273.

e – Frankincense and Myrrh, in: *Biblical Archaeologist* 23 (1960).

f – COLE, G. H., und JAMME, A. An Archaeological Reconnaissance in Hadhramaut, South Arabia, A Preliminary Report, *Smithsonian Institution Report* (1964), 525–534.

4a BEESTON, A. F. L. *Sabaean Inscriptions* (Oxford 1937).

b – The Philby Collection of Old-South-Arabian inscriptions, in: *Le Muséon* 51, (1938), 311–333.

c – The Oracle Sanctuary of Jar al-Labba, in: *Le Muséon*, 62 (1949), 3–4.

d – Problems of Sabaean Chronology, in: *BSOAS*, 16 (1954), 37–56.
e – *Epigraphic South Arabian Calendars and Datings* (London 1956).
f – Epigraphic and Archacological Gleanings from South Arabia, in: *Oriens Antiquus*, (Rom 1962), 41–52.
g – und Brown, W. L. Sculpture and Inscriptions in Shabwa, in: *JRAS*, 1–2 (1954). 43–62.
h – *A Descriptive Grammar of Epigraphic South Arabia* (London 1962).
5a Bent, J. T. *The Sacred City of the Ethiopians* (London 1893).
b – *Southern Arabia* (London 1900).
6a Bowen, R. Le Baron, und Albright, F. P. *Archaeological Discoveries in South Arabia* (Baltimore 1958).
b – Burial Monuments of South Arabia, *Archaeological Discoveries in South Arabia* (Baltimore 1958).
7 Brown, W. L., und Beeston, A. F. L. Sculptures and Inscriptions in Shabwa, in: *JRAS*, 1–2 (1954), 43–62.
8a Caton-Thompson, G. *The Tombs and Moon Temple of Hureidha (Hadhramaut)*, in: Reports of the Research Committee of the Society of Antiquaries of London XIII (Oxford 1944).
b – Some Palaeoliths from South Arabia. in: *Proceedings of the Prehistoric Society* 19 (1953), 189–218.
9a Cleveland, R. L. Cherubs and the ›Tree of Life‹ in Ancient South Arabia, in: *BASOR*, 172 (Dezember 1963).
b – *An Ancient South Arabian Necropolis* (Baltimore 1965).
10 Comfort, H. Imported Pottery and Glass from Timna, in: F. P. Albright und R. Le Baron Bowen: *Archaeological Discoveries in South Arabia* (Baltimore 1958).
11a Conti Rossini, C. *Chrestomathia arabica meridionalis epigraphica* (Rom 1931).
b – *Storia d'Etiopia*, I (Mailand 1928).
12 Coon, C. S. *The Races of Europe* (New York 1939).
13 Cooney, J. D. An Early Christian Sculpture from Egypt, in: *The Brooklyn Museum Annual*, II und III (New York 1960 u. 1962).
14 Diodorus Siculus. Hrsg. u. übers. von C. H. Oldfather, C. L. Sherman u. a. (London, New York 1933 ff [The Loeb Classical Library]).
15a Doe, D. B. *Department of Antiquities Reports 1960–66, Bulletins*, 1–7, Aden, 1961–67.
b – Husn al-Ghurab and the Site of Qana, in: *Le Muséon* 74, 1–2 (1961).
c – Pottery Sites Near Aden, in: *JRAS*, 3, 4 (Okt. 1963), 150–162.
d – Ghanam Al-Kuffar in the Wadi Ahwar, *Sonderdruck aus Archiv für Völkerkunde*, 19 (1964–65).
e – *Aden in History* (Aden 1965).
f – Die Stadt Aden in der Geschichte Südarabiens, in: *Bustan* 2 (1964), 7–9.
16a Doughty, C. M. *Travels in Arabia Deserta* (London 1888–1930).
b – *Wanderings in Arabia* (New York 1908).
17 Dostal, W. The Evolution of Bedouin Life, in: *Antica Society Beduina* (1959), 11–34.
18a Fakhry, A. Les Antiquités du Yémen, in: *Le Muséon*, 61 (1948), 215–226.
b – *An Archaeological Journey to Yemen*, Service des Antiquités de l'Egypte, I–III (Kairo 1951–52).
19 Faris, N. A. *The Antiquities of South Arabia* (= Übersetzung des 8. Buchs von Al-Hamdani: *al-Iklil* aus dem Arabischen mit linguistischen, geographischen und historischen Anmerkungen), Princeton 1938.
20 Ghul, M. A. New Qatabani Inscrip-

tions, I, II, in: *BSOAS*, 22 (1959), 419–438.

21a GLASER, E. *Die Abessinier in Arabien und Afrika* (München 1895).

b – *Reise nach Marib*, hrsg. von D. H. v. Müller und N. Rhodakanakis (Wien 1913).

22 GROHMANN, A. *Arabien, Kulturgeschichte des Alten Orients* (München 1963).

23a HAINES, S. B. Memoir, to accompany a Chart of the South Coast of Arabia from the Entrance of the Red Sea to Misenat, in 50° 43' 25" E, in: *Journal of the Royal Geographical Society* (1839).

b – Memoir of the South and East Coasts of Arabia, in: *Journal of the Geographical Society* (1845).

24 HAMILTON R. A. B. Six weeks in Shabwa, in: *Geographical Journal*, 100 (1942).

25 HARDING, G. Lankester, *Archaeology in the Aden Protectorats* (London 1964).

26 HERODOT. *Historien*. Hrsg. von C. Hude (3. Aufl. Oxford 1927 [Bibl. Oxon.]). Übers. von A. Horneffer (hrsg. v. H. W. Haussig, 2. Aufl., Stuttgart 1959, unter Mitarbeit von J. Rehork).

27 HITTI, P. K. *History of the Arabs* (London 1964).

28a HÖFNER, M. Die qatabanischen und sabäischen Inschriften der Südarabischen Expedition im Kunsthistorischen Museum in Wien II. in: *WZKM*, 43 (1936).

b – eine qatabanische Weihinschrift aus Timnaᶜ, in: *Le Muséon*, 74 (1961).

29 HOURANI, G. *Arab Seafaring* (Princeton 1951).

30 HUNTER, F. M. *An account of the British Settlement of Aden in Arabia* (1877).

31a INGRAMS, H. *From Cana to Sabbatha: The South Arabian Incense Road*, Burton Memorial Lecture, in: *JRAS* (1945), 169–185.

b – *Arabia and the Isles* (London 1952).

32a IRVINE, A. K. Some notes on Old South Arabian Monetary Terminology, in: *JRAS* (London 1964), 1–2, 18–36.

b – On the identity of Habashat in the South Arabien Inscriptions, in *Journal of Semitic Studies*, 10 (1965).

c – Homicide in pre-Islamic South Arabia, in: *BSOAS* 30 (1967), 278–292.

33a JAMME, A. Les Inscriptions Rupestres de la Région de Muḳeiras, in: *Bulletin de l'Académie royal de Belgique* (Classe des Lettres), 1951.

b – Pièces épigraphique de Heid bin ʾAqil, in: *Le Muséon*, 65 (1952), 95–137.

c – Inscriptions on the Sabaean Bronze Horse of the Dumbarton Oaks Collection, *Dumbarton Oaks Papers*, 8 (1954).

d – Inscriptions Related to the House Yafash in Timnaᶜ, in: Albright und Bowen: *Archaeological Discoveries in South Arabia* (Baltimore 1938), 183.

e – *Sabaean Inscriptions from Mahram Bilqis (Marib)*, Baltimore 1962.

f – *The Al-ᶜUqlah Texts* (Washington 1963).

g – Vorbericht über Inschriftenforschungen im nordwestlichen Wadi Ḥaḍramaut und in Al-ᶜAbr, in: *BASOR*, 172 (1963).

h – *Notes on the Published Inscribed Objects Excavated ad Heid bin ᶜAqil* (Washington 1965).

34 KENSDALE, W. E. N. *The Religious Beliefs and Practices of Ancient South Arabians* (Ibadan 1953).

KOSMAS INDIKOPLEUSTES → Winsted (*Bibl.* 60).

35 Lane, A., and Serjeant, R. B. Pottery and Glass Fragments from Aden Littoral with Historical Notes, in: *JRAS* (London 1948), 108–133.

36 Margoliouth, D. S. Two South Arabian Inscriptions, in: *Proceedings of the British Academy* 11 (1925).

37 Meulen, D. van der, and Wissmann, H. von. *Ḥaḍramaut* (Leiden 1932).

38 Miles, S. B., and Munzinger, W. Account of an Excursion into the Interior of Southern Arabia, in: *Journal of the Royal Geographical Society* 41 (1871).

39 Ibn al-Mujawir, Tarikh Al-Mustabisir. *Descripto Arabiae Meridionalis,* hrsg. von O. Löfgren (Leiden 1951).

40 *Periplus Maris Erythraei,* in: *Geographi Graeci Minores,* hrsg. von C. Müller, 1 (Paris 1855), 257–305; engl. Übers. u. d. T., *Periplus of the Erythraean Sea,* übers. u. mit Anmerkungen vers. von W. H. Schoff (New York 1912); neuere Ausg. u. d. T.: *Le périple de la Mer Erythrée,* hrsg. von Hjalmar Frisk (Göteborg 1927). Deutsche Übers. von B. Fabricius (Leipzig 1883).

41 Philby, H. St John. *Sheba's Daughters* (London 1939).

b – *The Background of Islam* (Alexandria 1947).

c – *Arabian Highlands* (New York 1952).

42 Philipps, W. *Qataban and Sheba* (London 1955); deutsch u. d. T.: *Kataba und Saba,* übers. von Peter de Mendelssohn (Berlin, Frankfurt 1955).

43 Pirenne, J. *La Grèce et Saba* (Paris 1955).

b – *Le Royaume Sud-Arabe de Qataban et sa datation* (Louvain 1961).

c – Le Rinceau dans L'Evolution de l'Art Sud-Arabe, in: *Syria* 34 (1957), 179–181, 395–396.

d – Notes d'Archéologie Sud-Arabe I, in: *Syria,* 37 (1960), 326–347.

e – Notes d'Archéologie Sud-Arabe II, in: *Syria,* 38 (1961), 284–310.

f – Notes d'Archéologie Sud-Arabe III, in: *Syria,* 39 (1962), 257–262.

g – Notes d'Archéologie Sud-Arabe IV, La déesse sur des reliefs sabéens, in: *Syria,* 42 (1965), 109–136.

44 Plinius Secundus, Gaius. *Naturalis historia.* Hrsg. v. L. Ian und K. Mayhoff (Leipzig 1892–1909); mit engl. Übers.: Hrsg. v. H. Rackham u. a. (London, New York 1938–1963 [The Loeb Classical Library]).

45a Rathjens, C. Sabaeica I–II (Hamburg 1955).

b – und Wissmann, H. von. *Vorislamische Altertümer in Südarabien* (*Reise*), Hamburg 1932.

c – Kulturelle Einflüsse in Südwest-Arabien von den ältesten Zeiten bis zum Islam, in: *Jahrbuch für kleinasiatische Forschungen* (1950).

46 Rhodokanakis, N. *Die Inschriften an der Mauer von Kohlan-Timnaʿ* (Wien 1924).

47a Ryckmans G. Une Inscription Chrétienne Sabéene aux Musées d'Antiquités d'Istanbul, in: *Le Muséon,* 59 (1946), 167–170.

b – Inscriptions Sud-Arabes, in: *Le Muséon,* 62 (1949), 55–124.

c – Inscriptions Sud-Arabes, in: *Le Muséon,* 48 (1935), 153–187.

48 Ryckmans, J. *La Persécution des Chrétiens Himyarites au Sixième Siècle* (Istanbul 1956).

49 Schoff, W. H. Übers.; vgl. *Bibl.* 40 (*Periplus Maris Erythraei,* engl. Übers. u. d. T.: *Periplus of the Erythraean Sea* [New York 1912]).

50 Scott, H. *In the High Yemen* (London 1947).

51 Segall, B. Sculpture from Arabia Felix, The Hellenistic Period, in:

American Journal of Archaeology, 59 (1955), 210.

52a SERJEANT, R. B., and LANE, A. Pottery and Glass Fragments from the Aden Littoral with Historial Notes, in: *JRAS* (1948).

b – *The Portuguese off the South Arabian Coast* (Oxford 1963).

c – Notes on Subaihi Territory, *Le Muséon*, 66 (1953), 123–131.

53 SHARAFADDIN, A. H. *Yemen, Arabia Felix* (Ta'iaz 1961).

54 STRABO. *Geographie*. Hrsg. von G. Kramer (1844) u. A. Meineke (Leipzig 1851–52); mit engl. Übers. von H. L. Jones (London, New York 1917–1932 [*The Loeb Classical Library*, 8 Bde]); deutsche Übers. u. d. T.: *Strabos Erdbeschreibung* von A. Forbiger (1856–60).

55 THOMAS, B. *Arabia Felix* (London 1932).

56a WALKER, J. The Moon-God on Coins of the Hadramaut, in: *BSOAS* (1952), 623.

b – A new Katabanian Coin from South Arabia, in: *Israel Exploration Society Journal* (Jerusalem 1963).

57 WELLSTED, J. R. *Travels in Arabia* (London 1838).

58 WHEELER, R. E. M. *Rome Beyond the Imperial Frontiers* (London 1955).

59 WINNETT, F. V. The place of the Minaeans in the history of Pre-Islamic Arabia, in: *BASOR*, 73 (1939).

60 WINSTEDT, E. O. (Hrsg.). *The Christian Topography of Cosmos Indicopleustes* (Kosmos Indikopleustes: *Christianike topographia* [griech.]), hrsg. von E. O. WINSTED (Cambridge 1909).

61a WISSMANN, H. VON, und RATHJENS, C. *Vorislamische Altertümer in Südarabien* (*Reise*), Hamburg 1932.

b – und HÖFNER, M. Beiträge zur historischen Geographie des vorislamischen Südarabien. *Abhandlungen der Akadamie der Wissenschaften Mainz*, 1952, 4 (Mainz 1953).

c – De Mari Erythraeo, *Sonderdruck aus der Lautensach-Festschrift, Stuttgarter Geographische Studien*, 69 (Stuttgart 1957).

d – Al-Barira in Girdan im Vergleich mit anderen Stadtfestungen Alt-Südarabiens, in: *Le Muséon*, 75 (1962), 177–209.

e – Himyar Ancient History, in: *Le Muséon*, 77 (1964), 429–498.

f – *Zur Geschichte und Landeskunde von Alt-Südarabien* (Wien 1964).

g – *Zur Archäologie und antiken Geographie von Südarabien* (Istanbul 1968).

62 WREDE, A. VON. *Reisen in Hadramaut*, hrsg. von H. V. Maltzan (Braunschweig 1870).

63 ZEUNER, F. E. Neolithic sites from the Rub al-Khali, Southern Arabia, in: *Man*, 209 (1954), 133–136.

Ausgewählte Literaturhinweise

Während die Bibliographie nur Arbeiten umfaßt, die der Verfasser seiner Darstellung unmittelbar zugrunde gelegt hat, seien nachstehend einige Werke aufgeführt, die nicht Einzelaspekte, sondern entweder die Gesamtproblematik der Alten Geschichte Arabiens im Zusammenhang behandeln (und zum Teil so neu sind, daß sie vom Verfasser noch nicht berücksichtigt werden konnten) oder einführenden Charakter tragen.

ALTHEIM, F., und STIEHL, R.: *Die Araber in der Alten Welt.* Bd. 1–5,2 (Berlin 1964–1969).

ALTHEIM, F., und STIEHL, R.: *Christentum am Roten Meer.* Bd. 1 (Berlin 1971).

Beiträge zur Alten Geschichte und deren Nachleben. Festschrift für Franz Altheim zum 6. 10. 1968. Hrsg. von STIEHL, R., und STIER, H. E., Bd. 1–2 (Berlin 1969–1970).

BOWEN, R. Le Baron, und ALBRIGHT, F. P.: *Archaeological Discoveries in South Arabia* (Baltimore 1958).

Festschrift Altheim: s. Beiträge zur Alten Geschichte und deren Nachleben.

HAMILTON, A. (später Lord Belhaven): *The Kingdom of Melchior* (London 1949).

HAMILTON, A.: *The Uneven Road* (London 1955).

HARDING, G. Lankaster: *Archaeology in the Aden Protectorates* (London 1964).

HÖFNER, M.: *Südarabien,* in: HAUSSIG, H. W., *Wörterbuch der Mythologie,* 1. Abt.: *Die alten Kulturvölker,* Lieferung 4 (Stuttgart o. J.), Seiten 485–552.

INGRAMS, H.: *Arabia and the Isles* (London 1952).

MEULEN, D. van der, und WISSMANN, H. von: *Hadramaut* (Leiden 1932; 2. Aufl. [Nachdruck] 1964).

PHILBY, H. St John: *Sheba's Daughters* (London 1939).

PHILIPPS, W.: *Qataban and Sheba* (London 1955); deutsch (übers. v. Peter de Mendelssohn) unter den Titel: *Kataba und Saba* (Berlin/Frankfurt 1955).

Verzeichnis der Tafeln und Abbildungen

Schwarz-weiß-Tafeln nach Seite 133

Schwarz-weiß-Tafeln nach Seite 197

Abbildungen

Register

Nachstehendes Register geht von den für die deutsche Ausgabe des vorliegenden Bandes leicht modifizierten Schreibweisen des Verfassers aus (vgl. oben Seite 11). Varianten wurden nicht berücksichtigt. Um die Identifikation zu erleichtern, wurden bei den meisten alt-südarabischen Namen in Klammern nach Möglichkeit die Transkriptionen hinzugefügt, die H. von Wissmann in seiner jüngsten Publikation verwendet (vgl. *Bibl.* 61 g). Bei Götternamen wurde außerdem herangezogen: Maria Höfner, *Südarabien*, im *Wörterbuch der Mythologie,* hrsg. von H. W. Haussig, 1. Abt.: *Die alten Kulturvölker,* Lieferung 4 (Stuttgart o. J.), Seite 485–552. Zum Namen der Stadt Mārib ist zu bemerken: In dem englischen Originaltext Brian Does findet sich die Schreibweise Marīb, während der Name bei Altheim-Stiehl, Glaser, M. Höfner, v. Wissmann und anderen als Mārib erscheint.

A

B

C

D

E

F

G

H

I

J

K

L

M

N

O

P

Q

R

S

T

U

V

W

Y

Z

Archäologie bei Lübbe

Michael D. Coe
Die Maya
Glanz und Untergang
eines geheimnisvollen
Indianerreiches
292 Seiten, 83 Fotos,
44 Zeichnungen,
7 Karten, Leinen
Neuauflage

Die Bibel und
ihre Welt
Eine Enzyklopädie zur
Heiligen Schrift
Bilder – Daten – Fakten
Herausgegeben von
G. Cornfeld und
J. Botterweck
1789 Spalten Text,
878 Abbildungen,
40 Karten, Pläne
2 Bände im Schuber,
Großformat, Leinen

Raymond Schoder S.J.
Das antike Griechenland aus der Luft
256 S., 140 Farbabb.,
138 Pläne, 1 Karte
Leinen

Jerry M. Landay
Schweigende Städte,
heilige Steine
Archäol. Entdeckungen
im Land der Bibel
272 S., 16 Farbabb.,
250 sw-Abb.

Aubrey Menen
. . . und Sand begrub
ihre Städte
272 S., 20 Farbabb.,
184 sw-Abb., Leinen

Kurt Mendelssohn
Das Rätsel
der Pyramiden
268 S., 15 Farbabb.,
85 sw-Abb., 42 Karten,
Pläne, Zeichnungen
Leinen